역설적
혁명가
예수
이야기

역설적 혁명가 예수 이야기

지은이·이범선
펴낸이·성상건
편집디자인·자연DPS

펴낸날·2025년 7월 24일
펴낸곳·도서출판 나눔사
주소·(우) 10270 경기도 고양시 덕양구 푸른마을로 15
　　　301동 1505호
전화·02)359-3429　팩스 02)355-3429
등록번호·2-489호(1988년 2월 16일)
이메일·nanumsa@hanmail.net

ⓒ 이범선, 2025

ISBN 978-89-7027-844-5　03230

값 25,000원
잘못된 책은 바꾸어 드립니다.

역설적 혁명가 예수 이야기

나눔사

들어가는 말

"생각하는 인간"(Homo Sapiens)이라는 인류가 이룩한 현대 문명은 이제 지나친 석유화학 산업과 그 찌꺼기인 플라스틱과 비닐 쓰레기와 매연의 대량 방출이 가져온 기후 재앙에 직면하여, '이대로 계속 갈 것인가, 바꿀 것인가?'에서 선택해야 할 중대한 시점에 들어섰다. 인류 역사상 처음으로 인간이 자기가 내놓은 시험(testing) 문제 앞에 직면한 것이다. 이 위기를 전환점(轉換點, turning point)으로 삼으면 새로운 차원으로 도약할 것이고, 그러지 못하면 아포칼립스(apocalypse, 종말적 대재앙)의 디스토피아(dystopia, 어둠과 혼돈의 세상)에 빠질 것이다.

"역사적 예수"(historical Jesus)는 기독교라는 종교의 창시자나 교주(敎主)가 아니다! 진리를 깨달은 각자(覺者)인 예수는 자신의 가르침과 존재 방식과 행동과 삶으로, 인류 문명과 문화의 대안(代案, alternatives)을 설파한 스승, 철인, 현자, 그리고 역설적 혁명가이다. 그 대안은 하나님의 나라, 곧 내면 혁명을 이룬 새로운 인간이 실현하는 인간적이고 신성한 세계, 사후 천국이 아니라 이 땅에서 이루어져야 할 정의와 평등과 평화의 세계이다.

예수는 두 가지 방식으로 하나님의 나라를 주창하고 지향한다.

1) 부정(否定)의 방식인 "부정 변증법"(테오도르 아도르노-부정 변증법)으로, 예수는 기존의 인간과 사회와 세상의 모든 형식과 질서, 곧 인간성과 마음, 정치와 경제와 종교, 교육과 인간관계와 사회 구조를 전면적으로 부정하고 혁명하며 재설정한다. 곧,

예수의 하나님 나라 운동은 인간 혁명과 아울러 세계 혁명을 요구한다.

　기존의 부패한 인간성과 사회 구조를 변혁하지 않고서는 새로운 세계가 이루어질 수 없기 때문이다. 그 시발점은 인간의 내적 변화(중생)인 인간 혁명이다. 세상은 인간의 마음과 사고가 만들어낸 작품이기에, 세상을 바꾸려면 인간이 달라져야만 한다. 인간 혁명 없는 세계 혁명은 공염불이다. 따라서 예수는 먼저 기존 인간의 철저한 변화와 혁명을 요구한다.

　2) 긍정(肯定)의 방식으로, 예수는 새로운 인간과 새로운 세계의 대안 프로그램을 제시한다. 예수는 부정되고 전복된 기존의 인간성과 세계 구조의 자리에 새로운 인간성과 새로운 세계 질서를 세운다. 예수 자신이 "새로운 존재·인간"이며(폴 틸릭-The New Being), 그의 가르침, 존재 방식과 행동과 실천이 새로운 인간과 새로운 세계인 하나님 나라의 모습이다. 곧, 예수는 자신의 존재 자체로 지금 여기에서 하나님의 나라를 살아가는 인간상을 미리 보여주며, 그 나라가 어떤 세상인지 가리킨다. 그렇게 예수는 이 땅에 하나님의 나라를 세우는 일에 목숨을 바친다. 하나님 나라는 인류가 지향해야 할 이상(理想)이다.

　"역설적 혁명가 예수 이야기"는 30대 중반의 신학대학교 대학원 졸업반 학생과 신학 교수가 역사적 예수의 하나님 나라를, 지금 기후 재앙에 들어선 인류의 문명과 문화의 대안으로 이해하며 대화로 푼 것으로, 예수를 새로운 종교 운동을 한 분이 아니라 진정한 인류 문화와 문명의 초석과 길이 된 분으로 보고 증언한 것이다. 그래서 '예수 새로 보기'라 하겠다.

차례

| 들어가는 말 | 4

- 1장 예수   9
- 2장 하나님의 나라   33
- 3장 갈릴리에서   53
- 4장 예수의 치유와 기적   71
- 5장 예수와 유대 지도층   85
- 6장 하나님의 나라는 잔치이다   101
- 7장 예수와 소외된 사람들   123
- 8장 인간 혁명과 자유   165
- 9장 예수와 만난 사람들   191
- 10장 예수와 정치·경제·종교   223

- 11장 예수의 비유　　　　　　　　　　　261
- 12장 예수의 가르침(1)　　　　　　　　301
- 13장 예수의 가르침(2)　　　　　　　　325
- 14장 예수의 가르침(3)　　　　　　　　345
- 15장 예수의 가르침(4)　　　　　　　　369
- 16장 예수의 가르침(5)　　　　　　　　391
- 17장 예수의 가르침(6)　　　　　　　　413
- 18장 예수의 가르침(7)　　　　　　　　435
- 19장 예수의 행동　　　　　　　　　　453
- 20장 예수의 죽음과 부활　　　　　　　475

| 나오는 말 |　　　　　　　　　　　　　　507

1장
예수

1장
예수

1

신학생 : 선생님, 반갑습니다. 제가 졸업하기 전에 예수를 더욱 깊이 이해하기 위해 요청한 자리에 흔쾌히 시간을 내주셔서 고맙습니다. 제가 신약성서 신학자이신 선생님을 만나려고 한 이유는 선생님께서 누구보다도 '역사적 예수와 기독교의 본질'에 관한 책들을 집필하고, 여러 번 강성 발언을 하며 교단에 물의를 일으켜 위태롭게 된 일도 있는데, 꿋꿋하게 버티며 교회가 본래 역사적 예수의 가르침과 삶으로 돌아가 살려 내야 한다고 역설한 것에 큰 감명을 받았기 때문입니다.

교수 : 고맙군. 그러나 내 말은 복음서를 정직한 눈으로 들여다보는 사람이라면, 누구나 수긍하고 또 수긍해야만 하는 사실과 진실이지. 기독교는 예수를 신뢰하고 따르는 "길"이네(그-호도스·Hodos. 요 14:6)! 어쩔 수 없이 후대에 종교로 분류되었네만, 본디 기독교는 종교가 아닌 길이지. 그런데 2천 년 동안 역사적 예수의 가르침과 삶에서 벗어나도 지나치게 벗어났지. 양심 있는 자라면, 누가 그것을 부정할 수 있겠는가? 그래서 역사적 예수의 면모를 제대로 파악하고 이해하고 신뢰하고 따라야 한다는 것이네. 이것이 그리스도인의 길이니까.

신학생 : 그렇습니다. 좀 과격하게 말하자면, 기독교는 역사적 예수를 배반해온 역사라고 해야 할까요? 그러니 이러한 생각이 깊어져 가는 저도 앞날이 순탄치 않을 것이라는 예감이 듭니다.

교수 : 그래도 괜찮네. 왜냐면 개중에는 역사적 예수의 참모습에 관심을 기울이며 찾는 사람들도 많이 있으니까. 세상에는 기복주의자들만 있는 것이 아니네.

신학생 : 저도 이른바 '목회 성공!' 같은 것에는 관심 없습니다. 그 말 자체가 우스운 일이지요. 저는 오로지 역사적 예수의 뒤를 따라 나아가는 것에만 초점을 맞추고 살아갈 생각입니다. 선생님께서 수업 중에 들려주신, 20세기 독일 신학자 '디트리히 본회퍼'의 사상과 삶에 관한 이야기는 제게는 나침반과 같습니다.

교수 : 39세에 죽은 본회퍼야말로 현대의 예언자라네. 그의 옥중 서신 "저항과 복종", 산상수훈 강론 "나를 따르라", "윤리학", "그리스도론", "성도의 교제", "신도의 공동생활" "행위와 존재"는 탁월한 저서이지. 신학자들, 목회자들, 지식인 그리스도인들은 꼭 읽어야 할 걸세. 그의 죽음 이후(1945년 4월 9일, 독일 항복: 5월 8일), 기독교는 새로운 시대로 들어섰기 때문이네. 이 말은 더는 옛 시대의 기독교 정통주의 신앙과 신학은 통하지 않는 시대라는 뜻이네. 이미 기독교가 황혼에 들어선 유럽 사회에서 증명되고 있는 현실이지.

신학생 : 그런 의미에서 선생님으로부터 역사적 예수에 관한 이야기를 더 소상히 듣고자 하는 것입니다. 한국 사회와 같이 기복주의 신앙과 보수신학이 우세한 곳에서, 역사적 예수의 가르침과 삶을 통하여 목회하려고 하는 저에게는 무엇보다 중요한 문제이니까요.

교수 : 내가 염려하는 것은 대개 신학생들이 학교에 다닐 때는 그런 관심이 크지만, 현실은 엄연히 현실이니까, 목회에 나가자마자 이내 포기하고 타협하는 것이지. 자네같이 말하는 사람을 한두 번 겪은 것도 아니네. 그런데 자네가 역사적 예수를 따르며 목회하려면, 결혼하지 않던지, 아니면 주의해야 할 것일세. 왜냐면 아내가 될 사람이

자네 생각과 다르다면, 그것은 이미 물 건너간 일이네. 지금처럼 돈이 신이 된 세상에서, 가난한 목회자를 좋아할 여성은 거의 없지! 그러니 그 여성도 자네와 같은 신학을 하거나, 아니면 적어도 예수에 대한 깊은 이해를 지닌 사람이어야 할 것이네. 하기는 그런 여성이 없는 것도 아니지만….

신학생 : 그렇네요. 그것은 제가 생각하지 못한 것입니다. 이 한국 사회에서 역사적 예수를 추구하는 목회자는 인기도 없으니 가난할 수밖에 없으니까요. 결혼한다면 아내가 될 사람이 저보다 더 역사적 예수를 따르는 것에 관심을 기울이는 사람이어야 할 것 같습니다.

교수 : 그렇지. 목회 현실이라는 게 아내의 영향이 크다네. 대개 목사와 부인은 생각이 비슷한 사람이어야 하네. 그렇지 않다면 평생 갈등이 계속되지. 그러나 하나님을 믿게나. 역사적 예수를 따른다고 해서 굶어 죽진 않지. 목사는 부유하게 살아서는 안 되네. 부에 마음이 가는 순간, 여지없이 예수를 배신하는 길을 가고 말지! 예수 시대의 예루살렘 사제들을 반면교사로 삼게나. 이것은 내가 기독교 역사와 현실에서 읽고 본 경험에서 하는 말이네.

자식 걱정은 하지 말게나. 부모가 진실하게 살아가는 것을 보고 자라는 애들은 망가지지 않을뿐더러, 공부를 게을리하지도 않네. 꼭 학원에 보내며 어렵게 길러야 하는 것도 아니네. 우리 애들도 학원 한 번 보내진 않았지만, 잘 자라주어서 어엿하게 대학 졸업하고 살고 있네. 나는 애들이 대학에 갈 때 선언했지. '학비는 1/3만 준다. 나머지는 너희가 벌어서 충당해라!' 그런데 자기들이 다 벌어서 충당하는 바람에 전혀 대주지 않은 때도 여러 번 있었네. 물론 고생했지만, 그것은 일생의 보배가 되겠지.

무엇보다 중요한 것은 '정직하게' 쓴 기독교 역사책을 잘 읽어야 하네. 왜냐면 대개 아전인수격으로 무조건 잘한 것만 드러낸 정직하지 못한 책이 태반이니까. 과실은 모조리 숨기고 공적만 과장하며 나열한 책을 읽는 것은 그저 시간 낭비일 뿐이네.

평생 공부하며 가게나. 진짜 공부는 대학을 졸업하면서부터 시작되는 것이네. 평신도들 가운데서는 목사보다 더 지식이 나은 사람들이 많지. 목사가 무식한데, 어떻게 그들을 제대로 인도하겠나? 예수가 "눈먼 사람이 눈먼 사람을 인도하면, 둘 다 구덩이에 빠진다."라고 한 말을 명심하게나(눅 6:39). 중요한 것은 성서의 핵심 사상을 아는 것과 목사의 인격이네.

그리고 세상의 평판을 잊어버려야 하네. 일찍이 'B. 프랭클린'이 한 말처럼, "사람을 망쳐놓는 것은 대개 사람들의 가벼운 입이지."(가난한 리처드의 달력). 평판의 입에 얹혀살면, 영락없이 전락하고 마네. 사람이란 자기가 달성한 사업과 업적과 공적이 작든 크든, 그것을 높이 평가하는 데서는 비슷하네. 기독교인들이라고 해서 하등 다를 게 없지.

그러나 사람들이 'A. 슈바이처' 목사를 왜 존경하고 흠모하는가? 성공이나 공적 때문인가? 아니네. 그런 점으로 보면, "람바레네" 병원이란 것은 보잘것없는 것이네(아프리카 가봉에 세운 슈바이처 병원). 예수의 뒤를 따른 슈바이처의 인격과 삶을 존경하는 것이지. 그분은 그곳에 가기 전에 이미 성공한 사람이었네. 그것도 30세 이전에 말이지. 그는 목사, 신학박사(신약학), 대학교수, 저술가, 세계적 오르가니스트, 'J. S. 바흐' 음악의 권위자였네. 천재였지. 그러나 그 모든 것을 다 내려놓고, 의사가 된 후 간 것이지. 부인은 간호사였네.

그러니 '프란치스코'의 전기에 나오는 말로 하자면, 슈바이처는 "하나님의 광대, 예수의 바보"가 된 것이지(토마스 첼라노-성 프란치스코의 생애; 니코스 카잔차키스-성

프란치스코, 슈바이처에게 헌정). 우리나라 '이일선' 목사도 의사가 되어, 1950년대 말에 슈바이처에게 가서 함께 일하고 온 후, 병원 하나 없는 울릉도로 들어가 병원을 세우고 평생 봉사하며 청빈하게 살았지. 이런 예는 수없이 들 수 있네.

예수는 이런 말을 했네. "사람들이 높이 평가하는 그러한 것은 하나님이 보시기에 혐오스러운 것이다."(눅 16:15) 이것은 예수가 바리새인들에게 한 말이네. 그들은 비록 대단한 종교인이고 경건한 종파였지만, 언제나 세상의 평판과 명예에 목을 매고 살았지. 예수가 비웃은 것이네. 우리는 예수가 대단히 신랄한 비판적 예언자였다는 것을 명심해야 하네.

신학생 : 듣고 보니, 이사야의 말이 떠오릅니다. "하나님의 생각은 사람의 생각과 다르며, 사람의 길은 하나님의 길과 다르다. 하나님의 길은 사람의 길보다 높으며, 하나님의 생각은 사람의 생각보다 높다."(사 55:8~9) 예수의 말도 이것이라고 봅니다.

교수 : 자네가 '목회 성공'이란 말을 했네만, 목회에 성공이 어디 있나? 큰 교회의 담임목사를 하면, 그게 성공이란 말인가? 그렇다면 예수는 생전에 여성 한두 사람을 제외하곤 제자들마저도 변화시키지 못하고 철저히 실패하고 패배한 분인데, 목회에 성공한 목사라면 예수보다 위대한 사람이겠네.

신학생 : 그렇지요. 목회를 사람들의 웅성거리는 입에 따라 평가하는 것은 위의 두 성구나, 프란치스코와 슈바이처와 이일선 목사를 볼 때, 도대체가 하나님이나 예수가 보시듯 보는 눈이 없다는 것입니다. 제가 흔들리지 않고 예수의 길을 따를 수 있을지 모르겠습니다.

2

　교수 : 문제는 역사적 예수의 삶보다는 자네의 마음과 뜻이라네. 세상, 곧 현 교회의 상황과 대세에 끌려가느냐, 아니면 역사적 예수에 대한 자네의 마음과 뜻이 확고하냐 하는 문제 사이의 투쟁이지. 수많은 졸업생을 볼 때, 그것이 관건이네. 신학생 때는 젊으니까 역사적 예수에 대한 공감도 크지. 그러나 목회 현장에 나가면, 이내 타협하는 것이 현실이라네.

　그렇다고 역사적 예수를 말하지 않고, '신앙의 그리스도'를 말하는 게 잘못이란 말은 아니네. 다만 그것을 추구하더라도, 엄연히 역사적 예수의 삶을 망각하거나 기피해서는 안 된다는 뜻이지. 그러면 공허한 그리스도밖엔 없네. 기독교는 추상적 진리를 추구하는 종교가 아니네! 불의하고 부패하고 죄악이 만연한 이 세상의 숱한 모순과 부조리의 현실에는 눈감고 무시하는 보편적 행복론이네 구원론이네 하는 것은 예수의 가르침이 아니라, 이원론에 기초한 사이비 인생 철학일 뿐이네.

　자네도 알다시피, 그것이 초기 기독교에서 나타난 '가현설'의 그리스도이지(假現說, Docetism. 영원한 그리스도가 갈릴리 나사렛 청년 예수의 몸을 빌려 활동하다가 십자가에서 죽기 전에 빠져나갔다는 이론). 어엿한 인간으로 사신 예수를 부정하거나 외면하고, 신앙의 그리스도와 보편적 그리스도와 천상의 그리스도만 믿고 말하던 종파 말이네. 이단이지.

　기독교가 언제나 빠질 수 있는 최대의 위험은 현실과 역사의 예수를 외면하고 신비주의적인 세계관으로 도피하거나, 세상과 타협하는 것이네. 예수가 그랬다면 십자가도 없었고, 초기 그리스도인들이 그랬다면 예수 운동이라는 공동체도 없었지. 예수와 그를 따르는 그리스도인 공동체의 목적은 부패한 세상과 대결하여 이 땅에 하나님의 나라를 세우는 것이네.

신학생 : 알겠습니다. 그러면 이제부터 복음서에 기초한 역사적 예수의 삶을 생각해 보지요. 저도 복음서는 몇 번 읽었지만, 아직은 확연하게 감을 잡지 못하고 있습니다.

교수 : 문제를 잘 지적해 주었네. 문제의 핵심은 무엇인가? 목회자들이나 기독교인들이 역사적 예수의 삶을 잘 모른다는 것이네. 대개 자기가 좋아하고 추종하는 신앙과 신학이라는 여과지(필터)를 통해서 복음서 일부 구절을 읽지. 어디 복음서만 그런가? 구약성서도 그딴 식으로 읽는 게 태반이네. 복음서에 나오는 역사적 예수의 기초 위에 신앙과 신학을 세워야 하는데, 거꾸로 하는 것이지. 그게 문제의 핵심이라네. 그렇게 하면 좋아하는 것만 받아들이고 까다로운 것은 외면하게 되니까, 복음서와 구약성서가 난도질이 되지. 이것이 2천 년 동안 이어진 기독교 역사와 오늘의 현실이네.

신학생 : 그런데 독일 신학계에서는 이미 100여 년 전에, '초기 교회의 신앙 고백서'인 복음서를 통해서는 역사적 예수상을 추적하고 정립한다는 것이 불가능하다는 결론을 내리지 않았습니까? 그러니 어떻게 복음서를 역사적 예수상의 근거로 볼 수 있을까요?

교수 : 물론 맞는 말이네. 복음서는 예수 이후 45여 년이 지나면서부터 기록된 것이기에, 이미 예수를 그리스도로 믿고 고백하고 증언하는 교회의 신앙과 신학을 담고 있지. 그래서 복음서는 이른바 전기(傳記)나 평전(評傳) 같은 예수 일대기가 아니네. 복음서마다 그 기자(記者, writer)가 속한 공동체의 특성에 따라 강조하는 신앙과 고백과 증언의 신학이 짙게 내포되어 있지. 그래서 우리는 네 복음서를 저마다 맛이 다른 예수 이야기로 볼 수 있네. 그렇다 해도 명백히 드러나는 그런 교리적 예수상을 넘어

서 보면, 역사적 예수상을 어느 정도 파악할 수 있네. 그것을 파악할 수 있는 자료는 복음서밖에 없으니까, 최대한 그 점을 캐내야 하지.

일차적으로 탄생과 부활에 대한 여러 가지 증언은 신화로 분류할 수 있는 면이 다분하네. 두 복음서는 탄생 이야기가 없네(마가와 요한). 그러면 두 복음서가 잘못되었단 말인가? 한 예를 들어보세. 기독교(가톨릭, 정교회, 개신교)는 마리아의 성령 잉태를 믿지. 더 나아가 가톨릭은 마리아를 "원죄가 없으신 동정녀"라고 하며 기도까지 바치네.

그런데 여기에서 문제가 발생하네. 그렇다면 마리아의 엄마나 할머니 등, 그 조상 여인들은 어떻게 되는가? 그러니 마리아만 원죄가 없다고 해야 할 걸세. 이것은 전형적으로 그리스 신화에 나오는 신과 처녀 사이에 태어난 영웅담을 채용한 것이지.

내 말은 이런 것은 예수에게 부차적인 일이라는 것이네. 그 모든 게 인간을 원죄에서 구원한다는 대속(代贖) 사상 때문에 발생한 문제이지, 역사적 예수와는 무관한 일이네. 왜냐면 역사적 예수는 기독교인들의 믿음이나 고백이나 신학적 해석이나 교리 이전에, 이 땅에서 한 인간으로 살며 하나님의 나라를 세우는 운동을 전개한 분이기 때문이지.

예수는 하나님 나라는 먼저 사람의 마음에서 이루어지는 것이라고 했네. 성령을 통한 중생(重生)을 말하네(요 3:1~8). 따라서 그러면 죄에서 해방되고 자유롭게 되는 것이네. 이것이 예수의 가르침이네. 이렇게 봐야 예수를 제대로 이해할 수 있네. 물론 요한복음에서 역사적 예수의 가르침을 찾는 일은 백사장에서 바늘을 찾는 것만큼이나 어려운 일이네. 왜냐면 요한복음은 역사적 예수보다는 신앙의 그리스도를 주제로 말한 책이기 때문이지.

그리고 로마 역사를 참고하면, 예수가 탄생할 즈음 인구조사를 한 적도 없네. 그것은 예수 탄생 10~12여 년이 지난 서기 6년에 있었지. 이것은 로마 역사책에 나오기에 확실한 것이네. 예수 탄생 연대도 모호하지. 마태복음 2장을 참고하여, 예수가 베들레헴에서 태어나 헤롯 대왕의 유아 살해 전에 부모가 데리고 이집트로 도피한 것을 기점으로 삼아, 예수 탄생을 헤롯이 죽은 해인 기원전 4년쯤으로 보고, 그 후 나사렛으로 가서 살았다고 말하지. 그러나 헤롯은 베들레헴의 유아를 살해한 일이 없네.

게다가 헤롯이 죽었다는 소식을 듣고 돌아온 것을 같은 해로 보는 것도 무리가 있지. 마태복음을 역사적 사실로 본다면, 이집트에서 몇 년 산 것이 분명하네. 그렇다면 예수 탄생을 기원전 4년으로 보는 것 역시 무리이지. 그래서 어림잡아 그해 이전이나 이태 전, 아니면 몇 년 더 이전으로 상정하면, 기원전 5~10년이 되어 전혀 예수의 나이를 알 수 없네. 그러나 이런 모든 것은 예수의 일생에 별로 중요한 것은 아니네. 그게 그렇게 중요하다면, 어째서 마가와 요한은 기록하지 않았겠는가?

내 생각에 유대인들을 향한 선교를 염두에 두었다는 마태복음 기자는 다분히 모세나 이스라엘 민족을 의식하고 쓴 것 같네. 헤롯의 예수 박해는 다분히 파라오의 모세 살해 의도와 도피와 비견되지. 거기에는 뚜렷이 대조되는 두 가지 이유가 있네.

하나는 이집트를 탈출한 이스라엘은 앞으로 절대로 이집트로 돌아가서도 안 되고 관계를 맺어서도 안 된다고 했는데(신명기 4~17장), 어째서 예수의 부모가 이집트로 내려갔느냐 하는 것이네. 그것은 엄연히 하나님의 명령과 율법을 어긴 것이지. 그래서 마태 기자는 당연히 이것을 해명해야 했네.

다른 하나는, 마태 기자에 따르면 예수는 새로운 모세, 아니 히브리서 기자의 말을 참고하면(히 3장), 모세보다 더 위대한 예수는 이집트로 상징되는 이 세상의 노예와 포로가 된 인간을 구원하기 위하여 그리로 내려간 것이네. 그렇게 하여 다시 가나안 땅으로 올라와 장성한 후, 죄에 빠진 인간을 구원하기 위해 활동한 것이지. 그래서 마태복음에 모세와 비견되는 예수의 긴 담화가 여러 번 나오는 것이라고 볼 수 있네.

부활 이야기는 네 복음서가 저마다 다르지. 그래서 최초의 복음서인 마가복음을 기본 자료로 보아야 하네. 그러니까 다른 복음서들은 마가복음을 기초하여 여러 신화적 요소를 덧붙인 것이지. 그러나 마가복음이 기준인 것만도 아니네. 예를 들어 마가복음도 부활 현장에 나간 '여인들'을 말하지. 남성 제자들은 모조리 숨었지. 가장 나중에 기록된 요한복음에는 "막달라 마리아" 한 사람뿐이네. 그런데 가장 역사성이 떨어진다는 요한복음이 사실을 기록한 것일 수 있네. 이런 문제는 앞으로 차차 이야기하세나.

신학생: 그러니 복음서의 역사적 예수를 추적하여 말한다면, 복음서는 물론 기독교 신학 전반에 걸쳐서 다시금 봐야 하는 거대한 문제가 발생하겠네요.

교수: 어쩔 수 없이 그럴 수밖에 없게 되지.

신학생: 그래서 선생님이 학교와 교단 안팎에서 비판과 공격을 받는 게 아닙니까?

교수: 그렇지. 그렇다고 내가 역사적 예수를 말하며 신앙의 그리스도를 믿고 고백하는데, 어찌 나를 내쫓겠는가? 역사적 예수 없는 신앙의 그리스도가 어디 있는가? 있다면 그것은 '만들어진 그리스도', 곧 아까 말한 가현설의 이단이네. 거기엔 예수가 없네. 그런 예수가 어떻게 예수일 수 있겠는가? 나를 반박하는 사람이라면, 서신들에 나타난 역사적 예수의 삶을 말하는 부분들도 전부 제거해야 할 것일세.

예를 들어 히브리서 5장은 역사적 예수의 눈물과 통곡의 기도를 말하고, 빌립보서

2장은 자기를 부정하고 하나님의 종이 되어 살다가 십자가에서 죽은 그리스도 예수를 말하지 않는가? 물론 이 두 개의 서신에 나오는 그리스도는 태어나기 전부터 그리스도이신 분이지. 그러나 분명히 역사적 예수의 삶을 말하는 것이네. 전혀 가현설의 그리스도가 아니지! 천사나 모세보다 뛰어나지만, 자기를 텅 비우고 낮추어 하나님의 종이 되어 십자가에서 죽은 사람은 엄연히 역사적 예수일세. 어느 누가 그것을 부정하겠는가? 그런다면 그 사람이야말로 정녕 이단일세.

3

신학생 : 이제 제가 묻고자 하는 예수 이야기의 기초가 마련된 것 같습니다. 그러면 선생님은 역사적 예수를 어떻게 생각하십니까?

교수 : 먼저 하나의 상상을 해보세.

「여기에 강에서 멀리 떨어진 곳에 커다란 물웅덩이가 하나 있다고 생각해보게. 강물은 쉼 없이 흐르지. 그래서 살아 있는 것이고…. 강물은 '삶'을 비유하네. 그런데 강가에 강물에서 차단된 물웅덩이가 있다면, 차츰 말라가며 낙엽을 비롯한 각종 오물이 차고 부패하겠지. 그 물웅덩이에는 자잘한 송사리나 모기 유충이나 플랑크톤 같은 보이지도 않는 미세한 박테리아들로만 가득하네.

그 물웅덩이를 세상, 그 송사리나 모기 유충이나 미세 박테리아들을 인간이라고 생각해보게. 그러면 인간의 역사와 문명과 문화와 생활의 모든 것이 그 안에서 전개되는 것이네. 무수한 종족들, 나라들, 종교들, 철학들, 문명들, 학교를 비롯한 문화들, 관념들과 이념들이 활발히 전개되고, 욕망과 소유, 경쟁과 다툼, 우월감과 열등감, 얻음과 잃음, 불안과 두려움과 공포, 갖가지 차별과 억압과 지배와 착취, 시기심과 교만, 가난과 부와 불평등, 유명과 무명, 거짓과 폭력과 전쟁이 일어나네. 그러면서 그 물웅덩이의 생활을 삶, 곧 강물이라고 생각하는 것이지. 그러나 진정한 삶은 강물에 있네. 강물로 합류해야만 진실로 사는 것이지.

그런데 물웅덩이에서 살아가는 송사리나 유충이나 미세 박테리아 인간들은 그것을 모르거나 알려줘도 거부하고, 물웅덩이의 삶을 참된 삶이라고 착각하고 망상하네. 그러나 물웅덩이는 날이 갈수록 말라가고, 나날이 복잡하고 치열한 투쟁으로 가득해지지. 강물과 하나가 되지 않는 한, 그 물웅덩이를 계속해서 더럽히는 인간들의 운명은 죽음과 파멸로 끝날 것이 분명하지.

그런데 거기에 신을 믿는 종교가 하나 있다고 생각해보게. 그러면 그 신이란 인간 박테리아들이 자기들의 영구성이나 안정과 풍요, 혹은 소유욕과 쾌락을 위하여 '만들어낸 신'일 수밖에 없네. 왜냐면 진정한 신은 강물에 있기 때문이지. 그러나 그들은 그 신이 허위요 허상이라는 사실조차도 모르고, 열성적으로 믿으며 성공과 안전과 건강과 장수와 재산과 권세와 명성과 명예 등의 복을 기원하지. 그리고 죽으면 그와 비슷한 물웅덩이의 피안(彼岸)에 간다고 믿는다네.

그 안의 사회와 학교는 이런 것을 당연한 전통과 관념과 이론과 도덕과 지식의 진리라고 가르치며 영구한 질서라고 믿고 추구하게 하지. 그리하여 날이 갈수록 경쟁이 치열해지고, 언제나 위기의식에 빠져서, 서로 의심하고 질시하며 전전긍긍하고 살아가는 구차스럽고 측은하고 메말라버린 생활뿐이네. 거기에 있는 종교란 아무짝에도 쓸모없지.」

신학생: 선생님의 비유는 '욥기'에 나오는 '울타리 신앙'이라는 것을 생각나게 하네요(욥 1:10). 그 물웅덩이의 신은 자기를 믿는 이들에게 든든한 울타리가 되어 보호해

준다는 신앙 말입니다. 그래서 박테리아 인간들은 그것을 철저히 믿고 그 신에게 울타리의 안전과 지속성과 영구성을 바라고 기원하며 제물과 찬가를 바치지요.

교수 : 그렇지. 만일 그 울타리를 무너뜨리면, 신앙도 없다네. 이것이 욥기에 나오는 "사탄"의 주장이지. 사탄의 주장은 대단히 설득력도 있고, 타당성도 있고, 게다가 보편성도 있는 말이네. 왜냐면 세상의 종교라는 것들이 죄다 그런 형국이기 때문이지. 그 신의 이름을 무엇이라고 부르든지 부르지 않든, 다른 것으로 대체하든지 간에, 중요한 것은 박테리아 인간들의 종교와 신앙과 관념이라네. 그렇기에 더 나아가 그런 신은 없어도 된다네. 왜냐면 어차피 그 물웅덩이의 신은 만들어낸 것으로 허상일 뿐이니까 말일세.

신학생 : 박테리아 인간들의 신앙과 관념이 그들의 신이지요. 그 신이 자기들의 말을 듣지 않으면, 다른 것으로 갈아치우면 되니까요. 그래서 종교를 모방한 사이비 무당이나 야바위 점쟁이를 찾거나, 바위나 산이나 강이나 절벽 아래서 기원해도 되고, 아예 아무것도 찾지 않아도 되지요. 거기에서 유신론이나 무신론은 아무 의미조차도 없고, 구세주나 진리의 스승조차도 별로 위력이 없고요. 그 모든 게 그저 쓸데없는 논쟁의 아우성일 뿐이지요. 그러니 이것이 바로 물웅덩이 속 박테리아 인간들의 종교와 역사와 세상이라는 생각이 듭니다.

교수 : 이것이 지나친 비유일까? 아니네. 사실 그대로라네. 인류 역사와 종교사가 이것이지, 무슨 다른 게 있던가? 무슨 종교, 어떤 스승이라도 들어보게나. 물론 그 스승들은 웅덩이를 탈출하는 방법이나 강물로 이어진 통로를 뚫어, 참된 인간의 삶을 가르쳤지. 그러나 박테리아 인간들은 탈출할 생각도 없는 데다가, 종교와 정치 지도층이 앞장서고 모두 힘써서 통로를 차단해 버렸지. 다른 세상이나 다른 삶은 없다는 것을 확신하기 때문이지. 그러면서 그 안에서 영원한 안전과 성공과 생명을 바라고 추

구한다네.

신학생 : 그런데 어느 때, 그 웅덩이의 어느 종족에서 한 사람이 출현하여, 그 모든 허위와 모순과 부조리를 드러내며 강물로 가는 방법이 있다고 설득하며, 물웅덩이에서 살아가는 것은 실상 삶이 아니라 죽음이라고 말하고, 물웅덩이에 존속하던 모든 것에 의문을 던지고 참된 삶의 길을 제시한다면 어떻게 될까요?

교수 : 당연히 그곳 종교의 종교인들과 정치가들과 교육가들은 그를 물웅덩이 세상의 모든 것을 파괴하는 '미친 인간, 불순분자, 악의적 선동가, 위험한 인간, 신성 모독자'로 취급하겠지. 그리고는 계속해서 자기들의 정치와 종교와 교육체제가 얼마나 안전한 것인가를 대중에게 설득하여 잠잠하게 만들고, 자기들이 말하는 신과 교리와 통치와 교육과 전통을 잘 믿고 따라오면 얼마든지 바라는 것을 얻게 된다고 하며, 충성과 성실과 근면 등의 미덕을 설파할 테고 말일세.

그 위험한 인간은 무엇을 가르치는가? 그는 물웅덩이 세상을 떠받치는 4대 기둥인 기존의 종교와 정치와 경제와 교육을 근본에서부터 의문시하며, 진실로 강물에서 살아가는 참되고 영구한 존재 방식인 새로운 길을 가르치지. 왜냐면 그는 물웅덩이 속 세상이나 삶은 안전하고 영구한 것이 아니라, 실상은 죽음과 파멸의 존재 방식이라는 것을 깨달았기 때문이지. 그래서 그는 물웅덩이 곳곳을 돌아다니며 대중을 설득하며 일깨우지. 그런데 그곳의 대중은 이미 종교인들과 정치가들과 교육가들의 세뇌를 받은 노예와 포로와 마찬가지인 신세로 살아가기에, 웅덩이가 사실은 감방이라는 것을 알지 못한다네. 그렇게 세뇌당한 그들은 그곳에서의 삶을 진정 자유롭고 행복한 삶이라고 철석같이 믿고 살아가지.

그런데 그 대중 가운데서도 한쪽으로 밀려나 차별과 억압과 착취 속에서 박탈당하고 병들고 가난하고 구박받고 소외당하며 가엾게 살아가던 몇몇 민중은 그의 말에 귀를 기울이며 따르네. 그는 그 소수 민중과 함께 먹고 마시고 어울리며 그들의 친구로 살아가네. 그러자 물웅덩이 속의 종교인들과 정치가들과 교육가들은 의기투합하여 그를 체포하여 죽이고, 민중과 대중에게서 떼어놓기에 이르지. 그러나 그에게서 감화를 받은 몇몇 소수 깨어난 민중은 그의 제자가 되어 그의 가르침과 삶을 따르며, 계속해서 웅덩이 속 인간 박테리아들을 설득하는 운동을 전개해 나간다네.

신학생 : 그게 바로 예수라는 말이지요?

교수 : 그렇지.

신학생 : 그러니까 예수는 물웅덩이에서 곧장 새로운 물웅덩이일 뿐인 피안(彼岸)의 세상으로 가는 법을 가르친 것이 아니라, 물웅덩이에서 진정한 삶의 강물로 이어진 길을 뚫은 사람이네요. 그래서 예수를 따르는 사람들은 그와 같이, 세상으로부터 미친 인간, 불순분자, 악의적 선동가, 위험한 인간, 신성 모독자라는 말을 들을 각오를 해야 하고요.

교수 : 물론이지. 그것이 초기 그리스도인들의 역사가 아니던가? 자네에게는 하나님께 더 말할 나위도 없이 복종하고 충성한 예수를 신성 모독자라고 한 것이 어떻게 보이는가?

신학생 : 언어도단이지요.

교수 : 그렇지. 소크라테스가 아테네 정치와 종교와 교육가들로부터 신성 모독자라고 공격당하며 죽은 것도 그런 것이었지. 이것은 소크라테스를 예수에 견주려는 것이

아니라, 그런 일들이 이 물웅덩이 세상에서 비일비재하다는 것을 말하는 것이네. 그런 사례를 들자면 기독교나 다른 종교에서도 많지.

4

신학생 : 예수의 아람어 이름은 "예수아"입니다(Yeshuah ▷ 그리스어와 라틴어 Jesu, 영어 Jesus. 예수아는 '여호수아'의 축약형으로, 같은 약칭인 '호세아'라고 해도 됨. 예수는 당대에 집에서나 마을에서나 사람들에게 예수아로 불림. 복음서는 그리스어이기에 예수가 된 것). 히브리로 말하면 "예수아 벤 요셉"이고요(요셉의 아들 예수아).

히브리어 "메시아"(Messiah)는 "기름 부음을 받은 사람", "크리스토스"(그-Xristos·Christos, 영어 Christ. 한글 음역 그리스도, 한자 음역 기독·基督)는 같은 뜻을 지닌 그리스어로 사후에 붙여진 칭호입니다(그리스어에 같은 뜻의 단어가 있었다는 게 신통방통). 그래서 "예수는 메시아·그리스도"입니다(예수 그리스도·그리스도 예수. 예수의 한문은 소리 나는 대로 쓴 "야소·耶蘇")

예수가 살아간 시대는 지금부터 2천 년 전 이스라엘(유대) 땅입니다. 그때 이스라엘은 로마 제국의 식민지였지요. 예수는 로마 제국의 "폰티우스 필라투스"(본디오 빌라도)가 이스라엘 총독이었을 때 활동하다 죽었고요(총독: 서기 26~36년). 대략 서기 26~28년경입니다. 그래서 우리는 복음서를 읽을 때, 이스라엘이 식민지 상태였다는 것을 언제나 염두에 두어야 합니다. 그렇지 않으면, 예수의 활동과 수난과 죽음을 잘 이해할 수 없으니까요.

교수 : 잘 지적했네. 그런데 기독교인들조차도 예수를 잘 모른다네. 게다가 조금 알

면서도 제대로 따르지 않지. 예수에 대한 기독교인의 무지는 실로 놀라울 지경이라네. 밤낮 예수 이름을 부르면서도, 정작 그 예수가 무엇을 가르치고 행동하고 살았는지를 모르는 부조리가 기독교의 역사이고 현실이지.

신학생 : 그러면 왜 예수를 모르고, 좀 알아도 제대로 따르지 않을까요?

교수 : 각기 분명한 이유가 있지. 예수를 모르는 단순한 이유는 예수의 일생을 기록한 복음서 네 개조차도 제대로 읽지 않기 때문이지! 딴 이유는 없네. 복음서 세 개는 예수를 바라보는 관점(觀點)이나 서술 형식이 비슷하여 "공관복음"(마가, 마태, 누가. 기록된 순서), 요한복음은 관점이 매우 다르기에 "제4 복음서"라고 하지 않는가?

신학생 : 그러면 복음서를 읽는 순서는 그것이 기록된 연대 순서로 읽는 방법이 좋겠네요. 곧, 마가복음 > 마태복음 > 누가복음을 읽은 후에 요한복음을 읽는 게 예수를 올바로 아는 한 방법이겠습니다. 그런데 수재나 천재라면 모를까, 한두 번 읽어서 내용을 모조리 파악할 수는 없는 일이 아닌가요?

교수 : 그렇기에 읽고 또 읽어야 하지. 그것밖에는 예수를 아는 방법이 없으니까. 요새는 한글 성서가 많기에, 한글을 아는 사람은 누구라도 어렵지 않게 읽을 수 있지 않은가? 어떤 것이든 별로 차이가 없지. 복음서를 백 번 정도 읽는다면, 누구든지 예수를 환히 알게 되리라고 보네(딤후 3:15~17 참조).

그리고 왜 예수를 좀 알아도 제대로 따르지 않을까? 이것도 아주 단순한 이유이네. 성령과 진리를 통하여 다시 태어나지 못하여, 세상 사람들과 똑같은 욕심과 세계관과 가치관과 인생관과 사고방식을 가지고 예배당에 다니며 살기 때문이지! 그러나 예수는 이른바 "부자 되세여~!" 같은 것은 가르친 적이 없네. 기쁜 소식이라는 복음이나 복음서는 성공 철학이 아니네! 그래서 '안 기쁜 소식'이지!

신학생 : 예수는 오히려 부자니 성공이니 하는 말에 찬물을 끼얹었지요. 이런 비판과 공격의 말이 복음서에 수두룩하게 나오는데도, 기독교인들은 부와 성공에 매달려 기도하는 일에 골몰합니다.

교수 : 그래서 중생(重生)하지 못한 사람들은 예수의 비판을 안 좋아하여 슬쩍 피하지. 그런데 자네는 중생한 사람인가?

신학생 : 무서운 질문입니다. 그것은 모든 기독교인이 반드시 대답을 내려야 할 질문인데, 말씀하신 것처럼 '성령과 진리를 통하여 다시 태어난 것'은 아니지만, 할 수 있는 한 그렇게 되기를 바라고 힘쓰고 있습니다.

교수 : 그런데 기독교인들은 오순절 성령 강림 같은 것만 성령과 진리를 통하여 다시 태어난 것으로 아는데, 중생은 반드시 그런 방식만이 아니네. 진실로 예수를 사랑하는 마음, 예수의 가르침과 삶을 이해하고 좋아하고 따르는 태도, 예수의 가르침과 삶이 목숨보다 소중한 가치라는 것을 깨닫는 것도 성령이 일으키는 중생의 길이네. 장대비도 비이고, 이슬비도 비인 것과 같지.

예를 들어 구약에 나오는 예언자들을 보면, 중생 체험을 말하는 사람도 있으나, 대개는 침묵하네. 그러나 그들의 말과 활동을 보면, 분명히 다시 태어난 사람이지, 그저 지적이고 의로운 사람이 아니네. 중요한 것은 예수를 죽도록 사랑하는 그 한마음이네. 그것이 내면과 삶을 변화시키고 인도하는 빛과 힘이니까.

신학생 : 우리나라에는 유난히 기독교 이단(異端, heresy)이 많습니다. 이단은 '다른

가르침'이니까, 기독교 이단이란 예수의 가르침과 다른 가르침이란 의미입니다. 이른바 교주들이 그런 짓을 하고, 무지하고 어리석은 대중은 열광적인 분위기에서 몰아(沒我)의 지경으로 무턱대고 따릅니다. 왜 기독교 이단을 따를까요?

교수 : 앞서 말했지 않은가? 예수를 모르고 중생하지 못했기 때문이지, 다른 이유는 없다네. 진실로 복음서를 성실하게 읽어 예수를 알고 성령과 진리 안에서 다시 태어난 사람이라면, 이단의 교주가 왜 잘못되게 가르치는지를 단박에 알아차릴 수 있다네. 신약성서 전체를 곱씹으며 읽은 사람은 더욱 그렇지.

신학생 : 우리가 말하는 예수란 후일 기독교가 말하는 '신앙의 그리스도'가 아니라, 유대인으로 살아간 예수, 곧 신학 용어로 '역사적 예수, 역사의 예수'입니다.

교수 : 그렇지. 역사적 예수를 모르고 신앙의 그리스도를 알 수는 없네. 믿는다 해도 공허할 뿐이지.

5

신학생 : 이야기 전개상 결론을 미리 말하는 것이 좋을 것 같습니다. 그러면 역사적 예수는 누구인가요?

교수 : 그는 세상의 모든 것을 뒤집어엎은 혁명가라네!

신학생 : 네?

교수 : 놀랄 것 없네. 우리는 이제부터 역사의 예수를 말하려고 하는 것이니까, 그처

럼 철저한 혁명을 말하고 가르치고 부르짖고 실천하며 목숨을 바쳐 유산을 남긴 예는 누구에게서도 찾아볼 수 없네.

그러나 오해하지는 말게나. 예수는 정치적 혁명가도 아니고, 폭력 혁명가는 더욱 아니네. 예수의 혁명은 인간의 철저한 내적 혁명에 기초한 부드럽고도 강력한 세계 혁명이네! 예수의 하나님 나라가 그것이 아닌가? 먼저 사람의 마음에서 일어나는 하나님의 다스림(나라, 중생), 그리고 이 땅에서 이루어지는 하나님의 나라(다스림, 세상)이지. 그래서 예수는 진정한 혁명가라는 것이지.

그런 점에서 나는 예수를 '불세출의 이상한 사람'이라고 말하네. 어떻게 보면, 그는 대단히 모순된 사람이네. 왜냐면 그는 얼굴이 여럿이기 때문이지. 도저히 어느 얼굴 하나로 규정할 수 없네. 상황에 따라 다른 얼굴을 드러내거든. 그러나 전체적으로는 일관되네. 이것을 알지 못하면, 단박에 예수를 오해하게 되지. 용서와 사랑과 자비를 말하던 예수가 느닷없이 자기의 말을 듣고 변하지 않는 사람들에게 저주와 재앙을 퍼부으니, 어떻게 이해하겠나?

신학생 : 사실 그렇습니다. 제가 복음서를 읽으며 헛갈리는 점도 그런 것입니다. 전혀 반대되는 말과 행동을 하는 예수를 어떻게 하나로 통합해야 하는지 어렵습니다.

교수 : 사실이 그렇지. 자네만 그런 게 아니네. 우리는 복음서에서 하나의 예수 얼굴만 보는 게 아니지. 그것은 복음서 자체가 다면(多面)의 예수를 보도하기 때문이지. 예를 들어 마가복음의 예수와 요한복음의 차이는 실로 어마어마하네. 그래서 기독교인들이 헛갈리는 것이라네. 물론 복음서는 예수 이후 거의 45년이 지난 후부터 기록되어서, 예수를 그리스도, 하나님의 아들(독생자·외아들), 사람의 몸을 입고 오신 로고스(말씀, 하나님), 구세주로 고백하고 증언하려는 의도에서 기록한 책이기에, 그것만

본다면 예수의 얼굴은 하나뿐이지.

그렇더라도 복음서는 예수의 삶을 어느 정도 사실적으로 보도한다고 봐야 문제가 풀린다네. 그래서 예수의 얼굴이 여럿이라고 말하는 것이지. 후대에 생긴 교리를 통해서 복음서를 읽으면 해결할 길 없는 난제에 직면하고 말지.

예를 들어보세나. 기독교인들은 예수를 '사랑의 예수, 사랑의 선한 목자'로 알고 믿으며, 또 그렇게 알고 믿기를 좋아하지(요 10:11, 13:34). 그렇다면 어떻게 사랑의 목자 예수가 기적을 보여주었는데도 회개하고 달라지지 않는 사람들과 유대 종교인들에게 소나기처럼 저주를 퍼부었을까(마 11:20~24, 23장)?

기독교인들은 예수를 '용서의 예수'로 알고 믿으며, 또 그렇게 알고 믿기를 좋아하지(마 18:21~35). 그렇다면 어떻게 용서의 예수가 죄를 짓는 사람들은 손과 발과 눈을 찍어버리고 잘라버리고 빼어버리라고 하며, 맷돌을 목에 매달고 바다에 빠져 죽으라고 하며, 그렇지 않으면 불타는 지옥에 던져져 영원토록 고통을 받는다고 말했을까(막 9:42~49)?

내친김에 하나 더 생각해보세. 기독교인들은 예수가 하나님을 '조건 없는 무한한 사랑의 하나님'이라고 가르쳤다고 알고 믿으며, 또 그렇게 알고 믿기를 좋아하지(눅 15:11~24, 탕아의 비유). 그렇다면 어떻게 예수가 하나님을 죄인을 죽인 다음에 지옥의 불구덩이에 던져 넣으시는 실로 무섭고 두려운 분이라고 말했을까(눅 12:4~5)?

신학생 : 그러면 도대체 무엇을 예수의 핵심 사상과 가르침으로 봐야 하나요? 예수는 상황에 따라 이리저리 편리하게 말을 달리한 것이란 말인가요? 또는 예수의 사상은 시간의 흐름에 따른 발전적 과정을 보여주기에, 앞뒤 말이 다르다는 말인가요?

교수 : 아니네. 말이 다른 것은 상황에 따른 **방편(方便)**이네. 진리를 설파하는 사람은 누구나 그렇게 해야 하니까. 그래서 우리는 복음서에서 예수의 '청중'이 누군가를 유심히 보아야 하네. 예를 들어 자네가 초등학생과 대학생에게 설교한다고 해보게. 그러면 대상의 지적 수준이 다르니까, 같은 진리라도 표현 방법을 알아들을 말로 다르게 해야 하지 않겠나?

예수의 메시지도 그런 것이네. 그런 점에서 예수의 얼굴은 다면이면서 하나라는 말이네. 즉, 하나의 얼굴에서 나오는 여러 가지 얼굴이란 말이지. 말하자면, 예수는 '전체적인 인간, 통전적인 인간'이란 말이네. 예수는 '시인, 예언자, 현자, 철인, 교사, 진리를 깨달은 자 그리스도'의 총합이며 그 이상이지. 그래서 우리가 예수를 제대로 이해하기 어려운 것이네.

신학생 : 그것은 무슨 뜻입니까?

교수 : 이것은 예수의 본뜻을 알면 간단히 풀리는 문제라네. 그러니 예수의 본뜻부터 알아봐야 하겠지. 예수의 본뜻과 사명과 이상(理想)은 이 땅에 "하나님의 나라"를 세우는 것이네. 하나님의 나라가 예수의 다면이 일면에 통합되는 근거이고 중심이고 기준이네.

신학생 : 그러면 예수가 품고 가르친 하나님의 나라는 무엇인가요?

교수 : 하나님께서 창조 때 의도하고 계획하신 세상의 본래 질서이네. 간단히 말하면, 모든 **인간(인류)이 하나님 안에서 변화된 형제자매가 되어 서로 평등하고 행복하고 평화롭게 사는 새 하늘과 새 땅**이네(창 1~2장, 사 65:17). 그런데 이것이 인간의 죄악과 타락 때문에 차질이 생겼지. 이것이 창세기 3장 이후~말라기까지, 구약성서가

말하는 내용이네. 하나님의 창조 질서와는 정반대의 세상이 되어버린 것이지.

신학생: 그것과 예수의 하나님 나라 운동이 어떻게 관련되는 것인가요?

교수 : 예수는 이 잘못된 인간과 세상을 완전히 전복하여, 본래 하나님이 창조 때 계획하신 질서를 다시 회복시키려고 한 것이네. 이것이 예수의 한 얼굴이네. 그런데 세상에는 그것을 거부하고 싫어하거나, 관심조차도 보이지 않는 인간들이 대다수이지. 그래서 예수가 시골 사람이나 도시 사람들을 막론하고, 과격할 정도로 책망하고 저주까지 한 것이지.

예수의 다면이란 하나님의 나라를 세우려는 일심, 일면의 예수가 방편에 따라 달리 드러낸 모습이네. 그런데 세상은 인간의 작품, 곧 인간의 마음과 사고와 재주로 만들어지지. 자기를 닮은 세상을 만드니, 인간이 세상이지. 이것이 역사이고 현실이네.

신학생 : 그렇다면 인간부터 철저히 혁명해야 한다는 결론이 나오네요. 그러면 세계 혁명도 일어날 테니까요. 따라서 세상이 하나님의 창조 질서대로 되는 것이 인간 혁명과 세계 혁명의 핵심이 되겠네요.

교수 : 그래서 예수는 인간 혁명과 세계 혁명을 아울러 가르치고 부르짖으며, 자신의 마음과 생각과 태도와 존재 방식과 삶을 통하여 미리 하나님의 나라가 어떤 것인지를 보여주며 살아간 진정한 혁명가라는 것이네. 물론 인간의 힘만으로는 안 되지. 이 땅에 하나님의 나라를 세우는 것은 하나님의 뜻이기에, 하나님은 그 운동에 참여하는 사람들을 도우시네. 이렇게 하나님의 나라는 하나님과 예수 추종자들의 합작으로 이루어져 가는 것이지. **'지금, 그리고 앞으로 이루어지는 하나님의 나라!'** 이것이 예수의 가르침과 삶이네.

2장
하나님의 나라

2장
하나님의 나라

1

신학생 : 그래서 예수를 이해하려면, 성서 처음으로 돌아가야 한다는 말이 되겠습니다.

교수 : 그렇지.

신학생 : 그러면 성서는 무엇을 핵심 주제로 담은 책으로 보아야 할까요?

교수 : 타락한 인류와 그로 인해 망가진 만물의 질서를 구원하시려는 하나님의 뜻·계획·목적이네. 그것은 우주와 지구와 인간을 비롯한 만물의 창조자와 역사의 주인이신 하나님, 동물과는 달리 고도의 영성과 지성과 감성과 의지를 지닌 인간, 인간(나, 우리나라)과 인간(타인, 타국), 인간과 만물, 그리고 하나님과 인간과 만물이 창조 질서대로, 심오하고 친밀하고 숭고한 관계를 맺고 조화와 일치의 질서를 이루어 살아가는 의롭고 거룩하고 평등하고 평화로운 세계를 이 땅에 다시 실현하시는 것이지. 그래서 성서는 역사와 현실에서 나타나는 탐욕과 거짓, 망상과 착각, 부조화와 불평등, 갈등과 대립, 범죄와 전쟁이 완전히 사라진 인간적이고 신성한 세계인 "하나님의 나라"를 다시 이룩하시는 것이 하나님의 뜻이라는 진실을 줄기차게 말하네(시 145:11~13; 마 6:9).

신학생 : 그러면 인류와 만물을 구원하시려는 하나님의 뜻은 성서 첫머리와 마지막을 보면 금방 드러나네요. 창세기 1장은 우주적 규모에서, 만물과 남녀 인간의 창조와 평등과 아름다운 조화를 "하나님이 보시기에 참으로 좋았다."라고 말하고, 창세기 2장은 지구 차원에서, 하나님과 인간과 만물의 조화가 이루어진 에덴동산의 세계를 말합니다. 그 후 인간의 타락과 죄악의 역사, 이스라엘 민족의 역사가 나오는데, 이것이 구약성서입니다. 그리고 이스라엘에서 태어난 예수와 초기 교회의 활동이 나오는데, 이것이 신약성서입니다.

그래서 전체적으로 보면, 아담의 타락 이후 지금까지 전개되어온 것이 성서가 말하는 인류의 역사입니다. 마지막 책인 요한계시록에는 타락과 죄악의 역사를 지내온 인류가 하나님이 인내 속에서 기다려도(롬 2:4) 돌아오지 않아, 끝내 심판을 받아 사멸한 후(이것은 인류에게 몹시 불행한 일입니다!), 마침내 구원받은 소수가 "새 하늘과 새 땅"에서 살아가게 됩니다(계 21장). 그리하여 궁극적으로 이 땅에 하나님의 나라가 실현되지요.

교수 : 성서는 시종일관 인류와 만물을 구원하여 이 세상을 하나님의 나라로 만드시려는 하나님의 뜻과 계획과 목적을 증언하는 책이지.

2

신학생 : 그러면 예수 그리스도는 누구인가부터 알아보는 게 좋겠습니다.

교수 : 그렇게 하세. 공관복음은 대개 예수를 구약성서의 핵심 주제에서 발원한 예언자들의 사상을 이어받아 하나님의 나라를 이 땅에 이룩하려고 활동한 예언자로 고백하고 증언하지. 요한복음은 예수 그리스도를 이 땅에 사람의 몸을 입고 와서 진리

를 가르치며 하나님의 나라를 이룩하려고 한 하나님 자신으로 고백하고 증언하네. 그래서 둘 다 예수 그리스도를 하나님의 아들이라고 말하며, 이 땅에 하나님의 나라를 세우는 것이 그의 근본적인 뜻이라고 증언하네. 따라서 예수 그리스도는 전적으로 지금 이루어지고 있고, 또한 장차 이루어질 하나님의 나라를 실현하려는 거룩한 뜻을 품고 산 분이지.

신학생 : 그런 점에서 교회의 탄생 이유와 목적도 생각해봐야 하겠네요.

교수 : 그렇지. 교회 역시 예수께서 당신을 따르는 제자들과 그리스도인들을 통하여, 이 땅에 하나님의 나라를 실현하려고 세운 것이지, 다른 게 아니네. 그렇기에 교회의 존재 목적도 전적으로 하나님의 나라를 위해서 있는 것이지. 하나님의 나라가 아니라면, 교회는 생기지도 않았네. 곧, 예수는 하나님의 나라를 위하여 제자들의 공동체(교회)를 세운 것이지.

신학생 : 그런데 하나님의 나라 사상은 예수의 독창적인 발상인가요?

교수 : 아니네. 하나님의 나라는 창세기 두 곳과 예언자들과 시인들의 사상 속에서 줄곧 나타나네. 예수 역시 그 사상을 이어받아 온 삶을 다 바쳐 독창적으로 제시한 것이지. 그렇기에 하나님의 나라에 관한 예언자들의 사상을 살펴보아야 하네.

신학생 : 제가 이해하고 있는 하나님의 나라에 관한 사상을 설파한 예언자들의 위대성은 그것을 통해서 자기가 살던 시대를 구원하려고 했다는 것과 함께, 이스라엘 민족이 지향해야 할 역사의 궁극적인 목적을 제시했다는 점에서 드러난다고 봅니다. 왜냐면 이스라엘 민족은 자기들만의 평화와 번영과 구원을 위해서가 아니라, 온 인류의 평화와 번영과 구원을 위해서 하나님의 선택을 받은 민족이니까요(창 12:1~3).

교수 : 그렇지. 그러면 하나님의 나라에 대한 예언자들의 사상에서 핵심적인 것만 뽑아 살펴보는 게 필요하겠지. 내가 생각하는 것을 살펴보지.

제1 이사야 11:1~9 : "하나님의 영"을 힘입은 사람은 이새(다윗의 아버지)의 줄기에서 난 "한 가지"인데, 의와 지혜의 왕을 상징하네. 그 왕의 통치가 이루어진 세상을 동물 우화로 비유하여 상징하는데, 육식동물들은 사회적 강자들, 초식동물들은 사회적 약자들, 어린이는 내적 변혁을 일으킨 순결하고 지혜로운 사람이네. 물이 바다를 채우듯 하나님을 아는 지식이 땅에 가득해진 새로운 세상이 이루어지면, 모든 인간이 왕 같은 어린이로 변화되어, 서로 해치거나 파괴하는 일 없이 행복하고 평화롭게 살아간다는 것이지. 그래서 창세기 1~2장 이야기가 마침내 세상에 다시 실현된다는 것이네(35장도 그렇지).

미가 4:1~4 : 이것은 이사야 2:1~4에도 나오는 것인데, 세상에서 갈등과 전쟁이 그친 평화로운 세계에 대한 희망과 이상이지. 모든 인간이 어떤 탐욕이나 거짓, 폭력이나 두려움, 억압과 착취와 전쟁도 없이, "포도나무와 무화과나무 아래 앉아서 평화롭게 사는" 세상이네.

예레미야 32장 : 이것은 하나님과 인간이 아버지와 아들, 혹은 목자와 양 떼로서 온전한 변혁을 이룬 하나의 민족(인류)이 되어, 영원한 사랑 안에서 정의롭고 거룩한 새로운 세상을 이루어 행복하고 평화롭게 살아가는 날에 대한 희망과 이상을 말하네.

제3 이사야 65:17~25 : 이것은 하나님의 능력으로 탐욕과 거짓, 폭력과 두려움으로 가득했던 옛 세상이 완전히 사멸하고, 모든 인간이 기쁨과 행복과 평화를 누리는 "새 하늘과 새 땅"에 대한 희망과 이상이네. 25절에는 이사야 11:6~9절의 축약이 나오지.

스가랴 9:9~17 : 이것은 인류가 온순하고 공의롭고 구원을 베푸는 진리의 왕을 믿고 따르며 마침내 평화를 이루어, 마치 한 목자가 기르는 양 떼처럼, 그리고 왕관에 박힌 보석처럼 빛나게 되는 좋고 아름다운 세계를 향한 희망과 이상을 말하네.

3

신학생 : 그렇다면 예수는 오로지 하나님의 나라를 이 땅에 세우려는 뜻 하나만 품고 활동하다가 장렬하게 산화(散花)한 것이라는 말이 되네요.

교수 : 그렇지. 예수에게 있어서 하나님의 나라는 "내가 그것 때문에 살고, 그것 때문에 죽는 그것"이었네(S. A 키르케고르-이것이야 저것이냐: 유혹자의 일기). 예수는 하나님의 나라 실현에 목숨을 건 사나이이지. 곧, 하나님의 나라는 예수가 목숨을 바친 유일한 세계관이고 가치관이고 인생관이고 거룩한 사명이고 이상이지. 예수는 하나님의 나라를 친절하게 가리키기만 한 사람이 아니라, 자신부터 철저히 하나님의 나라를 살고(하나님의 다스림 안에서 살고), 하나님의 나라를 가르치고 가리키며 거기에 목숨을 내건 분이지.

그래서 예수의 일은 크게 세 가지로 대별 되네. 1) 하나님의 나라가 아닌 기존과 현실의 모든 '문화'를 전복하는 혁명(문화는 정치, 종교, 경제, 교육, 전통, 관습 관계, 직업, 가치관, 인생관 등, 인간과 세상의 모든 것을 망라하는 용어로 쓴 것이네). 2) 의롭고 사랑과 자비가 충만한 평화의 세계인 하나님의 나라를 자기 몸과 삶을 통하여 직접 보여주며 가르치고 가리킨 것, 3) 하나님의 나라 운동을 위해 제자들을 양성한 것 (12명만은 아님).

신학생 : 그런데 예수의 공생애는 처음부터 끝까지 불꽃이 튑니다.

교수 : 그야 하나님의 나라가 아닌 기존 현실의 문화를 모조리 전복하기 때문이네. 그런 점에서 예수는 예언자이고, 더 나아가 혁명가라는 것이지. 예수의 전복과 혁명 대상은 기존 세상의 문화 전체이지, 단지 자기를 반대하는 사람들이 아니네. 그래서 당대의 모든 인간을 변화의 대상으로 삼은 것이지. 예수의 눈에는 모든 인간이 "길 잃은 양"이니까.

곧, 예수는 종교와 성전 체제, 제사·예배와 금식 및 기도, 율법, 정치, 경제, 불평등, 관습, 교육, 인간관계, 세계관, 인간관, 가치관, 인생관, 도덕과 윤리, 마음, 사고방식, 언어, 제도, 관행, 습성, 군대, 행정, 일상생활, 남녀노소, 신분 질서, 차별, 노예와 토지, 돈과 재산과 부, 편견과 선입관, 거만과 교만의 태도 등, 인간 문화의 모든 것에 딴지를 걸고 의문을 제기하고 해체하고 전복한다네. 그래서 예수는 지극히 위험한 불순분자이지!

신학생 : 부정은 긍정을 암시하고 함의하고 내포하기에, 진리는 언제나 부정, 곧 부정 변증법에서 시작하지요. 긍정만 떠드는 자는 진리를 모르고, 세상을 만만하게 얕보는 것이기에, 근본적인 오류이고 실수입니다. 그렇기에 하나님의 나라라는 새롭고 거대하고 보편적인 이념과 이상에 견고하게 서서, 기존 현실의 문화에 대한 철저한 부정을 감행하는 예수의 태도와 행동은 긍정을 내포하고 가리킵니다. 앞서 본 성서 구절이 보여주듯이, 하나님의 나라는 하나님이 본래 의도하신 인간과 세상을 향한 뜻과 계획과 목적이니까요.

교수 : 그렇기에 예수의 하나님 나라는 인간 혁명에서부터 시작되는 것이지. 하나님의 나라는 인간이 성령의 감화 속에서 진리(성서와 예수의 가르침과 성령의 깨우침)를 깨달아 마음과 사고방식과 태도와 존재 방식의 철저한 변화를 이루고, 하나님과 함께 기존 세상의 문화에 대한 철저한 거부와 변혁을 지향하고, 사랑과 자비를 실천하

면서 이룩되는 전혀 새로운 현실이고 세계이네. 그것이 "이 땅에 이루어지는 하나님의 나라"이지(마 6:9~10).

신학생 : 그런데 문제는 기존 세상의 문화에 대한 부정과 전복과 혁명에는 언제나 거센 도전과 저항이 따른다는 것이 아니겠습니까? 왜냐면 기존 세상의 문화 체계를 담당하며 질서를 유지한다고 자임하는 보수적인 지도층이나 기득권층은 그것을 싫어하고 거부하니까요.

교수 : 그것이 예수의 공생애에서 갈등과 충돌, 그리고 수난과 십자가와 죽음이 나타난 이유이지. 우리는 복음서에서 이것을 여과 없이 읽을 수 있네.

4

신학생 : 공생애에 나선 예수는 예언자들의 하나님 나라 사상을 고스란히 이어받아 자신의 사명을 밝힙니다. 그것은 제3 이사야 61장의 앞부분이지요(누가복음 4:18~19에서 인용). **"주님의 영이 내게 내리셨다. 주님께서 내게 기름을 부으셔서, 가난한 사람에게 기쁜 소식을 전하게 하셨다. 주님께서 나를 보내셔서 포로 된 사람들에게 해방을 선포하고, 눈먼 사람들에게 눈 뜸을 선포하고, 억눌린 사람들을 풀어주고, 주님의 은혜의 해를 선포하게 하셨다."**

교수 : 그런데 누가복음의 본문을 잘 들여다보아야 하네. 예수는 제3 이사야의 본문에서 **"우리 하나님 보복의 날을 선언하게 하셨다."**라는 구절은 생략했는데, 그 이유는 그것이 타민족들을 향한 이스라엘의 협소하고 적개심 가득한 민족주의를 담은 부분이기 때문이네.

신학생 : 그렇군요. 은혜의 해는 50년마다 한 번씩, 모든 종의 해방, 빚의 탕감(말소), 원주인에게 토지를 반환하는 것을 통하여 평등과 평화를 실현해야 하는 절기인 희년(禧年)입니다. 그러니 예수의 사명은 이것이 인류 전체에 이루어지게 한다는 뜻이 되겠네요. 따라서 그것을 거부하는 기존 세력과 충돌할 것은 명약관화한 일입니다.

교수 : 예수가 하는 일은 영적이기도 하고 문자 그대로이기도 하네. 모든 인간이 영과 진리를 깨달아 근본적으로 내적 혁명을 이룬 새로운 사람이 되어, 하나님을 알고 자신을 알고 타인을 알아, 서로 기쁘고 행복하고 평등하고 평화롭게 어울리며 살아가는 새로운 세상을 이룩하려는 것이 예수의 사명이고 이상이네.

따라서 예수의 모든 가르침과 이야기와 기적과 행동과 삶 전체는 오로지 하나님의 나라를 이 땅에 실현하려는 뜻 하나에 맞추어져 있네. 개인적 복을 받게 하려는 것이 아니네. 그렇다면 예수는 이 땅에 올 필요도 없었지! 구약성서에 나오는 대로, 이스라엘이 실패한 역사는 하나님의 뜻이 자기들에게만 해당하는 것으로 오해하고 왜곡하여 잘못 믿고 생각하며 살아왔기 때문에 빚어진 불상사였네.

신학생 : 따라서 예수를 보는 관점은 하나님의 나라 사상이라는 점을 추호도 망각하고 오해하고 왜곡해서는 안 될 것입니다. 그렇게 되면, 교회 역시 고대 이스라엘 민족이 실패한 역사를 되풀이하게 될 테니까요. 그런데 유감스럽게도 기독교 2천 년 역사가 바로 그것이었습니다. 예수는 이 땅에 하나님의 나라를 실현하려는 그 한뜻만 품고 산 분이니, 교회 역시 하나님의 나라를 지향하는 것을 목적으로 삼아야 하지요.

교수 : 교회(제자들·그리스도인들)는 예수의 분신이기 때문이네. 예수의 십자가와 대속(代贖)만 믿어온 2천 년 역사는 완전히 실패한 역사이지. 물론 세계 선교를 하여 기독교 제국을 세운 것은 자랑할 만한 일이라고 여기는 사람들도 많을 걸세. 하지만

과연 예수가 그런 종교를 세우라고 한 것인가를 다시 생각해야만 하지. 이런 기독교는 앞으로 또 2천 년이 흐른다고 해도, 결단코 세상을 변화시킬 수 없네! 예수는 하나님의 나라를 이 땅에 세우는 일을 위하여 자신을 바친 분이지, 결단코 종교 제국을 세운 것이 아니니까 말이네.

신학생 : 그러니까 다른 말로 하면, 예수는 '신자'를 만들라는 종교가 아니라, 당신의 뒤를 따라 하나님의 나라를 이 땅에 세우는 '제자 공동체'를 세운 것이라는 말씀이지요?

교수 : 그렇지.

신학생 : 제가 볼 때도, 신자는 '기독교인'이고 제자는 '그리스도인'입니다. 기독교인들은 이 둘을 구별 없이 쓰지만, 엄연히 차이가 있지요. 저는 신자 기독교인은 중생하지 못한 채, 자기를 위해 예수를 필요로 하는 사람, 제자·그리스도인은 성령을 통하여 진리를 깨달아 다시 태어나 자기를 예수를 따라서 하나님의 나라를 세우는 일을 위해 있다고 여기는 사람이라고 봅니다. 기독교인은 예배당·성당에 다니기만 하면 되니까 쉽지요. 하지만 그리스도인이 되기는 어렵습니다. 그래서 여북하면 '니체'는 그리스도인은 역사적으로 예수밖에 없었다고 과격하게 말하기까지 했지요(안티 크리스트). 물론 지나친 말이지요. 누가 뭐래도 베네딕투스나 프란치스코나 슈바이처나 본회퍼나 이일선은 진정한 그리스도인이었지요.

교수 : 우리는 니체의 말에서 진실을 들어야 하네. 비판에 귀를 기울일 줄 모르는 기독교는 병든 것이지. 예수도 "돌들이 소리를 지른다."라고 했네(눅 19:40). 거짓 예언자 '발람'이 이스라엘을 저주하러 나귀를 타고 갈 때, 나귀가 말을 하며 제지했다고 하는 것도 그런 역설(逆說)이지(민 22장).

하나님의 나라는 예수의 모든 것이네. 다시 말하지만, 하나님의 나라는 이중적인 것으로, 인간의 내면에서 이루어져 인간 혁명을 낳고, 세상에서 이루어져 세계 혁명을 낳아 실현되는 것이네. 그런 점에서 예수는 하나님의 나라를 자기 안팎의 삶을 통하여 미리 보여준 거울이지. 요즘으로 말하면 영화라 하겠네. 예수를 보는 것은 그의 인격과 삶에서 실현된 하나님의 나라를 보는 것이니까. 그래서 바울이 예수의 마음을 품으라고 한 것이네(빌 2:5).

5

신학생 : 그러면 제가 예수가 살았던 2천 년 이전 이스라엘 역사를 요약해볼까요?

교수 : 그러면 좋겠네.

신학생 : 그것은 지금 생각해봐도 눈물겹고 슬프고 고통스러운 수난의 역사였지요. 이집트 노예 시대와 가나안 정착과 사사 시대는 생략하고 왕조시대만 보면, 통일 이스라엘은 사울과 다윗과 솔로몬 왕으로 끝나고, 솔로몬 이후 남북으로 분단됩니다(기원전 931년경. 북 왕국: 이스라엘, 남 왕국: 유다). 북이스라엘(9개 지파)은 기원전 721년 "아시리아" 제국에게 멸망하고 포로로 잡혀가 끝내 역사에서 사라지고, 남 유다는 기원전 586년 "바빌로니아" 제국에 멸망하고 지도층과 지식인들은 바빌론 포로가 되어 거의 70여 년 동안 살았습니다(유다와 베냐민 지파. 제사장 부족인 레위 지파는 11 지파에 분산되어 있었음. 망하기 전에도 두 차례 포로. 기원전 605년과 597년).

그러다가 기원전 539년 바빌로니아를 멸망시킨 페르시아 제국의 "키루스 2세"(고레스)가 그간 포로가 되었던 모든 민족을 해방하여 조국으로 돌아가게 하여, 유대인들도 귀환했지요(돌아오지 않은 사람도 많음). 해방은 되었으나 식민지 상태는 계속

되었지요. 그때 페르시아 제국은 유대 땅을 행정 체제에 편입시켜 "예후다"(Yehuda, 유다·유대), 유대인을 "예후디"(Yehudi, 유다인)라고 부르게 되었지요(한자 유태인·猶太人, 한글 음역으로 유대인).

200여 년 후 기원전 332년경, 그리스 "알렉산드로스" 대왕이 페르시아를 멸망시켜 유대인들은 다시 그리스 제국의 식민지로 넘어갔습니다. 그리고 기원전 164년경, 제사장 가문인 "마카베우스" 일가의 해방 투쟁이 성공하여 독립을 이루어 제사장 왕조가 성립했지요(하스모네안 왕조, 기원전 142~63년). 그러나 제사장 왕조는 형제들의 정권 다툼 속에서 지리멸렬하다가 자멸하고, 로마 제국의 식민지가 되었습니다(기원전 63년, 폼페이우스 장군).

얼마 후 로마는 "헤롯 안티파테르 2세"에게 유대 통치를 맡겨 다스리게 했고(헤롯 대왕, 기원전 37~4년), 그가 죽은 후 유대는 세 아들에게 분배되었습니다(이스라엘 땅을 북쪽에서부터 갈릴리, 사마리아, 유대로 삼분). 복음서에 나오는 "아르켈라우스"(아켈라오. 유대와 사마리아, 서기 6년에 축출되어 갈리아〈프랑스〉로 유배되고, 로마 총독의 지배로 들어감), "안티파스"(안디바, 갈릴리), "필립"(빌립, 갈릴리 북과 동)입니다. 이렇게 이스라엘은 예수의 공생애 출발까지(서기 26년경), 무려 750년~612여 년간 강대국들의 식민지로 살아온 것입니다.

교수 : 잘 요약했네. 우리는 복음서에서 병들고 소외되고 가난한 민중의 모습을 보네. 정신병자(귀신들린 자), 뇌졸중 환자와 중풍 병자, 시각과 지체 장애인, 악성 피부 질환자(문둥병 등), 거지, 소작 농부들, 도둑과 강도, 하루 벌어서 먹고 살아가는 일용 노동자들, 천대받는 여성들과 어린이들, 버려진 사람들, 차별받는 사람들(목동, 돼지치기, 가죽 세공업자, 고리대금업자, 세리, 창녀, 사마리아인), 극빈자 등이 많았던 것도 강대국들의 오랜 억압과 착취가 가져온 사회적 충격 때문이었네. 예수의 활동은 모

두 이런 민중 사이에서 펼쳐진 것이지.

그래서 복음서가 보도하는 예수는 자비심으로 가득한 민중의 목자와 친구로 나타나네. 자비(compassion)의 히브리어 '라하밈'(rachamim)은 어머니 자궁인 '레헴'(rechem)에서 온 단어인데, 아기를 출산할 때의 고통을 가리키지. 그렇기에 예수의 자비는 고통을 겪는 사람들과 똑같은 마음으로 함께한 것을 말하네. 자선이 아니지. 따라서 매일 거리에 나서면 그런 사람들을 만나는 예수의 일상은 대단히 가슴 아프고 힘겨운 처절한 것이었네. 그렇다고 예수가 그들에게 어떤 현실적인 도움을 제공한 것도 아니었네. 간혹 치유하고 먹인 일은 있지만, 그저 가르침을 전하고 자비심으로 함께하며 위로와 격려하며 희망을 주었을 뿐이지.

6

신학생 : 네 복음서에 따르면, 예수의 출현은 "예언자 요한"을 만나면서부터 시작됩니다(예수는 요한을 예언자라 봄, 마 11:9~14). 예로부터 예언자를 '하나님의 신성한 광인'이라 합니다. 예레미야 예언자가 "내 말은 맹렬하게 타는 불이다. 바위를 부수는 망치다."라고 말한 후부터(렘 23:29) 그렇게 말해왔지요. 예언자들은 비정상적인 부패한 세상에서 지극히 올바른 방향 제시를 했는데, 오히려 그 때문에 비정상적인 광인 취급을 받았습니다.

교수 : 그렇지. 그런데 공관복음은 예수의 침례를 말하지만(침례가 정확하니, 이 용어를 사용하는 게 좋겠네), 요한복음은 침묵하네. 그 이유는 요한의 침례가 임박한 하나님의 심판 앞에서, 죄를 회개하고 새 삶을 살겠다는 뜻을 지닌 사람에게 베푼 것이기에, 예수를 사람의 몸을 입고 오신 말씀인 하나님이라고 고백하고 증언하는 요한 기자로서는 예수가 침례를 받을 필요가 없다고 보았기 때문이지.

신학생 : '첫 제자'도 공관복음과 요한복음이 차이를 드러냅니다. 공관복음에서 "베드로와 안드레, 야고보와 요한"은 어부들, 요한복음에서는 "예언자 요한의 제자들"입니다. 공관복음은 예수의 공생애가 갈릴리에서부터 시작된 것으로 말하지만, 요한복음은 잠시 갈릴리 가나와 사마리아에 들른 후 예루살렘으로 올라와 대부분 활동하는 것으로 보도합니다.

교수 : 요한의 활동은 실상 하나님의 나라 운동이네. 마태는 이렇게 말하지. **"그 무렵 요한이 나타나서 유대 광야에서 선포하여 말하기를, '회개하여라. 하늘나라가 가까이 왔다.' 하였다."**(마 3:1~2) 유대 광야는 요한이 침례를 베푼 장소인 요르단강 하구에서 시작되어 사해 쪽으로 펼쳐진 지역이네. '하늘나라'에서 '하늘'은 마태의 전문용어로, '하나님'을 우회하여 말하는 언어상의 기법이기에, '하나님의 나라'와 같은 뜻이지. 그러니 요한은 하나님의 나라 운동을 시작한 예언자이고, 예수가 침례를 받았든 받지 않았든 요한을 만난 것은 그 운동을 지지하며 합류하여 참여한 것으로 보아야 하겠지.

신학생 : 그 후 예수는 홀로 광야로 들어가 고행 수도를 하다가, 요한이 '헤롯 안티파스'를 비판하여 체포되고 난 후에 갈릴리에서부터 본격적으로 공생애를 시작합니다. 따라서 예수의 공생애 역시 하나님의 나라 운동입니다. 그러면 요한은 분명히 예수의 선구자인데, 복음서는 요한을 예수의 길을 예비한 사람으로 봅니다.

교수 : 그것은 유대교의 영향 때문일 것이네. 유대교에서는 메시아가 나타나기 전에 예언자 "엘리야"가 먼저 온다고 말하고 믿어왔으니까 말이네(말라기). 복음서는 예수도 요한을 그렇게 보았다고 말하는 데서는 모두 같은 견해를 보이지.

7

신학생 : '칼릴 지브란'의 "사람의 아들 예수"에 놀라운 구절이 있습니다. 요한의 두 제자가 '헤롯 안티파스'가 그를 죽인 사건을 알려오자, 예수는 헤롯에 대해 이렇게 말합니다. **"나는 요한을 위해 슬퍼하는 것이 아니라, 그보다도 칼이 떨어지게 한 헤롯을 위해서 슬퍼한다. 불쌍한 왕, 잡혀서 고리와 밧줄로 끌려가는 짐승 같은 것!"**

그리고 요한을 이렇게 말하지요. **"참말로 그는 귀머거리의 나라에 외친 한 소리였다. 그러기에 나는 그를 그 고통과 외로움에서 사랑한다. 또 나는 티끌에 굴복하기보다는 차라리 칼에 모가지를 내 댄 그의 자존심을 사랑한다. 언제나 한 시간 다스리는 것들이 해를 두고 다스리는 자들을 죽여 왔다."** 20세기의 시인이 위대한 시인 예수의 심정을 심오하게 통찰한 것으로 보입니다.

교수 : 그렇지. 분명히 예수는 요한을 친구와 동지로 여겼네. 그런데 요한이 살해당한 소식을 들은 예수가 취한 태도를 보도하는 마가와 마태의 이야기는 비슷하면서도 사뭇 다르네. 마가는 요한의 죽음을 객관적으로 보도한 후, 예수가 그 소식을 들었다는 말도 없이 곧바로 제자들과 함께 외딴곳으로 물러갔다가 일으킨 오병이어 사건을 이야기하고, 마태는 그 소식을 들은 예수가 일단 제자들과 외딴곳으로 물러갔다고 말하고는, 그곳으로 몰려온 무리를 먹인 오병이어 사건을 보도한 후, "제자들과 무리를 떠나 날이 저물도록 홀로 있었다."라고 말하네. 그렇다면 어떤 것을 당시 예수가 취한 행동으로 보아야 할까?

신학생 : 아무래도 마태의 보도를 사실적으로 보아야 할 것 같습니다. 예수가 요한의 비극적 죽음을 듣고도 도저히 아무런 감정 이입이 없었다고 볼 수는 없으니까요.

교수 : 지브란은 요한의 죽음에 대한 예수의 반응을 이렇게 말하네. **"모든 행동은 제 내일을 가진다. 나 자신이 아마 이 죽음의 내일이 될 것이다."** 그러니 마태 기자는 요한의 죽음에 충격을 받은 예수가 자기에게 닥쳐올 죽음을 예감하고, 밤새도록 홀로 기도하며 깊은 침묵에 들었다가, 풍랑으로 고생하는 제자들에게 물 위를 걸어 아침에 돌아온 것을 강조한 것이지. 그렇게 본다면, 풍랑 위를 걸었다는 것은 예수에게 절묘한 상징적 이야기가 되네. 예수는 박해와 죽음의 상징인 풍랑을 밟고 가는 분이라고 증언하는 것이니까.

신학생 : 그래서 우리는 복음서에서 자주 말하는 '홀로 있는 예수'를 깊이 생각해봐야 합니다. 히브리서 기자는 그런 예수를 본 일도 없는 사람인데, 참으로 인간적으로 묘사했습니다. 그 기자는 예수의 기도를 "하나님을 향한 큰 부르짖음과 눈물과 통곡"의 탄원이라면서, 그것을 하나님을 향한 "순종"이라 합니다(5:7~8). 요한복음에서는 있을 수 없는 일이지요.

교수 : 그렇지. 그래서 우리가 자꾸 복음서를 통합해서 예수를 이해해야 한다고 말하는 것이 아닌가? 요한복음은 예수를 이 땅에 사람의 몸을 입고 오신 하나님으로 증언하는 것이 목적이니까, 그런 모습을 일절 보도하지 않기에, 겟세마네 동산의 기도조차도 없지. 그래서 요한복음의 예수는 자칫하면 영지주의가 말하는 가현설의 그리스도와 실로 아슬아슬하네! 다만 목마름과 지침, 고난과 십자가와 죽음을 말하면서 그런 점을 일소했지.

지나치게 극단적으로 나아가 예수를 보는 것은 예수에 대한 왜곡된 관념으로 이어질 수밖에 없네. 인간이면서 하나님이신 분으로 보아야 한다는 것이 복음서와 신약성서와 기독교의 관점이지. 인간적이거나 신적인 측면의 어느 한쪽만 극단적으로 강조하면, 필연 이단적 견해가 나올 수밖에 없네. 한쪽은 절망이고, 한쪽은 공허하니까. 이 둘을 통합한 것이 부활 사건이네. 인간이면서 신인 예수의 죽음과 부활!

그러면 요한의 메시지에서 하나님 나라의 성격이 드러나는데, 무엇인지 말해 보겠나?

신학생 : 옛 예언자들의 메시지와 같이, 정의와 자비와 겸손의 삶, 거짓과 착취와 억압과 폭력 없는 삶이지요. 요한은 이러한 삶을 거부하는 자들에게 인정사정없는 하나님의 심판을 선포합니다. "도끼, 불, 키, 타작마당, 알곡과 쭉정이"의 이미지가 그것이지요. 그가 말하는 회개란 거짓과 착취와 억압과 폭력의 삶을 중단하고, 정의와 자비와 겸손의 삶으로 돌아서는 인생의 결정적 방향 전환입니다.

교수 : 그렇다네. 예수도 회개라는 단어를 이런 의미로 사용하지만, 요한보다 더 깊이 나아가지. 예수가 말하는 회개는 이중적인 것이네. 먼저 각 사람의 마음에서 이루어지는 혁명이고, 그 후 일상에서 이루어지는 새로운 존재 방식이네. 그렇기에 회개야말로 내가 지금 하나님의 나라에서 사는 것과 동시에, 일상에서 이룩하는 하나님 나라의 새로운 현실을 사는 것이지. 하나님의 '나라'는 하나님의 '다스림'이네(통치나 정치. 국가나 왕국·kingdom이 아님!). 곧, 하나님의 나라는 새로운 마음과 새로운 존재 방식·생활 방식(인간 혁명)과 이것이 가져오는 새로운 세상(세계 혁명)이라는 현실, 이 두 가지를 통합한 것이지.

따라서 인간 혁명 없는 세계 혁명 없네. 그러나 세계 혁명은 단순한 정치혁명이나 폭력혁명이 아니지. 예수는 철저히 폭력을 배격하네. 예수의 하나님 나라 운동은 인간 혁명에 기초하여, 사랑을 통해 자발적이고 비폭력적인 방식으로 정치와 경제와 사회와 인간관계와 종교와 문화 등, 모든 방면에서 이루어져야 할 새로운 세계라는 근본적이고 영구한 혁명이니까.

신학생 : 그런데 공관복음은 어느 정도 인간 혁명과 세계 혁명을 균형 있게 말하지만, 요한복음은 주로 인간 내면의 혁명에 치중한다는 인상입니다.

교수 : 그렇기에 복음서를 종합하여 예수의 하나님 나라 운동을 이해해야 한다는 것이지. 예수의 하나님 나라 운동은 인간 혁명과 세계 혁명을 아우르는 전체적인 혁명이기 때문이네. 그래서 예수는 성령과 진리로 다시 태어나는 "중생"(重生, 요 3:1~8, 14:16~17)과 "세상의 빛"(마 5:14)으로 사는 것을 강조하며 가르친 것이지. 예수의 모든 가르침과 기도와 침묵, 기적 행위, 청빈, 진실과 사랑과 자비의 삶 전체는 지금 하나님의 나라에 들어간 사람의 전형이네. 곧, 하나님의 나라에서 사는 것이 무엇인지를 보려면 예수를 보면 된다는 말이지.

신학생 : 공관복음은 성령의 능력을 충만하게 입은 예수가 하나님 나라 안에서 사는 삶을 보여주고, 요한복음은 예수가 이 땅에 사람으로 오신 하나님으로서 하나님의 나라 안에서 사는 모습을 보여줍니다. 곧, 공관복음은 예수의 인간적 측면을, 요한복음은 이 땅에 사람으로 오신 하나님의 신성한 측면을 말하면서 예수의 모습을 보여줍니다.

교수 : 그와 같이 성령과 진리로 다시 태어나 온전히 하나님의 다스림을 받는 중생한 사람은 지금 하나님의 다스림(나라) 안에 있으며(눅 17:21), 이 어둠의 세상에서(요 1:5) 하나의 빛이 되어, 하나님의 나라(다스림)라는 새로운 질서를 실현하며 산다는 것이지. 이것이 제자와 그리스도인의 길이요, 그들로 구성된 교회의 존재 이유와 목적이네.

신학생 : 그래서 예수는 극단적이라 할 만큼 하나님의 나라를 세우는 일에 목숨을 겁니다. 그것이 예수의 수난과 죽음이라는 사건이지요. 그만큼 예수는 인간 혁명과 이

에 기초한 세계 혁명에 몸을 바친 분입니다.

교수 : 예수는 새로운 종교를 창설한 것이 아니네. 곧, "교회"는 유대교를 대체한 새 종교가 아니라는 말이지(기독교란 말은 한참 후에 생김). 교회는 예수의 하나님 나라 운동을 이어받은 제자 공동체이네! 따라서 교회는 이른바 개인의 기복주의와 같은 의미인 '종교'가 전혀(!) 아니지. 교회는 하나님의 나라를 이 땅에 세우려는 예수의 공동체, 곧 예수를 따르는 사람들의 모임이고 길이네! 그렇기에 교회의 존재 이유와 목적 역시 하나님의 나라이지. 우리가 2천 년 기독교 역사를 진실하게 들여다본다면, 앞으로 교회가 나아가야 할 방향을 알 걸세. 교회는 예수를 믿는 종교가 아니라 예수를 따르는 공동체요 길이네.

3장
갈릴리에서

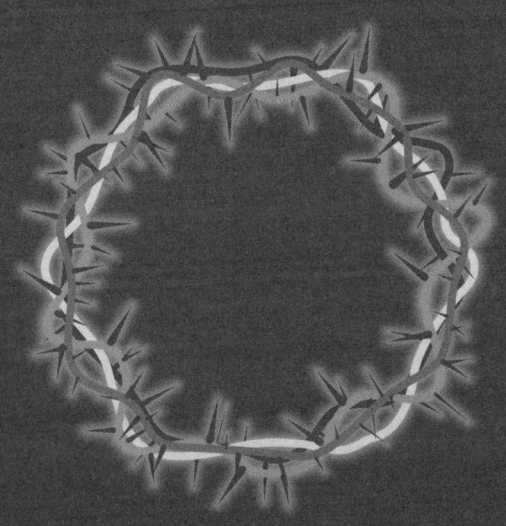

3장
갈릴리에서

1

교수 : 우리는 공관복음에 기초해서 요한복음을 통합하는 방식으로 이야기를 전개하고 있네. 공관복음에서 예수가 '유월절'을 지킨 것은 1번이기에 공생애는 1년인데, 지나치게 짧기에 그렇게 보기 어렵네. 보통 공생애를 3년으로 보는 것은 요한복음에 유월절이 2번 나오고, 각기 1번 나오는 초막절(7:3)과 성전 봉헌절(10:22. 12월 25일, 마카베우스 혁명 때 성전을 재봉헌한 하누카)을 한 해로 계산하기 때문인데, 그러나 이것도 각기 한 해로 계산하면, 공생애는 4년이네.

신학생 : 예수는 로마 제국의 유대 총독 "본디오 빌라도"(서기 26~36년) 때 활동하다가 마칩니다(서기 26~28년). 그래서 예수의 나이는 대략 기원전 6~4년에서 서기 28년이기에 33~35세이지요(누가복음은 공생애 시작을 "30세쯤"으로 말함, 3:23. 그런데 요한복음은 유대인들이 예수를 나이 '오십'도 못되었다고 함. 8:57. 그렇기에 예수의 정확한 나이는 미궁). 그러나 중요한 것은 예수가 로마 제국의 식민지 시절에 하나님의 나라 운동을 했다는 것이지요.

교수 : 그렇지. 예수는 광야로 들어가 목숨을 내건 금식 고행의 수도(修道)에 들어가네(공관복음. 당연히 그리스도 예수를 사람의 몸을 입고 세상에 오신 하나님으로 말하는 서기 1세기 후반 요한복음 시기의 초기 그리스도인들의 교리적 고백에서는 있을 수 없다. 그러나 역사적 예수를 생각할 때 요한복음을 지나치게 따르면 안 된다. 그

러면 초기 기독교 시대의 영지주의〈Gnosticism, 물질·육체는 악하고 영만 선하다는 것. 따라서 육신의 예수는 환상이다〉의 가현설〈Docetism〉에 빠진다. 요한복음은 이런 위험을 피하려고 자주 지치고 목마르고 배고픈 예수의 모습을 보도한다).

신학생 : 그런데 왜 예수는 그런 극단적 고행에 들어갔을까요?

교수 : 당연히 사람이기 때문이지! 진리를 무슨 물건처럼 가지고 태어나는 사람은 없네. 진리는 발견하고 깨달아야 할 무엇이지! 예수는 엄연히 사람이네. 예수가 시종일관 자기를 "사람의 아들(人子)"이라고 말한 것도 그 때문이지. 따라서 예수 역시 극단의 고행과 기도와 침묵과 명상을 통하여, 인간으로서의 자기를 완전히 극복하고 하나님을 만나는 체험을 통하여 진리를 깨달아야만 했던 것이지. 그것이 광야의 40일 기도인데, 40일은 날짜라기보다는 예수의 하나님 체험과 진리의 대오각성(大悟覺醒)에 걸린 시간을 말하는 것으로 보아야 하네.

마가는 고행 사실만 지적하지만, 마태와 누가는 그때 겪은 시험·유혹을 보도하지. 그것이 사실이든 창작이든, 중요한 것은 그 내용이네. 그 유혹은 인간성이 지닌 근본적인 자아(自我, Ego)의 이기심과 탐욕에 관한 문제이기에, 인간과 역사와 현실을 그대로 노출하지. 유혹의 영적 실체인 "사탄"(Satan)이 예수에게 내놓은 것은 '경제와 정치와 종교' 문제이지. 이것은 예수의 '권위(authority)와 능력(power)'에 관한 것이네. 유혹의 본질은 예수가 '하나님의 아들', 곧 신적 권위와 능력을 자아의 욕망이나 민중의 메시아 기대를 실현하는데 쓸 것이냐, 아니면 신의 선의지를 위하여 사용할 것이냐의 문제이네. 그 내용을 말해주겠나?

신학생 : 사탄의 유혹적인 제안은 세 가지입니다. 1) 기나긴 금식 수도로 배가 등가죽에 붙을 지경으로 굶주리고 지친 예수에게 돌멩이를 빵으로 만들어 먹어 세상의 가

난과 궁핍과 불평등의 문제를 단번에 해결하라, 2) 유일한 정치적 권력을 발휘하여 모든 나라와 영광을 독차지하여 평화를 가져오려면 나에게 절하고 타협하여 종이 되라, 3) 높은 데서 뛰어내려도 사뿐히 내려앉는 종교적 기적을 통하여 민중의 마음을 훔치고 명예를 독차지하고 지배하라. 모두 민중이 대망하는 정치적 해방자인 메시아에 관한 것이지요.

교수 : 그렇지. 악마의 유혹은 예수의 하나님 나라 운동을 처음부터 망치려는 것이네. 그런 악마의 유혹에, 심신이 극도로 지친 예수는 명징한 판단력을 통하여, 그 교묘한 성격을 파악하고 물리치지. 그때 예수의 생각은 이런 것이네. 1) 빵 문제의 해결이나 경제적 풍요는 결코 인간을 변화시키지 못한다, 인간은 그럴수록 빵과 돈과 경제의 노예가 된다, 인간을 변화시키는 것은 하나님의 말씀인 진리뿐이다. 2) 정치적 권세와 영광에 대한 탐욕은 인간을 타락시키는 근본이다, 인간은 오직 진리의 하나님께만 절하고 복종해야 한다, 세상의 평화는 하나님의 선의지를 따를 때만 실현된다. 3) 종교적 기적으로 신적 권위와 능력을 행사하여 욕망을 채우고 민중을 현혹하는 방식은 하나님의 뜻이 아니다, 사람은 죽는다 해도 오로지 진실한 인격과 삶을 통해서 하나님의 선의지를 드러내야 한다.

그렇게 하여 예수는 영원한 생명이고 빛이고 진리·진실이신 하나님과 그의 말씀을 앞세우며 악마의 유혹적 제안을 거부하고 극복하지. 따라서 예수는 실로 인간이면 누구나 갈망하고 갈애해 마지않는 경제적 부·풍요·번영, 정치적 제왕의 권력, 종교적 능력을, 하나님의 선의지, 곧 하나님의 나라에 종속시킨 것이네.

그러나 오해하면 안 될 것은 그런 게 도무지 필요 없다는 게 아니지. 예수는 경제와 정치와 종교는 어디까지나 인간과 세상의 종속적 가치이지, 우선적 가치가 아니라고 선언한 것이네! 그 순서를 뒤바꾸는 것은 죄와 악과 타락으로 이어지니까. 그러한 바꿰치기가 세상의 모든 갈등과 불평등, 불화와 전쟁의 근본이네.

2

신학생 : 예수는 "갈릴리"에서부터 하나님의 나라 운동을 시작합니다. 최초의 복음서인 마가복음은 예수의 공생애 시작을 이렇게 말하지요. **"요한이 잡힌 뒤에 예수께서 갈릴리에 오셔서, 하나님의 복음을 선포하셨다. '때가 찼다. 하나님의 나라가 가까이 왔다. 회개하여라. 복음을 믿어라.'"**(1:14~15) 이것은 앞서 말한 대로, 예언자 요한이 하나님의 나라 운동을 하면서 선언한 말로(마 3:2), 예수는 그가 시작한 하나님 나라 운동을 이어받은 것이지요. 그러니까 요한과 예수는 이스라엘 역사에서 그 연원이 오랜 하나님의 나라 사상과 이상을 이어받아 마지막으로 전개한 것입니다.

교수 : 그렇지. 모든 인간이 하나님과 함께 서로 하나가 되어 만물과 더불어 평등하고 평화롭게 살아가는 진정한 세계인 하나님의 나라 실현! 이것이 예수 운동의 핵심이네. 그렇기에 하나님의 나라에서 우선적인 것은 이전의 이기심과 죄악에 절은 삶을 내버리는 회개(마음의 변화와 인생의 방향 전환)를 통하여, 하나님의 뜻을 담은 메시지인 복음을 받아들이고 깨달아 내적 혁명을 이룩하는 것이네. 곧, 새로운 인간이 되는 것이지. 이것이 되지 않으면 세계 혁명인 하나님의 나라는 연목구어(緣木求魚)일 뿐이네. 따라서 예수 운동의 일차적이고 핵심적인 목적은 인간 혁명에 있는 것이지. 인간이 변혁되지 않은 세계 변혁은 옛 세상을 조금 뜯어고친 미봉책의 개혁이나 개량일 뿐, 결단코 새로운 세상이 아니기 때문이지. 세계 혁명은 나로부터 시작된다는 것이네!

신학생 : 그래서 예수는 하나님의 나라 운동을 홀로 하지 않고, 동지들을 불러 세웠지요. 그들이 제자들입니다. 스승 예수와 제자들, 이것이 하나님 나라 운동의 영원한

형식입니다. 처음 제자들이 갈릴리 어부였거나(공관복음) 예언자 요한의 제자들이었거나(요한복음), 중요한 것은 그들이 예수의 부름에 따라나섰다는 것입니다. 그런데 부른 사람이 누군지도 모르는데 무슨 권위에 끌려 불쑥 따라나섰다는 것은 이상한 일이기에, 복음서를 통합하여 이해하면, 그들은 본래 예언자 요한의 제자들인데, 요한의 권고를 듣고 예수를 따라나선 것으로 보는 것이 타당한 일이겠습니다(요 1:29~51).

교수 : 그렇지. 아람어를 사용하는 그들은 글자를 쓸 줄 모른 사람들로 보이네. 그렇기에 예수가 그런 사람들을 제자로 부른 것은 실로 놀라운 일이지. 도대체 그런 무력한 사람들을 데리고 무엇을 어찌하자는 것인가? 그런데 그런 면면의 제자들이 결국에 세계 혁명을 이룩하는 시발점이 되었으니, 실로 예수야말로 위대한 스승이지.

신학생 : 예수는 그들에게 "사람을 낚는 어부"가 되게 하겠다고 말합니다. 그런데 우리는 복음서에서 제자들이 드러낸 행태를 보면서 적잖이 실망감을 감추지 못합니다. 특히 누가 기자는 제자들이 "우리 중에서 누가 큰 사람이냐?" 하는 문제를 놓고는 갈릴리에서도 서로 입질하고(8:46~48), 심지어 예루살렘의 마지막 만찬 석상에서도 옥신각신하며 다툰 이야기를 전합니다(22:24~27). 그들은 3년 동안 예수와 먹고 자며 함께했어도, 전혀 내적 변화를 모르는 야심가들이었다는 말이지요. 그러니 예수의 가슴이 얼마나 타들어 갔을까요?

교수 : 그야, 말로 다 할 수 없었겠지. 그 때문에 분노도 하고 책망도 자주 한 것이네. 그러나 예수는 그들에게 변화의 때가 올 것이라고 믿었지. 그러면 갈릴리는 어떤 곳인지, 자네가 말해 보는 게 좋겠네.

신학생 : 그럴까요? 이것은 갈릴리의 동서남북 지리보다는 사회적 상황을 말하는 것입니다. 제1 이사야 9장의 말을 인용한 마태복음을 참고하면 이렇습니다. **"예수께서**

요한이 잡혔다고 하는 말을 들으시고 갈릴리로 돌아가셨다. …요단강 건너편, 바다로 가는 길목, 이방 사람들의 갈릴리여! 어둠에 앉아 있는 백성이 큰 빛을 보았고, 그늘진 죽음의 땅에 앉은 사람들에게 빛이 비치었다."(4:12.15~16)

제가 볼 때, 여기에서 주목할 부분은 '이방 사람들의 갈릴리, 어둠에 앉아 있는 백성, 그늘진 죽음의 땅에 앉은 사람들'인데, 갈릴리 지역의 사회적 상황입니다. 제1 이사야가 그 말을 할 때는 예수의 공생애보다 대략 750여 년 전입니다(북이스라엘 왕국이 멸망한 기원전 721년 이후로 볼 때. 아시리아는 북 왕국의 9개 지파 주민 대다수를 포로로 잡아가고, 그 땅에 자기들이 정복한 이민족 농민들을 강제 이주시켜 살게 함).

그때 이스라엘 최북단의 갈릴리는 아시리아가 남겨둔 소수 빈민 농부들과 시리아인, 아시리아인, 메소포타미아인, 아랍인이 섞여 살던 변방지대여서, 정치력이나 행정력이 제대로 미치지 못하여 거의 버려지고, 세금과 군역(軍役) 착취로 인한 지독한 궁핍 상태에 있었습니다. 그런 경향은 예수 시대까지 거의 달라진 게 없었지요. 복음서에도 유대 지방의 유대인들이 같은 아람어를 쓰는 갈릴리 사람들이 사투리가 심하고 행태도 거칠어, '촌놈, 무식한 놈'으로 멸시하는 부류의 대명사로 여기며 무시하고 차별하는 모습이 자주 나옵니다.

그런데 예수는 그러한 어둠과 죽음의 땅인 갈릴리에서부터 공생애, 곧 하나님의 나라 운동을 시작합니다. 그것이 '큰 빛', 곧 "세상의 빛"이라는 말입니다(요 8:12). 따라서 예수는 로마 제국과 유대 지도층이 자행하는 이중적 억압과 지배와 착취와 차별 속에서 신음하고 고난받는 갈릴리의 민중을, 하나님의 말씀과 자비로운 행동으로 위로하고 격려하고 희망을 안겨주며, '어둠과 죽음의 현실인 악마를 내쫓는 일'을 시작한 것입니다. 하나님의 나라는 먼저 가난하고 소외된 백성의 내면적 해방과 새로운 기운을 통해서 이루어져 가는 것이니까요.

교수 : 예나 지금이나 하나님의 나라는 성공하고 출세한 사람들의 상상과 희망이 아니네. 물론 그들도 하나님의 나라에서 제외된 것은 아니지. 하지만 그들이 지금 하나님의 나라에 들어가 살려면, 삶 전체를 바꾸는 회개의 내적 혁명과 존재 방식의 실질적 혁명이 일어나야 하네. 그런 점에서 예수는 어떤 타협도 거부하는 데서 철저했지.

우리는 예수가 자기를 찾아와 영생의 길을 물은 부자 청년에게, 재산을 가난한 사람들에게 나누어주고 따르라고 하자 근심하며 떠난 후, 제자들과 사람들에게 한 말을 똑바로 들어야 하네. 부자가 하나님 나라에 들어가는 것보다 낙타가 바늘귀로 들어가는 것이 더 쉽다고 했네(막 10:17~21. 바늘귀는 성벽에 난 가로세로 1m쯤의 작은 문). 그리고 부자와 국회의원이며 지도자인 니고데모에게 한 말이나(요 3:1~8) 삭개오를 생각해보게(눅 19:1~10). 하나님의 나라는 내면의 혁명과 인생의 철저한 방향 전환(회개), 그리고 삶의 실제적 혁명을 요구하는 것이네. 그렇지 않고 예수를 믿는다는 것은 형식주의의 허위의식일 뿐이지(사 1장; 마 7:15~23, 23장 참조).

3

신학생 : 제가 볼 때, 마가복음은 지나치다고 할 만큼 기적 이야기가 대세입니다. 그것은 아마도 마가의 예수 공동체가 갈릴리 어느 곳의 궁핍하고 병든 사람들이 많은 모임이어서 그랬을 겁니다. 매일 로마 제국과 유대 지도층의 억압과 착취로 눈을 뜨고 볼 수 없을 만큼 심각한 고난 속에서, 갖가지 질병을 앓으며 극빈하게 살아가는 사람들이 지천이었을 테지요.

그러니 치유와 기적의 본질은 예수의 능력을 증언하는 것보다는, 일상적인 질고(疾苦)와 고난 속에서 사는 갈릴리 사람들과 함께하는 예수의 사랑 어린 자비행을 증언하려는데 있는 것으로 보입니다. 예수가 누구나 피하는 "나병(문둥병) 환자를 불쌍히 여기며 그의 몸에 손을 대며 깨끗하게 해준 것"이 대표적입니다(막 1:40~42. 문둥병자는 격리 구역에서 살았음).

교수 : 그렇지. '불쌍히 여기는 것'(compassion은 함께 아파하는 것), 곧 자비가 어머니의 자궁에서 온 단어이듯(2장-5), 그것이 예수의 진정한 치유와 기적이지. 병을 고치고 죽은 사람을 살리는 기적의 예수뿐이라면, 건강한 사람들은 예수를 믿을 이유가 없지.

일본 작가 '엔도 슈사쿠'의 소설에 나오는 이야기가 도움이 될 것이네(호반).「한 번은 예수가 눈먼 거지의 눈을 뜨게 해주었네. 그는 신이 났고, 가족과 친척과 친구와 이웃은 할렐루야를 연발했지. 그런데 얼마 후, 그 사내가 다시금 예수를 찾아와서 하는 말이 이랬네. "내 눈을 돌리도~!" 예수와 제자들은 그가 무슨 말을 하는지 영문을 몰랐지. 그러자 그는 이렇게 말했네. "당신이 내 눈을 뜨게 고쳐주어서, 더는 구걸할 수 없어 노동하며 힘들게 살게 되었단 말이오!" 예수는 그런 어처구니없는 사태에 들은 체도 않고 떠났지.」

기적은 당사자에게 모종의 변화를 일으키기도 하지만, 당사자가 아닌 사람들에게는 아무 관계도 없지. 그렇기에 당사자가 아닌 사람들은 기적에서 "표적"(表跡. 세메이온·semeion, 표징·標徵, symbol, sign)을 보아야만 변하네. 기적을 경험하지 않아도, 표적을 알아들으면 되기 때문이지. 공관복음은 기적·표적·표징을 병용하고, 요한복음은 표적이라고만 하지. 표적은 기적이 가리키는 무엇의 상징(象徵), 곧 손가락이나 표지판이나 이정표 같은 것이네. 그래서 기적은 표적이네. 병이 나았다는 기적은 그것 자체가 아니라, 몸은 물론 정신과 인격이 성한 상태를 회복한 인간으로 산다는 의미를 가리키는 상징이지.

병들고 고난받는 갈릴리 사람들에게 예수가 해줄 일이 무엇이었던가? 실제적인 도움은 전혀 없었네! 예수가 매일 빵을 만들어 준 것도 아니고, 세금을 대신 내준 것도 아니고, 로마 제국을 몰아낸 것도 아니고, 반란자들이 십자가형을 받는 일을 막아준 것도 아니고, 도시 부유층들의 착취를 없애준 것도 아니네. 하고자 해도 할 수도 없었지. 오로지 "하나님의 말씀"을 전하고 위로하고 격려하고 희망을 주며, 그들의 슬픔과 힘겨움과 고난을 함께 나누며 새로운 세상인 하나님의 나라에 대한 꿈과 이상을 안겨주는 것밖엔 없었지(막 1:38).

신학생 : 저는 예수가 하나님의 말씀을 전한 것은 고난이 계속되더라도 마음의 위로와 기쁨과 평화를 회복하면, 힘과 용기가 솟아나서 그나마 사는 게 훨씬 편안해지기 때문이라고 봅니다. 그러니 그것은 피안(彼岸)의 천국에 대한 소망을 주며 가난하고 고난받는 민중을 위로하는 것은 "민중의 아편"이라는 유물론자들의 견해로 비판할 사안이 전혀 아니지요(카를 마르크스-경제학·철학 수고). 역사적 예수는 그런 피안의 천국을 말한 일이 없습니다. 예수의 하나님 나라 운동은 이 세상을 포기하고 저세상으로 가자는 그런 게 아니니까요.

교수 : 예수가 고난받는 민중이 힘겨운 삶에서 받은 상처, 고통과 슬픔으로 지치고 상한 마음부터 치료하여, 마음을 자유롭게 하고 힘과 용기를 안기며 그들의 친구가 되어 준 것은 유물론 공산주의자들조차도 하지 못한 "진정한 휴머니스트"의 모습인데, 이것은 현대 보수신학의 대표자라는 '제임스 패커'가 말한 것이기도 하네(기독교: 참된 휴머니즘).

일본 작가 '엔도 슈사쿠'의 "예수의 생애"와 "호반"은 이런 예수를 시종일관 천착한 명작이네. 고난받는 민중을 위해 실제적이고 현실적인 그 어떤 것도 해줄 수 없어 무력하기만 한 예수! 그래서 홀로 들에 나가면, 밤이 새도록 눈물짓고 한탄하며 우는 예수! 하나님께 항의도 해보지만, 무한 침묵뿐인 하나님 앞에서 절벽을 느끼는 예수! 그것이 갈릴리의 예수였네. 예수가 그런 민중에게 줄 수 있는 것은 자기 가슴뿐이었지. 곧, 그들의 처지를 이해하고 함께 슬픔과 괴로움을 나누며, 메시지를 전하여 위로하고 희망과 용기와 힘을 안겨주는 사랑밖에는 없었네. 그래서 무기력한 예수는 사랑의 예수였지! 그러나 사랑은 어려운 시절을 버티며 삶을 지속하게 해주는 민중의 유일한 희망의 언덕이니까, 무기력한 것이 아니지.

그렇게 예수는 고난받는 민중의 목자와 친구로 다가간 것이네. 그래서 예수는 '호모 심파테티코스'이지(Homo Sympatheticos, 긍휼·자비의 인간. A. J. 헤셀의 용어-예언자들, 상). 먼저 "땅의 사람들"(밑바닥 계층)부터 시작하여 차츰 높은 계층 사람들도 해방하여 자유롭게 하는 것이네(니고데모와 삭개오와 아리마대 요셉). 그것이 예수의 하나님 나라 운동의 성격과 본질이지.

4

신학생 : 그래서 예수의 가르침과 삶의 복음, 기적 행위, 기도, 침묵, 사랑과 자비, 겸손한 삶 전체가 이 땅에 하나님의 나라를 세우려는 근본적인 거룩한 의지와 신성한 희망과 이상 안에서 이루어진 것이지요.

교수 : 그렇지. 예수에게는 하나님의 나라라는 그 목적밖엔 없었네. 예수는 거기에 자기의 목숨을 내건 것이지. 그것은 누구도 막을 수 없었네. 설령 하나님의 나라가 이루어지는 것을 거부하는 자들이 자기를 죽인다 해도, 결단코 물러서지 않았지. 왜냐면 예수는 자기가 죽어도 하나님께서 제자들을 통하여 그 운동을 이어가실 것으로 보았으니까! 예수의 하나님 나라는 복음의 메시지와 자비의 행동을 통하여 드러나네. 예수의 인격과 살아가는 방식과 삶 전체가 하나님의 나라를 예시적으로 보여주는 생생한

모습이지. 곧, 예수는 지금 하나님의 다스림(나라) 안에서 살아가는 사람이고, 예수의 존재 자체가 하나님의 나라라는 말이지.

신학생 : 그런데 말입니다, 모든 사람이 중생하여 변화된 새로운 사람이 되면, 절로 세상에 혁명이 일어나 새로운 세계, 곧 하나님의 나라가 이 땅에 이루어질까요?

교수 : 원론적으로는 그러하네. 그것이 예수의 의도였지. 인간 변화 없는 개벽(開闢)의 세계가 어디에 있겠는가?

신학생 : 그런데 과연 모든 인간이 변화되는 날이 올까요?

교수 : 그것을 내가 어찌 알겠는가? 예수는 그렇게 믿고 나아가면서 하나님이 이루어주실 것이라고 믿은 것이지.

신학생: 그렇다면 예수는 이른바 신학에서 말하는 '종말론자'였겠네요?

교수 : 그것은 이미 독일 신학자들이 말한 것이지. 특히 '알베르트 슈바이처'가 그렇게 말했네(역사적 예수 연구사). 마가복음에는 예수가 자기 당대에 하나님의 나라가 이루어질 것이라고 믿었다는 말이 나오네(8:38). 그런데 그렇지 않았지. 그런 점에서 우리는 마가복음에 나오는 십자가의 예수가 절규하며, 어째서 자기를 버리시느냐고 하나님께 목 놓아 부르짖은 것을 이해할 수 있네. 그 예수의 심정을, 누군들 제대로 이해하겠는가?

신학생 : 그렇다면 이미 2천 년이 흘러도 하나님의 나라는커녕, 그 낌새도 느낄 수 없으니, 예수가 잘못된 확신에 차서 활동한 것인가요?

교수 : 내가 아는 것이라고는, 예수가 하나님의 나라를 겨자씨와 누룩의 비유를 들어 말했으면서도, 자기가 살아 있는 동안 하나님의 능력으로 그것이 이루어질 것이라고 믿고 활동했다는 것뿐이네. 그러나 그렇게 되지 않았지. 그래서 예수는 겟세마네에서 하나님의 침묵을 마주하여 결단하고, 하나님의 나라를 위하여 자신을 내버리기로 한 것이지. 그것이 예수를 예수로 만든 것이네. 그래서 나는 십자가의 절규를 자신이 아닌, 고난받는 민중을 대신한 부르짖음으로 보네.

신학생 : 그러니 예수는 제자들과 그들의 제자들이 하나님의 나라 운동을 이어받아 펼치면 이루어질 것이라고 본 것이겠네요.

교수 : 그것이 예수의 희망이었지.

신학생 : 그런데 교회가 2천 년 동안 해온 일은 그것이 아니질 않습니까?

교수 : 그렇지.

신학생 : 그렇다면 교회는 도대체 왜 존재하는 것입니까?

교수 : 하나님의 나라를 이 땅에 이룩하기 위해서이지.

신학생 : 교회의 역사나 현재를 보면, 그게 아니라면서요!

교수 : 그렇지.

신학생 : 그러면 교회는 어떻게 되어야 합니까?

교수 : 당연히 예수의 하나님 나라 운동을 이어받아야지.

신학생 : 그런데 지금도 교회는 하나님의 나라라는 것에 대해서는 거의 생각조차 없는 게 아닌가요? 그저 교인 만드는 것을 하나님의 나라 운동으로 대체하지요.

교수 : 그래도 중생하여 하나님의 나라 운동에 참여하는 사람들이 많다고 보겠네. 그러니 중생하지도 못한 기독교인들로 세상을 채운다 해도, 하나님의 나라는 이루어지지 않을 것이지. 따라서 문제는 중생에 달린 일이네.

신학생 : 얼마나 세월이 흘러야 중생한 사람들이 많아질까요? 지난 세기에 유럽의 기독교 제국(諸國)은 두 번씩이나 세계 대전을 벌여, 하나님의 나라는커녕 세상을 파괴했지요!

교수 : 그게 다 중생하지 못한 사람들 때문이지. 말하자면 교회는 자발적으로 세상에서 고립된 종교의 섬이 된 것이네. 단도직입적으로 말하면, 예수를 사랑하지 않은 것이고, 예수의 하나님 나라를 내팽개치고 배신해온 역사이지.

5

신학생 : 요한계시록을 보면, 우울하기 그지없어지고 절망적인 기분까지 듭니다. 세상의 마지막을 말한다는 그 책은 구원받는 자들은 소수이고, 나머지 대다수는 혜성 충돌이든 자연재해든 바이러스 전염병이든 핵전쟁이든, 아무튼 하나님의 심판으로 멸절된다고 하니, 기다리고 기다려서 그런 결과밖에 없을 것이라면, 도대체 하나님은 이런 세상을 계속해서 뭘 하신다는 말인가요? 지금이라도 닫아버리는 게 낫지 않을까요?

교수: 흥분하지 말게나. 우리가 아는 것은 하나님의 소관 사항이 아니라, 교회가 해야 할 일뿐이라네. 이제라도 하나님의 나라를 전면에 내세우며 사람의 중생에 치중하고, 세상을 더욱 평화롭게 만들라는 예수의 가르침으로 돌아서는 것만이 교회가 나아가야 할 방향이라는 것이지. 요한계시록은 '필연'을 말하는 것이라기보다는 '경고'로 보아야 하네! 그렇지 않다면, 결국 기다리고 기다려서 얻는 게 소수뿐이고 대다수의 파멸이라면, 그것은 하나님의 처참한 실패라는 말밖에는 되지 않는가? 경고를 필연으로 만드는 것은 인간의 책임이네.

또 생각해보게나. 만일 요한계시록대로 그런 식의 전면적 심판이 일어난다면, 과학기술 문명의 시대에서 모든 도시와 마을이 파괴되고 인류 대다수가 죽어 지구가 온통 망가질 텐데, 어떻게 예수를 진실하게 믿는 사람들만 살아남겠나? 영화에 나오듯, 외계인들이 와서 구출하여 외계 행성으로 데려다 놓는다? 그런 일 없네. 지구는 온통 잿빛으로 가득하여 햇빛도 비치지 않을 테고, 농사도 지을 수 없고, 환경이 회복되려면 수백 년 세월이 흘러야 할 텐데, 도대체 무엇을 먹고 살아남을 것인가? 그나마 살아남은 사람들도 오지의 밀림이나 태평양 외로운 섬에서 원시시대로 돌아가 살아갈 수밖엔 없을 것이네.

요한계시록의 저자는 초기 그리스도인들이 놓인 고난의 시대에 "새 하늘과 새 땅"에 살게 된다는 희망을 준 것이네. 그는 수십억 인류 숫자나 지구 환경 같은 것에 대해서는 아무것도 아는 바 없던 2천 년 전 사람이지. 요한계시록은 이런 과학 시대의 미래를 생각한 것이 아니라, 어려운 고난의 시대를 이겨내라고 격려하며 희망을 준 묵시(默示) 사상이네.

신학생: 그렇군요. 하나님만이 인간의 미래를 아시니까요. 그렇다면 기독교의 언어와 희망은 기독교 내의 것일 뿐이라는 말이 되겠네요?

교수 : 생각해보게. '다니엘서'는 구약성서에서 유일한 묵시 사상 책이지. 유대인들은 그것을 글자 그대로 믿고, 거기에 나오는 "인자(人子) 같은 이"를 하늘에서 내려온다는 다윗 같은 제왕으로 표상하고 기다려 왔네(단 7:9~14). 그런데 어찌 되었는가? 유대 지도층은 예수를 민중을 현혹하는 자로 보고, 자기들의 기득권이 폭파될 것을 두려워하여 죽였지. 그 후 독립 해방투사들인 젤롯파가 일어나 로마에 항거하다가(서기 66~70년 유대 전쟁), 예루살렘 성전을 비롯한 모든 가옥이 불타 쑥대밭이 되고, 수만 명이 살육당하고 추방되어 2천 년 동안 세상을 떠돌았네. 다니엘서의 종말과 새 세상은 전혀 이루어지지 않았지.

그 일은 기독교에도 크나큰 경고가 되네. 요한계시록을 다니엘서와 똑같이 읽는다면, 기독교인들도 역시 그렇게 될 것일세! 그러니 중요한 것은 그때가 어떻게 될지 모르니, 우리가 해야 할 일은 그저 예수를 통하여 새로운 인간이 되어 하나님의 나라를 이 땅에 세워나가는 것뿐이네. 그것이 교회가 할 일이지. 다니엘서도 고난의 시대에 진정한 믿음과 충성을 말하며 격려한 책이지, 세상이 꼭 그렇게 된다고 말한 것이 아니었네.

신학생 : 그렇다면 요한계시록도 비유로 봐야 하겠네요.

교수 : 그렇지. 하나님이 그렇게 되기를 바라시겠는가? 아니면, 그리스도인들이 그것을 바라야 하겠나? 그렇다면 하나님도 그리스도인도 아니지.

신학생: 우리가 멀리 온 것 같은 느낌인데요. 요는 교회의 행태라는 말이 되겠는데, 지금과 같은 방식으로 나가는 교회는 자신도 망치고 세상도 망친다는 말이 되니까요. 2천 년 동안 해온 행태를 보아서 알 수 있지요. 그러니 지금 시점에서 교회가 예수의 하나님 나라 사상을 다시금 발견하고 그리로 방향을 돌리는 것이 가장 시급한 일이

겠습니다.

교수 : 그렇다면 누가 먼저 변해야 하겠는가?

신학생 : 음, 그야말로 신학대학교 교수들이지요. 그다음에는 목회자들이고요.

교수 : 그렇지. 목회자를 길러내는 신학대학교부터 혁명적으로 바꿔야 하지!

신학생 : 그러나 제가 볼 때는 불가능할 것 같습니다.

교수 : 그렇게 단정할 게 아니라, 깨어난 사람들부터 해야 하네.

4장
예수의 치유와 기적

4장
예수의 치유와 기적

1

신학생 : 이제부터 예수의 생애를 본격적으로 생각해봐야겠습니다.

교수 : 그렇게 해보세.

신학생 : 공관복음서에는 기적 행위가 숱하게 나옵니다. 그래서 지금 읽으면 거의 불필요한 부분이지요. 왜냐면 지금 예수를 믿는다 해도 병자들이 낫는 것은 아니니까요. 신부와 목사와 장로도 암 걸리면 대개 죽습니다! 그러면 그런 이야기들을 폐기해야 하나요?

교수 : 극단적으로 나가는 것 같군. 예수의 치유와 기적 행위 역시 하나님 나라 운동의 일부라네. 중요한 것은 치유와 기적 행위가 가리키는 표적(상징)이네. 그 치유와 기적은 사람을 사랑하고 위로와 용기와 희망을 주는 일의 소중함을 일깨우는 것이지, 꼭 다시 일어나야 한다는 게 아니네. 사실 예수의 치유와 기적은 당시 갈릴리 지역을 생각하면 많은 것도 아니었지. 로마인으로 귀화한 유대인 역사가 '플라비우스 요세푸스'의 "유대 고대사"를 보면, 예수와 동시대 기적의 마술사인 '시리아 티아나의 아폴로니우스'는 예수보다 더 많은 기적을 일으켰네. 물론 돈을 받고 하여 부자가 되었지만…. 그렇다고 그가 그리스도인가?

신학생 : 인간은 몸과 마음, 사물과 타인과 맺는 관계 형식 안에서 존재합니다. 그렇기에 하나님의 나라는 인간이 몸과 마음과 관계의 건강성을 온전히 누리는 것이지요. 병든 몸과 부패한 마음과 망가진 인간관계는 그릇된 생각과 사고와 관념, 폭력적 감정과 의지와 행위, 생활 환경의 오염이 가져온 소산입니다.

교수 : 인간의 현실을 이해하는 것은 무척 어려운 일이네. 선천적 장애를 안고 태어나거나, 평범한 사람이 사고를 당하거나, 젊은이가 전쟁터에서 죽는 일을 누가 해명할 수 있겠나? 망가진 몸과 부패한 마음과 분열된 인간관계는 개인과 이웃과 세상을 파괴하는 근원으로 작용하지. 따라서 그것을 온전한 상태로 되돌려 온전한 삶을 누리게 하는 것이 예수의 하나님 나라 운동이네.

예수의 치유와 기적 행위는 하나님의 나라 운동 안에서 일어나는 새로운 삶의 현실을 말하는 것이지. 곧, 그것은 구체적이고 실질적인 인간의 해방과 자유, 자비와 행복과 평화의 새로운 삶과 세계를 가리키는 표지라네. 그렇기에 하나님의 나라는 몸과 마음(생각, 관념, 감정, 의지)과 인간관계의 자유를 포괄하는 것이지. 곧, 하나님의 나라는 전인(全人)의 건강성이 실현되는 것이네. 성서에서 영혼만의 건강이나 구원이란 없네. 그런 이해는 그리스 철학의 이원론(Dualism, 세상을 대립하는 두 실체의 대결로 보는 관념)에서 온 것이지.

2

신학생 : 그런데 근본적으로 볼 때, 진실로 병들지 않은 인간은 없는 게 아닐까요? 신앙과 종교의 민족인 유대인을 비롯한 모든 인간은 병들고 소외된 존재라는 것이지요. 따라서 치유와 기적, 곧 해방과 자유가 필요하지 않은 인간이 없는 셈이지요. 자기에 대한 그런 이해는 우리를 겸허하고 부드럽게 하고요.

교수 : 그렇지. 진실로 성스러운 경지에 이른 조화롭고 현명한 인간이 아닌 다음에야, 누구나 병들고 소외된 인간이라는 것은 틀림없는 사실이지. 그런데 문제는 사람이 자기가 병든 존재라는 사실과 진실을 아느냐 모르느냐에 있네. 사람들은 자기를 정직하게 성찰하는데 대단히 어려움을 겪고 나태함을 드러내지. 지식인이라도 다를 게 없네. 이른바 "너 자신을 알라."라는 말은 소크라테스만 한 것이 아니지. 모든 종교와 철학의 핵심 주제가 이것이네.

복음서에는 예수도 이와 비슷한 말을 여러 번 한 것으로 나오네. 예를 들어 요한복음은 사람이 자기를 아는 문제를 집중적으로 다루고 있지. "나는 내가 어디에서 와서 어디로 가는지를 알고 있다. …너희는 아래에서 왔고, 나는 위에서 왔다. 너희는 이 세상에 속하여 있지만, 나는 이 세상에 속하여 있지 않다."(요 8:14.23) 요한복음의 특성상, 이 말을 역사적 예수의 말로 보기는 어렵다 해도, 예수의 생각이나 경지를 충분히 드러내는 것으로 볼 수 있네. 이 말은 예수가 자기를 알고 있다는 것이지. 따라서 아래에서 왔고, 이 세상에 속하여 있다는 말은 사람들이 자기를 모른다는 말로 들어야 할 것이네.

현대인이나 현대 문명의 근원적 질병은 자기를 모르고, 또한 알려고도 하지 않는다는 데 있는 게 아닐까 싶네. 'A. 슈바이처'는 지난 20세기 초반 서구 기독교 사회가 한창 전쟁으로 세상을 파괴할 때 한탄하며 이런 말을 했네. "아, 사람들이 하루에 오 분이라도 별들을 바라볼 줄 안다면, 이런 일은 없을 텐데…."(서간집-사랑으로 밝힌 생명의 등불) 별들을 바라보는 것은 자기를 들여다보는 일과 같기에 이렇게 말한 것이라고 보네.

신학생 : 그렇습니다. '마이스터 에크하르트'의 글을 읽다가 본 구절은 제게 크나큰 울림을 주었습니다. **"내가 저 별에서 하나님을 보는 나의 눈은 저 별에서 나를 바라보**

시는 하나님의 눈과 같다."(강론집-M. 에크하르트는 이렇게 말했다) 나의 눈과 하나님의 눈이 마주쳐 내는 불꽃! 이것은 자기를 아는 것에 관한 말이 아닐까요?

교수 : 나는 몰랐는데, 놀라운 말이군. 성서는 자기를 아는 문제를 직접 말하는 게 아니라, 간접적으로 우회하는 방식으로 말하네. 곧, 그리스 철학과는 달리, 성서는 인간이 자기를 아는 것은 지적인 자기 성찰과 이해를 통해서가 아니라, 하나님을 보는 방식을 거쳐서 일어나는 일이라고 말하지. 그래서 호세아 예언자가 "하나님을 아는 지식(앎)"을 말한 것도 결국에는 자기를 알라는 말로 볼 수 있겠네(호 6:6). 왜냐면 성서는 인간이 하나님을 아는 것은 지적 성찰을 통해서가 아니라, 하나님과 타자를 사랑하는 방식을 통하여 아는 것이라고 말하니까. 그러니 경이로운 눈으로 별을 바라본 에크하르트의 말도 하나님과 이웃과 자기를 아는데 이르는 길이 된다는 뜻으로 볼 수 있겠지.

신학생 : 그렇습니다. 사랑이 진정한 앎에 이르는 길입니다. 그런 점에서 예수의 치유와 기적은 사랑이라는 불꽃을 붙여준 행동으로 봐도 되겠습니다. 그것이 치유와 기적에서 보아야 할 표적이고요. 그리고 예수의 그러한 사랑의 불꽃은 지금도 활활 타오르고 있고요.

교수 : 그렇지. 그것이 기독교 신앙의 핵심이네. 예수의 사랑, 그것이야말로 진정한 치유와 기적이지. 아니, 이 말도 부족하네. 예수의 존재 자체가 진정한 치유와 기적이지! 우리가 예수를 신뢰하고 따르는 것은 자기가 병든 존재라는 것을 알기 때문이지, 다른 이유가 있겠는가? 그런 점에서 예수를 사랑하는 마음은 오늘도 근본적인 치유와 기적을 낳는다네.

신학생 : 그래서 예수가 유일한 계명으로 서로 사랑하라고 말한 것이고요(요 13:34).

교수 : 그런 점에서 예수의 치유와 기적은 지금도 계속되는 것이지. 나더러 예수를 정의하라면, 이렇게 말하겠네. '예수는 사랑이다!' 우리가 예수를 신뢰하고 따르는 것은 사랑인 그분과 사귀며 하나님을 알고, 자기를 알고, 타인을 알고, 인생을 알아 참된 인간으로 살기 위해서일 뿐이네. 이것이 지금 하나님의 다스림(나라) 안에서 사는 삶이니까.

신학생 : 그러면 기독교 신앙은 매우 단순한 것이네요?

교수 : 그렇지. 바울이 초기 그리스도인들의 찬송가에서 인용한 예수의 마음을 품으라고 한 말이 그것이지(빌 2:5~11). 예수의 마음을 닮으라는 말인데, 예수는 사랑이니까, 사랑의 예수, 예수의 사랑 방식을 닮으라는 뜻이지. 그래서 기독교 신앙은 단순한 것이지, 무슨 복잡한 신학이 필요한 것이 아니지. 냉소적이기로 유명한 전도서 기자가 "하나님은 사람을 평범하고 단순하게 만드셨지만, 우리가 우리 자신을 복잡하게 만들어 버렸다."라고 말한 것을 보면(전 7:29), 그는 현명한 사람이 틀림없네.

신학생 : 예수가 어린이처럼 되라 한 것도(막 10:15) 단순성을 회복하라는 뜻이고, 마음이 깨끗한 사람은 하나님을 본다는 말도 어린이처럼 되라는 말로 볼 수 있겠습니다(마 5:8).

교수 : 그렇지. 예수의 하나님 나라 운동은 어린이처럼 단순하고 착하고 깨끗하고 미더운 인간이 되자는 것이네. 어린이는 사랑이니까 말일세. 우리나라는 그렇지 못하지만, 서유럽 국가들의 유치원에 가보면, 세상의 모든 인종이 모여 있네. 그 애들은 아무도 피부색이나 가정 사항을 놓고 다투는 일이 없지. 그것이 어린이이고, 우리가 회복해야 할 인간성이네.

3

신학생 : 그러니 예수의 치유와 기적을 체험한 사람이나 목격한 사람이라 하더라도, 그것이 가리키는 의미의 표징을 알아듣거나 깨닫지 못하면, 여전히 병든 현실 속에 갇혀 있게 되지요. 예수가 치유와 기적의 은택을 누리기만 했지, 전혀 회개하고 새로운 삶을 살아가지 않는 사람들을 비판하고 저주한 것(화·禍)이 그것을 보여줍니다(마 11:20~24).

교수 : 여기에서 우리가 예수에게 걸려 넘어질 일을 보네. 그러나 나는 지금도 역사적 예수가 저주까지 했을까 싶네. 마태 23장에는 저주가 더 많이 나오지. 그런데 사실 복음서에는 역사적 예수의 말로 볼 수 없는 말들이 많네. 그런 것은 예수 이후 초기 기독교의 설교에서 나온 것이지. 그러나 탕아 이야기에서 보듯(눅 15:11~24), 하나님의 무조건적 용서와 사랑만 말한 예수를 놓고 읽으면, 무엇이 예수의 말인지 아닌지 분별할 수 있네.

저주는 글자 그대로 지옥에나 떨어져 뒈지라는 것이지. 앞서 역사적 예수의 얼굴은 다면(多面)이라고 했으니까 이해할 만도 하지만, 아무래도 복음서 기자가 치유와 기적을 체험하고 목격하고 하나님의 은혜와 사랑을 입은 사람들이 달라져야 하는데, 그냥 예전처럼 사니까, 그게 통탄할 일이기에 그런 식으로 말한 것으로 보겠네. 그래도 저주는 지나치게 나간 것이네. 저주와 사랑이 어떻게 한 인간에게서 병존할 수 있는가? 그것도 예수가 말이네.

신학생 : 사랑의 예수와 저주하는 예수는 전혀 어울리지 않지요.

교수 : 그래서 신학자들이나 목회자들의 책임이 중요한 것이지. 단어 하나를 제대로

해석하여 본래 예수의 의도를 통찰하는 것도 쉬운 일이 아니네. 그래서 나는 저주가 아니라 안타까움의 표현이라고 보네. 그렇지 않다면, 세상에는 저주받을 인간 천지일 것일세. 그러니 한 인간에 대한 치유와 기적은 모든 인간에 대한 하나님의 표징 메시지로 알아들어야 하지. 곧, 저 사람에 대한 치유와 기적을 나의 치유와 기적으로 보는 것이지. 왜냐면 모든 인간은 크거나 작거나 간에 병든 존재이니까 말이네.

신학생 : 이것은 몸과 마음과 인간관계가 건강하다고 안심하는 사람들이 주의해야 할 점으로 보입니다. 그렇지 않다면, 예수의 치유와 기적 행위는 그 당시의 일로 그치고 오늘에는 해당하지 않으니까요.

교수 : 그렇지. 실로 한 인간의 치유와 기적은 모든 인간의 치유와 기적이네. 그것은 예수의 자선이나 동정 행위가 아니라, 지금 여기에서 인간의 해방과 자유와 온전한 삶을 위하여 일하시는 하나님의 자비로운 행동이고, 하나님의 나라로 부르는 초대장인 셈이지. 그것이 우리가 예수의 치유와 기적 행위에서 보고 깨우쳐야 할 하나님의 진실, 인간의 진실이네.

그렇지 않으면, 복음서에서 아무리 치유와 기적 행위를 읽더라도 "듣기는 들어도 깨닫지 못하고, 보기는 보아도 알아보지 못하는구나. 이 백성의 마음이 무디어지고 귀가 먹고 눈이 감기어 있다."라는 상태로 머물고 마는 것이지(사 6:9~10; 마 13:14~15). 예수는 그것을 살아서 이미 죽은 사람으로 사는 것이라고 했네(눅 9:60).

4

신학생 : 제가 마가복음의 치유와 기적 행위를 조사한 것만 생각해보지요. 「악한 귀신이 들린 사람(중증 정신질환자), 나병 환자(문둥병을 비롯한 악성 피부염 환자), 뇌

경색이나 뇌출혈로 인한 중풍 환자, 신경이 마비되어 손이 오그라든 환자, **풍랑을 잔잔하게 한 일**, 군대 귀신 들린 사람, 사경을 헤매는 어린이의 소생과 중한 생리 불순으로 인한 하혈 여성(혈루증), 오천 명과 사천 명을 먹인 일, **예수가 물 위로 걸은 일**, 시로 페니키아 여인의 귀신 들린 딸, 귀먹고 말 더듬는 사람, 벳새다의 눈먼 사람, 가이사랴 빌립보의 귀신들린 소년, 눈먼 거지 바디매오」 등입니다.

이러한 치유와 기적은 정신(마음)과 몸의 질병, 가족과 친척과 친구들의 고통, 극단적 굶주림이라는 열악한 현실로부터 인간을 해방하고 자유롭게 하는 것으로 모입니다. 하나님의 나라는 몸과 마음과 삶의 온전한 회복과 혁신을 의미하니까요. 그래서 예수는 이런저런 이유로 고난받는 민중의 해방과 자유의 참된 삶을 위한 하나님의 사역자(종)로 드러납니다. 곧, 예수는 고난받는 사람들의 목자와 친구로 자신을 드러내지요.

교수 : 그렇지. 그런데 여기에서 특히 '풍랑을 잔잔하게 한 일, 예수가 물 위로 걸은 일'은 흔히 기적이라고 보는 경향이 많은데, 그렇게 보는 것은 예수를 전혀 오해하고 왜곡하는 것이네. 그것은 대단히 의미심장한 상징과 비유로 보아야 하네. 그것을 제대로 알아들어 그 심오한 의미의 층을 캐내는 것은 실로 기독교 신앙의 관건이기 때문이지.

신학생 : 그렇습니까? 누구나 예수의 신적 능력이라고 보며 강조하는 것이 아닌가요? 저도 그렇게 알고 있는데요.

교수 : 물론 대중에게는 예수의 능력을 강조하는 것이 설득하는 하나의 방편이니까 그러하지. 그러나 기독교 신앙은 대중적으로 내려가서는 안 되는 것이네. 예수가 일상에서 보고 겪는 일들을 예로 들어 알아듣기 쉬운 비유를 했다고 해서, 그것을 대중의

수준으로 내려가도 된다는 빌미나 핑계로 삼아서는 곤란한 일이지. 예수도 비유를 말하고는 대개 귀 있는 자는 알아들으라고 하지 않았는가?

그 당시 대중과 오늘날의 대중을 똑같이 보는 것은 무지한 일이네. 전혀 그렇지 않지. 그 당시 갈릴리 민중은 거의 문맹이었지. 아마 아람어를 사용하는 유대인 중에서 아람어 문자를 알고 쓴 사람은 3%도 안 되었을 것이네. 히브리어는 제사장이나 율법학자들만 알았지. 이것은 내 생각이 아니라, 신학자 'J. 예레미아스'가 연구하여 추정한 것이지(예수 시대의 예루살렘). 그래서 예수도 알아들으라고 채근한 게 아니던가?

신학생 : 그러면 그 두 기적은 무슨 뜻인가요?

교수 : 구약성서에서 물과 풍랑이 상징하는 이미지가 대개 어떤 것인가?

신학생 : 주로 시편에서 물은 두 가지 상징인데, 긍정과 부정 양면에서 쓰지요. 긍정적 의미는 승리, 행복, 기쁨, 풍성, 생명, 만족, 넉넉함, 안전, 안정, 평온, 사랑, 평화 등이고, 부정적 의미는 시험, 유혹, 시련, 고생, 질병, 불운, 상실, 적대감, 실패, 패배, 추방, 두려움, 공포, 고난 등입니다. 물론 풍랑은 온통 부정적인 이미지이고요.

교수 : 그러면 대답은 다 된 셈이네.

신학생 : 예?

교수 : '풍랑을 잔잔하게 한 일, 물 위로 걸은 일'은, 예수는 물과 풍랑이 지닌 부정적 이미지인 인간의 마음과 세상의 교묘하고 거친 시험, 유혹, 자아(Ego)의 욕망, 이기심, 자만, 대중의 왜곡된 칭찬과 존경과 환호를 좋아하고 집착하는 습성, 권력욕과

재물욕과 명예욕 등, 다른 말로 하면 악마의 유혹에 빠지지 않고, 그것을 다스리고 밟고 걸어가는 자유인이라는 진실을 보여준다는 것이지. 광야 사화가 이것을 말하는 게 아닌가?

5

신학생 : 그렇다면 그것은 예수를 신뢰하고 따르는 사람도 그와 같은 차원에 이르러야 한다는 의미가 되겠네요?

교수 : 그렇지. 예수를 믿는다는 사람들이 자아의 종노릇이나 하고, 세상의 노예로 살아가서야 말이 되는가? 수치스러운 일이지. 그것은 기독교인들을 타락하게 만드는 근본이고, 사람들에게서 기독교를 정떨어지게 하는 일이네. 그 두 가지 기적은 '자유인 예수'를 말하면서, 동시에 그를 신뢰하고 따르는 사람들이 도달해야 할 '자유인의 경지'를 웅변하는 셈이지.

이러한 '그리스도인의 자유'에 관해서는 바울의 로마서와 갈라디아서에 집중적으로 나오지. '마르틴 루터'도 "그리스도인의 자유"를 썼네. 자유인을 예수의 말로 하면, "세상에 있어도 세상에 속하지 않은 자"이겠지(요 17:14~16).

신학생 : 그 두 기적이 그렇게 심오한 의미를 담고 있다는 것을 오늘에야 알았습니다.

교수 : 실로 역사적 예수의 공생애는 '자유'라는 것으로 통합할 수 있을 걸세. 하나님의 나라가 뭔가? 자유인이 되는 것과 자유인들의 새로운 세계이지. 인간이 자기로부터 자유롭고, 타자로부터 자유롭고, 권력으로부터 자유롭고, 돈과 물질로부터 자유

롭고, 거짓과 폭력으로부터 자유롭고, 갖가지 유혹으로부터 자유로운 존재가 되는 것, 이것이야말로 예수의 하나님 나라 운동의 핵심이지! 다른 게 없네. 모든 인간이 그렇게 되는 세상이지. 자유야말로 사랑의 길이니까. 그리고 사랑만이 자유이니까. 자유는 해방을 전제하는 것이기 때문이지. 모든 집착과 얽매임으로부터 벗어나서 사랑하며 살아가는 것이 자유이네. 자유롭게 사랑할 줄 아는 사람, 사랑의 자유 속에서 존재하는 사람이 누굴 억압하고 착취하고 남들 위에 올라서려 하고 폭력을 행사하겠나? 하라고 해도 안 되는 것이네.

신학생: 아, 선생님을 만난 것이 제 인생의 행운입니다. 그러니 예수의 치유와 기적은 하나님의 나라가 예수의 몸을 통하여 지금 여기에서 이루어지고 있다는 것을 드러낸 사건입니다. 따라서 체험 당사자는 물론, 목격자들(가족, 이웃, 친척, 친구, 제자들)도 그 자유의 표징을 깨달아야 하고요.

그런데 치유와 기적 이야기의 중간에 기적을 요구하는 유대 지도층의 요구를 거절하는 예수의 모습이 나옵니다(막 8:11~13). 그러면 이것은 예수의 치유와 기적이 사람들의 이목을 집중하여 자기를 드러내려는 전시행위가 전혀 아니라는 것을 보여줍니다. 그러니 그들의 요구는 성전 꼭대기에서 뛰어내리라는 악마의 유혹과 같은 선상에 있는 것이지요. 기적으로 사람들을 사로잡는 일은 예수의 의도도 전문도 아니니까요.

교수: 그렇지. 병자가 고쳐달라는 간청과 예수의 자기 증명을 위한 기적을 요구하는 것이 어찌 같은 마음이겠는가? 따라서 치유와 기적 행위가 한 번도 없었다 해도, 예수의 권위와 능력이 절하되는 것이 아니지. 사람들이 보아야 할 것은 치유와 기적 행위가 가리키고 의미하는 예수의 사랑과 자비, 더 나아가 예수 자신이지. 예수는 시방 자신의 몸을 통해서 하나님의 나라 안에서 살아가는 사람의 존재 방식과 새로운 현실

을 펼치는 것이니까. 그러니 예수의 치유와 기적, 그리고 풍랑과 물을 지배하는 행위에서 보아야 할 것은 인간의 온전한 해방과 자유, 행복과 기쁨과 평화의 삶을 바라고 선물로 주시는 하나님의 사랑이지.

신학생 : 그래서 치유와 기적 이야기들 사이에 열두 제자의 선정과 파견이 있는 것이 의미심장하게 보입니다. 이것은 제자들의 사명이 하나님의 나라를 이 땅에 세우는 일, 곧 인간의 해방과 자유를 위한 투신(投身)이라는 것을 말하는 것으로 봐야겠지요?

교수 : 그것이 교회의 사명이고 존재 목적이지. 교회는 이 땅에 하나님의 나라를 세우는 일을 위한 예수의 길과 공동체이네. 교회가 어찌 구약에 나오는 "바알"(Baal) 종교 같은 것인가? 현대어로 하면, 바알 종교란 성공과 풍요와 번영만 추구하는 기복주의와 물질주의와 안락주의와 자본주의이지. 고대 이스라엘은 결국에 바알 종교를 극복하지 못하여 망한 것이네. 자유인의 종교를 자아와 세상의 노예 종교로 만들어 버렸으니까. 이것은 기독교가 시대마다 처하는 위기와 타락의 유혹과 징조와 현실이라고 보면 틀림없네.

5장
예수와 유대 지도층

5장
예수와 유대 지도층

1

신학생 : 이제 예수와 유대 지도층을 생각해보는 시간입니다. 제가 간단히 그 실상을 요약해도 될까요?

교수 : 그러면 좋지.

신학생 : 기원전 63년경부터 로마 제국의 식민지였던 이스라엘은 그래도 종교 행정적 자치 사회였습니다. 로마 제국은 자기들에 대한 복종과 세금을 바치는 것이나 반란을 제외하고는, 별로 간섭하지 않았지요. 그런 이유로 이스라엘은 지도층인 제사장들과 바리새파와 율법 학자들이 지배했습니다. 따라서 유대 종교는 유대인을 지배하는 정치와 행정 체제였기에, 유대인들은 로마 제국과 유대 지도층의 이중 지배를 받은 것입니다.

유대 지도층은 유대교, 곧 토라(Torah, 교훈·율법이란 뜻. 모세 오경)와 성전과 제사의 권위, 성전 세금과 안식일과 유월절 등의 절기 전통을 통해 사회를 지배했습니다. 로마 제국은 다신론의 다종교 사회였기에, 종교적 관용이 컸지요. 예루살렘 성전과 성전 세금은 성전의 유지와 보수비, 그리고 제사장들의 수입원이었고, 율법과 그 해석은 바리새파와 율법 학자들의 전문이고 그들의 근거였지요(율법 학자·랍비는 거의 바리새파 소속).

당시 유대인 인구를 대략 100여만 명, 해외 거주 디아스포라(Diaspora, 흩어진 유대인)를 250여만 명으로 추산하면, 총인구는 350만여 명 정도입니다(삼 년마다 유월절에 성지순례를 하며 제사와 성전 세금을 바치는 것이 의무. 모두 그렇게 하지 않았다 하더라도, 해마다 유월절 순례자는 엄청나게 많았다). 신약성서 신학자 '요아킴 예레미야스'에 따르면, 대략 예수 당시 예루살렘 성전의 제사장은 7200여 명, 레위인은 9600여 명으로, 합 16800여 명이 성전 제사와 세금으로 먹고살았다고 합니다(예수 시대의 예루살렘).

이스라엘 총인구를 볼 때 지나치게 많은 숫자이지요. 제사장과 레위인 1명당 208명꼴입니다. 종교를 가진 사람들은 대개 종교인들의 숫자에 무관심한 편인데, 세계 어느 나라 역사를 보더라도 생산 계층이 아닌 종교인의 지나친 숫자는 망국의 근본입니다. 우리나라 통일신라나 고려의 불교와 조선 시대를 보더라도, 비생산계층의 지나친 번성이 나라를 말아먹은 근본으로 작용했다는 사실을 알 수 있지요.

로마에 충실한 한에서, 유대 지도층의 지배는 언제나 유효하고 타당하고 적법하여 아무런 문제가 없었습니다. 어쨌거나 그들은 대로마 반란을 막아 유대 사회에 안정을 가져오는 역할을 했지요. 그렇기에 그들이 성전과 율법 체제를 수호하는 것은 의무를 넘어서, 자기들의 생존과 기득권과 신분과 지위를 유지하는 근간이었기에, 그것을 문제시하고 도전하고 저항하는 자는 하나님의 이름을 훼손하는 신성 모독자와 민족반역자였기에 언제나 죽였지요.

2

교수 : 잘 요약했네. 그런데 예수의 십자가와 죽음의 원인이 무엇인지 생각해보려면, 그보다 더 거슬러 올라가야 할 것이네. 예수의 십자가는 단지 그 당시 몇 가지 견해

의 차이나 우발적인 충돌로 발생한 일이 아니기 때문이지. 거기에는 근본적인 이유가 있네. 이것을 짚고 넘어가지 않으면 예수의 십자가를 이해할 수 없네.

신학생 : 그것이 무엇인가요?

교수 : 모세 시대까지 올라가는 이스라엘의 전통, 곧 신앙과 신학이지.

신학생 : 그렇게나 멀리까지요?

교수 : 예수와 유대교 지도층의 충돌이 가져온 십자가 사건은 유대교라는 종교의 발생부터 살펴봐야 되기 때문이네. 간단히 생각해보세. 토라, 곧 오경은 모세가 쓴 게 아니라, 오랜 세월에 걸쳐 집적된 것이네. 모세 시대의 토라는 출애굽에서 체험한 '야훼' 하나님 신앙(오직 야훼주의, 모노 야휘즘·Mono Yahwism), 이스라엘은 한 형제자매라는 이념, 그리고 단편적 계명과 율법만 있었지. 유대인들은 그것을 광야에서 하나님이 직접 모세에게 계시해주신 것을 받아서 기록한 것이라고 믿으며 신성시하기에, 민족의 심장으로 받들어 왔네.

그러나 남북 왕국 시대에 토라를 제대로 실천하지 않는 지경에 처하자, 예언자들이 비판하고 대안을 제시했는데(전기 유대교), 그러나 제대로 듣지 않아 결국에 그들의 말에 따라 나라가 망했지. 아시리아 제국에 멸망하여 포로가 된 북이스라엘 후손들은 끝내 역사에서 소멸했고, 그 후 이스라엘 역사는 바빌론 포로가 된 유다 왕국의 후손인 유대인들이 중심이 되어 내려왔네.

기원전 539년, '페르시아 고레스 황제의 제 민족 해방령'에 의해 70여 년의 바빌론 포로 생활에서 해방되어 조국 땅으로 돌아온 유대인들은 제2 성전과 '예루살렘 제의 공동체'(후기 유대교)를 세웠지. 그것을 주도한 인물이 제사장과 랍비와 학자인 '에스라'이네. 구약성서 신학계에서는 에스라를 그간 전승된 여러 문서를 통합하여 오경을 만들고(오경은 시대와 저자가 다른 여러 문서의 통합), 역사서와 예언서들을 수집하여 편찬하고, 성전 제사와 안식일과 할례를 비롯한 전통과 절기를 확립한 '유대교의 실질적인 창건자'라고 하지.

신학생 : 그러면 에스라 이후부터 예수 시대까지 내려온 유대교의 핵심은 토라(율법)와 안식일과 성전 제사, 이 셋이 되겠네요?

교수 : 그것이 유대인들의 근본정신과 얼, 중심과 기둥과 척추이지. 유대인들은 토라를 "글자로 된 하나님"이라 하네. 그만큼 신성불가침의 거룩하고 절대적인 책이지. 그것이 없는 유대인은 상상할 수 없는 일이네. 유대교 학자들은 토라가 창조 이전에 하나님과 함께 있었다고까지 말하는데, 창세기 1장의 "우리"(1:26)라는 하나님의 말을 다른 신들이 없으니까, 하나님이 토라와 대화하신 것이라고 하지.

신학생 : 그러니까 예수와 유대교 지도층의 충돌이 예수가 사사건건 토라와 안식일과 성전 제사를 모독한 일 때문에 생긴 필연적인 사건이라는 말씀이시군요?

교수 : 더 중요한 게 있는데, 바로 **'하나님 이해'**이지! 율법을 어긴 죄와 악까지도 이미 무조건 용서하고 은혜와 사랑을 베푸시는 하나님! 이것이 예수가 탕아의 비유에서 말한 하나님이지. 예수는 공생애 처음부터 이런 하나님 이해에 서서, 율법을 파기하고 제멋대로 살아가는 세리들과 죄인들과 창녀들 등, 불가촉천민까지 무조건 용서하고 사랑한 것이네. 예수는 토라와 안식일과 성전 제사가 가리키는 방향과 목적을 사랑과 자비로 보았으니까.

그러니 율법과 성전을 하나님 위에 두는 유대교 지도층이 볼 때, 하나님을 예수같이 이해한다면, 율법이 아예 해체되지 않겠는가? 따라서 그들은 예수가 말하는 하나님이나 그의 행태를 전혀 이해할 수 없는 데다가, 더 나아가 유대교와 이스라엘 민족을 부정하고 해체하는 악행으로 본 것이지. 이것이 예수와 유대 지도층의 충돌에서 결정적인 것이었네.

신학생 : 실로 예수 시대의 민중은 로마 제국과 유대교 지도층의 이중적 억압과 착취 제도 속에서 숨도 제대로 쉬지 못하고 살았습니다. 복음서에 나오듯, 그 시대에 공연히 병자들과 미친 사람들이 많았던 게 아니었지요. 비인간적인 부패사회구조는 부도덕성과 각종 질병과 범죄와 비례합니다.

교수 : 갈릴리 민중은 극도의 궁핍과 이중적 억압과 착취 속에서 살았으니, 병자들이 더 많았지. 그러니 예수 시대의 유대 사회 역시 저 이사야 예언자를 따라 말하자면(사 1:2~8), 머리부터 발바닥까지 온통 골병이 든 사회였지.

3

신학생 : 그런 현실을 볼 때, 예수의 활동은 참으로 어려운 일이었지요. 몸도 그렇지만, 심정은 얼마나 힘겨웠겠습니까? "여우도 굴이 있고 하늘을 나는 참새도 보금자리가 있으나, 인자(나)는 머리 둘 곳조차도 없다."라는 예수의 말은 가벼운 푸념이 아닌 사실을 밝힌 것이지요(눅 9:58).

앞서 말한 '엔도 슈사쿠'의 "예수의 생애, 호반"을 보면, 그런 시대를 살아가는 예수가 홀로 눈물짓거나 가슴을 치며 탄식하고 우는 장면이 자주 나옵니다. 예수는 자신의 무력함에 진저리를 치며, 하나님께 거칠게 항의도 하고 간절히 호소도 하지요. 그런 장면을 보면 절로 눈시울이 뜨거워집니다. 그런데도 장기전을 생각하며 천천히 하지 않고, 곧바로 서울 예루살렘으로 진격하다시피 들어간 예수를 어떻게 생각해야 좋을까요? 예수는 이미 갈릴리에서부터 유대 지도층에게 '요시찰 인물'로 찍혔는데 말입니다.

교수 : 그런 예수를 생각하며, 나는 이런 상상을 해보네. 저 앞에 절벽이 있다는 표지판을 보고서도 자동차를 가속하는 사람이 있다고 생각해보게. 사람들은 그 사람을 어떻게 생각하겠는가? 분명히 미친 자이거나 자살하려는 사람이라고 생각하겠지.

공관복음에서 예수는 공생애에 들어선 바로 그해에 예루살렘에서 처형되네. 그래서 공관복음의 공생애가 1년이지. 그렇다면 예수는 앞에 절벽이 있다는 표지판을 보고서도 자동차를 가속한 사람과 같은 게 아닌가 말일세. 그러면 예수는 미치거나 자살하려고 한 것인가? 예수는 도대체 무엇 때문에 죽음의 절벽을 향해 가속한 것일까? 우리는 마땅한 대답을 얻어야 하네. 무엇 때문일까?

신학생 : 예수의 뜻 때문이 아닐까요?

교수 : 그러면 예수의 뜻은 무엇인가?

신학생 : 하나님의 나라를 이 땅에 세우려는 뜻과 이상이지요. 예수는 그것을 위해 세상 전체와 대결하며 죽어도 물러서지 않겠다는 결의로 나간 것이고요.

교수 : 유독 마가복음이 절벽 표지판을 무시하고 전속력으로 달리는 자동차 운전사 같은 예수를 말하네. "곧바로"(1:18.29, 2:12, 3:6), "며칠 지나서"(2:1), "또"(4:26.30), "다시"(2:13, 3:1, 4:1, 5:21), "그리고"(4:13, 6:6)라는 말을 반복하지. 장소에 대한 설

명이 별로 없어서, 어디에서 일어난 일인지 감이 잡히지도 않고…. 그래서 한 번에 죽 읽으면 숨이 찰 정도로, 사건에서 사건으로 이어지다가 마지막에 장렬하게 폭발하는 것이지.

4

신학생 : 마가복음에 따르면, 예수가 바리새파와 율법 학자들과 충돌한 것은 공생애 초기 갈릴리에서 활동할 때부터입니다. 마가복음은 그것을 연속적으로 보도합니다(1:21~4:34까지의 무대는 가버나움과 그 주변).

예수가 안식일에 회당에서 귀신들린 사람을 치유하는데, 분명히 그 자리에는 바리새인들도 참석했다고 봐야 합니다. 왜냐면 가버나움에도 바리새인들이 살고 있었으니까요. 그때 바리새인들은 느닷없이 벌어진 일이라서 그런지, 그저 지켜보기만 하고 침묵합니다(1:21~28).

"며칠 후", 예수는 사람들이 들것에 실어온 중풍 환자에게 "네 죄가 용서받았다."라고 말하고 치유합니다(2:1~12). 그 자리에 있던 바리새파 소속의 율법 학자들은 용서는 하나님만 하시는 것인데, 예수가 그런 말을 하여 하나님을 모독한다고 웅성거렸지요. 그것이 최초의 갈등입니다. 저는, 예수가 거기 앉은 바리새파를 의식하고 그 말을 한 것이라고 봅니다.

예수의 용서 선언은 '유대인들의 관습적 사고'를 깨뜨린 것이지요. 그것은 이러합니다 : 〔죄는 하나님의 심판을 부른다. 그 심판은 반드시 질병을 가져온다. 병의 상태에 따라 죄질이 다르다. 작은 죄는 가벼운 병, 큰 죄는 중병의 심판을 받는다. 따라서 병자는 그만한 죄를 지어 하나님의 심판을 받은 것이 틀림없는 사실이고 진실이다.

병이 나으려면 하나님께 죄를 고백하고 회개해야 한다. 그러면 하나님의 용서를 받아 건강을 회복한다. 그래도 건강을 회복하지 못하면, 그는 용서받지 못할 큰 죄를 지은 것이다.]

이것은 욥기에도 나오지요. 그러나 신체 질환은 어떻게 나을 수 있어도, 지체 장애인은 그럴 가망성이 아예 없었기에, 하나님의 심판을 받은 저주받은 몸이라는 죄책감을 짊어지고 평생 살아야 했지요. 그런 죄책감은 격리된 문둥병 환자가 가장 심했지요. 그러니 환자든 장애인이든, 먼저 마음의 죄책감부터 해방하고 씻어주는 게 마땅한 일이지요. 그래서 예수는 병은 죄 때문에 내린 하나님의 저주나 심판이 아니라는 것을 깨닫게 해주려고 용서를 말한 것입니다(요 9장). 물론 예수도 병리학에 대해서는 아는 바 없었을 것입니다.

교수 : 그렇지. 그런데 마가복음도 이미 예수를 "하나님의 아들, 그리스도"로 믿고 고백하고 증언하는 초기 교회의 자리에서 기록한 것이기에, 예수만이 "용서하는 권세를 가지고 있다."라는 말을 하지(2:10). 그러나 그때 예수의 생각은 그런 것이 아니었다고 보네. 예수의 생각은 관습적 사고방식 속에 있는 병자의 죄책감과 두려움과 좌절감부터 씻어주는 게 우선이니까, 죄의 용서부터 전하여 병이 죄 때문에 내린 하나님의 저주나 심판이 아니라는 것을 깨닫게 해주는 것은 누구라도 할 수 있는 일이라는 것이었다고 보네. 욥기도 그렇게 말하지 않는가? 그러나 유대교 사회에서는 아무도 그런 생각을 하지 못했지.

신학생 : 그다음 갈등은 예수가 '세리 마태'를 제자로 부르자, 그가 감사한 마음에 자기 집에서 음식을 대접하는데, 그 자리에 세리들과 죄인들이 참여한 일에서 불거집니다. 그러자 바리새파의 율법 학자들이 어째서 랍비라는 사람이 세리들과 죄인들과 어울려서 음식을 먹느냐고 따지지요(2:13~17). 그다음 갈등은 예수의 제자들이 안식일

에 배가 고파서, 다 익어가는 밀밭을 지나면서 이삭을 뜯어 손으로 비벼 까서 털어먹은 일에서 벌어집니다. 그러자 바리새인들이 어째서 안식일에도 일하면서 계명을 깨뜨리느냐고 항의합니다(2:23~28).

그리고 바리새인들이 예수를 죽이려는 의도를 품고 모의를 한 결정적인 충돌이 이어집니다(3:1~6). 안식일에 회당에 간 예수는 손이 오그라든 사람을 치유하는데, 안식일 예배이니까 당연히 바리새파 사람들도 있었기에, 그들은 예수가 안식일에 또 병을 고치는가 엿보며 고발하려고 주시합니다(3:2). 예수는 그들의 의도를 알아채고도 물러서지 않고, 그 사람에게 일어나 가운데로 나와 서라고 한 후, 그들이 대답할 수 없는 질문을 던집니다.

"안식일에 선한 일을 하는 것이 옳으냐, 악한 일을 하는 것이 옳으냐? 목숨을 구하는 것이 옳으냐, 죽이는 것이 옳으냐?" 손이 오그라든 것을 가지고 선이니 악이니, 목숨을 살리느니 죽이느니 하는 데까지 나아간 극단적인 질문이었지요. 하도 어이없는 질문에 그들이 유구무언인 채 가만있자, 예수는 분노하고 탄식하며 그를 치유합니다. 그러자 "바리새파 사람들은 바깥으로 나가서, 곧바로 헤롯 당원들과 함께 예수를 없앨 모의를 했지요."(3:6)

교수 : 그 대목에서 중요한 것은 바리새파가 자기들이 혐오하고 멸시하는 '헤롯 안티파스' 영주의 지지자들과 합세했다는 것이네. 종교와 정치가 작당한 것이지. 그러면 종교와 정치의 두 파가 무엇 때문에 예수를 죽여 없애려고 했을까?

신학생 : 바리새파는 예수가 죄를 용서한다고 말할 뿐 아니라, 안식일에도 일했기 때문이지요. 죄의 용서는 감히 하나님을 참칭(僭稱)하는 죄이고, 안식일에 일하는 것은 율법을 주신 하나님을 모독하는 것이라고 보았지요. 사실 유대 사회는 안식일에

일하지 말라는 법을 가장 중요하게 보고, 율법 학자들은 어떤 것이 일인가를 거의 50여 가지로 세세히 규정하고 민중의 숨통을 죄었지요. 바리새파는 안식일을 무너뜨리는 행태를 드러내는 누구든 유대 민족의 근본 질서를 뒤흔드는 악행으로 여기고 처벌했지요.

헤롯 당원들은 예수를 자기들의 군주인 헤롯을 비판하고 감방에 갇혀 있는 요한과 같은 예언자로 보고 민란을 일으킬 수 있는 위험인물로 여겼습니다. 그러니 평소에는 상종도 하지 않던 두 세력이 공동의 적인 예수를 죽이려 하는데 한 덩어리가 된 것이지요.

교수 : 정리해보세. 예수의 용서 선언, 유대교에서 죄인으로 낙인찍은 불가촉천민들과의 식사, 두 번의 안식일 계명 파기 등의 문제가 연이어 벌어지자, 견원지간인 두 세력이 합세하여 예수를 죽이려고 모의한 것이네. 그래서 예수와 유대 지도층의 충돌은 예루살렘까지 계속되지. 급기야 예수가 성전에서 난동을 피우는 사태까지 터뜨리자(난동이란 그들의 말), 결국에 죽이는 데 성공하네. 그러니 예수는 죽음을 알고서도 자동차를 몰고 절벽으로 간 것이지.

물론 예루살렘에서는 실질적인 지도층인 제사장들도 합세하지. 그들은 왜 예수를 죽였는가? 예수의 하나님 나라 운동 때문이지. 예수의 하나님 나라는 사람이 죄와 죄의식에서 해방되어 하나님과 친밀한 관계를 회복하고 마음의 자유와 기쁨을 누리고(나라는 다스림이니까. 곧, 하나님을 마음에 모시는 것), 하나님의 자비를 체험하여 어둠에 갇혀 살던 사람이 자유롭게 되는 새롭고 인간적인 세상이네. 곧, 예수의 하나님 나라는 가뜩이나 식민지 처지에서 갖가지 억압과 착취와 가난과 궁핍으로 병든 백성을 돕고 사랑하고 자유롭게 살아가도록 해주기는커녕, 촘촘한 법률로 옭아매어 숨이 막히고 좌절하게 하는 정치와 종교의 그릇된 행태를 파기하고, 누구나 인간의 존엄성과 권리를 온전히 회복하여, 하나님의 사랑을 누리며 자비심을 품고 서로 어울리며 어엿한 하나님의 자녀가 되어 살아가는 새롭고 신성한 세상이지.

그렇기에 성서가 말하는 하나님의 나라는 본래 안식일의 진정한 인간화와 세계화라고 할 수 있네. 곧, 인간이 하나님의 온전한 다스림(나라)을 받으며, 감사와 기쁨과 자유와 사랑 속에서 서로 어울리며 사는 평화의 축제 마당이지. 우리가 앞서 생각해 본(2장) 제1 이사야와 미가와 예레미야와 제3 이사야와 스가랴 예언자가 말하는 것도 이것이지.

5

신학생 : 그러면 당시 유대 지도층의 사회적 성격을 생각해봐야겠습니다. 유대 지도층은 크게 두 계층으로, 제사장들과 바리새파(랍비들)입니다. 장로들도 있지만 그들의 영향력은 이 두 계층에 종속된다고 보는 게 옳을 것입니다. 7,200여 명의 제사장들과 6천여 명의 바리새파는 70명으로 구성된 유대 국회인 '산헤드린'의 의원이 될 수 있고, 의장은 대제사장입니다. 물론 그때 유대 국회는 로마 제국의 통치 아래 종속되어, 주로 종교적 자치, 곧 성전과 율법을 다루는 행정권만 행사했지요.

교수 : 그것이 그들이 식민지가 된 자기 땅에서 최대한 누리는 엄청난 특권과 기득권이었네. 제사장들은 성전과 제사를 통하여 하나님의 이름을 팔아 부를 축적하고 호화로운 생활을 했고(예수가 성전에서 난동을 피우게 된 것도 그 때문), 각종 상공업으로 부를 축적한 바리새파는 율법을 지나치게 세분하고 백성이 지키도록 강요하면서 각 마을과 도시에서 치밀한 조직으로 지도층의 권한을 유감없이 행사했지.

그러니 하나님의 나라 운동에 목숨을 건 예수는 이들과 갈등하며 충돌할 수밖에 없었지. 물론 제사장들은 예루살렘에서만 등장하네. 따라서 모든 것은 전적으로 예수의 행동이 유발한 것이지. 예수의 행동이란 전복적이고 혁명적인 행동을 말하네. 곧, 예수는 기존 유대교의 모든 것에 의문을 던지며 그 본래의 정신과 취지를 드러냈지. 율법, 세분된 할라카(율법 해석들), 성전, 제사, 정결법, 안식일 법 등, 예수는 그 모든 것을 마치 해체하고 폐기해버리는 듯 거침없이 행동했지. 따라서 예수의 말과 행동은 유대교 지도층에게 자기들의 체제와 기득권을 전복하고 무너뜨리는 도전적 혁명행태로 보일 수밖에 없었던 것이지.

신학생 : 게다가 민중이 열광적으로 예수를 따릅니다. 그러니 그들은 장차 어떤 일이 벌어질 것이라고 보았겠습니까? 단연히 민중 반란이지요! 대제사장인 '가야바'가 한 말이 그 핵심을 드러냅니다. "이 사람을 그대로 두면 모두 그를 믿게 될 것이요(믿고 따르게 될 것이요), 그렇게 되면(반란이 날 것이기에) 로마 사람들이 와서 우리의 땅과 민족을 약탈할 것이다. 그러니 한 사람이 백성을 위하여 죽어서 민족 전체가 망하지 않는 것이 유익하다는 것을, 당신들은 생각하지 못하고 있소이다!"(요 11:45~50).

교수 : 예수의 전복과 혁명의 행동은 오직 하나님의 나라 운동 때문에 빚어진 것이네. 그것은 인간의 해방과 자유를 실현하여, 이 땅에 신성하고 인간적인 새로운 세상을 세우는 것이니까, 성서 해석이든 법률이든 전통이든 관행이든 인간관계든, 그간 유대교가 지닌 오래된 기존의 오류와 모순과 부조리를 말끔히 해소하고 철폐하고 수정하여, 본래 하나님이 의도하신 질서대로 다시금 세워야 한다는 것, 이것이 예수의 생각이었네.

신학생 : 예수에 의하면, 하나님은 창조와 사랑과 정의의 하나님이십니다. 하나님은 모든 인간의 행복과 자유와 평화를 바라시니까요. 그렇기에 예수는 하나님의 의도에 맞지 않는 토라와 전통을 다시 해석하여 수정하고 재설정하여 하나님의 뜻에 맞

추어야 한다고 본 것입니다. 예수는 거기에 자신의 삶과 목숨을 걸고 행동한 것이고요. 따라서 지도층은 보수적이고 기존 질서의 변화를 철저히 거부하기에, 충돌은 필연적일 수밖에 없었지요. 그것이 결국에는 예수의 패배, 곧 십자가 사건으로 나타난 것이고요.

교수 : 그렇지. 그것이 언제나 어디서나 똑같이 벌어지는 역사이지. 2천 년 기독교 역사만 생각해보더라도 그러하네. 성서와 기독교 신학이 인간을 '죄인'이라고 규정하는 것은 비단 종교적인 관점만은 아니네. 그것은 인간은 거짓된 자아(Ego)의 탐욕과 세상의 노예라는 뜻이기도 하지. 또 그 말은 인간은 사회의 교육과 세뇌와 조종 아래에서 자기도 모르게 순종적으로 길러져, 무의식적으로나 의식적으로 사회를 그대로 닮아가는 보수적인 존재라는 뜻이기도 하네. 그러한 죄로 가득한 보수성은 내적이거나 외적이거나 간에 변화와 개혁, 사랑의 혁명과 새로운 세상을 철저히 거부하는 속성을 지니고 있지.

신학생 : 그렇습니다. 저는 "기독교는 예수를 믿는 종교가 아니라 예수를 따르는 종교 아닌 종교, 곧 비종교이다. …그리스도께서 사람을 부르신다는 말은 '너는 나에게 와서 죽어라'하는 뜻이다."라는 'D. 본회퍼'는 말이 가슴에 와 닿습니다(저항과 복종; 나를 따르라-산상수훈 강론). 그러니까 기독교는 예수의 '길'이지요. 곧, 기독교는 하나님의 나라 운동체입니다. 나부터 성령과 진리를 깨닫는 일을 통해 하나님의 다스림(나라)을 온전히 받아 새로운 자아 혁명을 이룩하여, 세상을 하나님의 다스림을 받는 새로운 세상(나라)으로 변혁시키는 예수의 길 말입니다. 기독교는 예수를 믿는 새로운 유대교가 아닙니다!

교수 : 그런 점에서 고대 이스라엘 민족의 역사는 기독교에 대단히 중요한 것이네. 그들의 오랜 역사적 고난은 예언자들의 메시지로 나타난 하나님의 말씀과 뜻을 듣지

않고, 오로지 바알 종교와 같은 기복주의 종교로 치달아 간 때문이지, 다른 이유가 없네.

신학생 : 그러니 기독교는 구약성서를 기독교에 대한 하나님의 경고와 가르침으로 읽을 줄 알아야 합니다. 구약성서에 죄악과 일탈과 타락으로 인한 고대 이스라엘 민족의 멸망과 고난의 역사가 버젓이 기록되어 있는데도, 숫제 까막눈이 되어서 그것을 볼 줄 모른다면, 저 이사야(제1) 예언자의 말이 기독교에도 그대로 해당한다고 하겠습니다(사 6:9~10).

교수 : 20세기에 두 번의 전쟁으로 이미 증명되지 않았는가? 부디 앞으로는 그렇게 되지 않기를 바라야지.

6장
하나님의 나라는 잔치이다

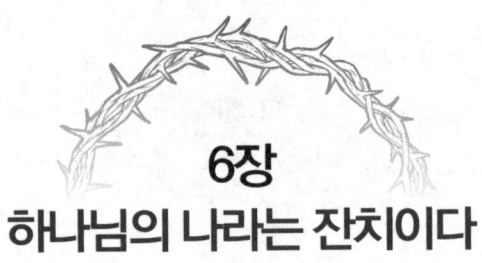

6장
하나님의 나라는 잔치이다

1

신학생 : 이제 예수의 하나님 나라에 관한 이야기를 하지요. 여기에는 가르침, 비유와 이야기, 행동과 실천, 이런저런 일과 사건들이 있는데, 어떤 것부터 할까요?

교수 : 그야 **"가나 결혼잔치"** 이야기이지(요 2:1~11). 요한복음만 보도하는 그 이야기는 예수라는 존재와 그가 하는 일이 어떤 '표징'(그-세메이온·Semeion. sign·symbol)인지를 그대로 보여주네. 요한 기자는 기적이란 단어를 한 번도 쓰지 않고 표징(표적)이라 하지. 요한 기자에게는 예수의 존재 자체가 표징이네. 예수의 모든 행위가 의미의 상징이지만, 예수의 존재 자체가 그보다 더 심오한 의미의 층(層)을 가리킨다고 보니까.

전에도 말했듯이, 표징이란 무엇을 가리키는 표지판 같은 것이지. 전혀 어려운 말이 아니라, 상식이네. 선불교에서 "달을 가리키는 손가락"이라는데, 상식을 말한 것이지. 우리는 일상에서 무수한 상징적 표징을 사용하며 살아가네. 숱한 기호(Signature)도 그런 것이지. 물건에 적힌 기호, 책에서 사용하는 문장 기호, 지도나 교통 표지판, 상점 간판 같은 기호들이 모두 상징과 표징이 아닌가?

종교는 어느 방면에서보다 상징과 이미지의 언어를 많이 사용하네. 그것은 종교가 말로 표현하고 담아내기에 어려운 일종의 형이상학적 진리와 실재(實在, Reality)를 말로 전하기 때문이지. 종교는 형이상학은 아니지만, 형이상학적 진리를 말로 표현해야 되기에 어쩔 수 없이 상징과 이미지와 비유를 사용할 수밖에 없네. 20세기 종교학자인 '미르치아 엘리아데'와 '조셉 캠벨', 심리학자인 '칼 융'은 종교와 심리학에서 상징과 이미지 문제를 대단히 중요하게 여기며, 그것이 내포하고 함의하고 있는 심오한 의미의 층이 삶에 가져오는 힘과 가치에 대하여 깊이 논구했네.

그런데 기독교인들의 심각한 문제는 상징과 이미지의 언어를 '사실'(Fact)로 받아들이며 착각한다는 데 있네. 그러나 전에는 사실이었다 해도, 그 후나 지금은 아니지. 그 후나 지금은 그 사실이 무엇을 가리키는 상징과 이미지일 수밖에 없지. 곧, '진실'(Truth)을 가리키는 것이네. 그러니 그 진실이 지닌 의미의 층을 깨달아야만 하는 것이지. 그렇지 않으면, 그것은 오늘에는 죽은 사실로 그칠 뿐 아닌가?

신학생 : 예를 들어 설명해주시겠습니까?

교수 : 전에 풍랑을 잔잔하게 하고 물 위를 걷고, 병을 고치고 죽은 자를 살린 것이 그것이네. 그러면 예수를 믿는 사람들은 누구나 그렇게 할 수 있는가? 아니지. 복음서에 나오는 기적과 치유는 당대에는 사실이었지만, 그 후에는 사실이 될 수 없는 게 아닌가? 예수도 사실과 상징을 구별했네. 그 실례가 복음서에 나오네.

신학생 : 그게 무엇인가요?

교수 : 광야의 유혹 사화에 나오네(마 4:1~11).

신학생 : 그런가요? 저는 아무리 봐도 모르겠는데요?

교수 : 잘 보아야 하네. 예수가 성전 꼭대기에 선 환상을 보자, 악마는 시편을 인용하며 그곳에서 뛰어내리면 하나님이 천사들을 보내 돌에 부딪혀 가루가 되지 않도록 사뿐히 내려앉게 해주실 것이라고 유혹하지(시 91:11~12). 그러면 백성이 기적의 메시아라고 하며 따를 것이라는 말이네. 그러나 예수는 그것을 "하나님을 시험하는 행위"라고 하며 거절했지.

신학생 : 아, 알겠습니다. 그러니까 악마는 성서, 곧 '하나님의 말씀'을 인용하며 그것이 '사실'이라면서 예수를 유혹한 것인데, 예수는 그것을 '상징'으로 이해하고 거부한 것이라는 말씀이군요?

교수 : 그렇지. 예수가 그 시편에 나오는 말을 사실, 곧 글자 그대로 하나님의 말씀으로 받아들였다면 뛰어내려야 마땅하네. 그런데 거부했지. 왜 그런가?

신학생 : 예수가 지구 중력의 법칙을 몰랐다고 해도, 뛰어내리면 가루가 되고 마니까요. 설령 그렇지 않고 그 말씀대로 되었다 해도, 예수는 그런 식으로 기적의 메시아가 되기를 거부했기 때문이지요.

교수 : 단지 그것이 아니네. 여기에서 예수의 지혜가 나타나지. 예수는 시 91편을 잘 알고 있을 것이네. 그 시의 내용은 하나님을 의지하고 사랑하는 자의 용기와 불굴의 신념, 고난과 역경 속에서도 하나님의 보호와 사랑에 대한 확신을 노래하는 기도문이네. 그러니까 그 기도문은 그 신앙인이 자기의 신념을 하나님이 천사들을 보내서 발이 돌에 부딪히지 않게 해주실 것이라는 역설(逆說)의 언어에 담아 표현한 것이지. 그래서 그것은 그 시인 마음의 진실이네. 그 시인도 자기 말대로 했다면 직방 죽었을걸!

예수는 이것을 안 것이지. 신앙인의 믿음과 신념, 견고한 의지와 담대한 마음, 꼿꼿

한 기개 등은 대부분 역설적 표현을 담아야 제대로 그 진실이 드러나는 법이네. 물에 들어가도 빠져 죽지 않고 사망의 음침한 골짜기를 지나고 해를 입지 않는다는 말, 독약을 마실지라도 멀쩡하게 되리라는 말, 사자 굴에 들어가도 머리털 하나 상치 않고 불가마에 들어가도 피부 하나 그을리지 않는다는 말은 하나님의 사랑과 보호에 대한 확신과 신앙의 용맹성을 담아낸 표현이 아닌가? 아무리 신앙이 좋다 해도 수영도 못하는 사람이 호수에 뛰어 들어가 보게. 100% 죽네.

신학생 : 그렇군요. 그 모든 것을 사실로 받아들이면, 그야말로 신앙이나 인생에 실족하는 사태가 벌어지고 말 것입니다.

교수 : 예언자 요한의 침례와 예수의 마지막 만찬을 생각해보게. 이것은 기독교에서 성례(聖禮)와 성사(聖事)가 되었네. 요한의 침례는, 그때는 "죄를 용서받게 하는 회개"라는 상징적 의미가 있었지(막 1:4). 그래서 사람들이 그에게 나아가 죄를 고백하며 침례를 받았네. 그것은 새로운 삶의 결단과 하나님의 용서를 강조한 것이지. 그렇다고 해서 침례를 받은 사람이 절로 새사람이 되었던가? 아니네. 그저 상징이지.

그런데 바울은 침례의 심오한 의미의 층을 드러내네(로마서 6장). 물속에 잠기는 순간은 예수의 십자가와 죽음에 참여하여 그와 함께 죽어, 자아와 세상으로부터 근본적으로 결별하고 전환했다는 것을 의미하고, 물에서 나오는 것은 예수의 부활에 참여하여 그와 연합한 새로운 인간으로 다시 태어난 것을 의미하네. 그리하여 침례가 전혀 새로운 신앙의 상징과 이미지의 차원을 드러내게 된 것이지.

물론 예수의 이름으로 침례를 받아도, 사람이 절로 변하는 것은 아니네. 중요한 것은 침례의 의미를 깊이 알고 깨닫는 것이지. 그래서 바울도 "알지 못합니까?" 하고 질문하네. 안다는 것은 전인격적 자각을 의미하네. 그러면 그때부터 불의의 연장(도구)

6장 | 하나님의 나라는 잔치이다

이나 죄의 종에서 의의 연장이나 하나님의 종으로 다시 태어난 새로운 인간으로 살아간다는 것이지.

예수가 제자들과 나눈 마지막 만찬은 그저 저녁 식사였지. 그런데 그것이 유월절 식사인 데다가, 예수의 수난과 죽음을 앞두고 마지막으로 일어난 일이었다는 데서, 전혀 다른 의미의 층을 지니게 된 것이네. 요한복음은 그 의미를 13장에서 17장까지 길게 보도하지.

알다시피 유월절은 이스라엘 민족이 이집트 해방 사건 전날 거행한 절기 문화이네. 이집트 사람과 짐승 등, 처음 태어난 것들의 죽음이 일어난 저녁, 이스라엘 민족은 양을 죽이고 먹어 자기들의 죽음을 대신하는 상징으로 삼았지. 그래서 유월절 어린양이 대속(代贖)의 의미를 지니게 된 것이지. 그렇다고 유월절마다 그런 해방의 사건이 일어나는가? 아니지.

그런데 복음서 어디에도 예수와 제자들이 양고기를 먹었다는 말은 없지. 예수는 제자들에게 빵과 포도주만 나누어주며 자기의 몸과 피라고 말하며, 앞으로 이것을 자기를 기억하며 거행하라고 하네. 그래서 초기 기독교는 예수의 유월절 식사를 신학적으로 해석하여, 예수를 인류의 죄와 죽음을 대속하고 구원하기 위한 하나님의 어린 양, 빵과 포도주를 예수의 몸과 피를 의미하는 새로운 언약의 상징으로 믿고 고백하며 지킨 것이지.

신학생 : 일반적 예는 어떤 것을 들 수 있을까요?

교수 : 자유를 생각해보게. 자유 하면 떠오르는 게 무엇인가?

신학생 : 정치적 자유나 민주주의를 생각하게 되지요.

교수 : 그러나 종교에서 말하는 자유는 그것을 결과로 본다네. 그래서 그보다 근본적이고 본질적인 자유를 말하지. 침례의 의미가 보여주는 바와 같은 것이네. 옛사람은 죽고 새로운 사람으로 다시 태어나는 것, 그것이 자유의 의미이지. 하나님과 진리를 싫어하고 거역하며 죄와 불의와 부패 속에서 살아가는 옛사람의 존재 방식을 끊고, 하나님과 진리를 좋아하고 깨닫고 사랑하는 진실과 선과 깨끗함 속에서 살아가는 새사람의 존재 방식, 그것이 자유이네. 그래서 예수는 "진리가 사람을 자유롭게 한다."라고 말한 것이지(요 8:32).

이렇게 자유는 심층에서 실존적 자유이네. 그런 사람은 어떤 직업 활동에서도, 탐욕이나 이기심에 빠지지 않고 세상이라는 물 위를 걸어가지. 이것이 그 사람 마음의 진실이고, 삶의 사실이 되는 것이네. 그는 남을 억압하거나 구속하지 않지. 따라서 내면이 자유로워진 사람만이 진정한 직업 활동을 할 수 있는 것이네.

산상수훈에 따르면, "세상의 소금과 세상의 빛, 마음이 깨끗한 사람, 평화를 실천하는 사람"이 되는 것이 자유이지(마 5:8~9.13~14). 자아와 세상의 유혹에 빠지지 않는 사람으로 살아가는 것이네. 그러니까 앞에서 말한 대로, 풍랑을 다스리고 물 위를 걷는 예수가 바로 자유인의 초상(肖像)이지.

2

신학생: 그러면 가나의 결혼잔치가 담고 있는 상징과 이미지가 가리키는 의미의 층은 무엇일까요?

교수 : 요한 기자의 심정과 눈을 따라가 보세. 결혼식은 그저 일상의 일이네. 물론 신랑 신부에게는 특별한 경험이지만, 하객들에게는 그저 일상적 잔치일 뿐이지. 유대인들은 가정의 경제적 형편에 따라 결혼잔치를 열었는데, 부유한 가정은 6일이나 했네.

결혼잔치를 연 가나의 그 집이 가난하거나 부유하다는 암시는 없네. 그런데 중간에 유대인들의 식사 때마다 필수품이고, 결혼잔치에는 말할 필요도 없는 포도주가 떨어졌지. 그러니 기쁨과 축복의 잔치가 중간에 파행 날 처지가 된 것이네. 그것은 신랑 부모의 인색함과 수치를 가져올 일이지. 대개 하객을 예상하고 마련하니까. 그런데 예수가 하인들에게 항아리 6개에 물을 가득 채우게 하고는 가져다주라고 하자, 포도주로 변하여 신랑 부모가 수치를 면하게 되었고, 끝나는 날까지 하객들의 기쁨이 계속되었다는 것이네.

신학생 : 그러면 예수의 존재 자체가 표징이겠네요?

교수: 바로 그것이 요한 기자가 말하는 것이지. 예수가 기적을 일으켰다는 것을 강조하려는 것이 아니라, 예수의 존재 자체가 삶을 결혼잔치로 만들어 계속되게 한 근본이라는 것이지! 만일 그 자리에 예수가 없었다면, 그런 일도 없었을 게 아닌가? 그리고 결혼잔치 때마다 그런 기적이 일어나겠는가?

신학생 : 아니지요.

교수 : 그러니 기적만 본다면, 그 사실은 오늘에는 아무 의미 없는 옛이야기일 뿐이지.

신학생 : 그렇지요.

교수 : 따라서 요한 기자가 그것을 표징이라고 말하는 것은 예수의 존재 자체를 가리키는 것이지, 기적이 아니라네.

신학생 : 그렇다면 지금도 예수의 현존을 의식하고 있는 사람이나 모임의 자리는 결혼잔치라는 말이 되겠네요?

교수 : 바로 그것이 표징을 깨닫는 것이지! 그것이 지금 예수와 함께 하나님의 나라, 곧 하나님을 마음과 가정과 일상과 삶에 모시고 온전한 다스림(나라)을 받으며 살아가는 새로운 현실이 결혼잔치라는 의미이지. 그러니까 예수를 의식하며 함께하는 사람은 언제나 잔치와 자유와 기쁨의 삶을 살아간다는 것이네. 복음서는 예수를 신랑, 그리스도인을 신부로 표상하니까, 그리스도인의 삶은 언제나 결혼잔치라는 것이지.

그래서 그리스도인에게 가장 중요한 것이 예수의 '현존(現存) 의식'이지. 예수가 지금 여기에 나/우리와 함께 있다는 현존 의식이 없이는, 삶의 잔치는 중간에 하다가 파행으로 끝나게 되고 만다는 것이네. 그리고 이것은 비단 잔치 문제만은 아니네. 그리스도인이 시련과 역경과 박해와 고난을 받아도, 예수의 현존 의식이 있을 때는 그것조차도 기뻐하고 영광으로 알게 된다는 것이니까(마 5:10~12).

신학생 : 바울도 박해를 받아도 기뻐하라고 말했지요(빌 2:18, 4:4). 그러니 기독교인들이 예수를 암만 기적의 사나이로 믿는다 해도, 언제나 지금 예수의 현존 의식이 없이 살아간다면, 기쁨과 축복과 어울림의 잔치와 같아야 할 삶이 도중에 끝난 것이나 다름없다는 말이 되겠지요.

교수 : 그렇지. 기독교인들이 예수를 저 밖에 있는 하나의 객체와 대상으로 아는 것만큼 비극적인 일도 없네. 그런데 더 나아가서 볼 때, 기독교 신앙에서 정작 중요한 것

은 하나님도 아니고 예수도 아니라네.

신학생 : 예?

교수 : 물론 하나님과 예수를 믿어야만 현존 의식도 지닐 수 있지. 하지만 생각해보게나. 예수 이후 2천 년 기독교 역사나 오늘의 현실을 보게. 하나님이나 예수가 없어서 그런 부끄러운 발자취였고 그런 현실이던가? 나는 기독교가 세상에 가져온 바람직한 면모들을 죄다 부정하는 것이 전혀 아니네. 다만 전체적으로 보고 하는 말이지. 기독교가 역사에서 드러낸 반예수적인 행태나 오늘의 교회가 드러내는 이단적인 참극이 하나님이나 예수가 없어서 벌어진 일인가?

신학생 : 아니지요.

교수 : 바로 그것이네. 기독교 신학자들이나 목회자들이나 교인들은 하나님이나 예수가 모든 것을 알아서 다 해주시라고 믿네만, 전혀 그렇지 않네! 그것이야말로 신앙이 아닌 무책임하고 무모한 행태이지. 중요한 것은 인간이 품는 하나님과 예수의 현존 의식이네. 여기에 기독교의 생명이 달려 있지. 생각해보게. 예수 당시에 그를 보고 만나고 가르침을 듣고 기적을 체험하고 목격한 사람들이 얼마나 많았던가? 그러나 몇 여인을 제외하고는 제자들조차도 새로운 인간으로 변화되진 못했고, 유대교 지도층은 죽였지. 왜 그런 일이 벌어졌는가?

3

신학생 : 무슨 말씀인지 알겠습니다. 독일 신학자 '한스 큉'의 역사책 "그리스도교"는 그리스도인들이 너무나도 부끄러워서 얼굴을 들지 못할 수치스러운 교회 지도자

들의 사악하기까지 한 행태를 적나라하게 드러냅니다. 하나님이나 예수의 존재 자체가 절로 기독교인들을 변화시키지는 않으니까요.

그러니 말씀하신 대로, 관건은 하나님·그리스도의 현존 의식입니다. 출애굽기에도 그런 말이 나오지요. "주님께서는 그들이 밤낮으로 행군할 수 있도록, 낮에는 구름 기둥으로 앞서가시며 길을 인도하시고, 밤에는 불기둥으로 앞길을 비추어 주셨다. 낮에는 구름 기둥, 밤에는 불기둥이 그 백성 앞으로 떠나지 않았다."(출 13:21~22, 40:38).

교수 : 그것을 히브리어로 "셰키나"라 하네(Shekhinah). 하나님의 현존을 가리키는 상징이지. 이것을 말로 풀어쓴 것이 임마누엘이네(Immanuel, 하나님이 우리와 함께 계신다). 그런데 이스라엘의 광야 시절이나 역사를 보게나. 얼마나 많은 파행과 시행착오와 죄악을 밥 먹듯 저질렀는가? 그러다가 나라를 잃어버리고 오랜 수난의 세월을 살았지. 그러면 하나님이 함께 해주시지 않아서 그 모양이었던가?

신학생 : 아니지요. 명색이 신앙인이라는 사람들이 하나님의 현존을 망각하고 내팽개쳤기 때문이지요.

교수 : 바로 그것이네. 하나님의 셰키나는 영원한 것이네. 다만 문제는 하나님을 믿는다는 신앙인들이 그 현존을 의식하느냐 하는 것이지. 예배당에서만 잠깐 품고(이조차도 제대로 하는 게 아니지!), 밖에 나가서는 내팽개치고 살아간다면, 그게 무슨 현존 의식이란 말인가? 하나님은 가정이나 길이나 직장에는 계시지 않는다는 말인가?

그것이 신앙인의 불신과 배신이네. 그것이 고대 이스라엘 민족의 역사이지. 물론 숱한 고난을 치르면서도 신앙을 이어왔지만 말이네. 제1 이사야의 책을 보면(사 1~39장), 1장 첫머리에서부터 이스라엘의 죄악을 비판하고 비난하며 규탄하네. 그 핵심이 무엇인가?

신학생 : 의롭고 거룩하신 하나님을 배신하고 거역했다는 것이지요.

교수 : 그러면 배신과 거역이 무엇인가?

신학생 : 하나님께 등을 돌리고, 자기들 멋대로 세속적인 탐욕과 이기심에 빠져서 살아가는 것이지요. 그래서 주인을 알아보고 따르는 소나 나귀만도 못한 족속들이라고 규탄한 것이고요. 그들이 드린 제사(예배)란 그저 성공과 부와 풍요와 안정만 바라는 '바알' 종교와 같은 행태였으니까요.

교수 : 그러면 마태복음 7장 15절부터 27절을 읽어보게. 그것은 산상수훈 끝머리에 나오는 예수의 말이지. 성도들이 예수를 주님으로 믿으며, 목회자들이 설교하고 귀신을 내쫓고 기적을 행했는데, 어째서 예수는 그들을 "불법을 저지르는 악당들"이라며 내쫓았을까?

신학생 : 그저 예수의 이름을 그저 이용할 뿐이었으니까요. 그래서 예수는 그 지도자들을 "양의 탈을 쓴 굶주린 이리 같은 거짓 예언자들"이라고 했지요.

교수 : 그러니 하나님이나 예수가 계시다는 것 자체가 사람을 변화시키는 게 아니네. 현존 의식만이 변화와 자유와 기쁨을 가져오는 것이지. 요한 기자가 가나의 결혼 잔치 이야기를 통해서 하고자 하는 말은 예수의 존재 자체가 표징이라는 것과 함께, 예수의 현존을 의식하는 것이 그리스도인의 인생을 잔치로 만드는 결정적인 요소라는 것이네!

제1 이사야는 "너희가 믿음 안에 굳게 서지 못한다면, 너희는 절대로 굳게 서지 못한다."라고 말했네(사 7:9b). 신앙이란 하나님을 향해 마음과 뜻과 힘과 목숨을 다 거는 전인적(全人的) 신뢰를 말하네(신 6:5). 그저 '믿습니다.' 하는 말이 아니지.

제1 이사야는 이렇게도 말했네. "하나님은 성소도 되시지만, 걸려 넘어지게 하는 돌도 되시고, 함정과 올가미도 되신다."(사 8:14) 성소는 현존, 사랑, 보호, 안전을, 돌과 바위와 함정과 올가미는 심판을 상징하는데, 그러면 하나님이 신앙인이라는 사람들에게 이중적인 태도를 보이시는 까닭이 하나님의 자의(恣意)나 심통이란 말인가?

신학생 : 아니지요. 현존 의식이라는 신앙을 지니고 사는가 그렇지 않은가에 따라서 그에 마땅한 태도를 드러내신다는 말이지요.

교수 : 그렇지. 신앙이란 현존 의식, 곧 하나님과 예수의 셰키나와 임마누엘에 대한 진정한 의식이지. 이것이 그리스도인의 의식이고 삶, 곧 지금 하나님의 다스림(나라) 안에서 결혼잔치의 기쁨과 행복과 축복과 사랑을 맛보며 살아가는 삶이지. 그런 사람이 욕심과 이기심과 거짓과 폭력을 써서 권세나 물질을 탐하고 교만을 떨며 살겠는가?

신학생 : 그러니까 하나님이나 예수의 현존 의식이 기독교 신앙의 관건이네요. 예수와 옆집에서 백 년을 산들, 도무지 친밀한 관계를 맺지 않고 지낸다면, 아무 소용이 없으니까요.

교수 : 좋은 말을 했네. 그런데 사실 그렇게 살아가는 기독교인들이 지나치게 많지. 예수를 그저 'Sunday 우상' 정도로 알지. 이것이 기독교 역사와 오늘날 현실의 비극이네. 그도 아니면, 저 "라헬의 드라빔"처럼(창 31:1~35), 예수를 가지고 다니는 우상으로 알지.

신학생 : 영국의 청교도를 비롯한 유럽 기독교인들이 아메리카 대륙을 정복하면서, 원주민들의 토지를 빼앗고, 집단 살육하고, 구석으로 내몰아 한 구역에 가두어 놓은 비극이나, 아돌프 히틀러 시대의 기독교인들이 그를 메시아처럼 환영하며 맹목적으로 추종하여 유대인을 비롯한 1,100여만 명이나 되는 사람들을 수용소 가스실에서 살해하거나 총살한 것은 하나님이나 예수가 없거나 믿지 않아서 한 일이 아니지요. 진정 현존 의식을 지녔다면, 절대로 그럴 수 없는 일이었으니까요.

교수 : 그렇지. 어떻게 사랑의 예수, 인간의 구원자라는 예수를 믿는다는 사람들이 그런 반하나님, 반예수의 사악한 작태를 서슴없이 저질렀겠는가? 예수의 가르침은 인간을 인간으로 보고 사랑하라는 것이지, 인간을 종교나 인종으로 구별하고 차별해서 대우하라는 것이 전혀 아니질 않은가?

신학생 : 그렇지요. 세계 제1, 2차 대전만 해도 일본만 뺀다면, 유럽 기독교 국가들 사이의 전쟁이었지요. 기독교를 2천 년이나 해온 역사가 끔찍한 전쟁으로 서로를 죽였다는 게 믿기지 않는 일이지만 사실입니다. 지금 러시아-우크라이나 전쟁만 해도 둘 다 기독교 정교 국가가 아닙니까? 러시아 정교회의 수장인 대주교는 푸틴을 축복하고 지지하는 발언까지 했다지요. 기가 막힐 노릇입니다.

교수 : 자네가 본회퍼를 좋아하니, 그의 말을 해보지. 그는 장군인 외삼촌이 주도적으로 참여한 히틀러 암살 모의에 가담한 혐의로 투옥되었다가, 독일이 패배를 선언하기 한 달 전에 사형당했네. 그의 옥중 서신은 지금 명저(名著)가 되었는데, 읽을수록 가슴이 아프지. 그는 거기에서 사실상 기독교의 종언(終焉)을 선언했네.

그래서 이제 세상은 "하나님 없이, 하나님 앞에서(Ohne Gott, Vor Gott) 살아야 할 시대"가 되었다고 말했지. 기독교는 지금도 여전히 '들을 귀가 없어서' 듣지 않네만,

나는 그의 말을 하나님의 예언(預言), 곧 하나님의 말씀·메시지라고 보네. 앞으로 기독교는 우리나라에서나 세계에서 더 어려워질 걸세.

신학생 : 잔치 이야기를 하다가 우울한 이야기까지 하게 되었네요.

교수 : 어쩔 수 없지 않은가? 진리는 언제나 부정과 긍정을 내포하는 것이니까. 한쪽만 좋아한다면 진리가 아니지. 예수는 예와 아니오를 분명하게 말하라고 가르쳤네(마 5:37). 또 예수는 새 술은 새 부대에 담아야 둘 다 보전된다고도 했지(막 2:22).

신학생 : 예수는 "시대의 징조들을 분별하라."라고도 했지요(마 16:3). 진리는 시대가 바뀌어도 따라야 하지만, 전하는 방식이나 태도는 변해야 하지요. 옛날 말만 앵무새처럼 할 것 같으면, 교회라는 게 있어야 할 이유가 없지요. 성서나 신학이나 신앙 서적을 주고 읽으라고 하면 될 게 아닙니까?

교수 : 그러려면 무척이나 많은 것을 바꿔야 할 것이네. 그런데 내가 보기에, 지금도 교회는 2차 대전 이전의 설교만 한다네. 세상에 변화를 촉구하기 전에 교회부터 변화해야 하는데 말이네. 교회가 완전히 고립된 섬이 된 시대일세.

4

신학생 : 현존 의식을 강조하셨으니, 그런 점에서 오순절 성령 강림의 성격을 어떻게 보아야 할까요? 그에 대해서는 하도 말이 많아서, 누구나 다 알고 있는 것 같지만, 과연 그럴까 싶습니다.

교수 : 그렇다네. 성령은 누구이신가? 요한복음에 따르면, 성령은 중생의 근원이

요 진리의 영이시네(3장, 14장). 그렇다면 성령을 받았다는 것은 무엇인가? 중생하고 진리를 깨달았다는 말이 아닌가? 그것이 인간 변화의 핵심이니까(행 2장). 제자들만 봐도 그렇지 않은가? 예수 생존 시에는 누가 크냐고 다투던 자들이 성령을 체험하고 진리를 깨닫자(예수 그리스도를 알게·깨닫게 되자), 완전히 딴사람이 되지 않았는가? 그래서 소유욕마저 없어지고 말일세. 더 나아가 예수 때문에 박해를 받는 것을 영광으로 알고 기뻐하질 않는가(행 5:17~42)? 바울의 삶도 그런 것이고 말이네(고후 11:16~33).

신학생 : 그리스도인의 예수 현존 의식을 강조하면서 여기까지 왔는데, 요약하면 '예수의 존재 자체가 인간이 보아야 할 표징이다, 예수가 함께하는 삶은 결혼잔치와 같다, 예수의 현존 의식이 인간의 삶을 결혼잔치가 되게 한다', 이런 것입니다. 그러니 이것이 예수를 따르는 그리스도인의 삶이라는 말이 되겠네요. 예수의 존재와 그에 대한 현존 의식이 없으면, 물이 포도주로 변화하는 것 같은 질적 차원의 풍성한 삶이 없다는 것이지요.

교수 : 그렇지. 그런 점에서 가나의 결혼잔치와 비슷한 이야기가 복음서에 또 나오지.

신학생 : "아들의 결혼잔치를 연 왕" 이야기이지요(마 22:1~14). 그런데 누가복음은 그냥 "어떤 사람"이라고 합니다(눅 14:15~24). 마태 기자의 이야기는 왕이 종들에게 초대받은 사람들을 불러오게 했는데, 죄다 핑계를 대고 오지 않지요. 그래서 다시 종들을 보냅니다. 그런데 여전히 핑계를 대고 오지 않지요. 그런데 나머지 사람들은 종들을 붙잡아서 모욕하고 심지어는 죽여버립니다. 그러자 분노한 왕은 군대를 보내서 그들을 죽여버리고, 도시를 불태워버립니다. 그리고는 거리에 나가서 만나는 사람마다 데려오라고 해서 잔치를 열었지요.

교수 : 그런데 마태 기자의 이야기는 여러모로 이해할 수 없는 모순이 많네. 이야기 앞뒤가 전혀 맞지 않지. 이것은 중학생이라도 금방 눈치를 챌 수 있을 걸세. 생각해보게나. 왕자의 결혼식에 초청받을 사람들이 누구이겠는가?

신학생 : 대개 정치와 경제와 문화 등, 각계의 고위 인사들이겠지요.

교수 : 그렇지. 그런데 거부한 사람들 가운데는 자기 밭으로 가거나 장사하러 갔다고 하네. 현대 사회라면, 기업인들은 중요한 일정 때문에 지방이나 해외에 출장을 떠날 수도 있지. 그러나 이 이야기는 왕조시대가 배경이네. 그러니 밭으로 가거나 장사하러 갔다는 말은 성립할 수 없네. 게다가 초대받은 어떤 사람들이 종들을 모욕하고 죽여버렸다는 것은 왕에게 반역하는 것이니까, 더욱 말이 안 되는 일이네. 그래서 분노한 왕이 군대를 보내서, 그 살인자들을 죽이고 그들의 도시를 불살라 버렸다고 하는 것은 더군다나 있을 수 없는 일이지.

그래서 하나님의 나라에 대한 비유인 이 이야기를 글자 그대로 보면, 여러모로 모순이 많다는 것이네. 그러니까 마태 기자는 왕을 예수로 보고 말한 것인데, 지나치게 유대인을 의식해서 초대를 거절한 그들은 죽어 마땅하다는 극언을 한 셈이 되네. 그러니 본래 하나님의 나라에 대한 비유인 예수의 가르침을 반유대주의(Antisemitism)에 젖어서 기록했다는 혐의를 피할 수 없게 된 것이지.

그래서 누가 기자는 그것을 수정하여 왕을 '어떤 사람'으로 고치고, 종들을 죽이거나 도시를 불태웠다는 말을 생략한 것이네. 따라서 누가의 기사가 예수의 본래 취지를 간직한 원본으로 간주할 수 있을 걸세. 왜냐면 아들 결혼잔치를 연 왕이 초대에 응하지 않았다고 해서, 군대를 보내 죽이고 도시를 불태웠다는 말은 어불성설이니까 말이네. 그렇다면 그것은 초대가 아닌 명령과 강제였다는 말이 아닌가? 어떤 왕이 아들의 결혼잔치를 열며 참석하라는 명령을 내리며, 게다가 왕의 명령인데 핑계를 대고 가지 않는 일은 있을 수 있겠나?

그러니 마태 기자의 이야기는 논리상 오류이네. 누가 기자는 "가난한 사람들과 눈먼 사람들과 다리를 저는 사람들"을 데려오라고 말하기에, 하나님의 나라에 대한 예수의 심정과 의도를 고스란히 드러낸다고 볼 수 있지.

신학생 : 듣고 보니 그렇네요. 그래서 마태 기자의 이야기는 기쁨과 축복의 결혼잔치가 살육과 방화의 비극이 되고 만 것이네요. 아마도 마태복음은 서기 66년에서 70년까지 이어진 로마와 유대 전쟁으로, 예루살렘과 성전이 모조리 불타고 시민 수십만 명이 살육당하고 내쫓긴 이후에 기록된 것이기에 그랬을 것으로 보입니다.

교수 : 하지만 누가복음도 그 후 기록된 것은 마찬가지 아닌가? 그러니 마태 기자의 반유대주의만 더욱 부각 되고 마는 셈이지. 그러나 예수는 결단코 반유대주의 감정 같은 것은 없었다네. 반사마리아주의조차도 없었으니까! 어쨌거나 마태 기자가 그 후 기독교 역사에서 반유대주의에 불을 지핀 일의 시초가 된 것은 틀림없는 비극적 사실로 보아야 하네.

이 이야기 역시 예수와 함께하는 삶은 결혼잔치와 같다는 것을 말하기 위한 것이네. 결혼잔치와 같은 하나님의 나라는 누구나 초청된 것이고 누구에게나 개방된 것이지. 그런데 누가 기자는 결혼잔치라고 못 박지 않고 그냥 "큰 잔치"라고 말하여, 그 초청의 개방성을 더욱 확대하고 있으니, 예수의 의도에 맞는 것이지.

5

신학생 : '잃은 양을 찾은 목자의 비유, 잃은 동전 찾은 여인의 비유, 잃었던 아들을 되찾은 아버지의 비유'도 결혼잔치와 비슷한 내용을 담고 있다 하겠어요. 기쁨의 발견이면서도 용서와 화해로 통합을 이룬 열린 세상을 말하니까요.

교수 : 그렇지. 양이든 동전이든 아들이든, 잃었던 소중한 것을 다시 찾은 기쁨이야말로 크나큰 행복이니까. 그러니까 하나님의 나라라는 큰 잔치는 잃어버린 것들을 다시 찾은 기쁨과 행복이라는 것이지. 잃어버린 것이 무엇이겠나?

신학생 : 스스로 잃어버린 것도 있고, 사회적 강제로 잃게 된 것도 있겠지요. 예수의 비유는 그런 이야기가 대세를 이룹니다. 무의식적으로나 부주의로 잃어버린 것들과 사회적 차별로 인하여 하고 싶어도 할 수 없게 된 일이 있으니까요. 하나님이나 진리나 자기 자신, 사랑과 자비나 정의, 올바르고 인간적인 삶 같은 것은 스스로 잃어버리는 것이고, 예수 시대의 세리들이나 창녀들, 돼지치기나 양치기나 가죽 세공업자나 고리대금업자 등 죄인들로 분류된 사람들은 성전 출입이 봉쇄되고 갖은 차별과 모욕을 당했기에, 어쩔 수 없이 삶의 기쁨을 박탈당하여 잃게 된 사람들입니다. 요즘으로 말하면, 전자는 현대인의 일반적 특성이고, 후자는 교회의 타락상 때문에 떠나는 사람들이겠지요.

교수 : 그렇다네. 특히 교회의 타락상 때문에 떠나는 사람들을 보면 분노와 가슴 아픔을 금할 수 없지. 어쩌면 그들은 루마니아 출신의 정교회 신부 작가인 '콘스탄틴 V. 게오르규'의 소설 "25시"에 나오는 "잠수함의 토끼" 같은 사람들일 수도 있네. 제1차 대전에서 처음 나타난 초기 잠수함은 일정한 시간마다 탁해진 공기(空氣)를 교체하려고 수면으로 떠 올라야 했지. 그런데 그때는 그것을 알려주는 기계 장치가 없어서, 희박해진 공기에 민감한 토끼들을 태웠네. 토끼들이 우왕좌왕하는 것을 보고는 수면으로 올라갔지.

인간이나 집단, 나라나 세상에는 어떤 한계점이나 임계점, 곧 아무리 생명과 행복의 올바른 길을 말해도 듣지 않는 지점에 이르게 되는 때가 있네. 한마디로 양심과 인간성이 처참하게 무너진 지점이지. 노아 시대에 일어난 대홍수 사건을 잘 읽어보면, 홍수 예고와 실현 사이에 '백 년'의 유예기간이 허용되었네. 그런데 아무도 회개하지 않아 끝내 파멸하고 말았지. 회개하지 않았다는 것이 바로 그 한계점과 임계점을 말하네. 노아가 가만 앉아서 자기네 구원만 기뻐하고 사람들의 파멸을 기다렸겠나?

신학생 : 아닐 테지요. 배를 백 년 동안이나 만들었을 리 없으니, 분명히 그 시대 사람들에게 날마다 올바른 말을 전했을 것입니다. 그가 의롭고 흠이 없고 하나님과 동행했다는 말이 그것을 암시하니까요.

교수 : 그렇지. 아무도 생명과 진리의 말씀에 귀를 기울이지 않는 때가 바로 인간과 문화와 문명이 한계점에 이른 지점이네. 소돔과 고모라 도시 이야기도 그렇지. 그들이 파멸할 위기에 처하자, 아브라함은 하나님 앞을 가로막고서 용서를 청하지. 그러나 의인이 10명도 되지 않아 끝내 파멸하고 말았네.

이에 대해서는 현대 이스라엘 작가요 평화 운동가로서 노벨 평화상을 받은 '엘리 위젤'의 이야기를 들어보는 것이 좋겠네. 그의 작품 "한 세대 이후"에 이런 이야기가 나오네.

「의인들(just Mens) 가운데 한 사람이 소돔에 왔다. 소돔 사람들을 죄와 벌에서 구하기 위해서였다. 그는 밤낮으로 거리와 시장을 돌아다니며 탐욕과 도둑질, 음욕과 거짓과 무관심을 버리라고 설교했다. 그러나 소돔 사람들은 그의 말을 듣고 빈정거리며 웃었다. 얼마 안 가서는 그의 말을 듣는 사람들조차도 없어졌다. 그는 이미 소돔 사람들에게 흥미의 대상도 되지 못했다. 살인자는 계속 살인을 했고, 현명한 사람은 계속 침묵을 지켰다. 의인이라는 존재는 없는 것과 다름없었다.

어느 날 그 불행한 선생을 동정하고 있던 한 아이가 다가와서, "불쌍한 이방인이여, 암만 소리지르고 외쳐 보아도 아무 소용이 없다는 것을 모르십니까?"하고 물었다. 의인이 대답했다. "알고 있단다." "그런데 왜 계속하십니까?" "왜냐고? 처음에는 내가 사람들을 변화시킬 수 있다고 생각했었단다. 하지만 지금은 그럴 수 없다는 것을 알게 되었다. 내가 지금까지 소리를 지르고 있는 것은 사람들이 나를 변화시키지 못하도록 하려는 것이란다."」

6

신학생 : 비극적이고도 진중한 이야기입니다.

교수 : 히브리 예언자들을 보게나. 아무리 진리와 의를 외쳐도 듣지 않았지. 북이스라엘 왕국은 예언자 아모스와 호세아의 말을 듣지 않다가 얼마 후 멸망했고, 유다 왕국은 예레미야의 말을 듣지 않다가 멸망했지.

중세 기독교는 어땠는가? 자정(自淨)의 기회를 모두 날려버리고 말았지. 어째서 역사가들이 중세 가톨릭 시대를 "암흑시대"라고 했겠나? 어째서 르네상스 시대 이후 유럽의 지성인들이 교회를 떠났겠는가? 프랑스 대혁명 때(1789년), 혁명가들은 교회를 없애는 것을 목표의 하나로 삼았네. 오늘날 한국교회를 보게. 아직은 대형, 중형교회들이 많아서 별로 자각하지 못하고 있네만, 날이 갈수록 사람들이 떠나고 있네. 한계점을 지나면, 텅텅 빈 유럽의 교회를 그대로 닮아가겠지.

신학생 : 예수는 새 술은 새 부대에 담아야 둘 다 보전된다고 했지요. 새 술은 신세

대나 시대, 새 부대는 새로운 언어나 형식을 말한다고 봅니다. 세상은 변화하는 것이 특징이니까, 교회도 시대마다 자기 변화를 해야지요. 저는 기독교인들의 숫자가 줄어드는 것은 그리 큰 걱정은 아니라고 봅니다. 문제는 질이니까요. 그런 점에서 예수의 하나님 나라 메시지와 운동은 현대 한국교회가 나아가야 할 방향으로 보입니다.

교수 : 바로 그것이네. 초기 그리스도인들을 생각해보는 게 좋겠네. 나는 그들의 예수 운동을 "성령을 통해 진리를 깨달아 중생한 사람들이 결사(決死) 각오하고 저지른 인간 혁명과 세계 혁명의 물결"이라고 말하네. 그것이 그들이 일으킨 하나님의 나라 운동의 핵심이지. 결국에 로마 제국을 이겼지. 그러나 거기까지뿐이었네. 그 후 기독교 역사는 우리가 잘 아는 것이네. 로마 정치체제를 그대로 따서 만든 종교 제국을 이루고 지금까지 왔지. 개신교도 하등 다를 게 없지. 그래서 나는 앞으로 예수의 하나님 나라 운동을 다시금 발견하고 지향하는 것만이 교회가 할 일과 살 희망이라고 보네.

신학생 : 그렇습니다. 신학과 목회자들의 설교부터 완전히 뜯어고쳐야 할 때가 왔습니다. 이미 효력을 잃은 예수의 대속(代贖)만 믿으면 구원받는다는 추상적인 교리나 기복주의를 버리고, 하나님의 나라 운동으로 나아가야 하지요.

교수 : 예수의 하나님 나라는 자유와 기쁨의 잔치이지. 그것은 철저한 인간 혁명으로부터 시작되는 것이네. 그래서 중요한 것이 예수 현존 의식이지. 예수를 믿는다고 해서 사람이 절로 변하지는 않네. 예수 현존 의식이야말로 진정한 중생과 변화의 길이지. 그런 점에서 오늘 이야기야말로 예수의 하나님 나라 운동의 핵심이네. 결혼잔치가 열리는 집을 세상이라고 볼 때, 인류의 삶이 그런 자유와 기쁨, 축복과 사랑의 어울림으로 가득하게 되는 것이 예수의 하나님 나라이지. 인류가 그렇게 살면 얼마나 좋겠는가!

7장
예수와 소외된 사람들

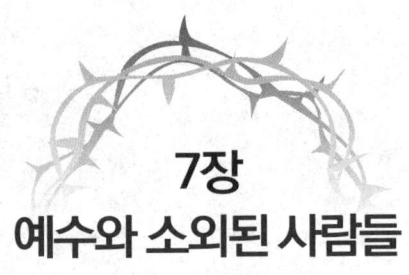

7장
예수와 소외된 사람들

1

신학생 : 이 시간에는 잔치 이야기를 계속하면서, **'예수와 소외된 사람들'**, 곧 당대에 소외된 사람들을 대표하는 '세리와 여성과 어린이'를 예수가 어떻게 바라보고 대우했는지 생각해보지요. 병자들의 이야기는 했으니까 제외하고요(4장-예수의 치유와 기적).

교수 : 그렇게 하지.

신학생 : 그런 점에서 예수는 어떤 종교와 철학의 지도자들과는 차별된다고 봅니다.

교수 : 그것은 확실한 사실이네. 예수는 가르침만 전한 것이 아니거든. 사실 예수의 가르침은 그리 많지도 않네. 공관복음서에서 역사적 예수의 어록(語錄)이라 할 수 있는 것을 다른 종교와 철학의 스승들과 비교해보면, 아주 적은 분량이지.

요즘 책으로 보면, 열 장 정도로 짤막하네. 플라톤만 생각해봐도, 그 옛날 그 한 철학자가 성서 전체보다 더 많은 분량의 책을 써냈네. 그런데 요한복음은 역사적 예수의 말로 볼 수 없는 것이 대부분이기에, 여기에 포함하는 것은 곤란하지. 요한복음은 불교 경전에 비교한다면 '반야심경'이나 '금강경' 같은 것이네. 이 책들은 고타마 붓다의 말이 아니라 후대 학승들의 말이니까.

신학생 : 그렇습니다. 예수의 참모습은 당대 사회에서 차별받고 소외당한 사람들을 만나고 대우한 데서 결정적으로 드러납니다. 그래서 예수의 삶이야말로 진정 위대한 것이었습니다. 그것이 예수를 예수가 되게 한 것이니까요. 십자가야말로 예수의 참된 삶의 절정입니다. 그래서 저는 예수의 십자가를 '진리를 위한 장렬한 전사(戰死)'라고 말하고 싶습니다.

교수 : 놀라운 생각이군. 그렇지. 빤히 죽을 것을 알면서도 스스로 걸어 들어갔으니까. 그처럼 예수는 하나님의 나라를 실현하는 운동에 목숨을 걸고 산 것이지. 예수의 십자가와 죽음에 대한 신학적이고 교리적인 해석과 믿음과 고백과 증언은 나중에 생긴 일이네.

그런데 기독교 2천 년 역사는 거의 이 후자에만 매달려 왔지. 그것이 기독교의 비극이네. 왜냐면 예수의 하나님 나라 운동과 실현을 망각하고 내팽개쳐버리고는, 사람을 교인으로 만들면 잘하는 것인 줄로만 알았으니까. 그러나 진실로 역사적 예수가 자기를 숭배하라고 가르쳤던가? 그렇다면 예수는 교주(教主)로 전락하고 마는 것이네. 교주들이란 언제나 자기를 숭배해야 구원받는다고 하니까.

신학생 : 'F. M. 도스토옙스키'가 들려준 이야기가 떠오르네요. "카라마조프의 형제들"에 나오는 것으로, 선생님도 아시는 것이지요. 그 가문의 둘째인 '이반'은 무신론 철학자인데, 그가 희곡을 구상하고는, 동생이며 수도사인 '알료샤'에게 들려줍니다.

17세기 종교재판의 첨병 국가인 스페인에 예수가 재림합니다. 그런데 하늘에서 구름을 타고 온다는 재림 주(主)가 아닌, 처음 그대로 나사렛 청년입니다. 예수가 그때와 똑같이 행동하며 민중의 환호를 받자, 교회에 난리가 납니다. 그래서 당국이 체포하여 대주교가 신문하지요. 우리는 당신의 가르침을 따라 종교 제국을 세워 가여운 민중을 살려 놓았는데, 왜 이제 다시 와서 교회를 무너뜨리냐는 것이지요. 결국에 예수는 지하 감방에서 고문받다가 굶어 죽습니다. 이단자 척결이지요.

교수 : 소설가의 상상이지만, 어느 신학자도 말하지 못한 진실이지! 확실히 그렇다네. 나사렛 예수가 다시 온다면, 1년이나 3년은커녕 석 달도 못 가 아무도 모르는 곳에서, 쥐도 새도 모르게 살해될 걸세. 물론 십자가 같은 것도 없을 테고…. 그러니 도스토옙스키가 그 이야기를 쓸 적에는 성령의 감화를 받은 것이 분명하네. 성령은 사람을 가리지 않고 진실을 증언하게 하니까. 예수도 말했지. 사람들이 잠잠하면 돌들이 소리지를 것이라고(눅 19:40)! 자연의 사물조차도 성령의 도구가 되는 법이네. 모세의 지팡이, 발람의 당나귀, 여호수아의 칼날, 기드온 군대의 항아리와 횃불과 고함, 다윗의 물맷돌처럼 말이네.

나는 "나는 사람에게서 영광을 받지 않는다. 나는 내 영광을 구하지 않는다."라는 구절을 역사적 예수의 말로 보고 매우 중요하게 생각하네(요 5:41, 8:50). 역사적 예수는 추호(秋毫)도 사람들의 인정, 존경, 칭찬과 상찬, 경배나 숭배, 명예나 영광을 바란 적이 없었지. 그럴 생각이 추호라도 있었다면, 십자가를 질 턱 없었지.

신학생 : 그래서 저는 이런 생각을 한 적이 있습니다. 플라톤이나 아리스토텔레스나 부처나 공자나 장자나 맹자는 이른바 '학당'을 세워 제자들을 가르쳤지요. 통칭 "아카데미아"입니다(플라톤의 학당 이름). 유대교에도 예수 이전부터 랍비를 양성하는 대학이 있었지요. 예수가 어렸을 적에 세상을 떠난 랍비 '힐렐, 샴마이'는 학파를 형성했고요. 사도행전에 나오는 '가말리엘'도 예루살렘 랍비 대학의 교수였고, 바울은 그의 문하에서 공부했지요.

만일 예수가 학당을 세워 후진 양성에 힘썼다면, 고생이니 수난이니 십자가니 하는 게 일절 없었겠지요. 부유한 학자로서 존경과 영광을 받으며 장수하다가, 뭇 사람들의 칭송과 오열과 추도 속에서 생을 마감하고 떠났을 겁니다.

교수 : 그렇겠지. 그런데 그랬다면, 지금 우리가 알고 따르는 예수도 없지. 그래서 진정한 사람은 죽어서 말하고, 죽어서 산다고 하는 것이네. 그래서 진정 예수이지. 사람들의 칭송과 숭배와 세상의 영광을 파리똥만큼이라도 좋아했다면, 예수는 그것으로 끝났을 테지. 세월이 흘러 "아무도 기억하지 않는 자의 죽음"이 되었을 테니까(잉게 숄-아무도 미워하지 않는 자의 죽음). 타인의 눈과 입을 의지하는 사람일수록 허약하고 다시 볼 것 없는 그저 그렇고 그런 사람이지.

역사적 예수의 삶과 십자가와 죽음은 인간이면서 인간으로 대우받지 못하고, 갖가지 억압과 차별과 착취 속에서 고난을 겪으며 가엾고 측은하게 살아가는 모든 낮은 인간들과 자기를 한 몸으로 본 것, 다른 말로 하면 가진 게 없어 구박받고 따돌림당하는 민중의 진정하고 영원한 형제와 오라버니와 친구가 된 위대한 '사건'이네. 그런 점에서 예수의 십자가를 세상의 모든 슬픔과 상처와 고통을 자기 한 몸에 짊어지고 간 대속(代贖)의 사건으로 볼 수 있지! 왜냐면 예수의 삶 자체가 사랑의 십자가였으니까.

신학생 : 그렇습니다. 그러면서도 예수는 그 소외된 민중과 더불어 기뻐하고 웃고 즐거워하고, 함께 음식을 먹고 노래를 부르며 행복하게 살았다고 봅니다. 물론 복음서에는 이런 모습을 명시적으로 말하지 않지만요. 그러나 그런 사람들과 어울려 사랑과 기쁨과 행복의 결혼잔치와 같은 하나님의 나라를 가르치고 몸소 보여주면서, 어떻게 웃지도 않고 노래하지도 않을 수 있겠나요? 아마 하도 십자가를 강조하다 보니, 그런 면을 삭제한 것이겠지요. 저는 예수가 춤도 추었다고 생각합니다.

아일랜드의 복음 노래 작곡가인 '시드니 카터'의 "춤의 왕 예수"는 힘차고 흥겹고 감명 깊은 노래입니다. 예수를 춤꾼으로 비유한 것이지요. 태어나서 사람들과 어울리고 죽을 때까지, 아니 죽은 이후에도 영원토록 춤을 추는 예수를 노래합니다. 강렬한 예수의 모습을 웅변하지요. 그 가사를 읽어보겠습니다.

1) 이 세상이 창조되던 그 아침에 나는 아버지와 함께 춤을 추었다
내가 베들레헴에 태어났을 때도 하늘의 춤을 추었다

2) 높은 양반들 위해 춤을 추었을 때 그들 천하다 흉보고 비웃었지만
어부 위해서 춤을 추었을 때에는 날 따라 춤을 추었다

3) 안식일에도 쉬지 않고 춤췄더니 높고 거룩한 양반들 화를 내면서
나를 때리고 옷을 벗겨 매달았다 십자가에 못 박았다

4) 높은 십자가에서 피를 흘리면서 춤을 계속해 추기란 힘이 들지만
끝내 땅속에 깊이 묻힌 이후에도 난 아직 계속 춤춘다

5) 어리석게도 그들 좋아 날뛰지만 나는 생명이다 결코 죽지 않는다
네가 내 안에 살면 나도 네 안에서 영원히 함께 살련다

후렴〉 춤춰라 어디 있든지 힘차게 멋있게 춤춰라
나는 춤의 왕, 너 어디 있든지 나는 춤 속에 너 인도하련다.

교수 : 그렇지. 가뜩이나 힘들고 눈물로 살아가는 소외된 민중인데, 그들과 어울리는 자리에서 어찌 우울하고 구슬프고 엄숙한 표정을 지을 수 있겠는가? 예수가 "나는 세상의 빛"이라고 말하는 것도 그것을 가리키는 것으로 보네(요 8:12). 빛은 불에서 태

어나 환하게 비추는 것이 아닌가! 어둠만이 침울하고 무겁지. 그러니 민중 속에서 살아간 예수의 얼굴은 마지막 십자가 직전만 제외하면, 모두 기쁨과 미소와 웃음과 노래와 춤으로 가득한 삶이었다고 보는 게 합리적이지. 민중이 예수에게 빨려 들어간 것도 그런 면모가 큰 역할을 했을 것이라고 보는 편이 옳을 것이네. 그것이 지쳐 빠진 민중에게 위로와 활력소와 희망이 된 것이겠고…. 그러니 예수가 사람들에게도 "너희는 세상의 빛"이라고 했으니, 그리스도인들도 기쁨, 웃음, 미소, 친절, 겸손, 사랑 속에서, 기꺼이 이 땅의 낮은 사람들과 한 몸이 되어 어울려 행복한 세상을 만들며 살아야 할 것이지. 그것이 예수의 하나님 나라 운동이니까.

2

신학생 : **예수가 세리들을 대우하는 장면**은 지금도 충격적이고 감동적입니다. 독일 신약학자 '요아킴 예레미아스'는 심지어 예수가 세리들과 죄인들을 가버나움의 "자기 집으로"(마 4:13) 초대하여 식사하고 대화를 나누었다고 합니다(예수의 비유). 그러니 더욱 놀라운 일이지요. 그것은 예수가 당대 사회의 전통과 관습, 질서와 금기와 상식을 일거에 무너뜨린 것 일대 사건이었습니다.

그래서 유대교 지도층은 그런 예수를 온갖 험악한 악구(惡口)로 갖은 악담(惡談)을 퍼부으며 조롱하고 모욕했지요. "도대체가 사람 같지도 않은 것들하고 허구한 날 어울려 술이나 처먹기 좋아하는 술꾼, 식탐에 빠져 날이 새는 줄 모르고 이집 저집 돌아치며 얻어먹는 비렁뱅이(거지), 세리들과 죄인들의 앞잡이, 미친 사마리아 놈팡이, 귀신 들린 자!"라 했지요. 제가 조금 각색한 것입니다(마 11:18~19; 요 8:48).

교수 : 자네, 시인일세! 미움과 적대감은 갖가지 악담의 공장이지. 당시 로마 제국은 정복한 어느 나라에서나 현지인을 고용하는 교묘한 방법으로 세금을 거두었네. 왜

냐면 자기들이 직접 걷으면 언어 문제도 있고, 잦은 불상사가 일어나고 반란의 빌미를 주게 되니까. 그래서 로마는 이스라엘에도 총독이 머무는 지중해변의 도시 '가이사리아' 중앙청사에 로마인이 관리하는 국세청을 두고, 주요 도시의 국세청 지부장, 대상들에게 통관세를 걷는 관세청의 세관장 ▷ 국장 ▷ 부장 ▷ 과장 ▷ 직원 ▷ 비정규직 심부름꾼과 조리사와 미화원 등을 식민지 현지인들을 고용하여 운영했지. 능력이 출중한 자는 말단 세리에서 세관장까지 올라갈 수 있었네. 삭개오가 그런 사람이지(눅 19:1~10).

로마는 도시와 마을마다 인두세와 소득세를 정하여 하달하고는, 현지인 책임자와 그 수하들에게는 어느 정도 재량을 주어 착취하는 것을 묵인했네. 제국이 정한 세금은 세리들만 아는 것이니, 얼마든지 보태서 뜯어낼 수 있었지. 그것이 백성의 원성을 사게 된 것이네. 세금이야 나라가 있거나 없거나 간에 내는 것이니까, 누가 뭐라 하겠나? 그런데 유대교 지도층은 세리들을 불가촉천민으로 분류하여, 성전에도 들어오지도 못하게 하고, 제물과 헌금도 바치지 못할 부류로 규정해 놓았네. '너희는 사람도 아니다!' 한 것이지.

신학생 : 그런 부류를 7계층으로 규정했다는데, '세리, 창녀, 돼지치기(유대인들은 먹지 않음, 로마 군대에 납품하거나 그리스와 아랍인 대상 등 이방인들에게 판매), 목동과 가죽 세공업자(몸에서 냄새난다는 이유), 문둥병자나 정신병자 등 각종 악성 전염병자, 고리대금업자'입니다. 이방인에게도 성전 제사를 허용했으면서 그랬으니, 도대체 사람 취급도 하지 않은 것이지요. 그러니 세리들은 어느 도시나 마을에서나 아무도 상대해주질 않아서, 자기들끼리만 따로 노는 고립된 부류가 되었지요. 그러나 예수는 그런 사람들을 직업과 신분인 세리로 본 것이 아니라, 사람으로 보고 대우했지요.

교수 : 바로 그것이 우리가 예수에게서 배워야 할 중요한 점이네. 예수의 인간관이

란 인간 그 자체를 소중히 여긴 것이지, 그가 소유한 재산이나 지식이나 신분이나 지위나 외모나 성(性)이나 나이를 본 게 아니거든. 곧, **예수의 인간관이란 사람을 사람으로만 보고 대우하라는 것**이네. 그 점이 예수의 혁명성이지. 왜냐면 예수의 하나님 나라는 인간이면 누구나 소중한 존재라는 것을 대전제로 한 것이니까.

그러니 점잖은 양반들의 눈에는 예수가 당돌하고 위험하고 체제를 붕괴하려는 불순한 혁명분자로 보일 수밖에 없었던 것이지. 그러나 예수는 정치혁명과 독립운동과 로마나 유대 요인 암살단인 젤롯(Zealots)파와는 전혀 다른 차원에서 인간과 세상의 영구 혁명을 일으킨 것이지. 이것이 예수의 하나님 나라 운동의 핵심이네.

신학생 : 그런 측면에서 기독교 역사를 보면, 이건 완전히 예수 배신도 그런 배신이 없는 것이 되겠지요. 아까 "나는 사람에게서 영광을 받지 않는다. 나는 내 영광을 구하지 않는다."라는 예수의 말을 들려주셨는데, 예수를 믿는다는 기독교인들 가운데서 이런 예수의 가치관이나 인생관이나 신념을 품고 살아가는 사람들이 과연 얼마나 될까요?

교수 : 앵무새처럼 신조나 기도문은 잘 읊어도 별로 없겠지만, 그러나 드러나지는 않더라도 그렇게 살아가는 사람이 많다고 보는 게 좋겠네. 그런데 그런 사람들이 대개 평범한 사람들이라는 게 문제이지. 주로 사회적 영향력이 큰 지도층이라는 사람들이 잘난 체하며 그런 것들을 무척 좋아하지.

신학생 : 그런 점에서 지도층 위치에 있는 기독교인들은 예수를 그렇게도 오해할 수 없다고 봐야 하겠네요. 그런 사람들은 돈과 주식과 부동산을 비롯한 재산형성을 좋아하는 것처럼, 세상의 영광을 좋아하지요. 마치 남들의 눈과 입 때문에 사는 듯 말이지요. 예수의 가르침은 그런 일체의 욕심에서 해방된 자유인이 되라는 것인데 말입니다.

교수 : 무척 슬픈 일이지. 목회자들과 장로들이 앞서서 그런 예수의 뒤를 따른다면, 분명 교회가 당장 새롭게 될 것은 문제도 아닐 걸세. 가톨릭이든 개신교든 정교회든, 기독교인들이 "세상에 있어도 세상에 속하지 않은 사람"으로 살아간다면, 분명히 하나님의 나라가 더 확실하게 세상에 이루어져 갈 것이네.

바울이 "나는 날마다 죽는다."라고 한 말은 예사로운 말이 아니네(고전 15:31). 바울이 로마서에서 말하는 진리도 이것이지. 침례와 십자가는 죽음의 상징이네(롬 6장). 교회가 십자가를 상징으로 삼은 것이 무엇 때문인가? 예수와 신약성서의 진리를 표방했기 때문이지. 그러니 십자가는 말 없는 말, 곧 '너는 날마다 죽어라, 그래야 산다.'라는 예수의 가르침을 선언하고 있는 것인데, 그걸 알아듣고 실천하는 사람이 별로 없으니 문제가 심각한 것이지.

신학생 : 앞에서 여러 번 고대 이스라엘 민족사를 생각해보았는데요. 그들이 망하고 고난을 받은 것은 결국에 살려고 하다가 죽은 꼴입니다. 죽었다면 살았지요. 예수도 말했지요. "누구든지 제 목숨을 구하고자 하는 사람은 잃을 것이요, 누구든지 나와 복음을 위하여 제 목숨을 잃는 사람은 구할 것이다. 사람이 온 세상을 얻고도 제 목숨을 잃으면, 무슨 이득이 있겠느냐?"(막 8:35~36) 삶을 구하려다가 삶을 잃어버린다!

교수 : 그렇지. 예수를 믿고 따른다는 게 뭔가? 예수에게 가서 죽는다는 뜻밖엔 없네. 그래서 침례와 중생을 다시 태어나는 사건이라고 하는 것이지. 죽음과 삶은 인간의 영원한 문제인데, 나에게 와서 죽으면 살고, 나 없이 너 혼자 살면 죽는다는 것이 예수의 가르침이지. 단순하면서도 위대한 진리이네.

3

신학생 : 예수가 세리들과 어울려 식사하고 이야기를 나눈 것은 그들을 엄연한 사람으로 대접한 것입니다. 그들도 분명 하나님의 자녀이니까요. 예수가 이른바 제국에 빌붙어 동족을 학대하고 착취해 처먹어, '민족 배반자, 매국노, 인간 같지도 않은 놈들'이라는 말을 듣던 세리들, 세관에 고용된 사람들, 더러운 직업이나 악성 질환 때문에 '죄인들'이란 낙인을 받은 사람들을 사람으로 대우한 것이야말로 예수의 진면목(眞面目)을 보여줍니다. 예수는 그들이 외롭고 상처받은 가여운 영혼들이라는 것을 알았지요.

당대의 도덕적 기준으로 보면, 그들은 그야말로 분명히 나쁜 놈들이고 불행하고 가여운 사람들이었습니다. 사람을 사람 취급 안 해주는 것만큼 서럽고 고통스러운 일도 없지요. 그래서 세리들은 분통이 터져, '이왕 버린 몸!' 하며 보복하려는 속셈으로, 더욱 착취하고 폭력적으로 나갔을 테지요. 악순환입니다.

교수 : 그것이야말로 악순환이지. 가난하고 착한 민중이 세리 제도를 식민지의 어쩔 수 없는 현실로 인정하기는 했어도, 매일 겪는 것이 모기나 벼룩 같은 세리들에게 뜯기는 일이니, 그들에게 치를 떨며 분노하며 욕하고 천시하고, 보기만 해도 재수 없다고 침을 뱉으며 따돌리고 저주를 퍼부었을 테지. 그래서 그들도 악에 받쳐 더 큰 착취와 폭력으로 보복한 것이지. 어쨌든 힘을 쥐고 있는 쪽은 세리들이었으니까.

그런 악순환의 고리를 끊는다고, 그들에게 '야 이놈들아, 하나님 두려운 줄 알아라, 율법을 지켜라, 양심도 없느냐?'고 말하는 것은 씨도 먹히질 않지. 그것은 그들을 사람으로 대접해야만 끊어지는 것이네. 예수가 세리들과 어울려 먹고 마시고 말씀을 전하거나 노래하고 사랑한 것은 그들은 사람으로 대접하여 그 악순환을 끊어버린 행동이었지.

그러니 우리는 예수와 어울린 세리들이 그 전처럼 살아갔을 리 없다고 상상해야 하네. 물론 직업을 버린 것은 아니겠지만(어떤 이는 버렸다. 마태), 그 후 더는 착취와 폭력을 행사하지는 않았을 것이라고 보아야 하네. 혹은 잘못을 인정하고 사과하거나 보상도 해준 세리들도 있었을 것이네. 삭개오 이야기가 그것이지. 만일 예수와 어울렸던 세리들이 이전과 똑같이 살아갔다면, 예수가 실컷 욕을 먹어도 쌌지. 그것은 세리들의 타락한 삶을 공적으로 인증하고 조장하는 일밖엔 아무것도 아니었을 테니까. 그러면 예수도 역시 자기 이름의 명예나 탐하는 부류의 인간으로 여겨졌을 것이네.

그러나 예수는 사람을 믿었다고 봐야 하네. 예수는 무한한 용서와 사랑과 자비의 행동으로 밑바닥에 가라앉은 양심을 찌르고 일깨워, 다시금 사람으로 태어나게 한 것이니까 말이네. 그런 사랑을 받고도 이전처럼 살아가는 자가 있다면, 그는 정말이지 스스로 자기는 인간도 아니라고 선언하는 셈이지. 한 사람으로부터 받은 진실한 사랑은 확실히 사람을 변화시킨다네! 그렇지 않다면, 이놈의 세상이란 악마들의 검투장이겠지!

신학생 : 실로 예수는 놀라운 존재입니다. 그런 심오한 의미는 우리가 매일 새롭게 깨달아야 할 인생의 진리라고 봅니다. 비판, 비난, 저주, 공격, 차별은 결단코 인간에게 화해와 변화를 가져오지 못하니까요. 그러니 세리들을 인간으로 대우한 예수의 자비로운 행동은 하나님의 나라가 무엇인지를 확연하게 보여주는 모습입니다.

교수 : 예수의 하나님 나라 운동은 무차별적, 무조건적 사랑과 자비의 실천이네! 나중에 이야기하겠지만, 탕자(蕩子)의 비유, 곧 아버지의 비유가 그런 것이지. 이것저것 내세워 가리고 분류하고 분리하는 게 있다면 사랑이 아니지. 사랑과 자비에는 조건이란 게 없네. 그래서 예수의 무차별적 사랑의 혁명이 세상에 위험한 것으로 보인 것이지. 왜냐면 그런 행동은 기존 세상의 오래 묵은 관념과 습성을 여지없이 깨고 뒤집지 않으면 안 되는 것이니까.

그러나 그것이야말로 진실로 세상을 안정시키는 길이네. 이른바 지도층이란 자들은 그 점을 볼 줄 모르지. 예수를 만난 세리들이 이전과 같이 살지 않았다고 본다면, 그게 얼마나 큰 반향을 불러일으켰겠는가? '정직한 세리', 더 나아가 '자비로운 세리'를 누가 욕한단 말인가? 어차피 식민지가 된 마당에 누군가는 해야 할 일이었으니까.

4

신학생 : 이제 **'예수와 여성들'**을 생각해보지요. 이것은 세리들보다 더 파격적이고 충격적이란 느낌이 듭니다. 여성들의 처지는 대개 사람으로 취급받지도 못한 열악한 상황이었으니까요. '애 낳는 동물, 말잘 듣는 나귀, 남자에게 복종해야만 하는 노예' 정도로 여겼다고나 할까요? 집안에서 온갖 치다꺼리를 하는데도 말입니다. 게다가 과부들의 삶은 말로 할 수 없는 것이었지요. 그런데 여성들을 생각하니, '빈센트 반 고흐'가 떠오릅니다.

교수 : 무슨 말인가?

신학생 : 선생님도 아시다시피, 고흐의 그림 중에 흐느끼는 창녀의 그림이 있질 않습니까?

교수 : 고흐 전기에서 본 적이 있네.

신학생 : 그것은 고흐가 한창 실습하며 그림을 배우던 시절에 그린 연필화인데요. 머리칼이 긴 벌거벗은 창녀가 무릎에 팔을 괴고 머리를 파묻고 흐느끼는 장면입니다. 그런데 그 여인은 고흐가 사랑하여 동거까지 했던 사람입니다. 고흐는 그녀를 진심으로 사랑하여 동생 '테오'에게 결혼할 생각까지 비쳤습니다. 그러나 그녀가 고흐의 장

래를 생각하여 떠났지요.

고흐는 그 전에 신학교에 다니며 광산촌에서 전도사 생활을 했어요. 아버지가 네덜란드 장로교 목사였지요. 1년 정도 무척 고생하다가 아버지의 반대와 자신의 성정 때문에 그만두었어요. 그래서 고흐는 가난한 사람들이 어떻게 사는지를 잘 이해했지요. 물론 자신도 평생 가난한 화가로서 그린 한 장 팔지 못하고, 죽을 때까지 착한 동생에게 돈을 받아 살았지요. 사람들은 지금도 고흐의 밀밭이나 별 그림들을 칭찬하지만, 그가 얼마나 밑바닥 사람들을 진심으로 사랑했는지는 잘 모릅니다. "감자 먹는 사람들"도 뛰어난 작품입니다.

교수 : 고흐는 평생 궁핍했으나 마음은 한없이 순결했고, 죽을 때까지 숭고한 이상을 품고 살았네. 나는 삼나무와 밤하늘의 별들 그림들을 볼 때, 밑바닥에서 저 높은 별들의 세계로까지 자라 오르려는 깨끗하고 견고한 의지와 이상이 그의 참된 면모라고 생각하네. 순결한 영혼은 이 세상을 오래 견디지 못하지! 우리 같이 타락한 인종들이나 질기게도 오래 사네.

'L. N. 톨스토이'의 "부활"도 그렇지 않은가? 자기가 재미 삼아 놀고 망쳐놓아 버림받고 창녀가 된 한 여인이 살인자 누명을 쓰고 재판을 받지. 그 귀족 청년의 여성관은 당대 러시아 사회 젊은 귀족들의 일반적인 타락한 관념이었네. '톨스토이의 참회록'에 나오는 이야기이지. 그는 재판에 배심원으로 참여한 과정에서 그녀를 알아보고, 참혹하게 변한 그녀의 심성이 자기가 저지른 죄악으로 인한 것이라는 진실을 깨닫고, 그녀를 따라 시베리아 유형지로 가서 옥바라지하며 새로운 인간으로 다시 태어나지. 그런 사랑에 그녀도 다시 태어나고….

실로 한 사람을 구원하는 것은 자기를 구원하고 인류를 구원하는 것과 같네. 사람은 타인에게 하는 말과 행동으로 보아 그 인격과 삶을 측정하는 것이지. 한 여성을 억압하는 것은 자기와 인류를 억압하는 죄악이네. 그러니 거친 말과 행동으로 사람을 억압하고 이용하는 인간은 악마의 자식이라 하겠네.

이런 말을 써서 미안하네만, 우리는 예수가 왜 유대 지도층에게 "사탄이 너희 아비이고, 너희는 악마의 자식들"이라는 독설을 퍼부었는지 이해해야 하네(요 8장). 명색이 선민이요 유일신을 믿는다는 민족의 지도층이 쓸데없는 것들을 앞세우며, 여성을 사람으로 취급하지도 않는 언행을 보이니, "남자와 여자를 당신의 품성"(형상, Image of God. 창 1:27)을 따라 지으신 하나님을 모독하는 사악한 처사가 아닌가? 예수가 개인적 유감으로 분노한 것이 아니네. 그러니 예수의 분노는 거룩한 분노이지. 사랑의 예수가 분노하는 예수이고, 분노하는 예수가 사랑의 예수라네! 그것은 하나의 모습이지. 대상에 따라 달라지는 방편이네.

신학생 : 그렇습니다. 예수에게서 배우는 것은 '공(公)의 진리'입니다. 공을 하나님의 창조 원리라 할 때, 예수는 공에 철저했지요. 여성에 대한 예수의 공 의식은 여성은 사람이라는 것이지요. 그런데 사(私)나 율법을 앞세워 여성을 차별하니, 공이 무너진 것입니다.

그런 점에서 1세기 초기 그리스도인들이 예수를 하나님의 아들, 그리스도, 구세주로 믿었으면서도, 여전히 예수를 제대로 알거나 따르지 못하는 모습이 나오는 것은 유감스러운 일입니다. 오병이어 이야기 끝에서, 마태 기자는 이렇게 말하지요. **"여자들과 어린아이들 외에 어른 남자만도 오천 명쯤 되었다."**(14:21) 같은 이야기에서, 마가와 누가와 요한은 '여자들과 어린아이들'은 아예 생략하고, 각기 "남자 어른만도, 남자만도, 남자의 수"라고 기록했지요.

복음서는 예수 이후 45~60년 지나서 기록된 것입니다. 그러니 이미 초기 교회에서 예수의 행동과 반대되는 여성 차별적 행태를 보인 것이지요. 그래서 하는 말인데, 이른바 한 번 성령 체험을 했다는 것도 인간을 철저히 변화시키지는 못하며, 거기에는 반드시 지성적 통찰이 동반되어야 한다고 봅니다.

교수 : 지성 없는 성령 운동이 기독교를 망치지. 예수를 믿는다는 것과 따른다는 것은 큰 차이가 있네. 그래서 믿음만으로는 안 된다는 뜻이지. 물론 초기 그리스도인들은 믿음이란 단어를 전인적인 것으로 사용했네. 믿음과 삶을 분리해서 생각하지 않았지. 성서는 통전적(通典的) 인간관을 말하기에, 인간을 영혼·정신과 육체로 분리하여 이해하지 않지.

그러다가 복음서 기자 이후 2세기 초에 '야고보서 기자'가 그 시대에 어느덧 믿음과 삶이 분리되는 현상이 자꾸만 나타나는 것을 보고 책망하며 급브레이크를 밟았던 것이네. 믿음과 윤리·삶은 하나이지 분리된 게 아니니까. 예수를 믿는다는 것은 예수를 따른다는 것이네! 하나이네. 그러니 예수가 여성을 대우한 것을 그대로 따라야 하지.

이것은 예수를 모방하고 흉내 내라는 것이 아니라, 심오한 이해와 통찰과 깨달음을 통하여 절로 예수처럼 행동하는 것을 말하네. 정녕 예수를 제대로 알고 따른다면 그렇게 되지 않을 수 없는 일이니까. 예수의 길이란 자기와 타인, 곧 인간의 인간화·인간다움의 회복이네. 그것이 예수의 하나님 나라이지.

5

신학생 : 복음서에는 예수와 여성들 이야기가 많이 나옵니다. 그만큼 예수가 소외된 자의 대표 격인 여성을 얼마나 진실한 마음으로 사랑했는지를 보여줍니다. 여러 이야

기가 있지만, '**막달라 마리아, 예수에게 향유를 부은 여인, 간음하다가 현장에서 잡힌 여인**'만 생각해보기로 하지요.

교수 : **막달라 마리아**는 지금도 미지의 여성이네(히브리 이름은 미리암. 마리아는 그리스어와 라틴어 번역). 중세 때 어떤 교황이 그녀를 예수에게 향유를 부은 죄인인 한 여자와 동일시하며(눅 7:36~50), "창녀"라고 하는 바람에 모두 창녀라고 알지만, 복음서에는 그런 말 없네. 다만 누가 기자가 "일곱 귀신이 떨어져 나간 막달라라고 하는 마리아"라 하지(눅 8:2). 그래서 나는 중증 정신병을 앓던 여인이 예수의 치유를 받고 여제자가 된 것으로 보네.

신학생 : 예수가 여성을 제자로 받아들였다는 것이야말로 파격과 충격입니다. 당시 유대 지도층인 바리새파나 율법 학자들은 밖에 나가서는 아내와 같이 걷지도 않았고, 여인을 마주치면 다른 길로 가거나 고개를 돌리고 지나갈 때까지 벽을 보고 기다렸을 정도로, 여인을 혐오했지요. 여인을 인류를 죄악과 비참으로 이끈 하와의 후손들로 보았으니까요(창 3장).

교수 : 그렇다네. 여성 제자를 둔 것이야말로 실로 당대 유대교 보수사회에서 일대 "스칸달론"이었지(그-Scandalon, 영-scandal의 원어). 아주 좋은 비난의 가십거리였지. 예수가 세리들과 죄인들하고 식사하는 것을 보고도 "식탐가, 술꾼, 악질들의 친구"라고 조롱하던 입들이 어찌 여인을 제자로 둔 것에 가만있었겠는가? 복음서에는 없지만, 분명 그보다 더한 거친 말을 했을 것이네. 그러나 예수는 사람들의 평판에 아무것도 신경 쓰지 않았지. 왜 그랬을까? 하나님의 나라는 사람을 사람으로 대우하는 것이니까! 그 이유밖엔 없지.

신학생 : 요한 기자는 예수의 처형 후 무덤에 간 사람은 "막달라 마리아"뿐이었다고

증언합니다(20:1). 이것은 매우 놀라운 기록인데, 왜냐면 이미 마가와 마태와 누가복음이 나와 널리 교회에 유포된 시점에서 기록한 것이니까요. 마가는 "막달라 마리아와 야고보의 어머니 마리아와 살로메", 마태는 "막달라 마리아와 다른 마리아", 누가는 "막달라 마리아와 요안나와 야고보의 어머니 마리아"라고 합니다. 세 곳에서 빠지지 않는 여성은 막달라 마리아뿐입니다. 그러니 그녀야말로 예수 생전에 가장 충실한 제자였다고 말해야 할 겁니다. 남성 제자들은 모조리 도망치고 숨었으니까요.

교수 : 20세기 중반 발굴된 외경인 "도마복음"에는 막달라 마리아가 예수의 사랑받는 제자로, 남성 제자들의 질투까지 받을 정도로 총명하고 지도력 있는 모습으로 나오네. 그녀가 예수 생전에 하나뿐인 진실한 여성 제자였다는 것은 틀림없는 사실로 보겠네.

6

신학생 : **예수에게 향유를 부은 여인** 이야기는 마가와 마태는 나병 환자(문둥병이 아닌 피부 질환자. 문둥병이면 격리 구역에 가야 함) '시몬'의 집(막 14:3; 마 26:7), 누가는 바리새인의 집(눅 7:36~50), 요한은 '마르다, 마리아'의 집에서 일어난 일로 나옵니다(요 12:1~8). 누가를 제외하면, 세 기자는 그 이야기를 예수의 죽음을 앞둔 시점에 놓아, 그녀가 자기도 모르게 예수의 장례를 준비한 것으로 말하려는 의도를 드러냅니다.

교수 : 그렇지. 그러니 그 여인 이야기는 누가 기자의 보도가 예수의 하나님 나라 운동에 적합하다는 것을 보여주네. 왜냐면 그 이야기 자체가 과거를 묻지 않고 무조건 용서하고 사랑하고 수용하는 예수의 하나님 나라 성격을 그대로 드러내기 때문이지. 마가와 마태와 요한은 예수를 그리스도로 증언하려는 신학적 목적을 위해, 한 인간

의 슬픔과 소망과 눈물과 사랑을 순수하게 드러내지 못한 결점이 두드러지네. 이 이야기에서 단연 주인공은 그 여인이지, 예수도 아니고 예수의 탕감 이야기도 아니지.

신학생 : 누가 기자가 "죄인인 한 여자"라고 말한 것은 추상적입니다. 그래서 아까 말씀하신 그 교황도 창녀라고 말한 것이겠지요. 그러나 그렇게만 볼 수 없는 것은 앞서 말한 것처럼(5장-4), 유대인의 사고방식은 '죄는 하나님의 심판으로 병, 병은 죄의 증명!'이니까, 냄새나는 피부병이나 부인병과 같은 어떤 심한 병을 앓는 여인으로도 볼 수 있기 때문입니다.

또 그렇게 생각할 근거는 그녀가 향유를 부은 것에서도 볼 수 있습니다. 마가와 요한 기자는 향유가 "300데나리온" 가치라는데, 그것은 이집트나 멀리 인도산 고급 수입품 향수의 일종입니다. 그때 일용 노동자의 하루 품삯이 1데나리온이니까, 요즘 한국에 견주어 하루 15만 원으로 치면 4천 5백만 원입니다. 그것을 다 부었습니다. 향유는 비싼 옥합(玉盒)에 담아서 보존했지요(변하지 않는다는 이유에서). 요즘으로 말하면 명품 그릇입니다. 주로 처녀들이 결혼 지참금으로 준비해두었다고 합니다. 그러면 베다니의 마리아같이, 그녀도 결혼을 앞둔 처녀가 중병에 걸려 몹시 암울한 상황에 떨어진 것일 수도 있지요.

교수 : 그래서 누가 기자의 말대로, 예수의 소문을 듣고 온 그녀가 그 기가 막히고 슬프고 아픈 심정을 한마디도 말하지 않고, 눈물만 쏟으며 향유를 예수의 머리에 바르고 발에도 부어 머리칼로 발을 닦은 것으로 보는 것이 가장 합당하겠네.

신학생 : 본문을 보면, 아무도 그녀가 어떤 여인인지 말해준 일이 없습니다. "그 동네에 죄인인 한 여자"라는 것은 누가 기자의 말이지, 그 자리에 있던 사람의 말이 아니지요.

교수 : 그렇기에 여기에서 주목해야 할 것은 예수의 공감(共感) 능력이라고 보네. 그때 예수는 분명히 그녀의 모습에서 가슴을 찌르는 듯한 심정적 슬픔과 고통을 느꼈을 것이네. 우리는 이런 예수의 모습을 마가복음의 이야기에서도 확인할 수 있네(막 6:24~34). 12년 동안 멈추지 않는 부인병으로(생리 하혈) 고생하던 여인이 많은 사람이 몰려 있는 가운데 섞여, 자기가 예수의 옷에 손을 대기만 해도 나을 것이라고 믿고는 그렇게 해서 나았지. 그때 예수는 자기에게서 "능력"이 나간 것을 몸으로 느끼지.

바로 그것이네. 나는 그 능력이 바로 예수의 공감 능력을 가리킨다고 보네. 어떻게 보면 그녀는 예수의 능력을 강탈한 것이지만, 예수는 고통받는 사람의 희망과 심정에 언제나 열려 있고 공감하는 분임을 말하는 것이지.

신학생 : 분명 예수는 향유를 부은 그녀의 눈빛이나 얼굴을 보고, 직감으로 알아봤을 겁니다. 그런데 그녀가 말없이 자기 머리와 몸에 향유를 바르고 발에 붓고 눈물을 흘리고 머리털로 닦는 동안, 예수는 그녀에게 한마디도 하지 않고 하는 대로 가만둡니다. 그것은 무엇일까요?

교수 : 그것은 그녀의 괴로운 심정을 한눈에 알아보고 깊이 공감한 예수가, 그녀가 마음에 맺힌 슬픔의 응어리를 씻어내고 소망을 드러내도록 충분한 시간을 배려했다는 것을 의미한다고 보네. 중요한 것은 그녀가 창녀였든 환자였든, 처녀였든 중년 여성이었든, 자신의 해방과 자유의 새로운 삶을 위하여, 스스로 과거와 결별하거나, 아니면 미래의 꿈을 담보한 것을 포기하고 고통스러운 삶에서 탈출하려는 절절한 마음으로 그 일을 했다는 것이겠지. 그래서 예수는 그녀의 행동을 진심을 쏟은 "많은 사랑"이라고 칭찬하며, "많은 죄를 용서받았다."라고 말한 것이고…. 사랑이 없다면 과거를 쓸어낼 수 없고, 사랑이 있다면 그 자리에 더는 과거가 존재하지 않는 법이네. 그것이 사랑의 힘이지.

신학생 : 그러니 그녀는 삭개오처럼 자발적으로 구원을 받은 것입니다. 예수는 그녀에게 "네 믿음이 너를 구원했다."라고 말하니까요. 그래서 그녀는 하나님의 나라라는 새로운 삶의 현실로 스스로 돌입한 것이고요.

교수 : 그것이 그녀의 진정한 회개라고 해야겠지. 회개란 인생의 방향 전환이니까! 그런 점에서 "용서받는 것이 적은 사람은 적게 사랑한다."라는 예수의 말이 중요한 것이네. 진정 새로운 삶을 향하여 돌아서는 인생의 방향 전환인 회개만이 참된 용서와 변화와 사랑을 낳으니까, 그녀는 스스로 자신을 구원한 여성이지.

7

신학생 : **간음하다가 현장에서 잡힌 여인 이야기**는 요한복음에만 나옵니다(8:1~11). 여기에서 보아야 할 것은 두 가지라고 생각하는데요. 예수를 궁지에 빠뜨리려는 목적을 위해 한 여인을 서슴없이 이용하는 유대 지도층의 비굴하고 편협하고 악한 작태와 예수의 기지(機智)와 용서입니다.

교수 : 그렇지. 그런데 현장에서 잡았다는 것이 좀 이상하지. 함정과 조작의 냄새가 물씬 풍기지 않는가?

신학생 : 남자는 잡아 오지 않았으니, 그렇지요. 여자가 어찌 혼자서 간음합니까? 그렇게도 입만 열면 율법에 죽고 못 사는 율법 학자들과 바리새파 사람들이 율법을 그대로 적용하여 그 남자도 돌로 쳐 죽여야 한다고 데려왔어야 하는 데 말입니다(신 22:22~24).

교수 : 여기에서 당대 지도층인 종교인들과 지식인들이 예수를 잡을 목적을 위한 수

단으로 사람을 서슴없이 이용하는 작태를 보네. 그들은 율법을 그런 식으로 이용하는 것 자체가 신성모독인 줄도 모르지. 머리채나 옷깃을 잡힌 채 질질 끌려오는 그녀의 얼굴에 서린 공포를 그려보게나. 이미 생을 포기했겠지. 그러나 로마 시대 유대 사회에는 어떤 이유로도 사형 집행권이 없었네. 오직 로마 제국만이 집행했지. 그러니 어쩌면 로마인들은 유대인들이 툭하면 율법을 함부로 적용해 사람을 죽이는 관행을 보고 금지한 것일 수도 있네.

그것을 알고 있는 예수는 그들의 재촉에도 아랑곳하지 않고, 몸을 굽혀 손가락으로 땅바닥에 "무엇인가"를 썼네. 궁지를 모면할 방책을 구하려던 것일까? 아니면, 그들에게 돌아볼 시간을 준 것일까? 어떤 사본에는 예수가 "그 사람들 각자의 죄목을" 쓴 것이라 억측하네만, 내가 보기에는 그들에게 성찰의 기회를 준 것이네.

신학생 : 그들이 다그쳐 묻자, 예수는 "너희 가운데서 죄가 없는 사람이 먼저 이 여자에게 돌을 던져라." 하고 말하지요. 그런 말이 나올 줄 누군들 상상이나 했겠습니까? 결국에 그들과 모든 구경꾼이 물러섰지요. 이윽고 예수는 그녀에게 말합니다. "나도 당신을 정죄하지 않습니다. 이제부터 다시는 죄를 짓지 마십시오."

어찌 됐든, 율법은 유대 사회의 근간이고 기둥입니다. 따라서 예수처럼 율법을 어긴 사람을 그런 식으로 용서한다면, 누구나 뻔뻔하게 죄를 짓고 조장하고 사회 무질서를 부추기는 일이 되지 않을까요?

교수 : 그것은 대단히 어려운 문제일세. 예수에 따르면 용서와 사랑만이 인간과 세상을 근본적으로 치유하고 평화로운 질서의 세계인 하나님의 나라를 세우는 일이지. 그렇다면 도덕이나 법률이 일체 필요 없다는 말이 되는데, 그렇게 되면 하나님의 나라는커녕 오히려 세상이 지옥으로 변하고 말 것이네.

나: 그러면 예수는 법률을 어떻게 생각한 것일까요? 도둑, 강도, 사기범, 살인자, 주가 조작자, 음주 운전자, 공사판의 안전사고, 각종 폭력, 우발적 살인 등, 세상에는 헤아릴 수 없는 범죄가 일어납니다. 예수를 따르자면 용서해야 하고, 법을 따른다면 규정대로 집행해야 합니다. 도대체 중간 지대가 없지요.

교수: 그런데 산상수훈에 나오듯(마 5:17~48), 예수는 법률을 "완성"의 차원에서 본 것 같네. 즉, 조문대로의 집행과 처벌이 아니라 인간의 변화에 초점을 둔 것이란 말이지. 처벌의 목적이 그것이 아닌가? 처벌해서 '사회적 복수'를 실현하는 것은 끝도 없는 악순환을 가져오니까 말이네. 그러니 법의 근본 목적을 따져 들어가면, 인간의 변화와 세상의 평화이지, 집행과 처벌이 아니네. 물론 타인을 해친 자신의 행위에 대한 책임은 져야 하고, 진실한 도덕적 수치감과 회오(悔悟)의 태도를 지녀야 하지.

그러나 다시는 범죄를 저지르지 않는 사람이 되게 하려면, 무엇이 근본인가를 생각해봐야 하네. 그것은 아무래도 용서와 사랑이지. 예수의 하나님 나라는 법률의 문제보다 더 심오한 차원인 인간의 내적 변화와 자유로운 삶에 그 목적을 둔 것이네. 그러니 법의 집행은 최소한에서 그쳐야 하지. 우리가 아는 것은 여기까지뿐이네.

신학생: 예수가 그 여인에게 "정죄"라는 말을 두 번 한 것을 주목해야 하는데, 그것은 종교적 용어이지 법률적 용어가 아닙니다. 정죄(定罪)는 법률적 단죄(斷罪) 이전의 일이니까요.

교수: 예수는 신앙과 양심의 문제를 다룬 것이지. 인간의 변화가 목적이지, 정죄나 단죄가 아니니까. 예수가 돌로 치라 했다면 자기기만으로 무너지고, 용서하라 했다면 사회의 근간인 율법을 무너뜨려 더 많은 죄를 조장하는 행위가 되지. 그래서 예수는 지혜롭게도 양심을 찌른 것이라고 볼 수밖에 없네. 예수에게 중요한 것은 인간

의 변화와 새로운 삶의 기회이니까. 그리고 그 여인이 다시 똑같은 짓을 했다고는 상상할 수도 없는 일이고.

신학생 : 참 어려운 문제입니다. 한 인간을 생각하면 용서가 앞서고, 사회를 생각하면 처벌이 앞섭니다. 그러면 예수가 안식일 법을 깨뜨린 것은 어떻게 봐야 합니까?

교수 : 간단한 일이네. 예수는 안식일을 지키지 않아도 된다고 한 적 없네. 단지 하나님의 창조와 이집트 해방을 기억하고 감사하며 쉬라는 본래의 단순한 안식일 계명을 왜곡하여, 세세한 규정까지 만들어 민중을 옥죄고, 그런 것들까지 하나님의 계명이라고 치켜세우며 호도하는 작태에 분노하며 책망한 것이지. 예수는 파기하기 위하여 파기한 것이 아니네.

우리가 이 이야기에서 봐야 할 것은 법의 목적은 처벌에 있는 게 아니라, 인간의 변화와 새로운 삶에 있다는 것이지. 그것을 목적으로 하고, 처벌하더라도 최대한 자비를 적용하여 집행하는 것이 좋다는 것이네. 물론 가장 중요한 것은 범죄를 저지른 사람 자신의 변화와 갱생이겠지. 아, 인간이나 세상처럼 복잡한 것이 없네!

신학생: 어떤 책을 보니까, "사람은 절대로 안 변한다."라고 아예 못을 박더군요(송기득-사람, 아직 멀었다). 인간에 대한 절망의 언어입니다. 사회 진화론자들은 인간의 모든 게 유전자 암호 Code에 프로그램되어 정해져 있다고까지 말합니다. 그래서 우생학(優生學)을 일종의 신조로 삼고, 훌륭한 자식을 두려면 머리가 좋은 사람들끼리 결혼해야 한다고 말하지요. 인간 차별과 교만이고, 거의 동물 수준입니다.

예전에 노벨문학상 수상자인 해학의 달인 '조지 버나드 쇼'가 이탈리아의 육체파 여배우 '브리짓 바르도'로부터 자기들이 결혼하면, 당신을 닮은 머리에 자기 미모를 닮은 아이를 낳을 것이라고 하며 청혼하자, 그는 당신의 돌머리와 내 못생긴 얼굴을 닮은 아이가 나오면 어쩌려고, 하며 거절했답니다.

교수 : 하하, 버나드 쇼다운 얘기로군. 그러나 우리는 인간과 세상을 전체적으로 바라보며, 더욱 인간답고 평화롭게 살아가는 길을 끊임없이 탐색하며 찾아가야 하네. 그것이 예수의 근본적 관점이니까. 하나님이 포기하시지 않는 한, 우리도 포기하면 안 되네. 끝까지 인간성을 믿어야 하지. 그런 점에서 진리와 사랑, 용서와 자비를 통한 인간의 내적 변화를 먼저 지향한 예수의 하나님 나라 운동을 가슴에 새기고 살아가야 할 것이네. 부드러움만이 인간을 변화시키고 살리는 길이니까. 법률적 처벌의 역사가 인간과 세상을 변화시켰던가?

8

신학생 : 이제 **'예수와 어린이'**를 생각해보지요. 그때 어린이도 소외된 계층의 하나입니다. 공관복음에서 어린이는 "엄마들이 예수의 축복을 바라고 데려온 어린이들, 야이로의 딸, 시로페니키아 여인의 딸, 가이사랴 빌립보의 남자아이" 등입니다. 두 번째는 병명을 알 수 없고, 세 번째와 네 번째는 귀신 들린 것인데, 요즘으로는 뇌 구조의 문제로 인한 간질 같습니다. 백혈병을 앓는 어린이나 부모를 볼 때 무어라 말할 수 없습니다. 어서 빨리 의학이 발달하여 소아암이 치료되기를 바랄 뿐입니다.

교수 : 예수의 하나님 나라 운동은 모든 인간이 포함되네. 공관복음서가 지나치게 소외된 자들에 대한 예수의 활동을 중심으로 보도하기에 그렇지, 하나님의 나라는 제사장이나 바리새파 사람이나 율법 학자나 장로와 부자 등, 당대 유대 지도층도 두루 아우르는 포괄적인 세상이네. 그들 가운데서도 예수를 옹호하고 따른 사람들이 있었지 않은가?

우리가 지나치게 사회적 소외자와 약자만 앞세우면, 예수를 제대로 이해할 수 없지. 전에도 말했듯이, 우리가 지녀야 할 **예수의 모습은 통전적이고 전체적인 면모**라네. 이 것은 잡탕을 만들자는 말이 아니지. 예수가 "소외된 자의 해방과 자유"(아돌프 홀-소외된 사회의 예수)를 중심으로 활동한 것은 그때 엄연히 하나님의 자녀이고 존엄한 인간인 그들이 몹시 열악한 처지에서 고통스럽게 살아가기 때문이었지, 그들만을 위한 것은 아니었네.

신학생 : 반대도 그렇지요. 하나님의 나라는 부유한 사람들의 세상이 아니지요. 왜냐면 지금 하나님의 나라에 들어간 사람이라면, 자기만의 부에 만족하는 게 아니라 고통받는 사람들을 도우며 살 테니까요.

교수 : 그렇지. "부자 청년 이야기"가 그것이네(막 10:17~27). 예수의 하나님 나라는 왕으로부터 어린이에 이르기까지, 모든 인간이 지금 들어가서 살아야 할 새로운 삶과 새로운 세상, 곧 철저한 인간 혁명으로 이루는 세계 혁명이니까.

신학생 : 그런데 교회도 정치판처럼 보수와 진보로 나누어진 것 같아서 마음이 안 좋습니다. 이것을 다루고 따지자면, 아마도 부피가 두꺼운 책을 써도 모자랄 것입니다. 그런데 기독교 신앙은 보수와 진보로 대별(大別)할 수 있을까요?

교수 : 그것은 아니네! 그럴 수도 없고, 그렇게 해서도 안 되는 것이지. 흔히 말하듯, '역사적 예수'를 믿고 따르면 진보이고, 대속(代贖) '신앙의 그리스도'를 믿고 따르면 보수라는 것은 예수의 일면을 보는 것일 뿐이네.

기독교인들이 빠질 수 있는 큰 위험은 성서의 진리를 따르는 것이 아니라, 자기들의 현실, 신앙과 신학의 기호(嗜好), 호불호와 찬반의 이념을 통해서 성서를 아전인수

격으로 읽는 것이네! 그러면 자기들의 생각이 중심이 되고, 성서는 그저 자기네 생각을 옹호해주는 참고서 정도로 전락하고 말지. 게다가 싫어하는 것은 일부러 읽지도 않네. 특히 비판과 책망과 경고 일색의 예언서들이 그렇지. 예수 시대의 유대교 지도층도 그런 식으로 성서를 읽었을 것이네. 이단들이야말로 그렇게 하는데 명수가 아닌가!

그러나 성서는 그렇게 읽는 게 아니네. 분명히 말하지만, 예수 그리스도, 그리스도 예수를 믿고 따른다면, 일방적으로 보수주의와 진보주의를 취할 수 없네! 왜 그런가 하는 것은 앞으로 말할 것이네만, 여기에서는 간단히 언급하고 지나가는 것이 좋겠네.

예수는 예언자들처럼 과격하고 '혁명적인 진보주의자'이네. 그런데 산상수훈이나 요한복음을 보면, 예수는 '근본주의 같은 보수주의'를 드러내지. 예수는 분명 성서나 율법의 근본주의자나 문자주의자가 아니네. 그런데 '하나님의 말씀, 율법의 본래 정신, 내면의 정결'을 추호도 양보하거나 약화하지 않고 완성의 차원에서 말하는 데는 여지없이 '근본적인 보수주의자'의 면모를 드러내네(마 5:17~48, 막 7:1~23). 유대교 지도자들보다 더하지.

그러나 예수는 전혀 완고하고 융통성이 없지 않네. 한없이 자유롭지. 그래서 파격적이고 과격하게 보이는 것이네. 왜 그런가? 예수에게 중요한 것은 심리적이고 실질적인 인간의 해방과 자유이기 때문이지. 예수는 성서와 율법과 전통의 모든 것을 이 아래 종속시키네. 하나님의 뜻이 그런 데다가, 그것이 하나님의 나라이니까.

신학생 : '안디옥' 시민들이 예수를 따르는 사람들을 "그리스도인"이라 부르고(행 11:26), '데살로니가 유대인들'은 그리스도인들을 보고, "세상을 뒤집어엎으며 소란스럽게 하는 자들"이라 하지요(행 17:6). 그들이 전한 것은 예수가 그리스도, 하나님의 아들, 인간과 세상의 구원자라는 단순하고 근본적인 메시지인데도요.

교수 : 그런데 어째서 그런 평가를 했을까? 사람이 바뀌니 존재 방식과 삶이 깨끗한 인격과 사랑과 자비를 드러내고, 그에 따라 기존의 세상 질서가 근본에서부터 흔들리니까 그렇게 말한 것이지. 그들이 무슨 사회 혁명이나 정치혁명을 했던가? 아니지. 그들이 일으킨 것은 근본적인 혁명, 곧 인간 혁명이었을 뿐이네.

그러니 예수처럼 진정한 보수가 진정한 진보이고, 진정한 진보가 진정한 보수이지! 역사적 예수를 믿고 따르거나, 신앙의 그리스도를 믿고 따르거나 간에, 인간 혁명을 통한 세계 혁명이라는 종착점은 같은 것이네. 예수 안에서 이 둘은 하나이지. 그러니 어느 쪽이든 다시 태어나는 중생(重生), 곧 인간 혁명이 없으면, 죄다 말짱 사이비요 헛소리요 거짓말이네.

신학생 : 바울 신학도 그렇습니다. 대속(代贖) 신앙과 성령을 통한 인간 혁명은 사회적으로 반드시 진보적으로 나타날 수밖에 없지요. 왜냐면 이 땅에 하나님의 나라를 세우는 것을 목적으로 하는 복음의 선교는 무엇보다 인간을 소중히 여기는 것이니까요. 예수가 그 표본이라는 것을 말할 필요도 없고요.

그러니 성령을 통해서 진리를 깨닫고 다시 태어난 그리스도인은 인간을 사회적 지위와 신분, 자유인과 노예, 성(性)이나 재산, 인종이나 지식이나 노소, 건강이나 질병 등으로 구별하여 억압하고 차별하고 소외시키는 현실 사회 속에서, 예수의 무차별적 사랑과 자비를 말과 행동으로 드러내며 참된 삶의 대안(代案, alternatives)을 세워나갈 수밖에 없지요. '그리스도인, 세상을 뒤집어엎으며 소란스럽게 하는 자들'이란 말도 그리스도인들의 그런 모습을 보고 한 말입니다. '그리스도인'이란 자랑스럽고 명예로운 칭호(!)가 자칭(自稱) 부여한 게 아니라, 예수를 믿지 않는 사람들이 붙여주었다는 것은 실로 경이로운 일이라 하겠습니다. 이것이 오늘날 한국교회가 깊이 아로새겨야 할 모습일 것이고요.

교수 : 그렇지. 진실로 시종일관 '신앙의 그리스도'를 주창하는 바울 신학을 따라 변화된 사람이라면, 결단코 세상에서 말하는 바대로 보수적일 수가 없네! 그것은 하나님도 예수도 바울도 자기도 기만하는 것이지. 그리스도 안에서 중생하여 변화된 인간이 어떻게 세상 사람들과 같은 세계관과 인생관과 가치관과 물질관념의 사고체계를 가지고 행동하며 살 수 있는가? 그것이야말로 "예배당 마당만 밟는 짓"일 뿐이네(사 1:12).

요새 기독교인들을 비판하는 사람들이 "예배당 안에서 길을 잃은 자들!"이라고 말한다는데, '슈퍼마켓에서 길을 잃다.'라는 소설 제목에서 따온 것이라 하더군. 부끄러운 일이지. 역사적 예수든 신앙의 그리스도든, 어떤 쪽을 믿고 따르든, 그리스도인은 근본적인 보수주의자와 근본적인 진보주의자일 수밖에 없네! 세상을 닮은 보수주의자나 진보주의자는 기독교인일 수는 있어도, 결단코 그리스도인이 아니지. 예수는 역사에 영원한 혁명으로 서 있으니까! 우리는 "너희는 세상에 있어도 세상에 속하지 않은 자"라는 예수의 말을 똑바로 들어야 하네(요 15:19, 17:13~16; 요일 2:15~17 참조).

9

신학생 : 어린이에 대한 예수의 태도는 마가복음이 보도하는 예수와 어린이들에 관한 이야기로 충분할 것입니다(막 10:13~16). 이것은 기독교 신앙과 신학에서 대단히 중요한 대목입니다. 이것을 근본적으로 따지고 들어가면, 자칫 인간의 근원적인 타락과 원죄를 주요 주제로 펼치는 바울 신학과 충돌할 수밖에 없는 사태가 일어납니다. 예수와 바울 사이에서 어떤 것을 취할 선택의 문제인지, 선후의 문제인지, 통합의 문제인지, 무척이나 이해하는데 곤란합니다. 아직도 기독교 신학은 이 문제를 말끔히 해결하지 못한 인상입니다.

교수 : 잘 지적했네. 실로 그러하지. 그 이야기를 해보세.

신학생 : 한 구절씩 읽으면서 이야기하지요. **"사람들이 어린이들을 예수께 데리고 와서, 쓰다듬어 주시기를 바랐다. 그런데 제자들이 그들을 꾸짖었다."**(10:13) 여기에서 이해할 수 없는 게 제자들의 행동입니다.

교수 : 그것은 흔히 권력자 주변 인사들이 자기가 권력자인 듯 착각하며 위세를 떠는 "호가호위"(狐假虎威)의 행태이지. 제자들이 예수를 근엄한 양반이나 권력자로 보고 있다는 뜻이네. 한 구절씩 생각해보기로 했으니, '사람들'은 누구이고, 나중에 한 예수의 말을 고려하여 어린이들은 몇 살 정도일까부터 짚고 넘어가야 하겠네.

신학생 : 그야 사람들이란 엄마들이겠지요. '데리고 왔다'라는 것을 보면, 아장아장 걸을 줄 알거나 안고 온 것입니다. '쓰다듬어 주시기를 바랐다.'라는 말은 축복이지요?

교수 : 유대 전통이네. 할아버지나 아버지가 자녀의 머리에 손을 얹고 하나님의 복을 빌며 축복(祝福)해주는 전통이네. 제사장이나 랍비나 마을 원로도 자식들이나 어린이들이나 청년들에게 그렇게 하지. 이처럼 축복이란 어떤 사람이 중간에서 하나님께 다른 사람을 위해 하나님의 복을 비는 행동인데, 창세기에 자주 나오네.

하나님은 축복하는 게 아니라, 복을 내려주시는 분이지. 목사들이 뭣도 모르고 거룩한 목소리를 내며 하나님께 '축복해 달라(주소서)'고 하는 말은 망언이네! 왜냐면 하나님이 축복하신다는 말은 하나님이 자기 위에 있는 또 다른 하나님께 구한다는 말이 되니, 여간한 오류가 아니기 때문이지. 그런 식이라면, 여느 민족들처럼 다신론이 되고 마네. 결국에는 끝없이 올라가 최종의 최고 우두머리 신이 복을 내려야 할 걸세. 그러니 '복을 내려주소서, 강복(降福)하소서' 하고 말해야지. 복과 축복이 어떻게 다른지는, 아브라함의 소명 이야기에 확실히 나오네. "너를 축복하는 자에게는 내가 복을 내려주마."(창 12:3) 축복은 사람이 다른 사람을 위해 비는 것이고, 강복은 하나님이 하시는 일이네.

'쓰다듬는 것'은 축복을 말하네. 예수를 랍비로 보니까, 축복을 받으려고 엄마들이 애들을 데려온 것이지. 그런데 제자들이 어린이를 사람으로 취급하지도 않고, '어이, 물렀거라!'는 식으로 꾸짖으며 나댔으니, 얼마나 무지몽매한 일이었는가?

신학생 : 그래서 예수가 화를 낸 것이네요. 그다음을 읽어보지요. **"그러나 예수께서는 이것을 보시고 노하셔서, 제자들에게 말씀하셨다. 어린이들이 내게 오는 것을 허락하고 막지 말아라. 하나님 나라는 이런 사람들의 것이다."**(10:14)

교수 : 예수가 크게 화를 낸 것은 무지리들이 하는 짓이기 때문이네. 복음서에서 예수가 분노하는 장면은, 예수가 볼 때 언제나 인생에서 대단히 중요한 것이 왜곡되고 파기되는 현실을 맞닥뜨릴 때였네. 어린이는 사람 아닌가? 소년들을 데리고 왔으면 제자들도 그렇게 하질 않았겠지. 그러니까 어린이들을 사람 같지도 않게 본 것이지. 그런데 한 사람을 천하보다 귀하게 보는 예수가 자기 곁에서 중대한 진리가 훼손당하는 일이 벌어지니까, 작은 화를 낸 것을 지나서 크게 분노한 것이지.

신학생 : 예나 지금이나 어린이는 모든 사회적 약자의 대표입니다.

교수 : 어느 인간이라도 그릇된 구실로 막아서고 차별하고 책망하는 것은 악행이네. 어디 제자들에게만 말한 것이겠는가? 모인 사람들에게도 들으라고 한 것이지. 하나님의 나라는 어린이 세상이라는 것은 새로운 현실을 말한 것이면서, 하나의 비유로 보아야 하네. 현실이란 어린이는 지금 하나님의 나라, 곧 하나님의 다스림을 온전

히 받는 사람이란 의미이고, 비유란 앞으로 모든 인간이 그렇게 되어야 한다는 뜻으로 봐야 할 것이네.

신학생 : 그러면 어린이는 대개 몇 살 정도로 봐야 하나요?

교수 : 나는 대략 '두세 살', 아니면 '서너 살'이라고 보네. 그보다 크면 점차 벌써 어른들의 세계에 물들기 시작하니까 말이네. 초등학생도 아니네. 엄마가 안거나 손을 잡고 걷게 하여 데려오는 그 나이 어린이들은 그대로 지상의 천사지! 무슨 선과 악을 분별하겠나? 그저 선하고 아름답고 진실하고 예쁘고 순결할 뿐이네. 그래서 예수가 그런 어린이들은 지금 하나님의 나라(다스림) 안에 있는 사람이라고 말한 것이지.

10

신학생 : 그렇네요. 그다음을 읽어보지요. **"내가 진정으로 너희에게 말한다. 누구든지 어린이와 같이 하나님 나라를 받아들이지 않는 사람은 거기에 들어가지 못할 것이다."**(10:15) 그리고는 어린이들을 껴안으며 손을 얹어 축복합니다(10:16). 여기에서 예수의 생각과 태도가 확연히 드러납니다. 방금 말씀하신 것 같이, 그런 나이의 어린이들은 지금 하나님의 나라 안에서 사는 사람입니다. '누구든지'는 그 나이 이상의 사람들이고요. 그러니까 예수는 그런 나이의 어린이들을 죄인으로 보는 관점이 전혀 없는 것이네요?

교수 : 말과 문맥을 봐도 그러하고, 해석을 해봐도 그렇지.

신학생 : 그렇다면, 성서를 따라 인류 최초의 인간이며 원죄(原罪, original Sin)의 당사자인 아담의 후예라는 모든 인간이 그의 원죄를 물려받았다고 하며, 자신의 주

요 신학적 주제와 논리로 삼아 전개한 바울 신학과 충돌합니다. 바울은 모든 인간을 원죄를 물려받은 타락한 존재요 죄인으로 보니까, 그 나이의 어린이도 포함될 수밖에 없지요.

교수 : 분명히 충돌하지. 바울 신학에 따르면, 그 나이 어린이들조차 원죄의 싹이 있으니까, 논리적으로 보면 자라면서 죄악으로 가득한 세상에 물들어 망가지는 것이지. 그러니 그렇게 이해하면, 예수가 잘못되는 결과가 되어 큰 문제가 발생하네. 예수는 분명히 그 나이의 어린이가 지금 하나님의 다스림(나라) 안에서 들어가 있다고 두 번씩이나 말하니까.

신학생 : 그렇다면 예수의 견해냐, 바울의 견해 사이에서, 선택의 문제가 되나요?

교수 : 예수의 말을 따르면 바울이 그릇된 것이고, 바울이 옳다면 예수가 그릇된 것이네. 그런데 마가복음의 이야기는 바울 서신들이 모두 나온 20여 년 이후이네. 그래서 두 가지 문제가 발생하네. 마가 기자가 바울 서신을 읽은 것으로 가정하면, 그는 바울이 아니라 예수의 말을 따른 것이고, 읽어보지 않았다면 예수의 말을 그대로 전한 것이지.

우리는 초기 교회의 다양한 신앙과 신학에 대해서 세밀하게 알지 못하네. 그러나 분명한 것은 바울의 정통주의 신학이 정착되기 전까지는 다양한 예수 해석과 신앙이 있었고, 종파도 많았다는 것이네. 결국에 300여 년 후, 교회 내 세력들의 신학 투쟁 끝에 바울 신학이 승리하여 정통주의 신학이 된 것이지. 그렇다고 해서 그들이 마가복음에서 이 이야기를 삭제하진 않았네. 그러니 이제 와 왈가왈부할 것은 없네.

어쨌든 예수가 그 나이의 어린이들은 지금 하나님의 나라 안에 있는 사람이라고 한 것은 역사적 사실로 보아야 하네. 마가 기자가 조작한 것이 아니지. 그러나 바울이나 마가의 요점은 인간의 근본적인 변혁을 말한 것이네. 바울은 원죄를 말하며 그것을 주창한 것이고, 마가는 어린이를 말하며 증언한 것이지.

하기는 그래도 찜찜한 구석은 남아 있네. 그러니 확실하게 말한다면, 모든 인간은 순결한 어린이가 되어야 한다는 예수의 말을 따라야 할 것이네. 예수는 하나님의 나라 운동에 목숨을 건 것이니까, 그 나이의 어린이를 지금 하나님의 다스림 안에서 사는 인간의 전형으로 내세우며, 모든 인간이 돌아가야 할 참된 표상으로 말한 것이라고 보는 게 옳을 것이네. 그런 점에서 예수야말로 인간 긍정의 화신(化身)이라 하겠네. 그것이 예수의 인간 사랑과 인간 혁명으로 나타난 것이지.

신학생 : 그렇겠네요. 예수냐 바울이냐를 놓고 다툴 문제는 아니지만, 그러나 예수의 말은 바울보다 더 유연하고 심오하고 폭넓은 관점이라고 봅니다. 아무래도 "아기들조차 죄 덩어리"라 하는 것은 지나친 일이니까요(아우구스티누스-고백록). 인간 구원의 신학이 인간 저주의 신학으로부터 시작하는 것은 곤란합니다.

지난 시대는 어쨌든, 이제 기독교는 현재와 미래를 보고 나아가야 하니까, 원죄와 대속(代贖) 교리보다는 예수의 하나님 나라 사상을 추구하는 방향으로 나아가는 것이 훨씬 더 선교 효과가 있고 지혜로울 것이라고 봅니다. 왜냐면 앞서도 말했듯이, 그런 정통주의 신학 2천 년 역사가 두 번의 세계 대전으로 종언을 고했다고 봐야 하니까요. 예수의 말처럼 새 술은 새 부대야 담아야 둘 다 보전(保全)되지요.

11

교수 : 그렇지. 예수의 하나님 나라 운동이야말로 지금 이후 교회가 가야 할 방향이

어야 하네. 그렇지 않으면 교회는 살아남기 어려울 것이 분명하네. 교인 숫자는 문제가 아니네. 중요한 것은 예수의 가르침과 삶이니까. 설령 중생하지 못한 사람들로 세상을 기독교 천국으로 만든다 한들, 하나님의 나라는 없네. 유럽의 중세 가톨릭 역사가 이것을 증명했네.

복음서의 예수를 믿고 따르거나 바울 신학을 믿고 따르거나 간에, **이제 교회에 중요한 것은 성령의 능력을 통하여 진리를 깨달아 중생한 사람을 길러내고, 예수의 가르침과 삶을 따르며 하나님의 나라를 지향하는 교회로 탈바꿈해야 한다는 것이네!** 그러니 원죄라는 말도 쓰지 않는 게 좋을 것이네. 예수는 분명히 아담의 원죄를 말하지 않았네. 게다가 그것은 현대인에게 더는 통하지도 않네. 요한복음에 따르면, 예수는 모든 인간은 누구나 성령을 통하여 다시 태어나야만 하나님의 나라(다스림)에 들어간다고 했네.

신학생 : 아담의 원죄설이 흔들리게 된 것은 구약성서의 '문서 저작설'이 나오면서부터입니다. 멀게는 17세기 중반 네덜란드의 유대인 철학자 '바뤼흐 스피노자'가 제시한 것인데(신학 정치론), 그는 모세오경은 모세가 쓴 게 아니라 여러 시대의 저자들이 쓴 것을 후대 학자들이 시대순으로 편집하면서 배열해 놓은 것이라고 했습니다. 그 후 19세기에 이르기까지 독일 신학계에서 그 문제를 깊이 연구하여 문서 저작설이 정착되었지요. 물론 지금도 이것을 부정하는 사람들은 많습니다. 그것에 대해서 어떻게 생각하시나요?

교수 : 그것이 2차 대전 이후 유럽 사회의 기독교가 급격히 퇴조와 쇠락 현상을 보이게 된 한 이유이기도 하네. 물론 두 차례의 전쟁으로 기독교에 대한 실망과 그 후의 풍요한 물질주의 경제가 더 큰 영향을 끼친 것이지. 우리가 이런 문제까지 이야기하는 것도, 교회가 더는 현대인에게 통하지도 않는 정통주의 대속(代贖) 신앙을 계속해

서 말하는 것은 교회 자체의 쇠락을 부추기는 일이라고 보기 때문이지, 그게 잘못된 교리라는 말이 아니네!

그런데 문서 저작설이 나오면서 서구 지식인들이나 교양인들이 구약성서를 다시 보게 되었네. 바울 신학이 주창하는 아담의 원죄에 얽힌 문제도 그 하나이네. 간단하게 말하지. 창세기 1장은 바빌론 포로 시대에 제사장들이 작성한 문서이고, 창세기 2장은 그보다 4백 년 전인 솔로몬 시대에 나온 문서라는 것이네. 1장을 그렇게 보는 것은 19세기 후반에 메소포타미아(시리아)와 바빌로니아(이라크) 일대에서 발굴된 고대 점토판 문서들을 해독하면서부터인데, 거기에 "아트라하시스, 길가메시" 이야기를 비롯한 고대 창조 신화가 들어있네.

그래서 이스라엘이 어떻게 전에 자기들에게는 없었던 창조 이야기를 하게 되었을까를 생각해본 것이지. 바빌론 포로 시대에 알았다는 것이네. 그러나 '신들'의 창조 이야기인 원본을 완전히 뜯어고쳐, 이스라엘의 '하나님'이 홀로 창조하신 것으로 말한 것이지(엘로힘). 그리고 무엇보다 인간을 신들의 노리개로 만들었다는 바빌로니아 신화를 하나님의 형상을 닮은 존재라고 말한 것이 특징인데, 여기에는 원죄고 뭐고 전혀 없네.

문제는 아담과 하와의 타락과 추방을 보도하는 3장에 있지. 그런데 이것은 솔로몬 시대에 나온 문서이고, 단지 이야기 무대를 태초로 소급해서 말한 것일 뿐, 최초의 인간 이야기가 아니네. 4장에 보면(2~3장과 같은 저자의 작품), 동생을 죽인 가인이 추방되면서 "사람들이 나를 죽일 것"이라 하고, 하나님은 '사람들'이 그를 죽이지 못하게 이마에 표를 찍어주셨다고 하고, 추방된 가인은 "아내"를 얻어 자식을 낳고 성을 쌓고 성주가 되지(많은 인구 전제).

그러면 2~4장이 최초 인간들의 이야기라면, 세 사람이 남은 것이지. 여기에서 모순이 발생하네. 가인의 아내는 창조되었다는 말이 없는데, 어디에서 불쑥 나타난 것이며, '사람들'은 어디에서 나왔단 말인가? 따라서 이 이야기는 최초 인간들 이야기가 아니라, 솔로몬 시대의 정치적 난맥상과 민중의 고난을 하나님의 이름으로 비판하고 고발하며 심판을 선고한 예언자적 문학이라는 결론을 낸 것이네(물론 작품에 나온 여러 단어와 지리도 연구한 것이지).

그러니까 아담은 최초의 인간이 아니지. 그런데 후대 학자들이 오경 단편 문서들을 편집하며 시대순으로 다시 배열하다 보니(기원전 4세기 중반 오경 확정), 자연히 그 이야기를 창세기 앞에 두어야 논리상 옳으니까 그곳에 배치한 것이지(에스라의 공이 컸다는 것은 앞서 말했네). 그래서 창세기를 읽는 유대인들이 아담을 최초의 인간으로 보게 된 것이네.

유대인 바울도 그에 따라 신학을 전개한 것이지. 바울은 그것이 문학인 줄 모르고 역사적 사실로 본 것이기에, 바울 신학은 결과적으로 완전히 엉뚱한 논리가 되어 성립할 수 없게 되고 마네. 그러나 그 이야기는 연대기 역사가 아닌, 단지 하나님과 인간과 삶의 진실을 전달하기 위한 문학상의 기법일 뿐이네!

우리가 이런 이야기까지 하는 것은 어린이가 되라는 예수의 말과 원죄를 논한 바울 신학에서 과연 어느 것을 중요하게 보아야 하느냐 하는 데서 나온 것인데, 그것은 선택의 문제가 아니라, 예수의 하나님의 나라 측면에서 인간을 바라봐야 한다는 것이네. 핵심은 인간이 원죄든 본래의 어린이 성품에서 이탈했든, 현재 인간은 본래 하나님이 심어 놓으신 "형상"을 따라서 살아가는 정상적인 인간, 인간다운 인간이 아니라는 것이지!

다른 종교나 철학에서 말하듯, 인간과 세상의 모든 모순과 부조리의 원인을 "무명과 탐욕과 집착"(고타마 붓다), "무지"(소크라테스), "道에서 먼 인위(人爲)"(노장), "인의예지(仁義禮智)를 저버린 것"이라 하든(공맹), 요점은 인간과 세상이 단단히 잘못되었다는 것이네. 그러니 모태에서부터든 서너 살 이후든, 따질 문제가 아니지. 따라서 예수의 하나님 나라에 서서 인간을 보아야 하네. 현실의 인간은 죄에 물든 상태이고, 본래 어린이 성품을 잃어버린 것이니, 새로 변화되어야 한다는 말이지.

신학생 : 그렇기에 현대 기독교는 예수의 하나님 나라를 다시 찾아 가르치고 배우고 깨닫고 실천하는 방향으로 나아가야 하지요. 더는 정통주의 신학이 통하지도 않는 세상인데, 여전히 그걸 말하는 것은 교회가 세상의 빛이 아니라 세상의 섬으로 고립되는 일이니까요.

저는 미국 신학자 '하비 콕스'의 "예수, 하버드에 오다"를 읽고 충격을 받았습니다. 하버드 대학생들에게 교양 강좌로 '산상수훈' 이야기를 하며, 예수를 새로운 인간상과 인간다운 윤리와 평화의 세계상을 가르치신 진리의 스승으로 말했다고 합니다. 그런데 상상치도 못할 반향이 일어나, 20여 명으로 시작한 강좌가 무려 1500여 명이 되어 학기를 연장했다고 합니다. 교수들과 총장까지 와서 들었다는데, 대개 교회에 다니지 않는 사람들이지요.

교수 : 그것이 현대 교회가 나아갈 방향이지. 신앙의 본질은 변할 수 없네. 그러나 신학은 변할 수 있고 변해야만 하네. 교회와 신학은 시대의 변화에 맞춰 새로운 말을 해야 하니까.

12

신학생: 예수가 '소외된 자들'을 만난 방식이야말로 교회가 가야 할 길과 방향으로 보입니다. 현인이나 성인이 아닌 다음에야, 인간은 누구나 신과 자기와 타자와 삶에서 소외된 자이지요. 인간 혁명과 인간 사랑의 하나님 나라! 이것이 인간과 세계의 참 모습입니다.

그러니 기독교가 세상의 현실과 작동방식을 당연하고 영구한 질서인 양 생각하는 것은 대단한 자기모순입니다. 그런 마음과 생활에서 부패하고 불평등하고 소외된 자들을 양산하는 체제야말로 명색이 예수를 따른다는 교회와 기독교인들이 거부하고 저항하며 대안을 제시해야 할 것인데, 그렇기는커녕 오히려 그런 체제의 중요 인사나 성공한 사람이 되려고 애를 쓰니, 그것이 어찌 예수를 따르는 것이겠습니까?

교수 : 그것이 2천 년 기독교 역사이지. 현대 기독교는 자본주의의 포로가 된 지 오래되었네! 20세기 초반 '칼 바르트'가 "로마서 강해"(1919년)에서 기독교를 질타하며 한 말이 "교회의 바빌론 포로"라는 것이지. 성서에서 바빌론은 이집트나 로마 같은 나라로, 부패한 세상을 가리키는 이미지이니(롬 12:2; 고후 4:4; 계 18:2.4), 하나님의 자녀들이 거부해야 할 그릇된 존재 방식과 행태의 문화 체계를 말하네. 그래서 신약성서는 줄곧 그리스도인 공동체와 세상을 대조하며, 세상에서 살아도 세상을 본받지도 속하지도 말라고 촉구하지. 바르트의 책이 나오고 19년 후 제2차 대전이 터졌지. 일본만 빼면, 유럽 기독교 국가들의 싸움이었는데(미국과 캐나다도 참전), 2천 년이나 기독교 문화에서 살아온 결과가 그렇게 되었다니!

신학생 : 그러니 언제나 교회의 가장 큰 문제는 중생한 사람이 별로 없다는 것이지요. 중생이란 마음의 변화에서 시작하여 인격과 존재 방식과 생활과 삶, 세계관과 가치관과 인생관까지 통괄하는 총체적인 전인(全人) 변화를 말하니까요. 이제 교회는 정치의식과 돈과 재산, 인간관계에 이르기까지, 하나님의 나라에 맞추어 전체적으로 변

화되어야 합니다.

그런데 한국 기독교인들이 이를 수용하겠습니까? 어떤 평신도 지성인이 쓴 책을 보니까, "예수 없는 예수 교회"라고 합니다(한완상-예수 없는 예수 교회). 한국교회에는 역사적 예수가 없다는 뜻으로 말한 것입니다. 그러니 한국교회가 예수도 바울도 따르지 않는 괴상한 종교가 되어버렸다는 탄식으로 들어야 할 것입니다. 비극적인 일입니다.

교수 : 예수가 예루살렘 도성을 바라보며 탄식하고 한탄하고 눈물을 흘리며 울던 모습이 선연히 보이는 것 같네. 우리를 고발하고 책망하는 것이지. 19세기 러시아 철학자이며 시인인 "표트르 차다예프"는 말했네. "슬픔도 눈물도 없이 살아가는 자는 조국을 사랑하고 있지 않다." '조국'을 하나님이나 예수로 대체해 보게나. 무슨 소리가 들릴 걸세.

한국교회와 한국 사회는 똑같이 닮은꼴이지. 부패한 자본주의의 물욕만 판을 치니까. 그래도 이 땅의 도시든 시골이든, 여전히 순수한 마음으로 예수를 따르는 가난한 목회자들과 신앙인들이 많이 있다고 보네. 마치 엘리야 시대에 바알 신에게 무릎을 꿇지 않고 "남겨진" 의인들 같은…(바알은 가나안 종교의 다산과 풍요의 신. 왕상 19:18).

신학생 : 그리스도인은 "하나님의 나라는 힘을 쓰는 사람들이 그것을 차지한다."라는 예수의 말을 늘 새겨야 할 것입니다(마 11:12). 채 되지도 못했는데 된 것처럼 생각하며 더는 찾지 않는 것이야말로 좁은 문을 버리고 넓은 길로 가는 것이지요.

교수 : 구하고 찾고 문을 두드리라는 말도 같은 의미이지. 대개 목회자들은 이것

을 자기들에게 "좋은 것"을 얻기 위해 열심히 기도하라는 뜻이라고 열변을 토하지(마 7:7~11). 그러나 이것은 '하나님이 생각하시는 좋은 것!'을 말하네. 그래서 나중에 나온 누가복음은 '좋은 것'을 "성령"으로 고친 것이지(눅 11:13). 성령을 구하고 찾으려고 하나님의 마음 문을 두드리라는 것이니, 그대로 인간 혁명과 인간 사랑의 하나님 나라를 추구하라는 말이네(마 6:33).

신학생 : 실로 예수는 오늘에도 여전히 새로운 분입니다.

교수 : 영원히 새로운 분이지!

8장
인간 혁명과 자유

8장
인간 혁명과 자유

1

신학생: 오늘은 지금까지 이야기한 것을 종합해보는 자리로 삼는 게 좋겠습니다. 그간 「예수, 하나님의 나라, 갈릴리에서, 예수의 치유와 기적, 예수와 유대 지도층, 하나님의 나라는 잔치이다, 예수와 소외된 자들」 등의 주제를 생각해보았습니다. 예수의 하나님 나라는 **'인간 혁명과 사랑을 통하여 새롭게 창조된 세계'**입니다.

교수: 그래서 요한복음이 줄곧 '빛과 어둠'을 대조하는 까닭을 알 수 있지. 빛은 선과 생명과 구원, 어둠은 악과 죽음과 파멸의 상징이네. 인간은 어쩔 수 없이 이러한 이원론적(二元論的) 사유 방식으로 인생과 세상을 이해할 수밖에 없지. 그렇기에 인간과 세계 혁명은 자연히 기존의 인간과 세계를 어둠에 잠긴 현실로 보기에 나오는 반-명제(anti-these)이네.

빛과 어둠을 대비한 구절을 생각해보세. "그 빛이 어둠 속에서 비치니, 어둠이 그 빛을 이기지 못하였다."(1:5) "빛이 세상에 들어왔지만, 사람들이 자기들의 행위가 악하므로, 빛보다 어둠을 더 좋아했다."(3:19) "진리를 행하는 사람은 빛으로 나아온다."(3:21) "나는 세상의 빛이다. 나를 따르는 사람은 어둠 속에 다니지 아니하고 생명의 빛을 얻을 것이다."(8:12) "내가 세상에 있는 동안, 나는 세상의 빛이다."(9:5) "빛이 있는 동안에, 너희는 그 빛을 믿어서 빛의 자녀가 되어라."(12:36)

예로부터 종교와 철학과 문학은 인간과 세상과 역사를 '빛과 어둠 사이의 끝없는 투쟁'으로 상징하여 묘사하는데, 이것은 사람이 내면과 세상에서 느끼는 두 가지 상호 적대적 갈등 구조를 표현한 것이네. 자신의 마음을 심오하게 성찰하거나(롬 7장), 세상과 역사를 정직한 눈으로 관찰하면 느낄 수 있지(엡 6:10~17). 북아메리카원주민(인디언)은 이것을 "초록 도깨비와 빨강 도깨비"라고 재미있게 말한다더군(베어 하트-인디언의 지혜). 두 도깨비가 밤낮 사람 안에서 들쑥날쑥 한다는 말이네.

가장 극명한 것이 선악을 관장하는 두 신의 싸움을 주요 교리로 말하는 '조로아스터교'이지. 중국 철학에서만 이런 게 없네. 종교나 철학과 문학은 말로 표현할 수 없는 궁극적 실재(實在, Reality, 하나님·진리)를 말하기 위해서 부득이 상징적인 대조법, 곧 이원론적 상징 수법을 도입하지 않을 수 없네. 이를테면 신과 사탄, 천사와 악마, 영혼과 육체, 선과 악, 비아(非我·無我)와 자아(自我), 하늘과 땅(천상과 지상), 저 위와 이 아래, 피안(彼岸)과 차안(此岸), 생명과 죽음, 해방과 구속(拘束, 얽매임), 자유와 부자유(사로잡힘, 포로 됨), 천국과 지옥, 영생과 파멸, 불멸과 멸망 등이 그런 표현인데, 모든 게 상징이고 표징이면서, 인간이 삶이나 사후에 겪는 현실을 말하지.

한마디로, 참(眞, 진리)과 거짓이네. 그래서 참을 생명과 구원과 자유, 거짓을 죽음과 파멸과 노예·포로의 상징으로 사용하지. 인생은 불가불 이 두 세계를 오가며, 그때그때 슬픔과 기쁨, 용기와 고뇌, 희망과 절망, 행복과 체념을 맛보며 헤매는 안쓰러운 것일 수밖에 없네. 그러나 진정한 평안과 구원은 이 모든 이원론적 사태를 초극하는 데 있네.

신학생 : 시인은 심오한 통찰을 보여줍니다. **"하나님을 거역하는 사람은 메마른 땅에서 산다."**(시 68:6b) 저는 이 시구가 마치 현대 실존주의 철학자들의 말과 똑같은데 놀랐습니다.

교수 : 사실 실존주의 철학의 근원은 구약성서라네. 19세기 'S. A. 키르케고르'의 실존철학은 창세기 22장의 모리아 산 이야기를 분석하며 시작된 것이지(공포와 전율). 구약에서 '하나님'은 '진리, 진실'과 같은 단어이네(히-아멘·Amen, 에무나·Emunah. 시 31:5; 사 65:16).

그 시인은 생의 진리를 깨달을 줄 모르고, 어둠의 충동과 탐욕의 총체인 자아(Ego)와 세상에 빠져서 줄곧 진리를 거역하는 인간의 실상을 말한 것이지. '메마른 땅'은 '불임(不姙)의 현실·삶'을 말하는데, 평생 껍데기 인간으로 산다는 뜻이네. 현대 소설가의 표현을 빌리자면, "참을 수 없이 가벼운 존재"라는 말이 되겠지(밀란 쿤데라-참을 수 없는 존재의 가벼움).

세상과 문명은 변해도 인간은 저 태초의 인간들과 똑같네. 창세기의 원(原) 역사 이야기가 그것이지(창 1~11장까지). 저 바빌로니아 지역의 '수메르'(Sumer)에서 시작되었다는 인류 문명의 역사가 대략 6천 년 정도라고 하는데, 그들이 남긴 점토판 문서를 보면, 그때 인간이나 현대 인간이나 그 심리나 존재 방식과 세상은 하나도 다를 게 없네. 그래서 우리가 여전히 고대에 쓰인 수많은 경전이나 철학책이나 문학을 읽으며 배우는 게 아닌가?

'J. W. v. 괴테'의 "파우스트"는 인류 문학사의 걸작이네. 서곡에 이런 말이 나오지. "인간들의 비참한 꼬락서니가 하도 딱해서, 나 같은 악마도 그 가련한 놈들을 괴롭히고 싶지 않습니다요!" 이것은 천상의 세계에서, 악마 '메피스토펠레스'가 하나님과 대화하는 도중에 한 말인데, 꽤 인정 많은 악마일세. 인간을 자기 종으로 만들어 부려먹다가 끝내 지옥에 처넣는 유혹과 악행의 전문가 눈에도 인간들의 모습이 너무나도 안돼 보였다는 것이니, 인간의 삶을 속속들이 들여다본 위대한 시인의 통찰이 놀랍지.

1장에 주인공 파우스트의 말이 나오네. "내 가슴 속엔, 아아! 두 개의 영혼이 깃들어서, 하나가 다른 하나와 떨어지려고 한다. 하나는 음탕한 애욕에 빠져 현세에 매달려 관능적 쾌락을 추구하고, 다른 하나는 과감히 세속의 티끌을 떠나 숭고한 선인(善人)들의 영역에 오르려고 한다. 우리는 삶의 시냇물을, 아아 그 삶의 원천을 그리워하노라."

과학자, 기계와 토목 공학자, 화학자, 철학자 등, 가히 '르네상스적 인간'이라 할 성공한 사람이 노년에 한 말이네. 그간 부와 명성과 영화를 누리며 살아온 천재적 두뇌가 노년에 허무의 심연을 본 것이지. 인간은 아무도 자기를 속일 수 없네. 늙음과 질병과 소외와 죽음 앞에서 아무리 가장(假裝)해도, 쓸데없는 짓이지. 그럴수록 더욱 허무의 포로가 될 뿐이네. 인간은 자기가 살아온 대로 받네.

2

신학생: 그렇습니다. 'L. N. 톨스토이'도 실존적인 이야기를 들려줍니다(인생독본). 한 사내가 길을 가던 중 호랑이를 만나 도망치다가 커다란 웅덩이를 발견하고는, 나무뿌리를 잡고 다급히 내려갑니다. 올려다보니 호랑이가 이빨을 드러내고 으르렁거리며 위협합니다. 그는 더욱 나무뿌리를 쥐어 잡고 벌벌 떠는데, 호랑이는 물러가지 않고 엎드려서 지켜봅니다.

그런데 그는 어디서 향긋한 냄새를 맡습니다. 둘러보니 곁에 벌집이 있었습니다. 목이 탄 그는 벌에 쏘이는 것도 아랑곳하지 않고 허겁지겁 꿀을 따서 먹습니다. 그러면서 자기가 놓인 처지를 잠시나마 잊고 황홀한 기분에 젖지요. 그런데 어둑한 구덩이 밑바닥에 무슨 움직임이 있어 보니, 뱀들이 칭칭 얽혀 혀를 날름거리는 것입니다. '어이쿠, 이제 나는 죽었구나!' 하는 그는 올라갈 수도 내려갈 수도 없게 되어버렸지요.

이야기는 여기서 끝나며 독자의 상상에 맡기는데, 인간의 삶에 관한 절묘한 비유라 하겠어요. 어디로도 피할 수 없는 죽음 앞에서, 인간은 그저 세속의 꿀에 취하여 겨우 매달려 잠시 희희낙락하며 살아가는 꼴이라는 것이지요. 인생은 그처럼 비극적이고도 희극적입니다.

교수 : 실로 그렇지. 인간이 처한 실상인 빛과 어둠의 이원론을 절묘하게 비유한 것이네. 인간은 아무도 스스로 태어날 수 없네. 태어나 보니, 인간인 것이지. 인간으로 태어난 것 자체가 우연이네. 그러나 신학에서는 인간의 삶을 '허여(許與)된 선물과 기회'라고 말하네. 그것을 하나님의 창조, 하나님의 피조물이라 말하기도 하지.

그렇다면 무엇을 위한 선물이고 기회인가 하는 것이 문제가 되네. 예수는 그것을 '빛이 있는 동안에, 너희는 그 빛을 믿어서 빛의 자녀가 되어라.'라고 말한 것이지. 하나님, 로고스(말씀), 빛, 참(眞)·진리·진실, 궁극적 실재는 다 같은 말이지만, 그것을 찾아 발견하여 생명과 구원과 행복과 자유를 충만히 누리며 인간답게 살아가는 것이 인간에게 내려진 기회라는 것이지. 그러니 인생은 빛과 참을 찾는 숨바꼭질이라 할 수 있지.

예수의 하나님 나라 운동도 이것이네. '인간 혁명과 사랑을 통하여 새롭게 창조된 세계', 이것이야말로 인간의 근본 사명이고, 역사와 세상의 목적이네. 요컨대 인간은 지금 이대로는 안 되며, 근본적인 내적 혁명의 새로운 변화가 필요하다는 말이지. 그것이 빛과 참을 찾는다는 것이고, 여기에만 생명과 구원과 행복과 평화가 있다는 것이네.

3

신학생: 이원론은 간단명료한 종교 철학입니다. '가시적인 사물과 세계는 악이요, 비가시적인 실체는 선이다. 그런데 인간의 몸과 세상은 가시적이다. 따라서 인간의 몸과 세상은 악이다. 영혼과 정신은 비가시적이기에 선이다. 그렇기에 인간의 행복과 구원은 할 수 있는 한 육체의 힘을 죽이고 영혼과 정신의 힘을 살리는 데 있다. 그러므로 육체의 힘을 제어하고 영혼의 힘을 드러내기 위한 절제와 금욕, 고행과 수도의 방법론이 필요하다.'

그런데 여기에서 모순율이 나옵니다. 비가시적인 실체는 선이라면서 악을 관장하는 실체를 설정하지요. 그러나 아무도 이것을 해명하지 못합니다. 어떻든 이원론은 인간의 사고 구조를 닮아서 그런 것인지, 대단히 호소력을 지닌 종교 철학입니다. 흔히 이원론은 그리스 철학에서 태동한 것으로 압니다만, 그보다는 페르시아의 예언자 '조로아스터'가 창시한 조로아스터교의 전유물이지요. 지금까지 종교학자들은 그의 활동 연대를 기원전 7세기경으로 보다가, 최신의 연구로 기원전 12세기로 소급한다고 말합니다. 그러면 6백 년 후에 비로소 나오기 시작한 그리스 철학도 그의 종교 철학에서 배운 것이라고 봐야 하겠습니다.

교수 : 그렇지. 그러나 인도의 힌두교가 조로아스터보다 훨씬 더 오래된 이원론이네. 인도의 베다 종교 철학은 기원전 3천 년까지 소급하지. 그러니 조로아스터도 힌두교에서 배워 그것을 더 세밀하게 한 것이라 하겠네. 그리스 철학은 조로아스터교의 철학적 변형으로, 서양 철학 전체가 그러하네. 철저히 이원론이니까. 플라톤 철학이 가장 현저하지.

조로아스터교의 영향은 그리스 철학뿐 아니라, 신비주의 종교인 "오르페우스, 엘레시우스" 종파에도 그대로 반영되네. 나중에 기독교 이단인 '영지주의'(Gnosticism) 종파도 그 영향이지. 물론 요한복음을 비롯한 신약성서(에베소서와 골로새서와 히브리서)와 기독교 신학에도 큰 영향을 끼쳤네. 본래 구약성서의 히브리 사상에는 이원론이 없지.

그런데 힌두교나 조로아스터나 그리스 철학의 이원론 사상은 사실 인간인 이상 어쩔 수 없이 표상하게 되는 자연스러운 관념이라고 보아야 하네. 인간은 영혼·정신·의식·마음과 육체의 두 부분으로 구성된 존재이기 때문이지. 인간에게 의식이라는 게 없다면, 그런 관념 자체가 있을 리 없지. 그저 동물에 불과할 뿐이니까. 그래서 인간은 의식적으로든 무의식적으로든, 행복의 연장(延長, extension)을 바라고 추구하는데, 그것을 구원이니 생명이니 영생이니 천국이니 하고 말하는 것이지.

신학생 : 아무튼 예수의 하나님 나라는 빛과 참을 찾아 참된 인간성을 회복하고 평화의 세계를 실현하여 인간답고도 신성한 삶을 살자는 것이겠습니다. 그래서 착각과 망상의 어둠에 빠지고 갇혀서 살아가는 인간을 빛과 참의 세계로 인도하여 내적 혁명을 이루게 하려는 것이 하나님의 나라 운동에서 우선 과제가 되는 것이고요. 그런데 이것은 반드시 이원론이 아니더라도, 진리를 깨달은 사람이라면 누구나 인식하는 것이 아닌가요?

교수 : 그렇지. 이원론 세계관은 인간의 정신이 발견할 수밖에 없는 근원적 관념이네. 강약의 문제는 있어도 모든 종교와 철학에 나타나는 것이지. 전에 예수의 광야 고행을 생각해본 바와 같이, 역사적 예수도 인간의 의식이 직면할 수밖에 없는 선악 이원론에 부딪혀 마침내 진리를 깨달은 것이지. 진리를 깨달으려는 어느 인간도 그러한 길을 가지 않을 수 없네.

기독교가 요한복음에 지나치게 의존하여 역사적 예수를 인간이 아닌 것처럼 말하면, 자연 모순에 직면할 수밖에 없네. 그래서 항상 사람의 아들인 역사적 예수와 이 땅에 몸을 입고 온 하나님인 신앙의 그리스도 사이에서 균형을 잡아야 하네. 지나치게 한쪽을 주장하며 극단으로 나아가면, 둘 다 오류에 빠지고 마니까.

그러나 기독교에서 기본적인 것은 역사적 예수를 아는 것이네! 그렇지 않고 신앙의 그리스도만 믿고 추구하면, 자연히 바알 종교와 같은 기복주의적 행태, 사회와 역사가 없는 현실 도피주의적 신비주의, 악한 육신과 물질적 세상을 저주하고 선한 영적 세계를 추구하는 것만이 구원의 길이라는 영지주의적 신앙 형태를 벗어나기 어렵네.

역사적 예수는 이런 식의 신비주의자가 아니네. 물론 공관복음의 일부 구절이나 요한복음에는 신비주의자 예수의 모습이 많지만, 그것도 엄연히 육신과 세상을 긍정하고 끌어안는 현실주의적 신비주의자의 면모이지. 그래서 예수의 하나님 나라는 현실주의와 신비주의의 통합이라고 해야겠네. 이것이 복음서가 증언하는 예수의 모습이지.

신학생 : 그러니 같은 말이지만, 빛과 참을 찾는 것이 참된 인생이라는 말이겠습니다. 파우스트가 노년에 허무에 지쳐서 갈망하고 찾은 것도 '삶의 원천'인 궁극적인 빛이었지요. 허위의 세계에 몸담고 살아온 사람은 결국에 스스로 파멸하게 되어 있다는 것을 누가 부정하겠습니까? 어차피 인간이란 게 그렇게 생겨 먹은 것이니까요.

교수 : 말 잘했네. 인간은 그렇게 생겨 먹은 존재이네. 성서와 신학의 말로 바꾸면, 빛과 참을 찾는 것은 인간의 본성에 새겨진 명령이지. '토머스 칼라일'은 그것을 "진흙으로부터의 명령"이라고 했네(영웅숭배론). 진흙은 사람을 가리키지(창 2:7). 그래서 인간은 자기도 모르게 성공과 행복과 영생을 추구하는 것이네. 단지 동물적인 안락을 구하는 것이 아니지. 인간은 갈망하는 존재, 말하자면 "호모 에스페란스"(Homo Esperans), 곧 "희망하는 인간"이네.

그런데 문제는 인간의 무지와 어리석음, 곧 망상과 착각과 집착이네. 이것이 인간의 영원한 문제라 할 수 있지. 어떻게 하면 참과 빛을 찾아 무지와 어리석음에서 해방되어 자유를 얻어, 진정한 행복과 구원과 생명을 누리며 살 수 있는가를 묻고 찾는 것이지. 신을 말하거나 말하지 않거나, 모든 종교와 철학이 추구하는 것이 이것이지.

신학생 : 그렇다면 행복하게 사는 게 인생의 목적 같은데요? 하나님이나 예수를 믿고 따르는 것조차도 행복하게 살기 위해 하는 것이니까요. 물론 성서와 기독교 신학은 신앙은 하나님의 영광이나 그리스도의 영광을 위해서라고 말하지만, 동전의 양면과 같이, 두 가지 방식으로 표현할 수밖에 없으니까, 그렇게 말해도 되는 것이라고 봅니다. 진정 하나님이나 그리스도의 영광을 위하여 사는 삶은 행복한 것이니까요.

교수 : 궁극적으로 보자면 그렇지. 성서와 예수의 모든 가르침이 그것이지. 사람은 행복하면 사랑하고, 사랑하면 행복하니까. 그러면 평화롭네. 사람은 행복하지 못하기에 남에게 마구 그릇된 행태를 드러내는 것이고, 그런 행태는 자기가 불행하고 비참한 인간이라는 사실을 스스로 증명하고 떠벌이며 광고하는 작태이지.

신학생 : 그러고 보면, 예수가 산상수훈 첫머리에서 행복을 말한 것도 우연한 일이 아니라 하겠습니다. 흔히 8가지 복이라는 그것은 예수의 행복론이라고 봐도 되겠지요?

교수 : 그렇지. 그런데 예수의 행복론에는 사람들이 행복의 필요조건이나 충분조건이라고 드는 것, 곧 권력이나 재산·부나 명성이나 건강이나 장수 같은 것이 일절 없네. 기독교인들은 이것을 알면서도 짐짓 외면하지! 그래서 예수를 믿는다 해도 가여운 것이네. '하나님을 거역하는 자는 메마른 땅에서 산다.'라는 시인의 말은 그런 기독교인들에게도 그대로 해당하는 진리이네. 누가 이것을 부정하겠나? 이것은 각자 자

기가 아는 일이네.

4

신학생 : 미국 천문학자 '칼 세이건'의 책, "창백한 푸른 점"(pale blue dot)에는 사진 한 장이 나옵니다. 1977년 9월 5일 나사에서 쏘아 올린 "보이저 1호"가 세이건의 제안에 따라, 1990년 2월 14일 토성 근처에서 뒤를 돌아보고 찍은 지구 사진은 인류에게 크나큰 감동과 함께 충격을 안겨주었지요.

보이저1호는 중간에 화성과 목성과 그 위성을 촬영하고 '스윙바이'를 하여 속도를 올리며 토성에 이르는데 무려 13년이나 걸렸습니다(스윙바이: 행성의 중력을 이용하여 우주선을 가속하는 방법). 시속 76,000km로 비행하는 우주선인데, 얼마나 멀면 그렇게 오랜 시간이 걸린 것인지, 태양계의 광대함에 정신조차 아득해집니다.

교수 : 지름이 10만 광년이라는 우리 은하조차도 우주 안에서는 하나의 점에 불과하지. 지구에서 254만 광년이나 떨어져 있는 지름 22만 광년에 1조 개의 항성을 가진 '안드로메다' 은하조차도 맨눈에는 별 하나로 보이지 않는가? 보이저 1호가 찍은 그 사진을 본 사람은 누구나 좁쌀만 한 지구를 창백한 푸른 점이라고 한 세이건의 말에 공감할 걸세. 토성에서 본 것조차 그렇게 작으니, 명왕성에 가서 본다면 아예 보이지도 않을 것이네.

그렇게도 작은 티끌인 행성에서 원자 같은 인간이 산다는 게 믿기지 않는 일이지만, 사실인 것을 어쩌겠나? 기적이고 신비이지! 과학이 인간의 사고에 크나큰 영향을 끼친 것은 경이로운 일이네. 그런데도 우리 인간은 그토록 아름답고 찬란하고 자그마한 행성에서 여전히 아귀다툼하며 살고 있으니, 얼마나 어처구니없고 무지막지한 생물이란 말인가?

신학생 : 그런데 이제는 인류 화석 연료 문명으로 인하여 기후 위기를 넘어 기후 재앙의 시대가 닥쳐와서, 더는 이전 같은 문명을 지향할 수 없는 한계점에 도달한 게 아닙니까? 이 문명을 더 지속했다가는 인류의 생존 자체가 위험해질 텐데요?

교수 : 기후학자들이나 천문학자들은 그 결과로 나타날 위험은 인간이 헤아릴 수조차 없이 엄청난 사태라고 하지. 지금도 늦었다고 말하며 당장 멈추어야 한다는데, 그렇게 되면 세계 경제에 엄청난 충격과 혼란이 벌어질 것이네. 모든 산업이 화석 연료에 의지하고 있는 마당인데, 누가 멈추겠는가? 그렇게 하다가는 필연 핵전쟁이 벌어질 것이네.

신학생 : 그러니 이제는 '인간 혁명과 사랑을 통하여 새롭게 창조된 창조'라는 예수의 하나님 나라도 문명과 인류 생존의 문제와 직결되는 것으로 보입니다.

교수 : 예수의 하나님 나라야말로 새로운 인간에 의한 새로운 문화의 창조라 할 수 있네. 20세기 소련 기독교 실존주의 철학자 '니콜라이 베르쟈예프'는 그것을 "가이사의 나라를 버리고 하나님의 나라를 선택하는 것"이라 했네(하나님의 나라와 가이사의 나라. 가이사는 캐사르·시저·Caesar의 음역).

가이사의 나라는 악마가 예수에게 제안한 세 가지 유혹이 지배하는 세상이네. 진리 없는 빵과 돈과 경제, 겸손과 사랑 없는 정치적 권력, 진실한 삶이 없는 종교적 기적과 권위이지(마 4:1~11). 그리고 예수의 말인 "내 나라는 이 세상에 속한 것이 아니다."(요 19:36), 바울의 말인 "이 세상·세대(world)의 풍조(유행)"(롬 12:2)와 "이 세상의 신"(고후 4:4)도 같은 용어로서, 가이사의 나라를 가리키는 말이네.

이것은 세상에서 도피하라는 게 아니라, 세상이 드러내는 여러 부패한 상징과 조건과 관념과 사고체계, 세계관과 상황과 행태를 부정하며 바꾸라는 뜻이지. 그러니 예수의 하나님 나라 운동은 이 세상의 방식이 아닌, 하나님의 본래 창조 질서이며 새로운 질서이기도 한, 인간과 세계의 혁명을 통한 문화의 근본적 변화와 새로움을 가리키는 '거대한 생명 문화 운동'으로 볼 수 있네. 실로 인류 문화의 대안이지!

신학생 : 예수는 종교 운동을 한 것이 아닙니다. 예수의 하나님 나라 운동은 기존의 부패한 인간의 내면에서부터 인류 문명의 모든 것을 죽음의 문화로 보고, 인류의 근본적인 내적·외적 혁명과 새로운 문화를 선언한 것이니, 실로 거대한 차원의 혁명입니다. 그렇기에 우리를 예수를 영원한 혁명가로 봐야 하겠습니다.

교수 : 예수는 '문화'라는 말로 통칭할 수 있는 세상의 모든 것을 뿌리로부터 전복하여 새로운 인간과 세계를 실현하려 한 것이네. 지금도 계속되는 현재 진행형이지. 그러니 예수의 하나님 나라 운동과 현대 생태계와 인류의 위기는 직결되는 문제가 아닐 수 없지. 인류는 지금 하나님의 나라와 전멸의 상황에서, 어느 하나를 선택해야만 하는 시점에 들어섰네.

5

신학생: 실로 인류는 무서운 일을 앞두고 있습니다. 그런 점에서 예수가 말하는 자유의 문제가 중요합니다. 'G. W. F. 헤겔'은 "인류 역사는 자유를 향하여 나아가는 여정"이라 했지요(역사철학 강의). 물론 그것은 정치적 자유에 국한합니다.

교수 : 실로 인류 역사는 모든 인간의 자유를 향하여 나아가는 것이네. 예수의 하나님 나라 운동의 목표도 자유이지. 궁극적으로 종교와 철학이 말하는 바는 인간의 자

유라고 할 수 있네. 자유를 해방, 구원, 해탈, 모크샤(Moksha), 초극(超克), 초월, 소요유(逍遙遊, 장자) 등, 어떤 말로 표현하든지, 인간이 내적, 외적으로 어떤 얽매임이나 억눌림 없이 자유롭게 어울리는 상생(相生)의 세상이야말로 예수의 하나님 나라로 볼 수 있네.

그래서 내적 자유부터 해결하는 것이 단연 중요하지. 아무리 정치적 자유의 민주주의 사회라 해도, 내면적 자유는 여전한 과제이니까. 지금 세상은 민주주의와 자본주의가 결합한 형국이네. 그런데 자본주의는 물질이라는 사태 하나로 인간의 내적, 외적 자유를 구속하네. 그런 이유로 내적 자유와 외적 자유의 문제가 더욱 중요하게 대두되고 있지.

신학생 : 그래서 예수의 하나님 나라는 이중적입니다. 마음의 자유 없는 삶의 자유는 허상이니까요. 이것이 현대인을 사로잡고 있는 내외의 구속과 부자유의 실상입니다. 인간은 내외의 자유를 누리기 위해 자본주의를 발전시켰지만, 오히려 그것이 인간을 사로잡아 물욕의 노예로 만들어 버렸지요.

교수 : 유학 경전인 "예기(禮記)"에 "인간이 인화물(人化物)이 되었다."라고 탄식하는 장면이 나온다네. 기원전 3세기경에 나온 책에 그런 말이 있다는 게 얼마나 놀라운가? 인화물이란 현대어로 '인간의 물질화, 물건이 되어버린 인간'이라고 해야겠지. 왜? 물질적 탐욕을 신처럼 떠받드니까(창 3:5). 따라서 자본주의를 결합한 민주주의란 인화물의 확대이지.

현대인은 돈에 구속되어 자유를 잃고 살아가네. 창세기 3장의 "신처럼 된다."라고 한 말은 전혀 과장이 아니지. 인간 본성을 통찰한 진실과 사실이네. 그런데 그 이야기는 대략 솔로몬 시대에 나온 문서이니(기원전 971~931년 어간), 예기보다 7백 년 전에 한 말이니, 더욱 놀랍지.

신학생 : 그렇습니다. 사실 성서는 놀라운 책입니다. 그 조그마한 민족인 이스라엘 사람들이 그렇게 먼 고대에서부터 글을 쓰고 책을 만들어 왔다는 것은 실로 경이로운 일이지요. 그때 우리 민족은 고조선 후반기였는데, 어떻게 살았는지 알려주는 책이 한 권도 없습니다. 지금 우리가 세상에 내세우는 책들이란 조선 시대의 것들이 대부분입니다. 삼국시대나 고려 시대도 번번한 역사책 하나 만들어낼 줄 몰랐습니다. 이것은 우리 민족이 크게 반성할 일입니다. 유대 민족은 "책의 민족"이라고 하지요. 사실 이제 한국이 세계에 공헌할 게 있다면, 문화 방면밖에 다른 게 없다고 봅니다.

교수 : 그렇지. 그것도 인문 문화라네. 민주주의 정치와 평등한 경제, 인문학과 영화나 노래 등의 예술, 자연 친화적인 삶 등의 문화야말로 한국이 세계사에 공헌할 분야라네. 그래서 '문화적인 사고체계'가 중요한 것이지. 우리가 경제 대국이 된다고 해도, 불평등의 심화와 확대뿐이라면, 그것은 자멸의 길일 수밖에 없네.

역사는 결단코 만만한 게 아니네. 뚜렷한 법칙이나 원리가 있지. 아무도 그것을 벗어날 수 없네. '노자'의 "하늘 그물은 틈이 많아 빠져나갈 구멍이 많은 것 같아도, 하나도 놓치는 법이 없다."(도덕경 73장), '맹자'의 "하늘을 따르는 자는 살고, 거스르는 자는 망한다."(맹자-이루 상)라는 말은 인생과 역사의 법칙을 말한 것이네. 구약성서에 이런 말이 수없이 나오지.

6

신학생 : 그러면 예수가 말하는 **자유**는 어떤 것일까요? 예수가 내적 자유와 외적 자유를 동시에 말한 것으로 볼 때, 마음의 자유와 삶의 자유일 텐데요.

교수 : 그렇지. 자유야말로 예수의 '지금, 그리고 앞으로 이루어지는 하나님의 나라', 곧 '인간 혁명과 사랑을 통해 새롭게 창조된 세계'의 중심이네. 내적 자유를 이루지 못하면 사랑도 불가능해져서, 인간은 이런저런 것들의 종노릇을 하다가 가고, 세상은 끝없는 경쟁의 전쟁터가 되고 마니까. 그것이 인생과 세상의 실상이지.

자유에 관한 예수의 말은 **"진리가 너희를 자유롭게 한다."** 라는 말뿐이네(요 8:32). '너희'는 인간(人間)이네. 인간은 두 사람 사이의 관계를 전제하지. 아무도 홀로 살 수 없네. 인간이란 말은 사람·개인을 포함한 포괄적인 용어니까, 예수도 그런 의미에서 '너희'라는 복수를 사용한 것으로 보이네. 절묘한 언어유희라 하겠지.

신학생 : 그렇군요. '하나님의 나라'라는 용어도 사람과 세상의 근본적인 혁명을 동시에 말하니까, 일종의 언어유희로 봐도 되겠습니다.

교수 : 그렇지. 그러므로 진리와 자유의 상관관계를 이해하는 것이 관건이네. 그런데 인생과 세계와 우주에 보이지 않게 흐르며 살아 있는 진리 자체가 사람을 자유롭게 하진 않네. 따라서 예수의 말은 **'진리를 깨닫는 것'**을 말한 것이지. 이것만이 인간을 자유롭게 하니까.

그래서 이 말은 니고데모 이야기와 함께 읽는 게 좋네(요 3장). 사실 요한복음 전체가 진리와 자유를 말한다고 하겠네. 진리를 깨달아 자유인이 된 사람, 그는 지금 하나님의 다스림(나라) 안에 들어가 있고, 또 온몸을 다해서 세상에 하나님의 나라를 세우며 살아가네. 그것이 바로 예수이지(마 4:1~11 참조).

그런 점에서 요한복음의 예수는 공관복음의 예수와는 전혀 다른 모습을 보여주지. 공관복음의 예수는 아무래도 현인이나 예언자 측면이 강하고, 요한복음은 진리를 깨달아 더는 올라갈 데가 없는 최고의 차원에 이른 예수를 말하는 데서 시종일관하네. 그래서 예수를 '그리스도'라고 고백하고 증언하는 것이지.

이제 기독교인들은 이것을 충분히 알아야지. 더 머뭇거린다면, 앞으로 크나큰 화를 입을 것이니까. 진리를 깨닫는 것만이 인간을 자유롭게 하네! 아무리 모태 신앙이나 목회자나 신학자라 해도, 절로 자유롭게 되는 게 아니니까. 자유인 예수, 자유인 그리스도인! 얼마나 아름답고 멋진가? 바울과 마르틴 루터가 공연히 그리스도인의 자유를 말한 게 아니지(갈 5:1; 그리스도인의 자유).

신학생 : 그러면 영혼, 정신, 의식, 마음 등 여러 말을 하지만, 인간이 진리를 깨닫는 것은 내면으로부터 일어나는 일입니다. 인생과 세상과 우주에 면면히 흐르는 진리를 깨달으면, 확실히 사람은 내적 혁명을 일으켜 변화됩니다. 성서는 이것을 "하나님을 만나는 것"이라 하며(잠 8:17; 암 5:4), 심오한 영적 체험을 가리킵니다(출 3장; 행 2장; 빌 3:7~11).

교수 : 진리와 자유에 대해서는 철학적이고 신학적으로 말할 것도 없이, 예수 그리스도, 그리스도 예수를 보는·생각하는 것 하나로 족하네. 예수 그리스도를 보는 것은 진리를 깨닫고 몸으로 보이고 가르치고 살아간 분을 보는 것이네. 요컨대 예수는 진리를 깨달은 자유인이라는 말이지. 예수가 내면적으로나 외면적 행동으로나 존재 방식이나 삶에서, 그 어떤 것에 얽매인 일이 있는가? 없지. 예수는 하나님으로부터도 자유로웠다네.

신학생 : 그게 무슨 말입니까?

교수 : 예수는 하나님의 종이 아니란 말이네.

신학생 : 그러면 예수가 하나님으로부터도 자유로웠다는 말을 어떻게 이해해야 합니까?

교수 : 예수는 하나님을 아버지로, 자신을 아들로 인식했지 않았는가?

신학생 : 그랬지요.

교수 : 자네와 아버지는 아들과 아버지 관계이지, 종과 주인의 관계가 아니질 않은가?

신학생 : 그렇지요.

교수 : 바로 그런 것이네. 그래서 예수가 하나님으로부터도 자유로웠다는 것이네. 하나님의 종이 아니지. 주인과 종이란 말은 고대나 근대 봉건제도에서 쓴 용어이지, 현대에는 전혀 맞지 않네. 비록 그런 비슷한 형식은 존재하네만, 그런 말을 사용할 수 없는 시대이지. 그러니 성서에 나오는 말이라고, 아무 생각 없이 무턱대고 사용하는 것은 시대에 뒤떨어진 일이네.

신학은 자꾸만 새로운 말을 할 줄 알아야 하네. 곧, 옛 시대의 용어를 새 시대에 맞게 해석하여 새로운 용어와 의미로 풀어서 말해야 하지. 비록 "신학은 교회의 학문"이지만(폴 틸릭-Systematic Theology, 1권), 시대의 학문이기도 하네. 예수도 "새 포도주는 새 부대에 담아야 둘 다 보존된다."라고 했지(마 9:17).

예수는 아들 의식으로 아버지 하나님의 마음과 뜻을 따랐지, 종 의식으로 따른 것이 아니네. 수난과 십자가와 죽음조차도 아들로서 자발적으로 수용한 것이지, 종으로 하는 수 없이 복종하여 고생하다가 죽은 게 아니지. 옛 시대의 사고방식과 언어가 기독교를 시대에 뒤떨어진 낡고 이해하기 어렵고, 새로운 세대에게 호소력도 없는 종교가 되게 하네.

신학생 : 놀라운 해석입니다.

교수 : 본래 그러한 것이네.

신학생 : 그러면 예수는 분노하고 저주하고 난폭한 행동을 할 때조차 자유로웠겠네요?

교수 : 그렇지. 예수는 무슨 자아의 욕망이나 사사로운 이기심에서 말하거나 행동한 일이 없고, 전체적이고 통전적인 자유인의 상태에서 한 것이지. 진정한 자유인만이 일반인들이 수용하기 어려운 말과 행동을 하는 법이네. 그래서 세상 사람들은 그런 인물을 이상한 사람, 괴짜, 미친 사람, 귀신 들린 사람으로 보는 것이지(막 3:21~22; 요 8:48).

신학생 : 예수의 산상수훈을 보면, 마치 심리학자와 같은 말의 연속입니다. 인간의 뿌리 깊은 마음의 어둠을 그대로 폭로하며 말합니다. 예를 들면, 간음을 행위의 문제 이전에 여인을 보고 음욕을 품는 것이라고 말하지요. 그러니 아무리 외적으로 자유롭게 보이는 사람이라도, 내면에서 음욕을 품는다면 부자유한 사람입니다. 여기에서 음욕은 여러 가지 욕심을 대표적으로 말한 것으로 보아야 할 것 같습니다.

교수 : 그렇지. 어떤 욕심이라도, 욕심은 이미 마음과 인간관계를 파괴하게 되니까. 작든 크든 간에, 욕심을 품고 사물을 바라보게 되면, 곧장 어둠의 인간이 될 수밖

에 없지.

신학생 : 그것은 외적 구속력을 강제하는 율법 문제에서도 확연히 드러납니다.

교수 : 그래서 예수가 바리새인들이 정결 예법을 지키지 않는다고 비난했을 때, 인간의 마음에 있는 갖가지 어둠의 실체를 폭로한 것이지(막 7장). 그러니 무슨 대꾸를 할 수 있겠는가? 율법이나 신앙생활이 마음의 정결을 가져오지 못하는 한, 그것은 형식주의에 머물고 말 뿐이니까. 율법은 도덕과 윤리일 뿐, 마음의 문제는 다루지 않네. 그런데 예수는 마음의 정결을 말하여 진정한 도덕과 윤리가 어디에 있는지를 밝힌 것이지.

7

신학생 : 실로 예수 그리스도는 더 위는 없는 참된 깨달음에 이른 분입니다. 이렇게 말하는 것은 진리를 안고 이 세상에 들어오는 사람이 없기에 하는 말입니다. 요한복음에 따르면 그렇지 않지만요.

교수 : 그렇지. 기독교는 진리를 깨달은 사람인 예수를 알고 신뢰하고 따르는 길이네. 생각해보게나. 요한복음처럼 예수를 이 땅에 사람의 몸을 입고 오신 하나님이나 로고스(말씀)로만 말한다면, 어느 누가 예수를 닮고 따를 수 있겠는가? 고작 흉내나 내다가 말지. 근원에서나 태어나면서부터나, 우리와는 질적으로 천지 차이로 다른 사람을 어떻게 닮고 따른다는 말인가? 그것은 '니체'의 말대로, "곱사등이의 등을 짓밟는 행태"와 같은 것이 아닐 수 없지(차라투스트라는 이렇게 말했다).

요한복음은 제일 나중에 나온 복음서이지. 그때는 이미 예수 그리스도를 하나님으로 고백하고 증언한 시대였네. 요한 기자는 역사적 예수의 삶을 깊이 천착하며 깨달은 후, 실로 인간의 삶이 아니라 하늘에서 직접 내려온 하나님의 삶이라고 고백한 것이지. 너무나도 다른 사람이었으니까.

그것을 선교 전략으로 삼아, 이 땅에 사람의 몸을 입고 오신 하나님이며 영원한 그리스도가 인간을 갖은 욕망과 이기심, 거짓과 폭력, 죄악과 불행과 비참함의 죽음으로부터 구원하여 생명을 주는 분으로 선포한 것이지. 시의적절한 것이었네. 이렇게 신학은 새로운 시대에 적합한 증언을 확보해야만 살아남고, 인간을 구원의 길로 인도할 수 있네.

신학생 : 저는 아브라함 이야기를 생각할 때마다, 그의 소명이 진정한 자유인의 삶을 살라는 것이라고 봅니다. "너는 ~을 떠나서 가라."(창 12:1~3) 이것을 예수의 가르침과 삶, 그리고 신약성서에 적용하면, 그대로 자유를 향한 하나님의 부르심입니다. '너는 자유인이 되어라.'라는 말이지요. 그래서 아브라함의 족적(足跡)은 자유인의 경지에 이르는 과정입니다.

교수 : 그 절정이 모리아 산에서 백 세에 낳은 아들을 바친 것이지(창 22장).

신학생 : 그렇습니다. 그 아들의 소중함이야 말할 수도 없지요. 그런데도 그를 죽여서 바치라고 했으니, 자아의 그 어떤 욕심의 찌꺼기조차도 완전히 씻어내라는 말이지요.

교수 : 그래서 아브라함의 소명은 자유인에 이르라는 말이네. 그것이 늘 떠나서 가는 삶이지. 그것은 그대로 예수와 사도들의 가르침으로 연결되네. 구약을 율법이나 역사나 정의의 언어로만 보면, 큰 탈이 나고야 마네. 구약성서는 위대한 심리학책이

기도 하네.

8

신학생 : 마음의 자유, 이것이 인간의 삶에서 기본입니다. 이것이 안 되면, 어둠에 갇힌 마음은 존재 방식이나 말이나 행동을, 갖가지 검은 욕심과 거짓과 폭력의 앞잡이가 되게 하는 방식으로 나타내는 수밖에 없지요. 무의식적으로도 그렇게 됩니다.

교수 : 그런 의미에서 예수가 "마음의 가난"(마 5:3), "마음의 깨끗함"(마 5:8), "네 속에 있는 빛"을 말한 것이지(마 6:22~23). 그러니까 마음의 가난과 마음의 깨끗함과 내면의 빛은 같은 뜻이네. 이것이 바로 진리를 깨달은 마음이지. 성서는 진리를 빛으로 말하니까, 진리는 빛이고 빛은 진리이지.

진리의 빛을 깨달으면, 마음의 자유라는 불꽃이 일어나네. 따라서 진리와 빛과 자유는 하나이지. 단연코 중요한 것은 깨달음이고. 진리와 빛을 '믿는다' 해서 절로 마음이 자유롭게 되지는 않으니까. 앎·깨달음으로 되는 것이네. 믿음은 하나의 방편이지. 깨달음만이 인간을 온전히 변혁시키는 것이니까. 그래서 예수가 중생을 말한 것이지.

신학생 : 그렇습니다. 예수의 가르침이나 신약성서와 기독교 신학은 하나님과 예수 그리스도를 믿고(인격적 신뢰와 친밀성의 관계), 성령의 능력을 통하여 진리를 깨달아 새로운 사람이 되는 것을 말합니다. 그래서 교회에서 중요한 것은 크기나 교인 숫자나 재정의 풍요가 아니라, 다시 태어난 사람을 길러내는 것입니다. 그런데 교회 역사나 현실을 보면, 지나치게 어긋났습니다. 서울의 어떤 대형교회를 만든 목사가 은퇴하고 슬픔과 눈물 속에서 지내다가, 몇 년 살지도 못하고 세상을 떠난 이야기는 유명합니다. 자기가 이룩한 것을 보니, 중생한 사람은 거의 없다는 것을 깨달았기 때문

이랍니다.

교수 : 그렇기에 누가복음이 마태복음과 같은 이야기를 하면서, 끝에 다른 말을 첨부한 것은 대단한 통찰이네(4:1~13). "악마는 모든 시험을 끝마치고 물러가서, 어느 때가 되기까지 예수에게서 떠나 있었다." 악마가 늘 기회를 엿보고 있다는 것이지. 그렇다면 기독교인들이야, 말해 무엇 하겠는가? 당연히 악마가 끊임없이 교묘한 유혹으로 속여서 자기의 포로로 만들려고 하겠지. 그래서 특히 목회자들은 마태복음 7:15~23과 23장을 눈여겨보며 명심하고 살아야 하네. 도대체가 목회라는 게 하나님의 나라를 이 땅에 건설하기 위해서 하는 것이지, 돈을 벌어 먹고사는 직업 활동이나 빛나는 명예를 얻자는 게 아니질 않은가?

신학생 : 전에 들은 이야기입니다.「평생 경건한 신앙인으로 살던 한 여자 권사 할머니가 세상을 떠나 천국에 갔답니다. 자동문이 열려 들어가니, 온갖 나무들과 꽃들과 새들이 노래하는 아름다운 정원이 끝 모르게 펼쳐졌는데, 저쪽에서 하얀 옷을 걸친 예수 그리스도가 환한 얼굴로 다가오더랍니다. 너무나도 반갑고 기쁜 할머니가 두 팔을 벌리고 막 달려가 그 품에 안기려던 찰라, 예수가 슬쩍 피해서 뒤로 가더랍니다. 할머니가 부아가 치밀어 어이없다는 표정을 지으며 돌아서서 바라보니, 저쪽에 허름한 옷을 걸친 웬 남자 노인네가 부끄러운 듯 다가오지도 못하고 쭈뼛하며 나무토막같이 서 있더래요.

그런데 다가간 예수가 그 노인을 꼭 끌어안으며 볼에 뽀뽀하며 한바탕 야단을 피우더랍니다. 그제야 그 노인도 연실 눈물을 훔치며 절을 하더랍니다. 이윽고 예수와 그 노인네가 다가오자, 할머니가 따졌답니다. "아니, 예수님, 천국에서도 사람을 차별합니까? 이딴 데 들어와 뭘 합니까? 예수님을 다시 봐야겠습니다." 그러자 예수가 할머니에게 말했지요. "미안하구나. 내 하도 오랜만에 목사가 천국에 왔기에, 너무나 기쁜 나머지 이렇게 실례를 했구나!" 그러면서 할머니 권사님을 안아주더랍니다. 그리고는 셋이서 손을 잡고 노래를 부르며 정원을 가로질러 궁궐 같은 집으로 들어갔답니다.」

교수 : 재미있으면서도 충격적인 이야기로군. 그 두 사람은 인간 혁명과 자유 속에서 하나님의 나라를 위해 살아간 것이지. 인간 혁명의 반대말이 무엇이겠는가? 인간 타락, 인간 지옥이 아니겠는가? 종교적으로 겉은 세련되고 화려하고 권위가 있다 해도, 속은 사탄이 좋아하는 마음으로 가득하여 예수가 바라는 바와는 반대로 살아간다면, 그것이 어찌 예수와 하나님의 나라를 위한 삶이겠는가?

신학생 : 사실 성서가 줄곧 강조하는 진실은 하나님의 뜻과 인간의 욕망 사이에서, '너 사람아, 하나님이 원하시는 것을 너도 원하라.'라는 말이 아닐까요?

교수 : 성서의 모든 말씀을 훌륭하게 요약했네. 예수의 가르침과 행동과 삶도 밤낮 이것이지, 무슨 다른 이야기이겠는가? 그러면 하나님이 원하시는 바가 무엇일까?

신학생 : 미가 예언자는 "공의의 실천, 사랑, 겸손"이라고 말합니다(미 6:8). 공의는 의, 곧 하나님과 맺은 친밀하고 심오한 관계를 말하니까, 내적 변화를 말한다고 보겠습니다. 예레미야는 "새 언약", 곧 "가슴과 마음 판에 새겨진 율법"을(렘 31:33), 에스겔은 "새로운 마음, 새로운 영, 부드러운 마음"을 말하며(겔 36:26) 내적 혁명을 가리킵니다. 그러면 구약성서에서 하나님이 원하시는 것은 '내적 혁명을 통한 사랑과 겸손'입니다.

예수의 가르침은 "중생(인간 혁명)"(요 3:3.5), "자유"(요 8:32), "사랑"입니다(요 13:34). 그리고 사랑과 자유는 내적 혁명과 자기 비움(그-케노시스·Kenosis)인 중생에서 나옵니다. 인간이 자기로부터 해방되지 못하면, 하나님의 나라를 위해 살기 어렵습니다.

   교수 : 그것이 기독교와 기독교인들의 비극이네. 우리가 몇 번 말한 것과 같이, 구약성서 시대의 고대 이스라엘 민족의 오랜 수난도 물욕의 상징인 바알 종교를 극복하지 못해서이지, 다른 이유가 없네. 하나님의 뜻이나 예수의 가르침에 대한 신앙인의 건망증, 더 나아가 고의적 외면이나 무시는 실로 무서운 질병이지. 역사는 오늘의 거울이고 교훈이네.

9장
예수와 만난 사람들

9장
예수와 만난 사람들

1

신학생 : 오늘은 '예수와 만난 사람들 이야기'를 통해서, 진리와 깨달음을 통하여 이루어지는 인간 혁명인 중생(重生, 거듭남·다시 태어남)과 자유의 문제를 알아볼까요?

교수 : 그렇게 하세.

신학생 : 먼저 니고데모와 삭개오가 떠오르니까, 그들을 중심으로 이야기하지요. 니고데모는 요한복음에만(3:1~15), 삭개오는 누가복음에만 나옵니다(19:1~10). 두 사람의 이야기는 성격이 매우 다른데, 니고데모 이야기는 종교적이고 형이상학적이고, 삭개오 이야기는 개인적이고 사회적이라 하겠습니다. 니고데모는 예수를 만난 이후 생각이 달라져, '산헤드린' 의회에서 예수를 옹호하다가 동료들로부터 따돌림을 당하고(요 7:45~52), 예수의 장례 때는 시신에 바를 몰약(myrrh)과 침향(알로에) 혼합물을 백 근 정도(약 34kg) 가지고 와서 안장하는 데 참여하기에(요 19:39) 예수를 따른 것 같고, 삭개오는 자기 말대로 했을 것입니다.

교수 : 그렇지. 이 두 이야기는 예수의 하나님 나라가 어떤 성격인지를 그대로 보여주는 심오하고도 아름다운 이야기이네. 지금까지 생각해본 것처럼, 하나님의 나라는 인간 혁명과 사랑을 통한 세계 혁명의 새로운 창조 질서이니까, 적합한 예라고 하겠네.

신학생 : 우선 '**니고데모**'가 "밤"에 예수를 찾아왔다는 것은 매우 상징적입니다. 요한복음에 따르면, 어둠과 밤은 하나님과 진리를 거부하는 마음과 태도, 물욕에 찬 마음, 무지와 어리석음과 망상, 그릇된 세계관과 가치관과 인생관과 인간관, 자기 보전(保全)과 영광과 이름을 빛내기 위한 거짓과 비겁함과 음모와 배신, 그리고 부패하고 타락한 이 세상, 문명과 문화의 폭력적 작동방식, 악마의 세계를 상징합니다.

유다가 마지막 만찬 자리에서 예수에게서 빵 조각을 받은 후 배신하러 밖으로 나갔을 "때는 밤이었다." 하는 말이나(요 13:30), 예수가 체포될 때 "지금은 너희의 때요, 어둠의 권세가 판을 치는 때다."라고 말한 것도 그런 상징이지요(눅 22:53).

교수 : 그러나 우리는 언제나 지나친 이원론을 조심해야 하네. 그것은 자칫 섣부르고 그릇되고 왜곡된 악마적 세계관을 갖는 일로 직결될 수 있네. 이를테면 빛에 속한 사람도 아닌 주제에, 교회나 특정 정당과 이념에 속한 것을 내세우며 자신을 의로운 줄 알고, 그렇지 않은 사람들을 타도하고 궤멸해버려야 할 적이나 사탄의 종자나 악의 무리로 규정하며, 정의의 사도인 양 잔혹한 저주와 폭력을 행사하는 일은 역사에 흔하게 벌어진 일이네. 20세기만 해도 소련 공산주의와 독일 나치즘이 그런 것이지. 인류 역사상 20세기 전반기 50년만큼, 인간이 악마의 자식으로 행세한 무자비하고 잔혹한 시대도 없었네.

신학생 : 히틀러가 등장하자, 독일 가톨릭이나 프로테스탄트(루터교) 교회는 그를 마치 메시아인 양 떠받들었지요. 히틀러는 종교적 교주와 구세주인 양 행세했고요. 소수만이 반대하고 경고하고 저항했는데, 바르트와 니뮐러와 본회퍼 목사 등이 참여한 "독일 고백교회"가 그랬지요. 찬란한 철학과 문학, 예술과 종교와 과학의 민족이 한순간에 그렇게 변하여, 악마의 자식 노릇을 한 것이 경악스러울 뿐입니다. 2차 대전을 일으켜 죽음의 수용소 "아우슈비츠"와 집단 대학살 "홀로코스트"(Holocaust, 본래 이

스라엘 제사인 번제·燔祭를 벌인 끔찍한 사태는 히틀러의 "제3 제국 신화"라는 극단적 이원론의 괴물이 만들어낸 참극이었지요.

교수 : 무엇이든 극단은 악의 씨앗이네. 극단의 이원론 자체가 악의 토양이지. 그러나 밤의 상징은 나쁜 것만은 아니네. 종교적, 철학적, 문학적으로 볼 때, 밤은 창조의 새날을 위한 무대이기도 하니까. 창세기도 창조 이전의 우주를 깊은 어둠의 세계로 말하네(창 1:2). 어둠 없이 어떻게 빛이 가능한가? 그렇기에 어둠은 빛과 대등한 것이 아니라, 빛이 드러나는 배경일 뿐이지. 배경을 악으로 규정하면, 그 반대로 나오는 빛도 어둠의 힘을 내포하고 있는 불완전한 것이 될 수밖에 없지. 적이 있어야만 내가 드러난다면, 그것은 여전히 적에게 의존하고 있는 허약한 것이니까 말이네.

신학생 : 요한복음도 어둠을 완전히 없애버려야 할 악으로 규정하지는 않습니다. 다만 빛을 이길 수 없는 무력한 힘으로 상징하여 말할 뿐이지요(1:5). 그래서 어둠과 밤은 침묵, 고요, 공(空), 허(虛), 무아(無我), 탐색, 열정, 회오(悔悟), 탈출, 변화, 자유의 가능성을 잉태하고 있는 생명과 삶을 위한 도약의 산실과 순간이기도 합니다. 그러한 밤 없이 창조의 빛은 오지 않으니까요.

2

교수 : 그렇지. 어떻든 악의 힘과 현실은 인간이 알 수 없는 영원한 어둠의 신비이네. 페르시아(이란)의 조로아스터교와 같이, 어둠의 악을 담당한다는 종교적 실체인 '사탄'을 상정하면 간단하지만, 그것을 누가 알겠는가? 성서와 예수와 신약성서와 기독교 신학을 올바로 이해하기 위해서는 반드시 이원론 문제를 짚고 넘어가야 하네.

조로아스터교의 이원론 교리는 최고 신 '아후라마즈다'가 자기 아래 각기 선을 담당하는 '스펜타 마인유'와 악을 담당하는 '앙그라 마인유'(아리만·에리만, 사탄) 두 신을 통해 인간과 세상과 역사를 서로 차지하도록 경쟁을 붙인다는 것이네. 그래서 무엇보다 악의 실체를 분명히 나타내지. 인간이든 자연재해든 모든 악은 사탄이 벌이는 짓이네. 그리하여 선한 신을 따르며 산 사람들은 천국에 들어가고, 악한 신을 따른 사람들은 지옥에 들어가네. 그러다가 역사의 종말에 일어날 최후의 심판 날에 최고 신이 선한 신의 손을 들어주어 이기게 하고 세상에 궁극적인 평화가 이루어진다는 것이네.

페르시아 제국이 들어선 후(페르시아: 기원전 539~332년), 조로아스터교는 '다리우스 1세' 황제 때(기원전 522~486년) 국교가 되어 중동 일대에 선풍을 일으키며 확산했지. 왜냐면 착하게 사는 사람들의 고난을 사탄의 훼방 때문이라고 해명해주고 사후의 천국을 보장했으니까, 그것을 희망하고 위로받으며 참아낸 것이지.

페르시아 식민지인 유대 사회도 조로아스터교 열풍을 피할 수 없었네. 유대 백성들도 급속히 빨려 들어갔지. 구약성서에서 사탄이 처음 나오는 곳은 역대지 상 21장 1절인데, 페르시아 식민지 시대에 나온 것이지. 욥기도 그때 나온 책이라서 사탄이 나오는 것이네.

역대지 이야기의 원자료는 사무엘기 하 24장인데, 거기에는 '하나님'이 느닷없이 인구조사를 하도록 다윗을 유혹하신 것이라고 하지. 하나님이 악행의 주모자가 된 것이네. 그러니 하나님이 악행을 주동한다는 것을 이해할 수 없는 후대인들이 그 기사를 읽으며 혼란을 겪을 수밖에 없었지. 그래서 하나님을 해명하기 위하여 악행의 주모자를 말할 필요성이 생긴 것인데, 마침 조로아스터교의 악행 전문가 사탄 개념이 있기에, 하는 수 없이 채용하여 하나님을 사탄으로 고친 것이네. 그렇게 하여 하나님이 악행의 주모자 신세를 면하게 된 것이지. 우습지도 않은 일이네.

조로아스터교를 알 때까지, 이스라엘의 신학에서 악은 해명할 수 없는 신비였을 뿐이네. 그 후 사탄 개념은 유대에 정착하여 민간 신앙으로 자리 잡았지. 주로 구약의 외경(아포크리파·Apocrypha)에 많이 나오네. 그것이 예수 시대까지 이어진 것이지. 외경들은 예수 시대에도 많이 나왔네. 예수 또한 갈릴리 나사렛 시골 출신이었으니, 그런 민간 신앙 속에서 자란 것이기에 사탄 개념을 수용하고 말할 수밖에 없었고, 그에 따라 신약성서나 기독교도 수용하게 된 것이네.

그러나 나는 예수의 본심이나 사상은 그것이 아니었다고 보네. 왜냐면 예수는 진리를 깨달은 분이니까. 그런데 왜 사탄이란 말을 썼느냐는 것인데, 그것은 소통을 위한 방편 장치로 사용한 것으로 보아야 할 것이네.

내가 이렇게 말하는 합리적인 이유가 있네. 생각해보게. 성서와 기독교는 하나님을 보이지 않거나 보이는 일체 우주와 만물의 유일한 창조자·창조주로 믿고 고백하네. 그렇다면 하나님이 악의 전문가인 영인 사탄도 창조하셨다는 말이 되지. 그러면 인간과 세상이 어떻게 되겠는가? 인간과 세상은 숫제 하나님과 사탄이 두는 장기판 놀이라는 말이니, 엉망진창이 되고 말지. 그러면 하나님의 성품을 닮은 인간성과 자유를 뜻하는 하나님의 형상이라는 말 옆에 악마의 형상이란 말도 추가해야 할 것이네.

게다가 유럽 기독교인들에게 결정적으로 사탄 개념을 확산시킨 것은 17세기 영국 시인 '존 밀턴'의 "실낙원"이란 서사시이네. 그에 의하면, 사탄은 본래 하나님의 천사 대장 중 하나였는데, 하나님의 황위(皇位)를 노리고 천사 부하들과 함께 반란을 일으켰다가, '미카엘 대천사'의 군대에 패배하고 지구로 내쫓겼다는 것이네. 그래서 사탄은 이왕 내쫓긴 몸 하며, 복수심에 한이 맺혀 이를 갈며 하나님의 속을 박박 긁으려고 에덴동산의 뱀으로 변신하여 인간을 유혹하여 타락시켜, 하나님의 계획을 와장창 망쳐놓은 것이라는 말이지. 그러면 문제가 뭔가?

신학생 : 하나님의 전능과 전지를 말하는 기독교 신학이 여지없이 무너지고 말지요. 왜냐면 무엇이나 다 할 수 있고 아시는 하나님이 자신의 창조물인 천사의 반란 모의를 몰랐다는 말이니까요. 게다가 알고서도 그냥 놔두었다면, 더욱 문제가 커지지요. 그러면 인간과 세상은 아무 의미도 가치도 없는 하나님 혼자서 즐기는 비극적 희극의 연극이 되고 말지요. 그러니까 기독교 신학이 모조리 조로아스터교의 복사판이 된다는 것이지요.

교수 : 그렇지. 그러니까 사탄이니 악마니 귀신이니 하는 말은 인간이 이해할 수 없는 악의 신비와 사고나 재해나 막강한 힘을 말하려고 채용한 문학적 장치, 소통의 방편이라는 것이네. 나는 이것이 예수와 신약성서 기자들의 생각이라고 보네. 그렇지 않고 여전히 사탄을 비가시적이고 신적인 실체인 양 믿는다면, 그것은 성서와 유대교와 기독교가 조로아스터교의 아류가 되는 일이지.

인간이 저지르는 인위적인 악은 확실히 완전하지 못한 인간이 저지르는 악이네. 그러나 자연재해는 악이 아닌, 자연의 일일 뿐이네. 물론 신앙인들도 그것에 희생되니까 받아들이기 어렵지. 그래도 받아들여야 하네. 어쩔 수 없는 일이기 때문이지. 악을 묻자면 한도 끝도 없기에, 결국에는 무신론자나 불가지론자가 되어야 할 것이네.

그렇기에 사탄은 인간이 이해하지 못하는 모든 악한 마음이나 행태, 자연재해나 사건이나 비극적인 사태를 말로 표현하여 소통하기 위해 채용한 문학적 방편의 상징일 뿐이네. 비록 인간의 지식은 엄청나게 고도로 발전했지만, 여전히 신비 저 너머의 세계는 모르는 것이네. 그저 이렇게 저렇게 믿을 뿐이지.

내 말은 사탄이나 악을 새로 해석하여 말해야 한다는 뜻이네. 그렇지 않으면, 성서와 기독교 신학의 하나님은 엉망진창이 되고, 교회는 세상에서 고립되고 말고, 무지하고 어리석은 사람들만이 남아 있을 것이네. 전에도 말한 바와 같이, 이런 21세기 첨단 과학 기술시대에, 성서에 나온다고 해서 글자 그대로 믿으라는 것은 기독교가 스스로 무덤을 파고 들어앉는 일이지. 다시 말하지만, 기독교는 본질은 말하되 소통의 방식은 새 시대에 맞는 새로운 신학으로 해야 하네!

3

신학생 : 심오한 말씀입니다. 그러면 니고데모가 '밤'에 예수를 찾아온 것은 남들의 눈치와 견해와 비난이나 사회적 고립을 두려워한 소극적인 태도로만 볼 수 없겠네요. 흔히 암중모색(暗中摸索)이라 하듯, 그의 밤은 구하고 찾고 문을 두드리는 적극적인 태도로 보아야 하겠습니다. 그 밤을 이겨내면, 광명의 서광(曙光)이 비쳐올 테니까요. 그래서 요한복음이 어둠을 이겨내야 할 무엇이라고 말하는 것이기도 하고요.

교수 : 그래서 니고데모의 밤이란 그의 내면에 있는 미지의 세계에 대한 모호한 의혹과 이해를 위한 배경 무대를 상징하는 것이지. 그가 다짜고짜 기적 이야기부터 꺼내 든 것은 예수가 어떤 사람인지를 알고 싶은 마음을 내비친 것이네. 그는 기적을 예수가 **"하나님에게서 온 분"**이라는 것을 증명하는 것으로 보았지.

그런데 제사장들이나 바리새파가 한사코 예수를 이단이니 미친 마술사이니 하면서 배척하니까, 의혹을 느끼고 직접 예수를 알아보고자 한 것이지. 그러나 그가 쓴 **"표징"**이란 말은 그의 말이 아니라, 요한 기자의 말이네. 그는 예수의 기적에서 그 의미를 깨달은 것이 아니니까. 깨닫고 말했다면, 더 자세히 알고 싶어서 온 것이겠지.

신학생 : 요한 기자는 니고데모를 **"바리새파 사람, 지도자, 선생"**이라 합니다. 지도자는 유대 의회인 "산헤드린" 의원이지요. 그러니 부유한 사람입니다. 아까 니고데모

가 예수의 장례 때 참여했다는 것만 봐도 그렇습니다. 몰약이 약 34kg이라는데, 대단히 많고 비싼 것이지요. 그러니 그것은 그의 직업과 관련된 것이라고 봐도 되겠네요?

교수 : 그렇게 볼 수도 있을 것이네. 왜냐면 느닷없이 처형된 예수의 장례를 위해 갑자기 그렇게도 많은 약품과 향료를 마련했으니, 상당한 재력가거나 그런 직업 활동과 관련 있는 것으로 볼 수밖에 없으니까. 몰약은 예로부터 이집트에서 파라오들이나 세력가들이나 부자들의 시신을 미라로 만들 때 방부제로 사용한 값비싼 물품이네. 그러니 니고데모를 몰약을 비롯한 향수 수입상으로 부를 축적한 것으로 볼 수도 있지.

신학생 : 그렇군요. 그는 분명 예수의 활동에 관한 갖가지 소문을 듣고 매우 깊은 의혹에 젖었습니다. 바리새파는 예수를 공생애 초기에서부터 감시하며 모든 정보를 알아냈으니까요. 그들의 촘촘한 조직망은 당대 세상에서 제일이었다고 봐도 될 정도입니다. 그런데 율법주의의 눈으로 예수를 보면 분명 문제가 많은데, 하는 일은 사람을 치유하고 돕고 사랑하고 기쁨을 주고 생명을 회복시키는 거룩한 일이니까, 그는 바리새파 동료들이 예수를 비판하고 비난하고 저주하는 것을 보면서 섣불리 동조할 수 없는 데다가, 그렇다고 예수에 대해 마땅한 견해를 가질 수도 없는 난처한 상황에 놓인 것이지요. 그렇게 보면, 그는 품성과 인격이 대단히 진실하고 신중한 사람인 데다가 열린 지식인으로 봐도 되겠습니다.

교수 : 그렇지. 동료들과 같은 인식과 태도를 고수할 수도 있었는데, 의혹에 빠져 고뇌한 것이니까. 게다가 그는 합리적인 사람이기도 하네. 사람들은 보통 인물이나 사건의 정보에 대해서 진위(眞僞)를 따져보기보다는, 편견이나 선입견에 빠져 무턱대고 결론을 내리고 더 물어보거나 찾아보지도 않고 배척하지. 그런데 그는 의혹을 완전히 이해하여 해소하지 못하면, 가만있지 못한 사람이었던 것이지. 그러니 의혹에 찬 그의 마음이야말로 '밤'이었다고 봐야겠지. 중요한 것은 그가 현실에 안주하지 않고 '찾

는 사람'이었다는 것이네.

4

신학생 : 그런데 이야기의 진행 과정을 보면, 마치 선문답(禪問答) 같습니다. 이것은 소크라테스의 방법론처럼, 문제 제기와 논리적 추론과 합리적 반박의 방식과는 다른 것이지요. 그는 기적 이야기를 꺼내며 예수를 하나님에게서 오신 분이라고 칭송하는데, 예수는 그 말에 전혀 아랑곳하지 않고, 전혀 뜻밖의 말을 툭 던집니다.

"나는 말합니다. 누구든지 다시 태어나지 않으면 하나님 나라를 볼 수 없습니다." 여기에서 예수의 혜안을 봅니다. 그 사람의 말을 듣고 안 것이 아니라, 의혹에 젖은 마음을 꿰뚫어 보고 말하니까요. 제가 예수의 말을 존대어로 쓴 것은 그것이 당시의 상황이었을 것이기 때문입니다. 물론 그 나라 말에는 존대어가 없지만요.

교수 : 그렇지. 한국어처럼 존대어를 가진 언어는 세상에 없지. 우리는 그 당시의 대화를 한국어로 생각해봐야 하니까, 그것이 더욱 자연스러운 일이네. 질문자는 이러한 것을 묻고 있는데, 답변자는 답변이 아닌, 더욱 의혹에 찬 말을 하니, 선문답 같은 식이지. 사람이 다시 태어난다는 것은 금시초문(今始初聞)인 말이었기에, 그는 어린애 같은 말을 할 수밖에 없었네. "늙은 사람이 어떻게 다시 어머니 뱃속에 다시 들어갔다가 태어날 수 있습니까?"

그는 예수의 낚시를 덥석 문 것이네. 그런데 예수는 또 이 질문에도 대답하지 않고, 곧바로 자기가 말하고자 하는 바를 말하네. "나는 말합니다. 누구든지 물과 성령으로 다시 태어나지 아니하면, 하나님 나라에 들어갈 수 없습니다."

신학생 : 니고데모는 연속으로 듣는 '다시 태어난다, 하나님 나라를 본다, 물과 성령으로 다시 태어난다.'라는 말에 의혹에 의혹만 가중될 뿐입니다. 바리새파의 지식으로는 전혀 알 수 없는 일이었으니까요. "이상히 여긴다."라는 말이 그것입니다.

교수 : 니고데모는 예수의 말을 전혀 알아들을 수 없었지. 그런데 예수는 또 그가 알아들을 수 없는 말을 또 하여 의혹을 더욱 부추기네. "육에서 난 것은 육이요, 영에서 난 것은 영입니다." 육(肉)은 "사르크스"(Sarx)로, 고깃덩어리를 뜻하지. 육체를 가리키네. 요한복음 1장의 "말씀이 육신이 되어"도 같은 단어이지. 나중에 다른 자리에서, 예수는 "육은 아무 데도 소용이 없다."라고 말하네(요 6:63). 영(靈)과 대비시키는 전형적인 이원론적 언어인데, 요한 기자의 말이네. 그러나 예수가 가리킨 것은 부모로부터 태어난 사람의 몸이란 그저 육신이란 것이지. 사람의 본질이라 할 영·영혼은 부모가 낳는 것이 아니니까 말이네. 육신이란 동물과 같은 고깃덩어리이고. 그렇지 않은가?

신학생 : 그렇습니다. 비록 자식이 부모 성격을 닮기도 하지만, 영혼이랄까 정신이랄까 하는 것은 그렇지 않지요. 그러나 인간이기에 육신도 소중히 여깁니다. 영혼이나 정신은 무엇이라고 규정하기는 어렵지만, 사람이 지닌 내적인 어떤 것을 가리킨다고 보겠습니다. 창세기 용어로 말하면, "하나님의 형상"이랄까요? 형상은 이미지로서 내적 특성을 말하니까, 몸뚱이가 아니라 진실하고 선하고 아름다운 인격적 품성을 가리킨다고 보겠습니다.

교수 : 그렇지. 구약성서에서 영·영혼이란 단어는 인간의 가장 심오하고 내밀한 어떤 본질이나 특성을 가리키는 것이니까. 그런 점에서 보면, 조로아스터교나 그리스 철학에서 말하는 영·영혼도 그와 같은 것으로 이해할 수 있네. 사람을 사람답게 만들어 주는 그 무엇! 그러나 성서는 영을 정의하지는 않고 가리킬 뿐이지. 그러니 영이란 말도 일종의 표징이기에, 알아들어야 할 무엇이지.

신학생 : 그러니 예수는 육을 무시하고 경시하는 게 아니라, 영을 살려야 육도 제 역할을 하게 되는 것이라는 뜻에서 말한 것으로 봐야 하겠네요.

교수 : 그렇지. 그것이 하나님 나라에 들어가는 것이지. 곧, 지금 하나님의 다스림을 온전히 받으며 살아가는 상태이지. 내적 혁명, 곧 영·영혼을 찾아 살리는 것, 그것이 다시 태어나는 것이고 급선무라는 뜻이지. 영혼이 잠자는 육체는 실상 이미 살아서 죽은 몸뚱이니까.

5

신학생 : 그러면 성령은 어떻게 이해해야 할까요? 이 이야기를 역사적 사실로 보면, 예수가 성령을 삼위일체에서 말하는 것과 같은 의미로 쓴 것은 아닐 텐데요?

교수 : 아니지. 구약성서도 하나님을 영이라고 하네. 창세기는 "하나님의 영"(1:2), 시 139는 "주님의 영"이라고 하네(139:7. 주님은 야훼·여호와). 그러니까 하나님은 영이시지(요 4:24). 따라서 성령으로 다시 태어난다는 말은 하나님의 빛과 힘을 통해서 다시 태어나는 것을 말하지. 그것이 하나님의 나라(다스림)에 들어가는 것이고. 그래서 '다시 태어난다'라는 말은 "위로부터 태어난다"라는 말이기도 하니, 하나님, 영, 위는 같은 뜻이네.

그렇기에 성령으로 난다는 것은 인간의 어떤 지적 능력이나 종교적 노력으로도 되지 않는다는 것이지. 그것은 인간의 바깥에서 내려오고 다가오고 일어나는 일이네. 물론 인간이 해야 할 일도 있지. 곧, 구하고 찾고 문을 두드리는 것이지. 그러니까 정확하게 말하자면, 사람이 성령으로 다시 태어난다는 말은 하나님의 힘과 인간의 갈망이 합쳐져서 일어나는 일이라는 것이지. 인간이 아무 관심도 없는데, 영이신 하나님이 쳐

들어오듯이 인간을 사로잡아 변화시키는 일은 없으니까.

바울이 예외처럼 보이지만 그렇지도 않네(행 9장). 그가 마치 멧돼지처럼 그리스도인들을 박멸하려 한 것도, 근원에서 볼 적에는 나름 진리를 절절히 찾고 있었던 것으로 보아야 하네. 왜냐면 극단적으로 진리의 반대편에 서는 것은 이미 자기도 모르게 변화에 대한 본능적 갈망의 불꽃이 일어난 것이니까. 하나님과 그리스도의 눈은 그것을 보는 것이지. 아우성도 극단의 한계점에 이르면, 하나님의 대응과 도움이 내려오는 것이네(출 2:23~25).

신학생 : 그러면 물은 무엇입니까?

교수 : 요한복음을 이해하기 어려운 것은 역사적 예수의 발언과 초기 기독교 신앙과 신학의 언어를 구별하기 어렵다는 데서 오네. 물론 물은 종교의식의 하나이고 상징인 침례이지. 요한 기자가 그것을 의식하고 쓴 것인지는 알 수 없네. 하지만 이미 바울 신학이 나온 지 한참 후이니까(롬 6장), 분명히 초기 교회에 정착된 침례 의식(儀式)을 가리킨 것으로 봐야 할 것이네. 그런데 물을 성령에 연결한 것이 중요하지. 아무리 물속에 백 번 들락날락한다 해도, 사람이 변할 리 없지. 그렇다면 수영하는 사람은 죄다 새사람이 되겠네?

신학생 : 멋진 농담입니다. 종교학자들은 침례가 바빌로니아의 "탐무즈"와 시리아의 "아도니스"와 페르시아의 "미트라" 신을 숭배하는 밀교(密敎) 종파, 그리스의 신비주의 종파인 "오르페우스"나 "엘레시우스"에서 진정한 제자로 입문할 때 사용한 것이라고 합니다(제임스 프레이저-황금 가지; 카렌 암스트롱-신을 향한 변론). 그들은 처음 들어와 믿음을 고백하는 사람에게 곧바로 침례를 준 것이 아니라, 몇 년의 훈련과정을 거쳐서 자기네 종파의 교리를 다 배우고 진정한 제자가 되려고 결심한 사람을 받

아들일 때 인준하는 표시로 주었다고 합니다. 일종의 엘리트 통과의례이니, 기독교보다 훨씬 어렵고 긴 과정입니다. 혹시 바울이나 요한 기자가 말하는 물이 그런 데서 영향을 받은 것은 아닐까요?

교수 : 알 수 없지만, 그럴 수도 있지. 고대 종교란 어떤 것도 홀로 우뚝 선 것은 하나도 없네. 모두 교류하며 발전하고 사멸한 것이지. 사탄이 그 예란 것은 이미 생각해 봤네. 발전과 사멸을 결정지은 것은 그 종파에 몸담은 사람들의 내적 변화의 힘이었네. 그것이 기독교가 로마 제국의 공인 종교가 된 한 측면이지. 그전까지 초기 기독교는 대개 중생한 사람들의 공동체였다고 볼 수 있으니까. 그러다가 제도 종교가 된 후부터 크게 후퇴한 것이지.

6

신학생 : 예수는 "성령으로 태어난 사람은 다 바람과 같다."라고 했는데, 실로 절묘한 비유라는 생각이 듭니다. 그런데 여기에서는 물을 말하지 않는데요?

교수 : 그렇지. 그렇다면 물은 요한 기자가 덧붙인 것이지. 예수는 바람을 자유의 상징으로 말한 것이네. "바람은 불고 싶은 데로 붑니다. 당신은 그 소리를 듣지만, 어디에서 와서 어디로 가는지는 모릅니다." 바람이 불어 뺨을 스치거나 나뭇잎이 움직이는 것을 보고 어디에서 와서 어디로 가는지 아는 것처럼, 사람이 하나님의 영을 통하여 다시 태어난 것은 겉으로 드러난 인격과 태도와 존재 방식과 삶을 보고 알 수 있다는 말이지.

신학생 : 예수는 그것을 "땅의 일", 곧 사람에게 반드시 일어나야 할 일이라고 말합니다. 인간 혁명이야말로 인간의 사명입니다. 그렇지 않으면, 동물적 존재로 살다가

가고 마니까요. 이어 예수는 "하늘의 일"을 "모세의 구리 뱀" 이야기에 견주어, "인자"인 자신의 십자가와 영광의 승화를 암시하고, 그것을 "믿는 사람마다 영생을 얻는" 길이라고 말합니다. 따라서 믿음은 하나님을 통하여 다시 태어난 것을 의미할 수밖에 없습니다.

교수 : 그렇지. 신약성서에서 믿음, 곧 신앙은 오늘날 우리가 말하는 식이 아니네. 앞서도 말했듯이, 신약성서가 말하는 신앙이란 전인의 철저한 변화를 가리키지. 단지 예수 그리스도를 대상화하여 믿는다는 것이 아니네. 신앙은 내적 혁명과 예수를 따르는 것을 말하네. 이 둘이 아니라면, 전혀 신앙이 아니지. 이런 식의 신앙 이해가 기독교를 세상의 포로가 되게 하는 길이네. 그러니 교회에 다닌다고 해서 신앙이 있는 게 아니지.

신학생 : 그런데 요한복음 3장 16절~21까지는 누구 말인지 대단히 모호합니다. 번역본마다 다릅니다. 어디는 예수의 말로 표시하고, 어디는 요한 기자의 말로 봅니다.

교수 : 문맥을 잘 살피면 알 수 있네. 그것은 요한 가지의 말이지, 예수의 말일 수 없네. 31~36절도 요한 기자의 말이지. 옛날엔 문장 부호가 없었기에, 그런 일이 생기는 것이지.

신학생 : 니고데모 이야기는, 사람이 다시 태어나야만 하나님의 나라에 들어간다는 것, 곧 새로운 존재(new being)가 되어 지금 영생을 산다는 것이니, 다시 태어나는 것은 진리를 깨닫는다는 말과 같은 뜻으로 봐도 될 것입니다.

교수 : 그렇지. 다시 태어났는데 진리를 깨닫지 못할 수 없고(완전치는 못하더라도), 진리를 깨달은 사람은 다시 태어난 것이니, 새로운 존재가 된 것이지. 그런 사람만이

세상에 있어도 세상에 속하지 않고, 이 땅에 하나님의 나라를 세우는 일에 참여하며 살 것이네. 그런 사람이 제자, 그리스도인이지.

7

신학생 : 이제 '**삭개오**' 이야기를 해볼까요?

교수 : 아니, 그 전에 중요한 이야기를 하나 빼놓은 게 있는 것 같은데?

신학생 : 그런가요? 그러고 보니, '**사마리아 여인**' 이야기를 미처 생각하지 못했네요. 이것도 니고데모 이야기만큼 심오한 이야기입니다(요 4:1~42).

교수 : 그렇지. 그것은 대단히 심오하면서도 충격적인 이야기이지. 세상의 모든 종교를 근본에서부터 뒤흔드는 이야기이니까.

신학생 : 그러고 보면, 니고데모 이야기 바로 뒤에 사마리아 여인 이야기를 놓은 요한 기자의 편집 솜씨가 대단히 탁월한 것으로 보입니다.

교수 : 그렇지. 연이어 인간 혁명과 새로운 존재, 곧 하나님의 다스림(나라) 이야기를 하니까. 그런데 사실 요한복음은 처음부터 끝까지 그런 식의 이야기를 전개하고 있네. 예수를 통해서 내적 혁명을 이룬 새로운 존재로 변형되어 하나님의 다스림 안에서 살면서, 이 땅에 하나님의 나라를 심으며 살아가는 제자·그리스도인의 길을 말하지. 그래서 요한복음에서 역사적 예수를 묻는 것은 오히려 우문(愚問)이지. 중요한 것은 인간이 성령의 감화를 통해 진리를 깨달아 새로운 존재로 변형되어야 한다는 것이네.

신학생 : 사마리아인들의 역사를 이해하기 위해서는 예수 때로부터 근 750년 전으로 돌아가야 합니다. 제가 간략히 정리해보겠습니다.

통일 이스라엘 왕국(사울~다윗~솔로몬 3대)은 솔로몬 사후 남북으로 분단됩니다(기원전 931년경). 솔로몬의 학정(虐政) 때문이었지요(왕상 3~12장). 40년간 통치한 솔로몬은 20년 동안, 각종 건축 공사와 경제 부흥을 일궈냈지요. 성전과 궁궐과 정부 청사, 요새, 도로, 군대 강화, 중계 무역, 농업 혁명 등이 그 내용입니다.

그런데 그 과정에서 솔로몬은 자기가 속한 유다와 레위 지파는 빼고, 북쪽의 10 지파를 노예처럼 강제 동원합니다. 이스라엘은 야훼 하나님의 자유민이고, 야훼 신앙으로 하나 된 연합 공동체 민족입니다. 그러니 솔로몬은 하나님의 이름으로 자유민을 노예처럼 부린 이스라엘의 파라오가 된 것이었지요. 그 후 20년 동안은 황음방탕(荒淫放蕩)하게 지냅니다.

그런 솔로몬이 죽자마자 북쪽의 10개 지파가 그 아들의 등극을 놓고 항거하며 타협안을 제시합니다. 솔로몬 같은 강제 동원 정치를 하지 말라는 지극히 이스라엘다운 것이었지요. 그런데 그의 아들 르호보암이 거부합니다. 그리하여 결국에 북쪽 9개 지파가 새로운 왕을 세워 갈라져 나가고, 베냐민 지파는 유다 지파와 함께 로호보암을 따릅니다. 그리하여 민족 분단이 일어나, 이스라엘은 북이스라엘과 남 유다로 나뉩니다.

그런데 후일 유다 왕국의 요시야 왕 시대에 역사가들이 민족의 역사를 쓰면서(열왕기), 북이스라엘을 "반역한 족속"으로 규정합니다(왕상 12장). 그러나 그것은 반역이 아니라 솔로몬과 그의 아들이 자초하고 만들어낸 일이었지요. 따라서 이스라엘이라는 하나님의 백성을 반역한 것은 솔로몬과 그 아들 정권이지, 북이스라엘을 구성한 지파들이 아닙니다.

기원전 721년, 북이스라엘은 아시리아 제국에게 멸망합니다. 아시리아는 백성 대부분을 포로로 잡아가 메소포타미아 일대 여러 지역에 분산시키고, 농부만 얼마 남겨놓은 그 땅에는 자기들이 정복한 타민족을 강제 이주시켜 농사를 지으며 살게 합니다. 그러니 자연 수백 년이 흐르면서 이민족과 혼혈이 되었지요. 기원전 586년, 남 유다는 바빌로니아 제국에게 멸망하고 포로가 됩니다(바빌론 포로기). 그러다가 기원전 539년 바빌로니아 제국을 정복한 페르시아의 키루스 2세(고레스)가 바빌로니아의 포로로 살던 모든 민족에게 해방령을 내려 조국으로 돌아가게 하여, 유대인들도 귀환합니다.

일은 그때부터 벌어졌습니다. 유대인들이 성전을 재건할 때 사마리아 유대인들도 참여하겠다고 했지만, 귀환한 유대인들은 단호히 거절합니다. 이유는 단 하나, 그들이 피가 더러워진 혼혈 종자, 곧 순수한 유대인이 아니라는 것이지요. 우습게도 '순혈주의와 인종주의'를 내세운 것입니다. 그들을 "사마리아인"이라 부르며 멸시 천대했습니다. 그 후 사마리아인들은 "그리심" 산에 따로 성전을 짓습니다. 그때부터 유대인들은 유대와 갈릴리를 오갈 때면 중간의 사마리아 땅은 밟지도 않았지요. 그것이 예수 시대까지 이어졌던 것이고요.

그런데 바빌론 포로 대부분은 유다 왕실과 제사장과 학자 등, 사회 지도층 후손입니다. 그러니 그들이야말로 나라를 망쳐놓아 민족에 씻을 수 없는 죄악을 저지른 자들입니다. 게다가 그들의 피 역시 순수한 것이 아닙니다. 에스라기와 느헤미야기에도 나오듯이, 포로 시대에 유대 땅에 살던 유대인들의 피 역시 더러워진 상태였지요. 심지어 포로에서 귀환한 자들의 후손 제사장들도 이방인 권력자들과 사돈을 맺은 일이 허다했습니다.]

이런 역사가 사마리아 여인 이야기를 이해하는 배경입니다. 이것을 보면, 종교의 배타성이야말로 자기모순과 부조리 그 자체라 하겠어요. 용서와 화해, 사랑과 자비를 통한 일치와 조화와 평화를 도모해야 할 종교가 오히려 사소한 이유로 적대관계를 만들어, 세월이 아무리 흘러도 완고한 고집을 피우며 정통성만 내세우는 것은 자기 배신이라 하겠습니다.

교수 : 잘 정리했네. 그러니 예수가 파격적이라는 것이지. 그런 민족주의적 편견과 악습과 그릇된 종교적 전통의 상징이 되어버린 사마리아 지역을 그냥 자유롭게 지나 다녔으니까. 예수에게는 그런 편견 자체가 없었지. 오히려 일부러 그런 편견의 장벽을 깨뜨리려고 의도적으로 행동한 것이네.

신학생 : 그래서 누가복음은 성격이 불같은 "야고보와 요한"이 사마리아인들이 자기들을 맞아들이지 않는다고 저주하며, 하늘에서 불을 내려 태워버리자고 하자, 분노한 예수가 그들을 책망하는 이야기(9:51~56), 선한 사마리아 사람 이야기(10:25~37), 치유 받은 열 명의 문둥병 환자 가운데 사마리아 사람만 돌아와서 감사한 이야기를 싣고 있습니다(17:11~19).

교수 : 그렇지. 예수의 하나님 나라는 인간이면 누구나 들어가는 새로운 세상이니까. 게다가 소외된 사람들은 더욱 그러하지. 민족주의니 정통종교니 하는 편견과 차별과 장벽, 인종적이거나 사회적인 우월감은 하나님의 나라에 크나큰 걸림돌이 되고 마네.

신학생 : 그러니 예수가 그렇게도 심오한 구원과 생명의 진리를, 사마리아 사람, 그것도 다섯 번의 이혼과 여섯 번째의 동거생활로 가정사가 복잡하기 이를 데 없어, 마을에서조차 따돌림을 받아 소외된 비천한 여인과 이야기를 나누며 드러냈다는 것은 진실로 파격이 아닐 수 없지요. 그런 만큼 이 이야기에서 나온 예수의 말은 더욱 빛나고 혁명적입니다.

교수 : 그렇지. 사실 요한복음은 처음부터 끝까지 파격과 충격의 연속이지. 겉으로 잘 드러나지 않지만, 세밀히 읽어보면 모든 것이 선뜻 받아들이기 어려운 충격적인 가르침과 파격적인 행동이네. 지금도 기독교인들에게 여전히 파격과 충격과 혁명이지.

8

신학생: 요한복음은 이원론이나 영지주의의 요소를 다분히 내포하면서도, 그 혐의를 피하기 위한 문학적 작업을 자주 시도합니다. 예를 들면, 말씀이 육신(Sarx, 고깃덩어리)이 되었다는 것(1:14), 잔칫집에서 먹고 마셨다는 것(2:1~11), 피로하고 목말랐다는 것(4:6), 십자가에 달려 죽었다는 것 등입니다(19:17~27).

교수 : 그렇지. 요한복음을 영적인 책으로만 아는 사람은 뭘 모르는 것이지. 요한복음은 육체를 무시하지 않네. 시종일관 영혼의 자유, 곧 성령을 통하여 진리를 깨달아 참된 자유인이 되어야 한다는 것을 말하네. 그것이 지금 하나님의 다스림(나라) 안에 들어가, 이 땅에 하나님의 나라를 세우며 살아가는 참된 삶이라는 뜻이지. 그래서 시종일관 중심을 영과 진리와 생명에 두는 것이네. 사마리아 여인 이야기도 이것이지.

신학생 : 그렇습니다. 밤낮 먹고 마시고 입고 사는 것이야, 당연한 일이지요. 그러나 인간이 그런 일차원적인 삶에 머물러 사는 것은 동물과 같은 수준일 뿐입니다. 현대 생물학자들은 현대인을 바라보면서, "인간의 얼굴을 한 원숭이"라는 자조적인 한탄이 다분한 용어를 쓰기까지 합니다(데스먼드 모리스-털 없는 원숭이; 인간 동물원). 씁쓸한 일이지요.

교수 : 타락이 그것이네. 인간이 인간답게 살지 못하고 동물적으로 사는 것이 타락이지, 죄악을 저질러야만 타락한 것이 아니네. 타락(墮落)이란 말 자체가 '떨어지고 또

떨어진 것'을 말하니까(영어 fall도 떨어진 것), 인간이 인간의 자리와 위치에서 동물의 차원으로 떨어져, 밤낮 먹고 마시고 입고 나대는 것만 추구하며 살아가는 것이 타락이지. 그래서 20세기 실존주의 철학자 'J. P. 사르트르'는 "인간은 구토가 나는 지옥이다."라고까지 말했네(구토).

신학생 : 그런 점에서 예수는 대단히 과격한 말을 했지요. "죽은 사람들을 장사하는 일은 죽은 사람들에게 맡겨두고, 너는 가서 하나님 나라를 전하라."(눅 9:60) 이것은 예수가 어떤 젊은이에게서 진리의 그릇이 될 만하다 보고 자기를 따르라고 말하니까, 그가 아버지가 돌아가셔서 장례를 치른 후에 따르겠다고 할 때 한 말입니다. 예수는 엄연히 살아 있는 사람들을 죽은 사람들이라고 하는데, 그것도 하나님을 믿는 유대인들에게 말입니다.

교수 : 니고데모 이야기에서 말한 것처럼, 다시 태어나지 못한 사람들을 말하는 것이지. 예수는 분명히 유대인들을 가리킨 것이니까, 내면 혁명이 없는 거죽만의 피상적이고 형식적인 신앙생활은 믿지 않는 사람들처럼 이미 죽어서 사는 것이나 마찬가지라는 뜻에서 한 말이네. 실로 무서운 말이지. 사실 이런 말이 요한복음 매장마다 나오네.

9

신학생 : 예수 일행은 유대에서 갈릴리로 가면서 사마리아를 그냥 통과합니다. "수가" 마을에 이르렀을 때, 예수는 지치고 피로하고 목이 말라 물을 찾습니다. 그런데 우물에 두레박이 없습니다. 아마 물을 길 때마다 가지고 다녔는가 봅니다. 그래서 하는 수 없어 잠시 쉬는데, 한 사마리아 여인이 두레박과 물동이를 안고 옵니다. 제자들 몇은 음식을 사러 동네에 갔고, 한둘은 남아 있었던 것 같습니다. 그래서 이 이야기가 전

해지게 된 것이지요.

그녀는 예수 일행이 유대인들임을 알아보고, 눈길 하나 주지 않습니다. 예수는 그 여인에게 물 좀 달라고 청합니다. 그러자 그녀는 퉁명스럽게 대꾸하지요. "선생님은 유대인인데, 어떻게 사마리아 여자인 나에게 물을 달라고 하시나요?" 딴 데 가서 알아보라는 말이지요.

그러자 예수는 그녀의 호기심을 자극하여 끌어들입니다. 그녀가 하나님의 선물이 어떤 것인지, 또 자기가 누군지를 알았다면, 도리어 자기에게 물을 청했을 것이고, 그녀에게 생수를 주었을 것이라고 말합니다. 그녀가 생수라는 말에 이끌리면서 비로소 대화가 이루어집니다. 다른 것은 생략하고, 이야기의 핵심인 예수가 주는 영생의 샘물을 마시는 사람은 영원히 목마르지 않는다는 것과 종교 문제를 생각해보는 게 좋겠습니다.

교수: 요한 기자의 강조점은 예수야말로 그리스도이고, 영생의 샘물이라는 것이네. 그러니 여기에서 '물'은 이중의 상징으로 쓰인 것으로 볼 수 있지. 하나는 인간에게 필요한 음식이나 옷이나 집이나 돈이나 물건 등 소유의 상징으로, 이런 것을 아무리 먹고 마시고 누리고 자랑한들, 인간의 근원적인 목마름이나 배고픔이나 갈망은 해결되는 게 아니라는 것이지.

그것으로 충분하다고 생각한다면, 앞서 이야기한 것같이, 그야말로 인간은 그저 먹고 마시고 입고 나대고 싸다가 병들고 처량하게 죽는 동물일 뿐이지. 그런 사람이야말로 진정한 유물론자이네. 그러니 이 이야기는 형식적인 기독교인을 포함하여, 거의 다 자본주의 유물론자가 되어버린 현대인에게 치명적인 고발이고 엄청난 규탄인 셈이지.

다른 하나는 물은 인간의 근원적인 목마름이나 배고픔이나 갈망을 해결해주는 진리의 상징이네. 곧, 하나님, 그리스도, 진리를 가리키는 것이지. 인간은 육이지만, 육만은 아니지. 말이야 많지만, 인간에게는 영·영혼·정신·마음이 있네. 앞서 말한 하나님의 형상도 이것이지. 그것 때문에 인간이 인간인 것이 아닌가? 인간은 영물(靈物)이네. 그래서 인간은 눈에 뵈는 형이하학적인 것만 추구하며 만족할 수 없지. 그것은 동물적인 삶이니까. 영혼은 형이상학적 먹거리와 형식이 필요하네. 예수는 그것을 영생의 샘물이라고 말한 것이지.

그러니까 예수 그리스도라는 물, 그가 주는 가르침의 물은 영혼의 양식이란 것이네. 그래서 깨달음을 말하는 것이지. 아무리 하나님, 예수 그리스도, 성령, 진리를 믿는다고 해도, 깨달음을 통하여 내 영혼과 인격과 삶의 영원한 생수와 밥이 되게 하지 않으면 아무 소용이 없으니까. 그래서 요한복음이 빛의 자녀가 되어 살라고 말하며(12:36), 그런 사람은 지금 이 순간 여기에서 이미 "죽음에서 생명으로 옮겨간 것"이라고 선포하는 것이네(5:24).

10

신학생 : 앞에서 이야기한 대로, 사마리아 사람들이 그리심 산 성전에서, 유대인들이 시온 산 예루살렘 성전에서 각기 예배를 드리는 관행은 멸망과 포로시대라는 민족적 비극이 만들어낸 오랜 종교적 적대관계 때문이었습니다. 본디 하나의 종교가 둘로 갈라져 그렇게 오랜 적대 상태를 해결하지 못했으니, 도대체 종교란 게 무엇인가요?

교수 : 기독교는 안 그런가? 내가 볼 때, 그 모든 게 권세와 영광과 영화를 소유하려는 사제들(성직자들)의 세속적이고 정치적인 야망 때문이네. 무슨 종교 때문이겠는가? 곧, 종교를 세속화하고 정치화하여 타락하게 만든 자들이 벌이는 짓이지. 이것

은 모든 종교의 역사에서 볼 수 있네. 그래서 이제는 종교가 없어져야 세상이 평화롭게 된다는 극언이 나오는 것도 이해할 만하지. 요새는 학문의 각 방면에서 기독교 비판 서적이 줄줄이 나오고 있는데, 종교학자는 물론 생물학자나 사회학자까지 나서지.

신학생 : 저는 티베트 불교 수장인 '달라이 라마'가 "종교를 넘어"라는 책에서, 종교가 없는 세상을 말하는 것을 보고 무척 놀랐습니다. 그분도 뭔가를 본 것 같습니다.

교수 : 그것은 불교만 아니라, 미신과 우상숭배의 차원으로 떨어져 세속화된 모든 종교의 현실 때문일 것이네. 이미 2천 수백 년 전에 이스라엘 예언자들이 그것을 규탄하지 않았던가? 종교란 궁극적 실재나 진리를 가르쳐 인간을 깨워 인간답게 되도록 이끄는 길인데, 엉뚱하게 욕심 채우려는 시도로 전락해버린 것이 종교의 역사이고 현실이니까.

기독교도 마찬가지이지. 주로 유럽과 미국 학자들이 전개하는 기독교를 비롯한 종교에 대한 비판은 세 방향으로 정리할 수 있네. 어떤 생물학자는 19세기 독일 철학자 'L. 포이어바흐'의 뒤를 이어, 종교는 탐욕과 무지와 어리석음에 빠진 인간이 자기의 갈망과 야망을 성취하기 위하여, 그것을 저 하늘·신에게 투사한 망상이라고 하면서, 기독교 자체를 거부하지.

어떤 사회학자는 기독교가 왕성한 사회와 거의 사라진 사회를 사회학적으로 비교하면서, 종교적인 나라라고 해서 좋은 나라가 아니며, 비종교적인 나라라고 해서 나쁜 나라가 아니라는 것을 현실적 수치를 통해서 증명하네. 일례로 미국과 중남미 국가들과 서유럽 사회가 그렇다는 것이지. 기독교가 왕성한 미국과 중남미 국가들은 불평등과 범죄율과 부정부패가 말할 수 없이 크지. 그런데 서유럽 국가들은 기독교가 거의 다 무너졌지만, 세상에서 가장 도덕적이고 살기 좋고 평등하고 복지가 발달한 안정된 사회라는 것이지.

어떤 종교학자는 예수의 가르침을 그대로 밝히면서 기독교의 그릇된 행태를 비판하는데, 아무도 반박할 수 없네. 공관복음이든 요한복음이든, 기독교가 예수의 가르침에서 얼마나 멀리 벗어났는가는 기독교인인 우리가 더 잘 알고 있네. 물론 이조차도 성서와 기독교의 역사와 현실에 대한 냉철하고 정직한 지성과 양심의 통찰이 있어야 하지. 전에도 말한 바와 같이, 사람이 역사적 예수든 신앙의 그리스도든, 진실한 심정을 다해 예수 그리스도를 신뢰하고 따르면, 반드시 내적 혁명을 통한 중생을 이루고 새로운 존재가 되네. 그런 사람은 예수의 가르침대로 살려고 애쓰지, 미신과 우상숭배로 떨어지지 않지.

신학생 : 특히 독일 신학자 본회퍼 목사는 이미 1940년대에 기독교 시대의 종언을 고하지 않았습니까? 그의 책은 역사적 예수의 가르침과 삶에 서서, 기독교라는 '종교'를 무척이나 깊게 비판합니다. 산상수훈을 강론한 "나를 따르라", 교회론인 "신도의 공동생활, 성도의 교제", 옥중 서신인 "저항과 복종"이 그런 책인데, 그는 기독교를 종교가 아니라고 합니다.

교수 : 그렇지.

신학생 : 기독교는 종교가 아니라는 그의 말은 지금도 대단히 충격적입니다. 그런데 저는 그의 말이 구약성서 예언자들과 예수의 가르침에서 나온 것으로 봅니다.

교수 : 그렇지. 그는 그것을 환기하고 경고한 것이네. 예언자들과 예수의 사상에 따르면, 유대교는 이른바 종교가 아니라 "길"이네(히-데렉/Derek). 비록 예언자들이 종교를 정의하지는 않았지만, 그들의 말을 들어보면, 본디 모세 종교는 윤리적 삶의 길

로 주어진 것이네. 그래서 예레미야는 "옛길, 가장 좋은 길"이라 했지(6:16). 모세 종교의 율법이나 성전은 길이네. 예레미야 시대에 나온 신명기도 시종일관 모세 종교를 길이라고 말하지. 그것은 이스라엘 민족이라는 인간들이 하나님 앞에서, 하나님과 함께 걸어가는 길이네. 예수도 길이라고 하지 않는가? 좁은 길(마 7:13~14)! 반석 위에 집을 짓는 것과 모래 위에 집을 짓는 비유도 길 이야기이지(마 7:24~27). "나는 길"이라는 말도 그러하고(요 14:6).

신학생 : 그러면 종교라는 것을 어떻게 생각해야 하나요?

교수 : 예언자들과 예수의 가르침이 그것이네. 예언자마다 당대의 '바알' 종교를 규탄했지. 바알 종교는 다산과 풍요와 성공과 소유와 안전과 안락만 추구하는 것이 전부이기에, 인간 구원의 진리나 의나 정의나 사랑과 자비 같은 숭고한 사상이나 도덕과 윤리가 아예 없네. 그저 유물론적 자본주의 종교일 뿐이지. 야훼의 길이 그것에 포로가 되었기에, 예언자들이 야훼의 길이 종교화된 것을 규탄한 것이네. 요즘 말로 종교란 기복주의이니까.

더 나아가 예수가 그녀에게 그리심 성전도 예루살렘 성전도 아닌, 아무 데서나 "영이신 하나님"을 깊이 의식하며 "영혼과 진실을 다해 예배드려야 할 때가 왔다."라고 한 말은 지금도 충격적이고 받아들이지 못하지. 왜냐면 하나님을 성전에서 해방하여 이제부터는 성전이 필요 없다는 말이니까! 그런데 기독교는 유대교보다 더한 성전 종교와 제도 종교가 되어 지금까지 내려온 게 아닌가!

그리고 예수는 "나더러 주님, 주님 하는 자들"을 말하네(마 7:21). 그들은 예수의 이름으로 예언(설교)하고 귀신을 쫓아내고 기적을 보이지만, 예수는 그들을 "불법"을 드러내는 악당이라고 물리치지(마 7:22~23). 왜 그런가? 예수의 '길'을 자기네 권세와 부와 명예를 위한 '종교'로 변질시켜 이용할 뿐이니까. 그러니 예수에 따르면, 종교는 하나님과 진리를 배신하고 남은 찌꺼기인 셈이지. 예수가 하나님의 뜻을 행하는 사람이 하나님의 나라에 들어간다고 할 때, 하나님의 뜻이 뭔가? 바로 하나님의 길이지. 뜻과 길은 같은 말이네.

신학생 : 전에 말한 것처럼, 미가 예언자가 압축해서 말한 것이 하나님의 길이고, 예수의 길입니다. 종교가 아니지요. 그는 **"하나님이 요구하시는 착한 일(길)은 공의를 실천하고, 인자(仁慈, 자비)를 사랑하고, 겸손히 하나님과 함께 행하는 것"**이라고 말합니다(미 6:8). 이것은 이른바 종교가 아니지요.

교수 : 그렇지. 그래서 본회퍼도 '기독교의 비-종교화'를 주창한 것이네. 기독교는 비종교가 될 때만 진정한 종교, 곧 예수의 길일 수 있다는 말이지. 미가 예언자의 말과 예수의 가르침은 한 치도 다른 게 없네. 그런데도 알아듣는 종교인들이 거의 없네!

신학생 : 어떻든 예수가 그 여인에게 생수가 되어 준 것은 위대한 사랑이라 하겠습니다.

교수 : 그렇게도 심오한 진리를 보잘것없는 여인을 존엄한 존재로 대우하며 말한 것이야말로 예수의 참모습이네. 분명히 사마리아 사람들은 예수 이후 제자 공동체에 합류했을 걸세. 사도행전 8:4~25의 사마리아 선교 이야기는 그것을 전제하고 있다고 보아야겠지.

11

신학생 : 이제 **삭개오 이야기**를 생각하고 마쳐야 하겠습니다(눅 19:1~10). 또 같은

말을 쓸 수밖에 없는데, 이것도 충격적입니다. 여기에는 예수가 삭개오를 향하여 이래라저래라 한 말 자체가 없고, 마지막에 그의 구원을 선포한 것뿐입니다. 그래서 이것은 하나님의 나라에 스스로 걸어 들어간 사람의 이야기이지요. 분명 그간 전해 들은 예수의 소문이 그에게 큰 역할을 했을 것입니다. 그래도 스스로 새로운 인간이 된 것은 무척 놀라운 일입니다.

교수 : 그렇지. 더 상상의 나래를 펼치면, 삭개오는 예수가 자기 집에 들어오지 않았다 해도 그런 결심을 실천했을 것이네. 이것은 상상력을 발휘하여, 마치 하나의 영화 장면처럼 생각해봐야 전모가 확연히 풀리네. 문맥을 잘 읽어보면, 그는 예수를 만나지 않았더라도, 재산을 나눠주고 새롭게 살려는 결심을 실천했을 것이네. 왜냐면 예수는 그에게 어떤 말도 하지 않았기 때문이지. 따라서 그는 자기 같은 세리들을 친구처럼 대우하며 사랑을 나누고 새로운 삶으로 인도한 예수의 인격에 감화받아서 그런 것으로 보아야 하지.

신학생 : 그러니 삭개오는 이미 사회 환원을 결심하고 예수를 만난 것으로 보아야겠기에, 그의 이야기가 더욱 놀랍고 충격적입니다. 제가 그렇게 보는 것은 상상력을 통해 이야기의 앞머리를 생각하기 때문입니다.

교수 : 그런가? 어떤 상상인지 들어보겠네.

신학생 : 그는 여리고 세관장이고 부자입니다. 그런데 누가 기자는 유달리 그가 난쟁이 정도로 지나치게 작은 사람이라고 콕 찍어 말하지요. 요즘으로 말하면, 신장이 140cm 정도였을 겁니다. 그래서 여기에 무슨 깊은 의도가 깔려 있다고 봅니다. 부자라는 말은 세관장으로 지낸 결과를 말한 것이기에 중요하지 않습니다.

전에도 세리들을 말하면서 생각해본 것이지만, 세리는 유대인들이 친 로마파 분자요, 민족 배반자로 규정하고 조롱하고 욕하고 저주한 부류이지요. 바리새파 율법에 따르면 성전에도 들어갈 수 없고, 제물이나 헌금도 할 수 없었지요. 그러니 세리는 어쩔 수 없이 먹고살려고 한 직업입니다. 로마도 강제로 세리를 만들지는 않았을 테니까요.

따라서 세관장의 지위에 오른 삭개오도 말단 세리부터 시작하여 승승장구한 끝에 그 자리에 오른 것이겠지요. 세리들은 로마에 바쳐야 할 정한 세금 외에, 로마가 기꺼이 눈감아 준 덕분에 거짓말을 하여 착취했지요. 그러니 유난히 작은 삭개오가 세리가 된 것은 그 때문에 어린 시절부터 말할 수 없이 큰 조롱과 모욕과 따돌림을 받으며 성장한 탓에 사회적 복수심에 불타올라 택한 것이라고 보아야 하고, 그 일을 누구보다도 열성적으로 해낸 것으로 파악해야 합니다. 그렇게 삭개오는 그야말로 누구보다도 잔혹한 세리, 민족 배반자의 앞잡이가 되었던 것이지요. 따라서 그에 대한 유대인들의 반발도 그의 행태에 비례했겠지요.

그렇게 젊은 시절을 다 보내고, 이제 세관장 자리도 머지않아 은퇴를 앞둔 시점이라고 본다면, 그에게 친구나 이웃이란 그저 같은 세리들뿐입니다. 게다가 자칫하면 독립운동 비밀결사체인 '젤롯파'에게 암살될 수도 있었지요. 그런데 그렇게 모질고 악착스럽게 살아온 그도 어느덧 '사람'이 그리워지기 시작한 것이지요. 서서히 양심이 살아나기 시작한 것입니다. 내일 죽는다 해도 사람답게 살다가 죽고 싶은 마음이었겠지요. 여리고에 사람은 많았으나, 그에게는 사람이 없었으니까요. 그렇게 양심의 고뇌에 파묻혀 살다가, 예수의 소문도 들으면서 더욱 깊은 슬픔과 허무감과 고통에 시달렸을 것입니다.

그래서 어느 날 큰 결심을 한 것이지요. '그래, 예수라는 양반의 얼굴을 한 번이라도 보고 사람답게 살다가 죽자!' 이런 마음이었을 겁니다. 그것은 그간 악랄하게 벌어들인 재산의 사회 환원일 수밖에 없었고요. 그래야 '사람'을 얻을 수 있을 테니까요. 그래서 그가 여느 어른들도 하지 않는 무화과나무에 올라간 것이고요. 작은 몸에 사람들에 가려서 앞으로 나갈 수 없었는데, 그런데도 어른이고 신분이 높은 사회적 명사인 그가 수치를 무릅쓰며 그렇게 한 것이기에, 그만큼 그의 단호한 결심을 충분히 보여줍니다.

그러니 그는 예수가 집에 들르지 않았다 하더라도, 그렇게 했을 것입니다. 그런데 전혀 예상하지도 않았는데, 뜻밖에도 예수가 집에 머물겠다고 말하니, 신이 나서 앞서간 것이지요. 그리고 예수는 그에게 어떤 말도 하지 않았는데, 식사 전인지 후인지는 몰라도, 일어나 결심을 밝힌 것이지요. 그래서 예수도 그에게 구원이 이르렀고, 그도 아브라함의 자손이라고 선언한 것입니다. 물론 그는 예수가 떠난 후에 그대로 했을 것입니다.

교수 : 듣고 보니, 훌륭한 상상력이네! 인간 혁명은 반드시 누굴 만나서 되는 일이 아니라, 자기 결심으로도 가능한 것이니까. 물론 하나님은 그런 결심을 기꺼이 받아주시는 분이지. '베네딕투스'가 영적 감화를 받아 부와 환락가의 생활을 결별하고 위대한 수도사가 된 것과 같은 일이지. 오랜 고뇌의 밤을 지새우는 사람은 반드시 하늘의 응답을 받을 날이 오네. 탈출구, 곧 예수의 하나님 나라는 언제나 열려 있으니까. 문제는 허무와 죽음에 직면한 인간이 스스로 욕심과 무지와 어리석음과 집착의 고리를 끊을 결심을 하느냐는데 있지.

신학생 : 예수를 깎아내린 것 같아서 죄송한 마음이지만, 전혀 그런 말이 아닙니다.

교수: 알고 있으니, 걱정하지 말게나. 예수는 한 번도 내가 너를 구원한 것이라고 말한 적 없네. 어떤 신학자도 말하지 못한 것을 들었네. 사실 복음서는 상상력을 많이 동원해야만 실감할 수 있는 사건으로 가득하지. 그러니 신학에 문학적 상상력이 무척 소

중한 것이네. 글자 대로만 믿어야 하는 게 아니니까.

신학생 : 그래서 예수는 볼수록 더 새롭게 보입니다. 우리 평범한 머리들이 잴 분이 아니지요. '조셉 돈더스'라는 미국 가톨릭 신학자는 "예수, 그 낯선 분"이란 책에서, 우리가 모르는 예수를 잘 드러냈습니다.

교수 : 그렇지. 골로새서 저자도 예수 그리스도를 "모든 지혜와 지식의 보화가 감추어져 있는 분"이라고 말했지(골 2:3). 지금도 인간이 바다를 제대로 알지 못하듯이, 예수는 심해(深海)와 같다 하겠네. 아무리 알아도 더 모르는 바가 많지. 중요한 것은 예수 그리스도를 실존적으로 만나 진리를 깨달아 중생하고 인간 혁명을 이룩하여 자유로운 존재가 되어, 하나님의 다스림 안에서 살아가는 것이네. 참으로 예수의 하나님 나라는 새롭고 자유로운 존재가 이루어나가는 새로운 삶과 새로운 세계이니까.

신학생 : 한 인간의 일생을 결정짓는 중차대한 전환점은 본인의 실존적 고뇌와 하늘의 자비로운 틈입(闖入)이 맞부딪쳐서 일어나는 불꽃이라 할까요? 인간의 절절한 갈망 없는 하늘의 틈입 없고, 하늘의 틈입 없는 인간의 갈망은 허탈과 좌절로 끝납니다. 성서는 하나님을 인간의 실존적 고뇌의 갈망에 응답하시는 분으로 말합니다. "나는 나를 사랑하는 사람을 사랑하며, 나를 간절히 찾는 사람을 만나 준다."(잠언 8:17).

교수 : 그래서 예수가 구하고 찾고 문을 두드리라면서(마 7:7), "위에서" 주셔야 한다고 말한 것이네(요 19:11). 땅과 하늘의 맞부딪침이 인간 혁명의 사건을 만들어내는 길이지. 삭개오에 대한 자네의 상상력을 들으면서, 나는 아브라함도 오랜 고뇌의 시간 끝에 하나님을 만나게 된 것이라고 보네. 아무 일 없었는데, 갑자기 하나님이 쳐들어오신 게 아니지.

기독교가 세상이 얼마나 변했는지도 모르고, 여전히 예수 그리스도를 저 하늘 위 보좌에 앉혀 놓고 숭배하는 한, 인류의 희망은 물론이거니와 세상을 구원하지도 못할 것이네. 세상의 섬이 되고 말겠지. 기독교는 지금이라도 예수의 목소리를 확실히 듣고 따라야 하네.

10장
예수와 정치·경제·종교

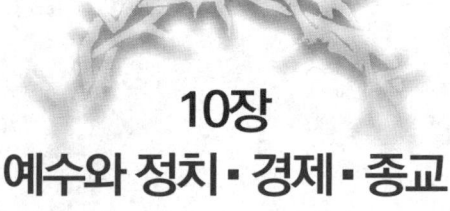

10장
예수와 정치·경제·종교

1

신학생 : 오늘은 '예수와 정치, 경제, 종교'에 관한 이야기를 하는 시간입니다. 그런데 문제는 복음서에 정치와 경제에 관한 이야기는 별로 없고, 종교 이야기가 대세라는 것입니다. 그래서 예수를 마치 종교개혁자인 양 오해하게 됩니다. 그러나 하나님의 나라에 관한 예수의 가르침과 행동에는 인간적이고 신성한 정치와 경제 질서에 관한 이야기를 유추해볼 수 있는 것이 많습니다. 그래서 그런 것까지 끌어모아 생각해봐야 할 것 같습니다.

교수 : 우리는 한 가지 사실을 전제해야 하네. 그것은 예수가 정치와 경제와 관련된 문제를 많이 이야기했다는 것이지. 예수의 십자가 처형은 단지 종교적인 이유로만 빚어진 사건이 아니네. 그것은 예수가 기존의 정치와 경제와 종교 전체를 문제 삼고 비판하고 전복하며 분명한 대안(代案, alternative)을 제시하며 활동한 결과, 기존 세계와 기득권을 유지하려는 세력과 충돌하여 발생한 일이니까 말이네.

곧, 예수의 하나님 나라 운동은 정치와 경제와 종교는 물론, 세상의 모든 것을 근본에서부터 다시금 이해하고 판단하고 측정하고 재설정하고 변혁하여, 이 세상에 신성하고 인간적인 질서를 세우려는 것이지. 그런 까닭에 예수의 하나님 나라 운동은 '새로운 인류 문화의 창조'라는 거대한 차원에서 보아야 한다는 것이네. 다만 예수는 군사적 폭력과 정치적 강제에 의한 사회 혁명을 주창하지는 않았지. 그랬다면 혁명운동가 집단인 '젤롯파'와 다를 게 없네. 그러나 예수의 하나님 나라 운동은 기존 세상의 모든 질서와 관행에 근본적인 의문을 제기하고, 본래 세상에서 이루어져야 마땅한 인간적 질서와 신적 질서를 세우려고 한 것이기에, 힘에 의한 혁명보다 더 뿌리 깊고 영구한 혁명이지.

그래서 또 전제하고 넘어가야 할 것은 먼저 복음서는 로마 제국의 식민지가 된 정치적 억압 상황 속에서 작성된 것이라는 사실이네. 예수의 재판 과정에서 드러난 공관복음 기자들의 '로마 건드리지 않기'는 눈에 띌 정도이지. 그래서 어느 정도 유화책을 쓰며 로마 제국을 대표하는 빌라도의 책임을 완화하려고 한 것이네.

또 다른 전제는 현재 복음서는 서기 313년 로마의 기독교 공인 이후 어느 시점에 재편집하고 확정된 것이라는 사실이네. 그 전에 나온 원본이나 사본은 전혀 없지. 최초의 사본인 '레닌그라드 사본'조차도 서기 5세기 중반 것이지. 그렇기에 본래 복음서 기자들이 그랬든, 후대 편집자들이 그랬든, 로마 제국과 타협하는 가운데서 기존에 있었던 예수의 정치와 경제에 관한 과격한 말들을 생략하거나 완화했을 것으로 봐야 하네.

그래도 정치와 경제에 관한 예수의 말과 행동을 보면, 과격한 혁명성이 고스란히 담겨 있지. 이런 것은 복음서에서 유추할 수 있네. 예를 들어 예수를 고발하고 넘겨준 제사장들과 바리새파가 재판하는 빌라도에게 예수의 과격하고 도전적인 말과 행동, 그리고 예수가 자기를 왕이라고 했다고 고발하면서, 황제를 반역한 예수를 놓아주면 황제 폐하의 충신이 아니라고 겁박하며 압력을 가했네(요 19:12).

요한복음이 기록된 서기 90년대는 로마 제국의 기독교 박해가 본격적으로 시작된 시기였네. 특히 예루살렘을 정복한 '티투스'(나중에 아버지 '베스파시아누스'를 이어 황제가 됨)의 동생인 '도미티아누스' 황제의 박해가 유명하지(재위 81~96년). 그는 젊은 시절에 일어난 유대인들의 반란인 "유대 전쟁"(66~70년)을 잘 알고 있었기에(일부는 73년까지 사해 부근 마사다 요새에서 저항하다가 집단 자살), 유대교인이든 그리스도교인이든 팔레스티나에서 나온 종교 운동을 정치적 저항 세력으로 단정하고 박해했지.

신학생 : 어쨌든 우리가 가진 예수 자료는 복음서 뿐이기에, 지나친 유추 해석은 금물일 것이지만, 그래도 그 자료를 깊고 넓게 이해하는 가운데서 예수의 정치과 경제와 종교에 관한 말을 생각해보아야 하겠습니다.

교수 : 답답한 일이지만, 어쩔 수 없는 일이지.

신학생 : 정치와 경제와 종교, 이것은 세상을 떠받치는 세 개의 기둥이라고 보는데요. 이 세 가지를 관통하는 예수의 말을 어떤 것으로 생각하십니까?

교수 : 좋은 질문이네. 누가복음에 이런 말이 있네. **"나는 세상에다가 불을 지르러 왔다. 불이 이미 붙었으면, 내가 바랄 것이 무엇이 더 있겠는가? …나는 세상에 평화를 주러 온 것이 아니라 분열을 일으키러 왔다."**(눅 12:49~53) 그런데 마태는 분열이 아니라 "칼을 주려고 왔다."라고 하지(마 10:34). 그래서 무엇이 본래 예수의 말인지 알 수 없게 되었네만, 불이든 칼이든 분열이든, 그것은 선명한 혁명성을 가리키지.

예수의 말은 이렇게 생각하는 것이 좋겠네. **'나는 세상의 불이다! 나는 세상의 칼이다!'** 세상의 불이든 세상에 불을 지르든, 세상의 칼이든, 그것은 기존 세상의 모든 더럽고 부패하고 잘못된 것들을 속속들이 드러내 잘라내 불태워버리고(분열을 일으키고), 새로운 세상을 실현하려고 한다는 선언이네. 참으로 과격하지만, 역사적 예수의 발언으로 생각할 수 있지. 사람들이 예수를 "예레미야 같은 예언자"라고 했으니

(마 16:14), 예레미야의 말을 들어보는 게 좋겠네. "내 말은 맹렬하게 타는 불이다. 바위를 부수는 망치이다."(렘 23:29) 물론 이것은 하나님의 말로 나오지만, 예레미야의 말이라고 보는 것이 좋겠네.

신학생 : 예언자들의 말과 삶도 세상을 갈라놓았지요. 그러니 예수의 하나님 나라 운동은 어쩔 수 없이 사람을 갈라놓게 된다는 말이겠네요?

교수 : 그렇지. 그러나 그것은 예수가 자의적으로 하는 것이 아니라, 하나님의 나라 앞에서 사람들이 스스로 찬(贊)과 반(反)으로 갈라지는 것이지. 예를 들어 예수가 "세리와 창녀들이 오히려 너희(제사장들과 바리새파와 장로들)보다 먼저 하나님의 나라에 들어간다."라고 말한 것이 그것이네(마 21:31). 왜냐면 세리들과 창녀들은 예수의 하나님 나라를 받아들였지만, 지도층은 반대했으니까. 왜 그렇게 될까?

신학생 : 반대하는 자들도 예수의 하나님 나라가 어떤 세상인지 알았기 때문이 아닐까요?

교수 : 모를 수가 없지. 예수는 하나님의 나라가 인간 혁명, 자유, 평등, 박애(사랑, 자비)가 살아 숨 쉬는 현실이 된 새로운 세상이라고 말하고 직접 보여주며 살았으니까. 한 가지 재미있는 사실은 기독교를 세상에서 박멸하려고 했던 1789년 프랑스 대혁명 세력이 "자유와 평등과 박애"를 자기네 표어와 목적으로 천명했다는 것인데, 이것이야말로 사실 예수의 하나님 나라 운동의 핵심이지. 물론 그들의 자유란 정치적인 것에 한정된 것이었지만….

신학생 : 하나님의 나라가 그처럼 좋은 세상인데, 왜 싫어하고 반대할까요?

교수 : 그야 빤한 것이지, 다른 이유가 있겠나? 술이나 마약 중독자처럼, 갖가지 기득권과 소유와 세상의 영광과 영화라는 '단물'에 단단히 중독된 때문이지. 그런 사람들은 비록 신이 사람으로 나타난다고 해도 죽여 버릴 것이네! 이것이 바로 요한복음의 예수 이야기이지.

그러니 우리는 좋은 일이라고 해서, 항상 세상이 수용할 것이란 생각부터 버려야 하네. 하나님의 나라보다 좋은 게 어디 있는가? 그래서 나는 자발적으로 과거의 부끄러운 자기를 탈출하고 새사람이 된 삭개오를 '하나의 현상'(現象, phenomenon), 곧 '삭개오 현상'이라 말하네. 삭개오 현상이 많이 나타나는 사회가 좋은 사회라는 것은 말할 것도 없지. 물론 성령을 통하여 진리를 깨닫고 다시 태어난다면, 그런 일은 자주 일어나네. 초기 교회의 모습이 그렇지(행 2:43~47). 간혹 우리 사회에서도 그런 사람이 나타나네.

신학생 : 저는 정치와 경제와 종교에 관한 예수의 전체적인 생각을 드러내는 말은 마태복음 7:12에 나오는 '황금률'(The Golden Rule)이라고 보는데요. **"그러므로 너희는 무엇이든지 남에게 대접을 받고자 하는 대로, 너희도 남을 대접하여라. 이것이 율법과 예언서의 본뜻이다."** 어떻게 생각하십니까?

교수 : 그렇게 볼 수 있지. 20세기 유대인 철학자 '마르틴 부버'의 말과 같이(나와 너), 나와 너의 관계는 인간과 세상의 영원한 형식이고, 무엇보다 정치와 경제와 종교야말로 이러한 관계에서 이루어지는 것이니까. 부버의 말은, 인간의 삶은 정치라는 것이네. 왜냐면 정치는 관계의 문제이니까. 정치는 통치자·지도자와 백성·국민 사이, 그리고 모든 인간 사이의 근원적인 형식이네. 인간은 아무도 홀로 살 수 없으니까, 어떤 방면에서든 인간을 억압하고 차별하고 착취하고 멸시하는 것은 세상을 파괴하는 학정(虐政)이고 폭력이지.

따라서 모든 이가 존엄성을 인정받고, 서로 사랑하며 자유롭고 평등하고 신성하고 인간적인 세상인 하나님 나라를 이 땅에 이룩하려는 것이 예수의 뜻이니까, 예수에게 중요한 것은 일체의 욕심으로부터 근원적으로 해방되고 자유롭게 된 사람이 드러내는 타자(他者)에 대한 대접이지. 그것이 율법과 예언서, 곧 구약성서 전체의 가르침이지, 다른 게 아니거든. 그러한 타자에 대한 대접이나 존중이나 이해가 가장 현실적으로 펼쳐져야 하는 것이 바로 정치와 경제와 종교의 마당이네. 사람의 욕망이나 소망은 대개 비슷하지 않은가? 내가 그러면 남도 그런 것이니, 남에게 대접을 받고자 하는 대로 남을 대접하는 것이 행복하고 평화로운 세상의 길인 것은 틀림없지.

2

신학생 : 그러면 이제 정치와 경제와 종교에 관한 예수의 가르침을 순서대로 생각해 보도록 하지요. 그에 관한 예수의 가르침은 크게 직접적인 것과 간접적인 것 두 가지로 구별된다고 봅니다. 물론 직접적인 가르침은 주로 종교에 관한 것이고, 정치와 경제에 관한 직접적인 가르침은 매우 적습니다. 먼저 **정치**에 관한 것부터 생각해보지요.

교수 : 정치와 경제는 분리할 수 없네. 먼저 정치에 대한 **직접적 가르침**부터 생각해 보고, 간접적 가르침은 유추하는 방식이 적절하겠네. 예수는 갈릴리 영주인 '헤롯 안티파스'를 비판하여 "여우"라고 말하지(눅 13:31~32). 아마 '여우 새끼'라고 했을 것이네. 예수는 그러고도 남지. 여우라는 말은 교활하고 폭력적이고 잔혹한 정치가를 집적 비판한 말이기에, 예수의 정치 비판을 읽을 수 있네.

안티파스는 자기 아버지 헤롯 대왕의 별장이 있던 갈릴리의 '세포리스'를 도성으로 삼고, 궁궐과 관공서와 세관, 그리스식 경기장과 공연장 등을 건설하면서 민중의 고혈을 빨아먹었네. 그런 이유로 세포리스에서 젤롯파의 민중 폭동과 방화사태가 일어나

열세에 몰린 헤롯은 로마 군대에 지원을 요청하여, 혁명 투사들은 물론 시민들까지 마구잡이로 체포하여 3천여 명이나 십자가에 매달고 진압했네(서기 10년~15년 사이).

세포리스는 예수의 고향인 나사렛에서 가까운 곳이었기에, 10대 중후반의 예수가 목수와 석공인 아버지 요셉을 따라 자주 드나들었을 것이고, 어쩌면 예수의 아버지 요셉도 그때 얽혀서 희생된 것인지도 모르네. 그 후 안티파스는 로마 황제 '티베리우스'에게 아첨하려고, 갈릴리호숫가에 그의 이름을 딴 새로운 도성 '티베리아스'를 건설하고 옮겼지(서기 18년). 다시금 민중을 가혹하게 쥐어짜 먹은 것이지. 그는 정치를 백성을 정복하는 미치광이 정치(征癡)로 안 영주라네. 그러니 그런 자에게 여우라고 한 것도 점잖은 말이지.

신학생 : 그런데 예언자 요한을 죽인 헤롯이 예수는 가만두었는데, 왜 그랬을까요?

교수 : 두 가지 이유로 볼 수 있을 것이네. 다시금 티베리아스에서 젤롯파의 폭동이 일어난다면, 더는 로마가 귀여워하지 않았을 테니까, 그것을 더 두려워한 것일 테지. 다른 하나는 예수의 하나님 나라 운동을 따르는 민중 세력이 예언자 요한보다 더 컸기 때문이라고 볼 수 있네. 요한은 광야에서 은둔하며 주로 침례만 베풀었으니까, 따르는 세력이 별로 없었지. 헤롯이 요한을 죽였을 때 민중 폭동이 일어나지 않은 것도 그 때문이었다고 볼 수 있네. 민중은 요한에게서 침례만 받았지, 따른 것은 아니었으니까.

물론 민중 세력도 예수의 하나님 나라 운동을 이해해서 따른 것은 아니네. 예수가 숱한 병자를 치유하고 기적을 일으키며 메시지를 선포하고 이야기를 들려주고, 사랑과 자비를 드러내며 위로와 희망을 안겨주기에, 요한보다 더 강력한 예언자가 나타났다고 믿었기 때문이라고 봐야겠네. 그것은 예수가 사람들이 자기를 누구라고 하더냐고 물었을 때, 제자들이 한 대답에서 유추해볼 수 있는데, 엘리야와 예레미야 예언자의 이름이 나오네(마 16:13~14). 더 나아가 민중은 예수를 메시아로 보기도 했지.

신학생 : 그러니 헤롯 안티파스에게 '여우 새끼'라고 말할 정도였으니, 민중의 편에서 하나님의 나라 운동을 전개한 예수가 역시 정치 비판도 많이 했을 것이라고 봐야 할 것입니다. 비록 복음서에는 없지만 말입니다.

교수 : 그럴 수 있지.

신학생 : 시야를 좁혀서 이야기해보지요. 야고보와 요한이 예수가 예루살렘에 가면 왕으로 등극할 것으로 오해하고 어머니의 치맛바람을 앞세워, 각기 오른편과 왼편에 앉게 해달라고 로비를 하지요(막 10:35~45). 가관입니다. 예수의 고독이 절절히 묻어나는 장면입니다. 하여튼 엄마들은 좋은 점이 많으나, 자식의 출세 욕심이라면 눈이 멀 때도 많아요! 2024년 우리나라 초중고 학원 교육비가 18조 원을 넘었다고 합니다. 그 돈에 좀 더 보태면, 대학교 등록금을 전부 무료로 할 수 있지 않을까요? 하여튼 망국적 현상입니다. 도대체 초중고는 있어서 뭘 합니까? 이것은 그대로 인구 격감으로도 이어지고 있지요. 모두 부분만 보고, 전체는 보려고도 하지 않는 것 같습니다.

교수 : 중생하지 못한 사람들의 특성이니, 엄마니 여성이니 콕 집어 말할 것도 없지.

신학생 : 그런데 두 제자의 행태를 본 다른 제자들이 분개했다는 말이 나오는 것을 보면, 그들도 속은 똑같았다는 말이 아닙니까?

교수 : 그렇지. 마가복음은 그것이 베드로가 예수를 그리스도라고 말한 일 뒤에 일어난 일로 보도하니까(막 8:27~30), 제자들은 이미 예수를 메시아로 보았을 테니, 각자 꿍꿍이가 있었던 것이 틀림없지. 예수를 따르면 장차 새로운 다윗 대왕과 같은 메

시아의 나라가 이루어진다고 보았을 테니, 자기들의 공적에 따라 장관 자리가 주어질 것이라고 여긴 것이겠지. 예수와 제자들 마음과 생각의 거리가 얼마나 멀었던가? 그런 오합지졸을 데리고 하나님의 나라 운동을 전개한 것이니, 예수가 "내가 얼마나 괴로움을 당하는지 모른다."라는 말을 한 것이지(눅 12:50). 예수는 세상보다는 제자들로 인해서 겪은 슬픔과 고통이 훨씬 더 컸을 것이네. 아무리 가르치고 본을 보여도 도무지 우이독경(牛耳讀經)이었으니까. 차라리 세리들과 창녀들이 나았지! 이것이 바로 중생하지 못한 인간들의 영원한 특성이네.

신학생 : 그래서 예수는 그들을 불러 가까이 오게 한 후, 책망의 어조로 말합니다. "너희가 아는 대로, 이방 사람들을 다스린다고 자처하는 사람들은 백성들을 마구 내리누르고, 고관들은 백성들에게 세도를 부린다. 그러나 너희끼리는 그렇게 해서는 안 된다. 너희 가운데서 누구든지 크게 되고자 하는 사람은 섬기는 사람이 되어야 하고, 으뜸이 되고자 하는 사람은 모든 사람의 종이 되어야 한다. 나는 섬김을 받으러 온 것이 아니라 섬기러 왔다." 바로 여기에서 정치에 대한 예수의 직접적 비판이 나옵니다. '이방 사람들을 다스린다고 자처하는 사람들'은 분명 로마인들이니까요.

교수 : 그렇지. 그들의 정치 행태를 억압과 착취와 군림과 세도를 부리는 것으로 말하니까, 로마 제국의 억압과 착취의 정치에 대한 비판이네. 여기에서 예수는 정치를 백성을 섬기는 일이라고 말하네. 제자들에게만 하는 말이 아니지. 그러면서 예수는 단호하게 자기의 정치를 섬김이라고 말하네(넓게 보면, 삶이 정치니까). 섬김을 전문으로 하는 사람은 종이지. 그러니 예수는 자기를 세상의 종으로 선언한 것이지. 그것이 또한 제자와 그리스도인의 길이고….

따라서 예수의 하나님 나라는 세상의 정치와 전혀 반대되는 새로운 정치 현실이니까, '신성하고 인간적인 정치', 섬김의 자세로 하는 새로운 정치 질서라고 할 수 있네.

섬김의 정치야말로 예수의 모든 정치 비판과 대안 제시라고 할 수 있으니, 다른 말들이 많다 하더라도 다 거기에 속하는 것으로 보면 될 것이네.

더 나아가 넓게 보면, 방금 한국의 엄마들 이야기처럼, 예수의 말은 인간의 타락한 본성에 대한 사실적이고 보편적인 비판이지. 타락한 자들이 정치하니까, 정치가 타락하는 것이지, 다른 이유는 없네. 이것은 미국 신학자 '라인홀드 니버'가 "도덕적 인간과 비도덕적 사회"에서 분석한 통찰이네. 멀쩡한 인간도 부도덕한 정치판이나 사회에 뛰어들면 같이 타락해버리는 비극적인 세상의 모습을 말한 것이지. 예수가 정치의 요체를 **'종의 정치, 섬김의 정치'**라고 말한 것은 동서고금에서 거의 찾아볼 수 없는 정치관이라 할 수 있네. 그것이 하나님 나라의 정치적 측면이지.

신학생 : 민주주의의 영원한 아버지요 표상인 'A. 링컨' 대통령의 평전에서 읽은 이야기입니다(에밀 루트비히-A. 링컨의 생애). 그분이야말로 정치를 종의 섬김으로 이해하고 실천한 위대한 정치인입니다. 대통령에 당선된 링컨이 국방부 장관에 '에드윈 스텐턴'을 임명하려고 하자, 참모들이 모두 반대했지요. 그는 공화당원 링컨의 반대파인 민주당 소속 국회의원으로, "링컨에 대통령이 되는 것은 국가적 재난"이라는 말을 퍼부은 사람이었지요. 그러나 링컨은 그의 능력을 보고 임명합니다. 결국에 링컨의 노예 해방선언으로 남북 갈등과 대립을 넘어 전쟁이 터지자, 스텐턴의 지휘 아래 승리로 이끕니다.

정적에 대한 편견이나 배타나 미움은 당연히 쉬운 길이지요. 내 당보다 반대당에 능력 있는 인물이 있다면, 나라를 생각하여 기용하는 것은 어렵지만 위대한 일입니다. 그래서 링컨이 위대한 정치인이요 지도자이지요. 링컨이 암살되자, 스텐텐은 관 옆에서 이렇게 말했답니다. "여기 세계 역사상 유례없는 위대한 대통령이 누워 있다!" 실로 링컨은 우리 세종대왕만 한 위대한 정치인이었다고 하겠습니다.

교수 : 좋은 이야기를 해주어 고맙네. 그런데 세계의 정치인들이 그런 인물을 본받으려고 할 줄 모르니, 답답한 노릇이지. 반대당이나 정적을 깎아내리는 데만 혈안인 자들은 아예 정치하면 안 되네. 나라 생각은 전혀 없으니까. 나는 영국 여왕이 죽고 아들이 왕으로 등극하는데, 140억 원에 가까운 많은 돈을 펑펑 쓰는 것을 보고, 지도층이라는 인간들을 향한 서글픔과 분노만 느꼈네. 이 21세기 대명천지에도 인간들은 아무것도 하는 일 없는 형식적인 왕 제도를 유지하고 보전하니, 얼마나 원시적이란 말인가? 그러니 좋은 세상이 오기는 아예 틀린 것이라고도 할 수 있네.

신학생 : 공연히 링컨 이야기를 해서 선생님 심기만 불편하게 해드린 것 같습니다. 다시 본론으로 들어가지요. 누가복음에 같은 일을 두 번 기록한 것이 나옵니다 (9:46~48, 22:24~27). 제자들이 우리 가운데서 누가 큰 사람인가 하고 다툰 일이지요. 역시 예수가 예루살렘에 가면 메시아 왕으로 등극할 것으로 보고 저지른 사태입니다. 전자는 갈릴리에서 예루살렘을 향하여 가던 길에서 일어난 일인데, 그 직전에 예수는 두 번째로 수난과 죽음을 예고하기에 더욱 어이없는 일이었지요. 그런데 후자는 경악스럽게도 체포와 수난을 코앞에 둔 마지막 식사자리에서 벌어진 일입니다. 기가 막힐 노릇이지요. 그렇게도 예수와 제자들의 마음과 생각의 차이가 컸습니다.

교수 : 사실 예수의 하나님 나라는 이해하기도 쉽고 어렵기도 하네. 어떤 욕심 없이 있는 그대로 보면, 얼마나 이해하기 쉬운가? 초등학생을 앉혀 놓고 해도 감동할 것이네. '홍길동' 이야기를 듣고 감동하지 않을 초등학생이 있겠나? 초등학생들도 모든 인간이 평등하게 먹고 마시며, 서로 사랑하고 행복하고 평화롭게 사는 세상을 이해하고 좋아하네. 그런데 욕심이나 기득권이 개입되는 순간, 그보다 예수의 하나님 나라를 이해하기 어려운 것도 없지.

제자들의 행태는 기독교 2천 년 역사나 오늘에도 여전히 버젓이 벌어지고 있는 일이네. 그만큼 예수를 통해서 인간 혁명을 이룩한 자들이 적다는 뜻이니 씁쓸할 뿐이지. 전에 자네가 말한 '한스 큉'의 역사책 "그리스도교"에 나오는 중세 가톨릭 부분을 읽으면 참담하다는 말밖에는 할 게 없네. 그렇다고 갈라져 나온 개신교도 나았다고 말할 수도 없지.

3

신학생 : 이제 제가 뽑은 정치에 대한 **간접적 가르침**을 생각해보지요. '악마의 유혹을 거절한 이야기(마 4:4:8~10), 온유한 사람과 평화를 이루는 사람(마 5:4.9), 보복하지 말고 뺨과 옷을 내주고 길을 걸어가 주라는 말과 하나님처럼 사람을 사랑하라는 말(마 5:38~48), 타인을 심판하지 말라는 말(마 7:1~5), 거짓 예언자들이나 신앙인들에 대한 비판과 경고(마 7:15~23), 마태가 베푼 잔치에 참석한 세리들과 죄인들의 식사(막 2:13~17), 참된 가족에 대한 말(막 3:31~35), 풍랑을 다스린 이야기(막 4:35~41), 오병이어 사건(막 9:10~17; 요 6:1~14), 어린이처럼 되라는 말(막 10:13~16)' 등을 꼽을 수 있겠습니다.

교수 : 잘 정리했네. 인간의 삶이란 게 본디 정치적 형식이지. 집안에서조차도 그러하고. 관계라는 말이 정치이지, 무슨 다른 말이겠는가? 관계와 정치를 관통하는 원리는 하나이니까 말이네. 요컨대 정치란 타자와 어떤 관계를 맺는가 하는 것이네. 그러니 예수는 인생을 관계의 정치로 파악한 것이라고 봐도 되겠지. 그것이 크든 작든 문제가 아니네. 타자를 존귀하고 인간적으로 대우하는 것이니까 말이네. 그러니 예수가 풍랑을 다스린 이야기조차도 정치적 상징으로 볼 수 있지. 정치란 인간과 세상을 고통의 도가니로 만드는 무질서를 다스리는 것이니까 말이네.

신학생 : 악마의 유혹은 무력과 권위로 지배하고 영광과 명성을 탐하는 독재 정치

를 하라는 것으로, 하나님 나라와 대척점에 있는 것이기에 예수가 거부한 것이지요. 예수가 말하는 종의 정치와 섬김의 정치란 '나는 죽어도 너는 살아라.' 하는 말이 아닐까요? 그런 정치를 하는데, 어찌 나라가 융성하고 평화롭지 않을 리 있겠습니까?

교수 : 그것이 온유한 사람과 평화를 이루는 사람이지. 온유는 시편 37:11에서 인용한 것으로, 겸손이네. 겸손하고 온유한 종의 정치, 섬김의 정치는 평화를 이룬다는 것으로, 자아(自我, Ego)라는 욕심 덩어리를 추구하는 일이 없다는 뜻이지. 실로 어려운 일이네. 그러니 정치인들부터 다시 태어나야 하지. 기독교 정치인이라고 중생한 게 아니네.

신학생 : 보복 금지와 뺨과 옷과 길을 기꺼이 내주고 가라는 말이나, 선인이나 악인, 의인이나 불의한 사람을 가리지 않고 햇빛과 비를 내려주시는 하나님처럼 사람을 무차별적으로 사랑하라는 말은 실로 경악스럽고 경탄스럽습니다. 인간으로서는 거의 불가능한 일이니까요. 그러니 이조차도 다시 태어나는 내적 혁명을 전제해야 할 것으로 보입니다.

교수 : 그래서 우리가 복음서를 통전적으로 읽으며 예수의 사상을 헤아려야 한다는 것이네. 단편적으로 분리하여 읽으면, 억지와 과장과 불가능한 말의 나열로 보여 전혀 현실성이 없지. 분리하여 읽으면, 삿된 마음으로 타인을 심판하지 말라고 한 예수가 마을과 사람을 저주하고 비난하고 심판한 것을 어떻게 조화시키겠는가? 그러니 예수의 모든 가르침을 관통하는 것, 곧 하나님의 나라 사상을 통하여 다른 말을 들여다보고 생각해야 하네.

신학생 : 그것이 먼저 중생(重生), 곧 성령의 감화를 통하여 진리를 깨달아 다시 태어나는 인간 혁명이지요?

교수 : 그렇지. 그래서 거짓 예언자들과 종교 지도자들과 신앙인들에 대한 비판과 경고를 한 것이지. 이런 자들은 내적 혁명을 모르는 사람들이지. 종교를 그저 자기 탐욕과 이익을 위한 수단으로 보고 이용하니까 말이네. 그런 자들은 동서고금 어느 종교에서나 활개 치지. 그래서 세상을 구원한다는 종교가 세상을 악마의 포로가 되게 하는 것이네.

신학생 : 마태가 베푼 잔치에 참석한 세리들과 죄인들의 식사 이야기를 정치적 측면에서 살펴보는 것은 그것이 정치의 핵심인 인간관계에 관한 진실을 말하기 때문입니다. 세상에 귀하지 않은 인간은 없으니까요. 그래서 하는 말인데, 옛날 임금들이 변복하고 시장에 나가 백성의 삶을 살펴보기도 했다는 이야기는 퍽 낭만적이면서도 정치의 요체가 무엇인지를 보여주는 일 같습니다.

교수 : 그렇지. 대통령이든 국회의원이든, 정치가들은 늘 국민의 목소리와 생활, 공평한 언론의 말을 귀담아듣고 봐야지. 정치의 정사(正邪)를 판별하는 기준과 척도라 할 것은 나라와 사회의 가장 밑바닥에 있는 사람들의 삶을 보살피는 것이네. 부자들을 위한 정치는 저절로 되는 것이지. 부자들만 살맛 나는 나라라면, 파국은 멀지 않네. 역사는 무서운 것이네! 가장 소외된 계층의 인간적 대우와 의식주 문제를 해결하는 것이 정치의 핵심이지.

신학생 : 그런 점에서 참된 가족에 대한 말이 의미심장하게 다가옵니다. 하나님의 뜻을 실천하는 사람은 내 부모와 형제와 자매라는 말은 종교, 인종, 국적, 사상, 남녀노소를 가리지 않는 광대한 차원을 통섭하는 말이라고 봅니다. 예수는 유대교, 더구나 그때는 없었던 기독교에 국한하여 말한 것이 아니니까요.

교수 : 그렇지. 여기에서 핵심은 하나님의 뜻이라는 말이네. 예수는 히브리 성서(구

약성서)를 가리킨 것이니까, 거기에서 하나님의 뜻을 찾아봐야지. 앞서 말한 것처럼, 미가 예언자의 말이 그 요약이지(6:8). "하나님이 요구하시는 착한 일(길)은 공의를 실천하고, 인자(仁慈, 자비)를 사랑하고, 겸손히 하나님과 함께 행하는 것이다."

신앙조차도 '나(인간)와 너(신)'가 맺는 관계의 형식이네. 공의는 의, 곧 하나님과 맺는 올바르고 친밀하고 심오한 관계이지(창 15:6). 다른 말로 하면, 사람이 하나님과 진실한 신앙과 사랑의 관계를 맺는 것이네. 그러니까 내적 혁명, 곧 중생을 통한 인간 혁명이지. 중생을 예수와 신약성서만 말한다고 생각하는 것은 큰 오해라네. 중생하지 않고서 어떻게 의의 관계를 맺겠는가? 그런 사람만이 사랑과 겸손을 통해서 살아가지.

신학생 : 그렇습니다. 대개 예수의 가르침은 구약성서의 본질과 핵심을 드러내면서도, 새롭게 해석한 의미를 독특하게 표현한 것으로 보겠습니다. 하나하나 따져보면, 그 기원을 구약성서에 두지 않은 것이 없지요. 물론 요한복음은 그 성격이 전혀 다르지요.

교수 : 그러나 예수의 독특성과 위대성은 실천적 삶이지. 메시지만 가르친 것이 아니니까. 그 어떤 예언자나 현자나 시인도 예수처럼 살았던 인물은 하나도 없네. 그래서 요한복음이 예수를 말씀(하나님, 진리)이 사람이 되신 분(육화/肉化, 1:14), 길과 진리와 생명이라고 말하는 것이지(14:6). 요컨대 예수를 보는 것은 하나님의 다스림(나라) 안에서 사는 사람을 보는 것이네. 곧, 하나님이 사람으로 세상에 와서 산다면 정확히 예수처럼 산다는 말이지.

신학생 : 요한복음은 오병이어 이야기를 표징이라고 하지요.

교수 : 그것이야말로 가장 가난하고 소외된 백성을 보듬고 돌보며 위로와 희망을 주

며 편안하게 하는 정치적 경제, 경제적 정치에 관한 것을 보여준다고 하겠네. 그것이 "민생(民生)"을 살피는 정치이지(맹자가 처음 쓴 말). 그래서 중국 사람들도 백성이 배부르게 먹고 마시며 배를 두드리는 '요임금'의 정치를 이상으로 보는 것이지(격양가·擊壤歌). 그러면 임금이 누군지, 국회의원이 누군지 알게 뭔가? 자기를 알아주고 드러내기를 바라는 마음을 품은 자들은 절대로 정치를 하면 안 되네. '노자'도 최상의 정치를 "백성이 그저 왕이 있다는 것만 아는 것"이라고 하며(下知有之), 가까이하거나 칭송하거나(親而譽之) 두려워하거나(畏之) 업신여기고 모욕하는(侮之) 순서로 나쁜 정치라고 말하지(도덕경 17장).

신학생 : 그러니 어린이처럼 되라는 말이 압권이라 하겠습니다. 이것은 단지 인격이나 도덕에 그칠 말이 아닙니다. 어린이가 존중과 사랑을 받게 해주는 것이 정치이니까요. 어린이가 불행한 나라에 무슨 희망이 있겠습니까? 그래서 정치는 경제, 곧 살림살이입니다. 정치가 무능하면 곧바로 경제가 잘못되어, 가장 고통을 겪는 사람이 어린이이니까요.

교수 : 세상 어느 민족에게서나 볼 수 있는 이상향(理想鄉)이란 것은 비슷하네. 정치적 자유와 경제적 평등이 이루어져 인간다운 삶이 실현된 세상이지, 무슨 다른 게 있겠는가?

4

신학생 : 이번에는 **경제**로 넘어가지요. **직접적 가르침**은 '돈에 대한 것(마 6:19~21.24), 먹고 마시고 입는 문제(마 6:25~34), 풍년이 들어 창고를 더 짓고 혼자 즐기려다가 그 날 밤 급사한 어리석은 부자 이야기(눅 12:16~21), 포도원 일꾼 이야기(마 20:1~16), 부자 청년 이야기(막 10:17~27)' 등입니다.

교수 : 재산(보물)을 땅에 쌓지 말고 하늘에 쌓으라는 말, 사람은 하나님과 재물(재물의 신, 맘몬·Mammon)을 아울러 섬길 수 없다는 말은 경제생활 문제에 대한 예수의 명쾌한 가르침이네. 마태복음에서 하늘은 하나님과 같은 말이니까, 재산을 하나님을 위하여, 곧 인간을 돕는 데 사용하라는 의미로 보면 될 것이네.

"재산이 차고 넘치더라도, 사람의 생명은 거기에 달려 있지 않다."(눅 12:15), "사람이 온 세상을 얻고도 제 목숨을 잃으면 무슨 이득이 있겠느냐?"라는 말도 그런 뜻이지(막 8:36). 여기에서 생명, 목숨을 잃는다는 것은 죽는다는 게 아니라, 인생의 소중하고 아름다운 가치의 상실을 말하네. 엄청난 재산을 차지하여 풍요하게 먹고 마시며 논다 한들, 자유와 사랑이나 덕성을 잃어버리면, 인생에 남은 게 무엇이 있겠는가? 허무와 비참함밖에 없지.

아무도 삶의 원리를 이길 순 없네. 오히려 행복은 아주 사소한 데서 오지. 그러니 예수의 말은 자기만을 위하여 필요 이상의 재물을 축적하는 것을 단호히 반대하는 말로 들어야 할 것이네. 인간은 재산을 위해 존재하는 것이 아니니까. 이것은 일찍 깨달을수록 좋지.

신학생 : 그렇습니다. 우리가 역사책이나 문학을 읽는 것도 그래서지요. 예수가 먹고 마시고 입는 것에 대한 사람들의 걱정을 말하면서, 하늘을 나는 새들과 들판에 핀 백합꽃과 솔로몬의 모든 영화를 예로 든 것도, 자유와 사랑과 덕성 등, 삶의 소중한 가치의 중요성을 말한 것이지요. 그것이 하나님의 나라와 그의 의를 먼저 구하는 삶이니까요(마 6:25~34).

풍년이 들어 창고를 더 널찍하게 짓고 혼자 즐기려고 생각하다가, 그 날 밤 급사한 어리석은 부자 이야기는 부에 대한 저주가 아니라, 탐욕과 쾌락을 인생의 목적인 양 추구하고 고통받는 사람을 외면하는 사람의 자기 파멸의 어리석음을 비판한 것으로 보겠습니다.

그런데 경제에 관한 예수의 가르침에서 가장 눈에 띄는 것은 "포도원 일꾼 이야기"입니다. 흔히 "마지막에 온 이 사람에게도"라는 말로 요약되는 것이지요(존 러스킨-나중에 온 이 사람에게도). 포도원 주인이 인력 시장에 나가서, 한 데나리온 임금을 주기로 약속하고 일꾼들을 데려옵니다. 9시, 12시, 오후 3시, 그리고 5시입니다. 일은 6시에 마칩니다. 그런데 똑같이 줍니다. 그러자 오전 9시에 온 사람들이 오후 5시에 와서 한 시간 일한 사람들을 가리키며 항의하지요. 그러나 주인은 합의한 대로 준 것인데, 어째서 부당하게 한 것이라고 하느냐고 하면서, 마지막 사람에게도 똑같이 주는 것이 자기 뜻이라고 말합니다.

교수 : 이것은 세상의 관행이나 자본주의를 송두리째 뒤집어엎는 가르침이네. 물론 그때는 그런 것이 없었지만, 그렇다 해도 예수가 어떤 의도에서 이런 이야기를 한 것인지를 보아야 하지. 이것은 확실히 예수의 경제사상을 보여주는 이야기이네. 평등한 경제라는 것이지. 왜냐면 예수의 하나님 나라는 부자와 빈자의 차별이 없는 평등한 세상이니까 말이네.

빈부 차별이 있다면, 그것이 어찌 하나님의 나라이겠나? 그러니 예수의 경제사상은 정치사상보다 더 혁명적인 것이네. 지금도 따르는 기독교인은 별로 없지. 오히려 그것을 공산주의나 사회주의라 매도하지. 하긴 공산주의조차도 엉터리였다는 역사와 현실이 증명하는 바이네. 아마 평등한 경제는 인간의 타락한 본성과 이기심 상 불가능할 것이네.

신학생 : 부자 청년 이야기가 그것을 보여줍니다. 그는 도덕적으로 흠이 없는 인물

로서, 예수도 잔뜩 호기심 어린 눈으로 바라보았다고 하니, 그를 제자로 삼을 만한 인물로 여긴 것 같습니다. 영생을 얻는 문제를 물으러 왔다가 재산을 나눠주고 자기를 따르라는 예수의 말에 근심하며 물러나지요. 예수는 그에게 제자가 따라야 할 원칙을 말한 것으로 보겠습니다.

그런데 이 이야기는 초기 기독교에서부터 큰 문제가 된 것이고, 오늘날에도 확연히 해결되지 않은 것입니다. "부자가 하나님의 나라에 들어가는 것보다 낙타가 바늘귀로 지나가는 일이 더 쉽다."라는 예수의 말은 실로 충격적입니다. 그렇다면 교회에는 부자가 절대로 없어야 할 것입니다.

그래서 초기 교부들도 이 문제에 골머리를 앓으며 나름 합리적인 주석을 해왔습니다. 대개 두 가지로 말합니다. 이 경우는 선교에 나서는 제자에 한정되는 것이며 그리스도인 모두에게 해당하는 것은 아니라는 것과 그리스도인은 하나님의 청지기이니까(관리인) 부에 대한 욕심에서 벗어나 할 수 있는 한 이웃을 위해 선용하라는 것입니다.

교수 : 바늘귀는 번역의 오류라네. 바늘이 아니라, 돌담이나 성벽에 낸 가로세로 1m 높이 정도의 작은 문이네. 그 문으로는 낙타 새끼도 들어갈 수 없지. 굳이 주저앉혀 억지로 잡아끌면 들어갈 수 있겠지. 그러니까 불가능하다는 것이 아니라 어렵다는 것이네. 그래서 이어서 "사람에게는 불가능하나, 하나님께는 모든 일이 가능하다."라고 말하는 것이지.

그런데 사실 이 말이 더욱 이해하기 어렵네. 따라서 성서를 참고하는 게 좋겠네. 사도행전에 보면, 부자인 '바나바'가 성령을 체험하고 진리를 깨달은 후, 재산을 전부 바쳐 궁핍한 사람들을 돕는 데 쓰고 선교사가 되지(행 4:36~37). 그러니 하나님께는 모든 일이 가능하다는 말은 성령을 통하여 진리를 깨달아 인간 혁명을 이룩한 사람은 할 수 있는 일이라는 것을 가리키는 것이네. 자기 혁명을 이룩한 사람에게 돈이 무슨 대수겠는가?

신학생 : 전에 말한 '알베르트 슈바이처'가 그렇습니다. 그는 천재형 인간으로, 30세 안에 목사, 신학박사, 교수, 세계적인 오르가니스트(J. S. 바흐 전문 연주자와 연구가), 저술가로 부자와 유명인사가 되었지만(일례로 걸작인 "예수 생애 연구사"는 30세에 출판), 그것이 하나님의 뜻이 아니라는 것을 느끼고는 의사 자격을 획득한 후, 모든 것을 내려놓고 아프리카 가봉으로 떠나 평생 의료 선교를 합니다. 그곳에서 틈틈이 책을 썼지요.

교수 : 그래서 우리가 예수의 가르침을 인간 혁명과 세계 혁명을 아우르는 하나님의 나라 차원에서 전체적으로 생각해야 한다는 것이지. 사람이 변하지 않고서, 어떻게 하나님의 나라를 위해 헌신하겠나? 그래서 우리는 항상 성서를 통전적으로 보아야 하네.

5

신학생 : 경제에 관한 **간접적 가르침**은 '가정이나 소유를 추구하는 마음을 버리는 제자의 길에 관한 말(막 10:29~31; 눅 14:25~27), 돈을 좋아하는 바리새파 비판(눅 16:13~15), 롯의 시대와 그의 아내(눅 17:28~33), 삭개오 이야기(눅 19:1~10)' 등입니다.

그런데 자기만 알며 향락에 빠져 눈앞에 보이는 병들고 궁핍한 이웃을 외면한 부자의 지옥행 이야기도 여기에 속한다고 보는데(눅 16:19~31), 이것은 앞서 말한 어리석은 부자 이야기와는 강조점이 다른 뉘앙스를 풍기는 것 같습니다. 이야기의 후미에

"모세와 예언자들의 말"을 언급하는 것으로 볼 때, 무자비와 불의를 지적하니까요. 사람들은 무자비와 불의가 다른 것으로 알지만, 사실 모세와 예언자들의 말인 구약성서에서 무자비와 불의는 같은 말입니다. 병들고 궁핍한 이웃을 보면서도 자비를 베풀지 않는 것은 곧 하나님 앞에서 불의를 행하는 것이니까요. 악행을 저지르지 않았다고 해서 선하고 의로운 게 아닙니다. 그러고 보면, 이 이야기는 통렬한 사회 비판입니다.

교수 : 그렇지. '제자의 길' 역시 앞서 말한 부자 청년 이야기와 맥락이 잇닿아 있는 것이지. 누가 기자는 마가복음 원본을 조금 변형시켰네. 마가복음은 "제자들"에게 한 말인데, 누가 기자는 "누구든지 내게로 오는 사람"에게 한 말로 바꾸네(눅 14:26). 그런데 누가 기자는, 예수는 자기의 말대로 하지 않는 사람, 십자가를 지고(죽음을 각오하고) 자기를 따르지 않는 사람은 제자가 될 수 없다고 말하기에, 본래 예수의 의도를 드러낸 것이지. 왜냐면 자기를 따르거나 믿거나, 예수는 제자가 되기를 바란 것이지, 단지 자기를 하나의 신앙 대상으로 믿으며 복을 비는 자가 되기를 바란 것이 아니기 때문이지.

이렇게 같은 이야기이지만, 뉘앙스가 매우 다르다네. 그러니 누가복음은 기독교인에게는 충격적인 말이 아닐 수 없지. 마가와 누가 둘을 합해서 보면, 아버지와 어머니, 아내나 자식, 형제자 자매, 논밭(재산)을 버리고, 기꺼이 세상의 반대와 박해를 받고, 자기 목숨도 미워하고 십자가까지 지라는 것인데, 철저한 포기와 복종을 요구한 것이지. 그리고 버린 것의 백 배로 돌려받는 보상과 영원한 생명을 약속하네.

신학생 : 예수가 그렇게 충격적인 말을 통하여 드러낸 의도는 역시 하나님의 나라에 관련하여 생각해야 할 것입니다.

교수 : 예수는 어중이떠중이 군중의 추종을 바란 것이 아니네. 그렇다면 예수 역시

교주(教主)로 전락하고 말지. 제자든 그리스도인이든, 진실로 새로운 인간이 되어(하나님의 다스림) 신성하고 인간적인 세상을 이룩하는데(하나님의 나라) 우선성을 두어야 한다는 말이네(마 6:33). 그러니까 인생관(자기관)과 가치관과 세계관의 혁명이지. 중생이란 이 세 가지 관(觀)의 변화니까. 물론 변화는 계속 성장하면서 다듬어져 가는 것이네(엡 4:11~16). 그것이 먼저 하나님의 나라와 의를 구하는 삶이지. 예수를 믿는다는 것은 예수처럼 하나님의 나라를 위해서 자신을 바치며 따르는 것이니까.

신학생 : 그러면 아브라함의 모리아 산 이야기도 이와 같은 것으로 보아야 하겠습니다.

교수 : 그 이야기는 아브라함에게만 요구한 것이지만, 예수의 말에 대입하여 본다면, 그만 아니라 하나님을 믿는 유대인들이나 그리스도인을 포함하는 것이지. 그렇지 않다면, 그리스도인이 그것을 왜 읽겠는가? 도대체가 성서의 모든 말씀은 오늘의 나에게 하는 말이지, 옛이야기를 들려주려는 것이 아니질 않은가? 성서를 역사책이나 교훈집으로 보는 것이야말로 부덕(不德)하고 패덕(悖德)한 일이네. 교훈집으로라도 본다면 그나마 괜찮은데, 그것도 안 되니까 교회가 망가지는 것이 아니겠는가?

아브라함 이야기는 실제로 어린 자식을 짐승처럼 잡아 죽여서 불태우라는 말이 아니지. 그렇다면 그 하나님 역시 어느 민족의 "몰록·몰렉" 신처럼 되고 말지. 그 신은 자식을 죽여 바치는 몹쓸 종교의 신으로 악명이 높았다네. 열왕기 역사서에 자주 나오는 이야기이네. 그러니 아브라함이 그런 신을 숭배해서 뭘 하겠는가? 그래서 아브라함은 하나님이 번제로 바칠 양을 손수 마련하여 주실 것이라고 말한 것이지.

신학생 : 그렇다면 아브라함은 하나님이 연극을 펼치실 것이라고 본 것인가요?

교수 : 그것도 여러모로 상상의 나래를 펼쳐야 하네. 생각해보게. 아브라함은 하나님을 여느 민족들의 신과는 다른 분으로 믿었네(창 15:6). 그 하나님의 부르심에 인생과 목숨을 걸고 나선 것이지. 그리고 그 하나님은 자식을 얻지 못할 노인네에게 자식을 준다고 약속했지. 그것도 믿었지. 중간에 휘청거리기는 했지만, 그것은 아내의 성화에 못 이겨 한 것이고, 그의 본심은 아니었네. 그러니 아들을 번제로 바치라고 하는 하나님의 명령에 그가 할 수 있는 일이란 그대로 하는 수밖에 아무것도 없었네.

그래서 그 이야기를 "시험"(Testing)이라고 하는 것이지. '해? 말아?' 이런 생각에 산으로 가는 "사흘" 내내 깊고 뼈아픈 고뇌에 빠져 심히 무거운 발걸음이었을 것이네. 그러나 그는 "하나님이 준비해주신다."(야훼·여호와 이레)라고 믿고 그대로 하네. 그래서 그 이야기가 충격이면서 경이로운 것이지. 진정한 신앙의 차원을 드러내니까 말이네. 그러니까 시험은 '이 사람이 아직도 여전히 나를 자식보다 더 사랑하는가? 나를 최우선으로 사랑하는가?' 하는 하나님의 생각 때문에 빚어진 것인데, 그것을 실제로 봐야 직성이 풀리시겠다는 것이지.

그런데 바보 같은 아브라함이 진짜로 칼을 들고 아들을 잡으려니까, 막아서며 수풀에 걸린 양을 발견하게 하신 것이지. 하나님을 향한 사랑은 말이나 형식으로 되는 게 아니라, 실험을 통한 증명이 필요한 일이네! 그런 점에서 신앙은 과학이지. 예수의 말도 이것이네.

신학생 : 우선성! 이것이야말로 성서와 예수가 말하는 참된 신앙이네요. 하나님이나 예수, 또 하나님의 나라보다 더 위에, 앞에 두는 것이 없어야 한다는 뜻이겠습니다. 그런 점에서 성서가 말하는 하나님이나 예수가 바라는 신앙이란 '사랑의 독재와 독점'입니다.

교수 : 그래서 하나님과 예수는 무서운 분이지. 사람을 온통 독차지해야만 직성이 풀리니까. 그것이야 사람도 마찬가지 아닌가?

신학생 : 삭개오 이야기는 전에 했으니까 생략하고요. '돈을 좋아하는 바리새파 비판, 롯의 시대와 그의 아내 이야기' 역시 돈과 재산과 재물에 대한 욕심을 하나님보다 앞세우고 위에 두는 그릇된 신앙인들의 행태를 보여줍니다. 이른바 성공과 돈과 영광과 영화를 위해서 하나님과 예수를 '필요로 하는 것'이지요.

교수 : 그것이 바알 종교의 핵심이지. 기독교인들이 그렇게 되는 것은 아무리 신부와 목사라 할지라도 바알 종교의 사제이지, 다른 게 아니네.

6

신학생 : 마지막으로 **종교**에 관한 가르침을 생각해보지요. 이것은 직접적이거나 간접적인 것을 구별할 필요가 없을 것 같습니다. 네 복음서에 대단히 많이 나오니까요. 앞에서도 자주 말했으니까, 제가 간추려 온 것을 간단히 언급하는 선에서 그쳤으면 합니다.

교수 : 나는 자네의 이야기만 듣겠네.

신학생 : 제가 뭘 아는 게 있다고 그러십니까?

교수 : 아니네. 나는 자네가 알아야 할 것은 거의 알고 있다고 보네. 사실 대학원을 졸업하고 나서 계속 공부하는 것은 대개(大概)를 세부적으로나 아는 일일 뿐이네. 박사도 그렇지, 무슨 새로운 게 있겠는가? 오히려 박사가 되면, 자기 전공에만 파묻혀

전체를 볼 줄 모르고 고집을 부리는 단점과 약점이 생기네. 어디 신학만 알아야 하겠나? 성서와 기독교 신앙에 대한 더 깊은 이해와 전달을 위하여 숱한 학문을 천착하면서 넓게 파고들어야 하지. 신학만 알면, 눈이 나빠지거나 삐게 되네. 그것을 교정해주는 것은 문학이나 역사나 철학이나 과학이지. 성서와 인생과 세상을 깊고 넓게 보는 것이 중요하네.

신학생 : 한가지 궁금한 게 있는데요. 기독교가 말하는 것 같이, 예수는 아무것도 배운 일이 없이 목수와 석공만 하다가, 광야에서 고행 수도한 후 진리를 깨닫고 가르친 것일까요?

교수 : 나는 그렇게 보지 않네. 물론 예수는 종교적 천재이네. 그렇다고 배운 것이 없다고 할 수 없지. '공자'는 "술이부작(述而不作)"이라고 말했네(논어-술이 편). 내려온 옛 학문 전통을 해석하고 주석을 가하지만, 창작하지는 않는다는 것인데, 겸손한 말이지.

우리는 복음서에서 예수가 얼마나 상황에 적합한 성서 지식을 해박하고 심오하게 구사하는지를 보네. 그게 공부 없이 될 일인가? 예수가 사용한 단어와 문장과 비유, 논리와 비판과 논쟁의 능력, 문학적 상상력, 세상과 사물에 대한 세밀한 관찰력 등을 볼 때, 독학했든 누군가로부터 배웠든, 분명히 공부한 이력(履歷)을 보여주네. 예수를 가리켜 "랍비"라고 한 것도 예사(禮辭)의 존칭으로만 볼 수 없지. 물론 예수가 랍비 대학교 졸업생은 아니네. 유대교 랍비처럼 가르치기에 랍비라고 부른 것일 뿐이지. 우리는 예수가 공생에 전에, 아니 집을 떠나 광야에 들어가서 지낸 내력을 알 수 없네. 40일이란 성서에서 언제나 상징적인 숫자니까. 복음서가 12살 이후 서른 살 때까지는 그저 침묵할 뿐인데, 그간 몇 년간 공부한 역정(歷程)이 있을 수 있지. 평범한 목수와 석공만 한 것은 아닐 걸세. 어떻든 역사적 사실은 우리가 알 도리가 없으니까, 상상해보는 것뿐이네.

신학생 : 그런데 먼저 짚고 넘어가야 할 게 있습니다. 도대체 종교란 무엇인가요? 어떻게 정의해야 할까요?

교수 : 그간 종교학자들이 내린 종교에 대한 정의는 크게 두 가지로서 대동소이(大同小異)하네. 물론 이들은 유럽 기독교 문화권 학자들이네. 진리를 찾는 종교와 안전을 찾는 종교! 물론 진리를 찾는 종교 역사는 매우 짧고, 안전을 찾는 종교 역사는 문명 이전의 아주 멀고 먼 원시시대로 거슬러 올라가지. 이들의 견해는 어째서 인간에게서 종교란 게 생겨났을까를 묻는 것에서부터 시작되었네. 30만 년 전 네안데르탈인조차도 시신을 매장하며 부장품을 넣은 것을 보면, 그들에게도 종교의 싹이 있었다고 하겠지.

어떤 학자는 천둥과 번개라는 자연 현상이 종교의 시작이라고 말하지. 알 수 없는 어떤 무서운 존재가 하늘에 있어서, 자기들에게 크게 분노하는 것이라고 여기고는, 그 존재를 신으로 보고 동물과 곡식을 불살라 바치며 분노를 달래고 안녕을 기원하면서 시작되었다는 것이네. 일리 있는 견해지. 물론 원시시대부터 인간이 숭배한 신적 대상은 거대한 나무나 바위나 강, 힘센 동물이나 지혜로운 동물 등 갖가지였네.

그런데 종교에 대한 두 가지 정의는 사실 구약성서 안에서 찾아볼 수 있지. 특히 예언서에서 많이 다루네. 단순하겠지만, 두 가지 종교를 비교해보는 게 가장 좋을 걸세. **'야훼 종교와 바알 종교'**가 그것이네. '모세 종교'라고도 하는 야훼 종교의 핵심은 출애굽기 20:1~23:19에 나오는데, 학자들은 이것이 매우 오래된 전승 형태라는데 일치된 의견이네. 이것은 '십계명과 사회적 약자 보호'를 천명하는 "계약법전"이네. 십계명 자체가 이스라엘의 약자 보호법이지. 그 핵심은 십계명 전문(前文)에 담겨 있네. "나는 너희를 이집트 땅 종살이하던 집에서 끌어낸 주 너희의 하나님이다."(主는 야훼) 이스라엘을 이집트의 노예 생활에서 해방하여 자유를 주신 야훼 하나님! 세상의 다른 신들은 이스라엘의 해방에 관여한 바 없네. 이것이 야훼 종교의 모든 것이지.

여기에는 두 가지 내용이 들어있네. 1) 야훼는 억압당하는 노예들의 하나님, 가난한 자들의 하나님, 사회적 약자들의 보호자라는 것, 2) 이스라엘 민족은 그 야훼 하나님 안에서 한 형제자매라는 것. 그래서 이스라엘이 야훼 하나님께 해야 할 일, 서로에게 해야 할 일과 하지 말아야 할 일을 말하지. 단순한 것이네. 후대에는 이것을 '하나님 사랑과 이웃 사랑'으로 요약하지만, 같은 의미이지(신 6:5; 레 19:18).

그러니까 야훼 종교의 핵심은 자유를 주신 하나님을 경외하고 이웃을 사랑하며 의롭고 거룩하고 자유로운 민족 공동체를 건설하라는 것이지. 곧, 야훼 종교는 인간의 인간화를 위한 길이네. 그래서 예레미야도 "옛길(옛적 길), 가장 좋은 길(선한 길)"이라 한 것이고(6:16), 미가가 요약한 '공의의 실천, 사랑·자비, 겸손'도 이것이지(6:8). 이것을 잘 실천하며 수행하는 조건 안에서, 야훼 하나님은 이스라엘의 번영과 평화를 약속하시네. 곧, 하나님의 신실한 백성이 되는 것이 성서가 말하는 복의 실체이지. 그렇기에 이른바 사람들이 본능적으로 좋아하고 추구하는 복이란 것들은 별로 말하는 바가 없네. 말한다 해도 종속적 가치로 말하거나, 시인이나 현자들이 신앙인들의 소망으로 말할 뿐이네.

따라서 야훼 종교란 '인간 혁명과 세계 혁명'이지(여기서는 이스라엘). 안식일, 유월절, 초막절, 수장절(감사절) 등, 각종 절기 문화가 세워진 것도 이것을 위해서이지. 이 모든 것이 아브라함의 소명 이야기에 담겨 있네(창 12:1). "너는 떠나서 가라!" 야훼 종교는 언제나 자아(Ego)의 욕망과 그것의 확대판인 세상으로부터의 탈출과 진정한 신앙과 자유의 실현을 향한 도상이네(途上, 길). 그래야 의롭고 거룩하고 자유로운 민족 공동체를 세울 수 있으니까. 예언자들이 시종일관 천착하고 천명하는 것도 이것이지, 다른 게 아니네.

　바알(Baal) 종교는 지중해 동부 해안(두로·Tyre와 시돈, 페니키아)과 가나안 부족들이 바알 신과 그 부인인 아세라(Ashera, 아스다롯) 여신을 숭배한 종교로, 주로 인간의 본능적 갈망인 가축과 자손의 다산(多産)과 농사의 풍요를 기원하네. 요즘으로 말하면 성공과 부와 안락한 삶과 명예와 건강과 스포츠 오락과 여행과 장수 등의 복이지. 그런 까닭에 바알 종교에는 인간 구원이나 사회 정의 등을 가르치는 철학과 도덕과 윤리 사상이 없네. 그저 개인의 번영만 추구하는 종교이지. 세상에서 가장 오래되고 또 오래 남을 종교라네.

　그런데 바알 종교의 연원을 따지면 매우 복잡하지. 그것은 수메르(바빌로니아)와 이집트와 메소포타미아 종교의 혼합이라 할 수 있네. 바알 종교의 아세라는 수메르의 이난나, 바빌로니아의 이쉬타르, 이집트의 이시스, 메소포타미아 달의 여신인 신(Shin) 등을 혼합하여 만든 여신이지. 그리스의 아프로디테와 로마의 베누스·비너스도 이것이네. 야훼 종교에는 여신이 없지. 이렇게 바알 종교는 부부 신을 숭배하면서 사람들이 좋아하고 희구하는 복을 비네. 구약성서에 숱하게 나오는 "산당"(山堂, mountain altar)은 본래 지방의 야훼 성소였는데, 바알 종교에 오염된 것이지. 바알 종교의 본산은 페니키아인데, 엘리야 예언자 이야기가 그것을 배경으로 하네(왕상 17:29~18장).

　그러니까 바알 종교란 인간의 본능과 욕망에 기초한 자연 종교라네. 그리스 제우스도 바알의 변형이지. 고대 중동 지중해 세계의 모든 종교는 바빌로니아와 이집트와 메소포타미아 종교의 이런저런 변형이네. 물론 고유한 것도 있지만, 성격은 비슷하지. 야훼 종교와 같은 것은 전혀 없지. 이 말은 야훼 종교의 성격이 그것들과 전혀 판이한 것을 가리키네.

그런데 이스라엘이 가나안에 정착하면서부터 바알 종교의 영향을 받게 되지. 그리하여 고대 이스라엘 역사는 야훼 종교와 바알 종교 사이의 투쟁으로 일관하네. 전에도 말한 것처럼, 결국에 이스라엘이 나라를 잃어버리고 포로가 되거나 오랜 식민지 고난의 세월을 살게 된 근본 원인도 끝내 바알 종교를 극복하지 못했기 때문이라고 볼 수 있지.

그런데 인류의 종교사는 어느 곳에서나 이와 비슷한 형태로 내려왔네. 이른바 고등 종교란 것들도 그 안에 바알 종교 형태가 다분하지. 그래서 어떻게 보면, 인류가 존재하는 한, 바알 종교는 가장 성행하는 종교가 될 것이네. 기독교도 여전히 이것을 극복하진 못했지. 어느 종교나 혼합주의(Syncretism)를 면하기는 어렵네. 예수는 바알 종교를 '맘몬'(mammon)이라 했지(마 6:24). 어쨌든 인간이란 거의 돈과 성공의 노예니까 말이네. 예수가 겪은 악마의 시험이란 것도 사실은 바알 종교의 유혹이지.

7

신학생 : 그래서 예수가 성령을 통하여 진리를 깨달아 다시 태어나는 것을 인간 혁명과 세계 혁명의 근본과 토대로 말한 것이지요. 바알 종교는 인간의 본성과 본능에 기초한 것이기에, 굳이 배우지 않아도 자동으로 되니까요. 21세기 현대 과학 기술의 시대에도 여전히 성행하는데, 스마트폰과 기복 종교라니, 이것만큼 어울리지 않는 것도 없지요.

그러면 제가 간추려 온 종교에 관한 예수의 가르침을 생각해보겠습니다. 먼저 종교의 핵심을 요약한 것이라고 할 수 있는 마태복음 9:35~38부터 보는 게 좋을 것 같습니다. 이것은 예수가 말씀을 가르치고(설교), 하나님 나라의 복음을 선포하고, 온갖 질병과 아픔을 고치는 것, 세 가지를 말합니다. 가르침은 당시 랍비들이 회당에서 한 성서 해설과 비슷한 것이고, 하나님 나라의 복음 선포는 하나님의 나라에 대한 예수의 독특한 설명이고, 질병과 아픔의 치유는 오랜 식민지 세월 속에서 고난을 겪는 민중의 가슴과 삶에 깊이 공감하며 위로하고 힘과 빛을 주며 일으켜 세운 것입니다.

마태 기자는 그 공감을 이렇게 말하지요. **"예수께서 무리를 보시고, 불쌍히 여기셨다. 그들은 마치 목자 없는 양과 같이, 고생에 지쳐서 기운이 빠져 있었기 때문이다."** 불쌍히 여기는 것은 같은 마음으로 슬픔과 고통을 느끼며 함께하는 것으로, 동병상련(同病相憐)입니다. 그리고 예수는 제자들에게 하나님께 "추수하는 일꾼"을 요청하라고 하는데, 그렇게 할 일이 많은 세상이라는 뜻으로 한 말입니다.

이렇게 예수의 모든 활동은 성서의 진리를 가르치고, 하나님 나라라는 기쁜 소식을 전하고 자비를 실천하는 것으로, 마태 기자는 종교에 관한 예수의 생각을 보여줍니다. 예수가 보는 종교는 진리를 따르고 자비를 실천하는 것이지요.

마가복음 10:32~34는 세 번째 수난과 죽음의 예고입니다. 이것은 진정한 종교는 진리를 위한 수난에서 확연히 드러나는 것으로, 전적으로 바알 종교와 대립합니다. 당시 유대교는 겉으로는 진리와 정의의 야훼 종교로 보였지만, 실상은 권력과 재산과 명성을 추구한 지도층의 볼모가 되다시피 한 종교, 성공과 안전과 번영을 기원하는 백성의 종교, 곧 성전 체제 종교로 전락한 상태였기에, 그렇게 사이비 기복주의가 되어버린 종교와 충돌한 것이 예수의 십자가입니다. 예수가 보는 종교는 하나님의 나라를 위한 길입니다.

마가복음 11:15~17은 예수의 성전 난동을 말합니다(난동이란 당시 유대 지도층의 말. 기독교는 성전 정화). 그러니까 예수는 야훼 종교의 타락상을 보고 분노한 것이지요. 성전에 들어가 마구 때려 부숩니다. 요한복음 기사는 그 전에 예수가 "노끈으로 채

찍을 만들었다."라고 말하며 계산된 행동으로 보도합니다(2:15).

그런데 요한복음 4장에서는 성전 자체를 부정합니다. 성전 정화사건에서 볼 때, 종교의 목적은 제사(예배)가 아니라 깨끗하고 거룩한 심성을 실현하는 것입니다. 마가복음 12:28~34는 하나님 사랑과 이웃 사랑을 말하는데, 야훼 종교의 두 가지 특성입니다. 예수가 보는 종교는 마음의 정결과 사랑입니다.

마태복음 5:23~26은 제사·예배보다 중요한 것은 불화를 화해하여 새로운 관계를 맺어 사이좋게 지내는 것입니다. 예수가 보는 종교는 올바른 인간관계를 맺어 평화롭게 사는 길입니다. 마태복음 7:15~27은 종교를 자아의 탐욕을 위한 수단으로 변질시켜버린 지도층이나 신앙인들에 대한 비판과 추방을 말합니다. 예수가 보는 종교는 나쁜 나무와 같은 사람이 진리를 깨달아 좋은 나무로 변형되어 좋은 열매를 맺어 반석 위에 집을 짓는 것입니다.

마태복음 10장은 제자 파송 권고인데, 예수가 한 일을 하라는 것입니다. 누구도 두려워하지 말고, 목숨 바쳐 진리와 하나님 나라를 전하라고 합니다. 예수가 보는 종교는 사람을 진리와 하나님의 나라로 인도하는 길입니다. 마태복음 12:15~21은 제2 이사야를 인용하여 진리와 정의를 위하여 묵묵히 가라고 하며, 상한 갈대와 꺼져가는 심지 같은 사회적 약자에게 희망을 주라고 합니다. 예수가 보는 종교는 사람을 아끼고 소중히 여기는 것입니다.

마태복음 13:31~33은 겨자씨와 누룩 비유인데, 하나님 나라는 시작은 작아도 점점 자라 세상에 퍼져나가는 것입니다. 이것은 겨자씨가 땅속에 묻히고, 누룩이 빵 반죽에 녹아버리는 것을 전제합니다. 예수가 보는 종교는 자아의 죽음을 통한 하나님의 나라 운동입니다.

마태복음 23장은 유대교 지도층에 대한 비판입니다. 도덕주의나 율법주의나 형식주의 행태, 사회적 존경을 얻고자 하는 명예심, 그릇된 선교적 열정을 비판하면서, 정의와 자비와 신의를 실천하는 것을 말합니다. 예수가 보는 종교는 정의와 자비와 신의를 세상에 펼치는 길입니다.

마태복음 25:31~46은 최후의 심판을 상징하는 양과 염소 비유로, 어떤 의식(意識, 儀式)과 의도도 없이, 내가 만나는 모든 사회적 약자를 하나님·그리스도로 알고 대접하는 것을 심판의 기준으로 말합니다. 신앙이나 예배에 대한 말은 전혀 없지요. 예수가 보는 종교는 모든 인간을 지금 변장하고 내게 다가오신 하나님·그리스도로 보고 대우하는 자비입니다.

누가복음 15:11~32는 아버지의 비유 혹은 탕자(蕩子)의 비유로, 타락한 인간을 이미 무조건 용서하고 사랑하시는 하나님을 말하면서 옹졸하고 편협한 율법주의 신앙을 비판합니다. 예수가 보는 종교는 무한한 용서와 사랑입니다. 누가복음 18:9~14는 바리새파 사람과 세리의 기도를 대조하면서, 바리새인의 자기 의와 세리의 회오와 눈물을 말하며, 하나님의 인정을 받은 사람은 통회(痛悔)의 심정으로 기도하는 사람이라고 합니다. 예수가 보는 종교는 위선과 허영과 자기 자랑이 없는 진실한 심정입니다.

요한복음은 전체가 진정한 종교, 곧 길인 종교, 다시 말하면 종교 아닌 종교라 할 예수 그리스도의 길을 말합니다. 예수가 보는 종교는 세상의 빛, 사람의 육신이 된 말씀, 은혜와 진리인 예수 그리스도를 따르는 길(1장), 결혼잔치와 정결한 마음의 길(2장), 성령과 진리를 통하여 다시 태어나는 길(3장), 영과 진리로 하나님을 예배드리는 것입니다(4장).

그리고 죽음에서 생명으로 옮겨가는 것과 사람에게서 영광과 존귀와 명예를 받아

누리려는 마음조차도 없애는 길(5장), 썩어 없어질 빵을 얻으려고 하지 않고 영생을 위한 일을 하는 것과 예수의 살과 피를 먹고 마시며 하나가 되는 길(6장), 하나님을 깨달아 알고 하나님의 뜻을 따르는 길(7장), 무조건적 용서와 예수 그리스도를 통하여 악마의 자식에서 탈출하여 자유인이 되는 길(8장), 눈을 뜨는 길입니다(9장).

그리고 타인을 위해 선한 목자처럼 되는 길(10장), 죽어도 죽지 않는 생명이 되는 길(11장), 마음을 다한 헌신과 기꺼이 자기에게 죽어 다시 태어나 많은 열매를 맺는 밀알이 되는 것과 빛의 자녀가 되는 길입니다(12장). 곧, 예수가 보는 종교는 사람이 진실로 하나님의 아들이 되는 길입니다(아들은 남녀 성(性)이 아니라 신분).

13:1~20은 마지막 만찬 자리에서 일어난 세족식과 사랑의 섬김을 말합니다. 예수가 보는 종교는 끝없는 겸손과 인간 사랑입니다. 14~16장은 제자들을 향한 예수의 기나긴 강화(講話)이고, 17장은 예수의 기도입니다. 강화는 길과 진리와 생명인 예수를 따르고, 진리의 성령을 통하여 끊임없이 배우고 깨달아, "너희가 내 안에, 내가 너희 안에" 있는 경지까지 나아가는 것을 말합니다. 예수의 기도는 세상에 있어도 세상에 속하지 않는 참된 삶, 하나님과 예수 그리스도와 그리스도인의 하나 됨의 경지를 말합니다. 예수가 보는 종교는 신성과 인간성의 거룩하고 신성한 일치의 길입니다.

8

교수 : 훌륭하네, 그러고 보니, 공부를 많이 했네. 내가 보탤 것이 하나도 없네.

신학생 : 쑥스럽습니다.

교수 : 그렇지. 자네 말대로, 요한복음은 진정한 인간의 마음과 삶의 길을 종교 아

닌 참된 종교, 곧 생명과 구원의 길이라고 하네. 예수 자신이 그것을 보여주지. 그렇기에 요한복음은 무엇보다 예수의 내면세계를 드러내네. 그것이 공관복음에서는 인간을 사랑하는 예수의 모습으로 나타난 것이지. 곧, 요한복음은 예수의 마음을, 공관복음은 예수의 삶을 보여주는 것이라 하겠네. 그것이 진정한 종교라 할 수 있는 길이지. 결국에 종교는 진리와 사랑으로 합류하는 것이네.

다른 말로 하면, 진리와 사랑은 본디 인간의 것이 아니네. 그것은 위로부터 받아서 사용하는 것이지. 그래서 인간의 마음이 다시 태어나 깨끗하고 의롭게 되어야, 하나님의 것인 진리와 사랑을 수돗물처럼 받아서 사용하는 것이지. 요컨대 인간의 마음이 수도관이란 것이네. 그것이 막히거나 터져버리면, 수돗물은 끊어지고 말지.

신학생 : 오늘 정치와 경제와 종교에 관한 예수의 가르침을 생각해보면서, 인간과 인생과 세계를 새삼스레 들여다본 것 같습니다. 그래서 드는 생각은 우리 기독교인들에게 있어서 한참 부족한 것은 자기 성찰이 아닐까 싶습니다. 성령은 우리의 마음과 태도가 고요하고도 열정 깊은 침묵 속에 있을 때 찾아오시니까요. 자기 성찰이라면 철학부터 생각하는 버릇을 버려야 할 것입니다. 종교야말로 진정한 자기 성찰의 철학이고 길입니다. 자기를 들여다보지 않는데, 무슨 성령과 깨달음이 있겠습니까?

교수 : 그렇지. 실로 정치와 경제와 종교에 대한 예수의 가르침과 삶은 인간이 걸어야 할 참된 길이고, 하나님 나라라는 새로운 현실 세계이네. 요컨대 영원하고 참된 사랑의 진리가 내 가슴을 통하여 세상으로 흘러가게 하는 것, 이것이 정치와 경제와 종교를 신성하고 참되고 현실적으로 만드는 길이라는 것이지. 그때 세상에 평화가 보장되니까.

신학생 : 지금 세상은 실로 인류 역사상 전례가 없는 전환의 문턱에 들어섰다고 봅

니다. UN도 기후 위기로 인해 10년 안에 인류의 생명과 파멸이 결정된다고 발표했으니까요. 그러니 2020년대 10년이야말로 인류 역사와 운명을 좌우할 중차대한 시간입니다. "이대로 가면 다 죽는다."(유엔의 말). 그런데도 세상은 여전히 환상적 탐욕에 사로잡혀 있지요.

교수 : 2000년대도 이미 25년째인데, 여전히 어리석은 전쟁을 벌이고 있네. 미국 경제는 지나치게 많은 빚으로 파산할 지경이지. 그렇게 될 때 세계에 미칠 끔찍한 재앙은 예상하는 것조차 두려워지네.

신학생 : 그래서 지금이야말로 종교가 목소리를 높여야 할 때가 아닌가 봅니다. 기독교만이라도 예수의 하나님 나라 운동을 새롭게 발견하고 말해야 할 텐데, 그것을 바라는 것조차 거의 불가능하게 된 상황입니다. 왜냐면 기독교는 자신조차도 가누지 못하고 세상을 운영하는 방식으로 작동하니까요. 교회가 '경영'이 되어버렸습니다! 기가 막힐 일이 아닌가요?

교수 : 우리가 오늘 이야기한 것과 같이, 기독교가 예수의 하나님 나라 운동에서 새삼 깨달아야 할 것은, 그것은 단순한 종교 운동이 아닌, **문화와 문명의 개벽(開闢) 운동**이라는 것이네. 성서의 말로 옮기면, "이 땅에 새 하늘과 새 땅"을 실현하는 것이지(마 6:9; 계시록 21:1). 그러나 그것은 하나님이 혼자서 하시는 일이 아니네. 하나님은 인간의 협력을 바라시니까. 그런 차원에서 현대 교회는 진실로 전면적으로 혁명해야 할 것이네. 교인 만들기는 예수의 뜻도 아니고 의도도 아니고 부탁도 아니고 명령도 아니지. 예수는 하나님의 나라 운동을 하라고 제자를 부른 것이네! 교회가 제자 공동체가 되는 것만이 살길이네.

신학생 : 그런데 문제는 신학대학교와 목회자들입니다. 누가 이것을 부정하겠습니

까?

교수 : 나도 탄식만 나온다네. 한국교회는 점점 늙어가고, 이 땅에서 갖은 욕을 먹으며 섬처럼 고립되어 가고 있으니, 자신의 본질과 방향과 목적조차 잃고 헤매는 꼴이지. 나는 감히 단언하네. 지금까지와 같은 정통주의 신학이나 행복론과 처세술 비슷한 것을 설교라고 계속한다면, 50세 이하 사람들에게는 더는 통하지 않을 것이라고! 중대형 교회를 보면, 예배당 구조나 예배방식이 어쩌면 그렇게도 천편일률적으로 똑같은지! 도대체가 깊은 침묵, 생각, 반성, 성찰은 들어설 틈도 없네.

신학생 : 예수와 바울의 기도를 보면, 얼마나 심오합니까? 히브리서 기자가 예수의 부르짖음과 눈물과 통곡과 탄원의 기도를 말한 것은 예수가 하나님 아버지의 뜻을 완전하게 수행하려고, 절절한 심정으로 자신의 무장을 위하여 기도했다는 말이지요(5:7~8).

교수 : 하나님의 나라를 위하여 자신을 불사른 거룩한 열정(熱情, enthusiasm)이지. 이 영어는 '신 안으로 들어간다(en-theos), 신에게 사로잡힌다, 신에게 미친다(狂).'라는 뜻이네. 인간은 진리에 미쳐야(狂) 미치네(至, 到).

11장
예수의 비유

11장
예수의 비유

1

　신학생 : 오늘은 '예수의 비유'를 생각해보는 시간입니다(譬喩, 파라볼레·Parabole, 이야기. 은유와 경구도 포함). 비유는 사물과 일상의 자잘한 사건과 일, 그리고 경험 속에 숨겨진 삶의 의미와 진리를 천착하여 들려주는 문학 형식의 이야기로서, 그것이 가리키는 의미를 잡아내야 합니다. 곧, 비유 속에 담긴 숨겨진 의미를 깨달아 내 삶의 피와 살이 되게 하여 지혜롭고 값진 인생을 살아가는 빛과 힘으로 삼아야 합니다.

　예수의 비유가 여느 우화나 소설과 다른 점은 모두 지금 하나님의 나라, 곧 하나님의 다스림을 받거나 이 땅에서 이루어져야 할 참된 세계의 모습을 설명하려는 의도를 담은 것이라는데 있습니다.

　교수 : 그렇지. 아무리 성서든, 기타 경전이나 철학서나 소설을 읽으면 뭘 하겠는가? 요는 그 의미와 지혜와 진리를 깨달아, 내 것으로 소화하여 인격과 삶의 영양분으로 만들어야 하지. 그래서 통찰이나 깨달음이 관건(關鍵)이네. 흔히 우이독경(牛耳讀經)이니 마이동풍(馬耳東風)이니 하는 것은 듣고도 깨닫지 못하는 사태를 말하는 것이지.

　그런데 예수의 비유는 즐겁고 감동적인 이야기와 함께, 뜻밖의 촌철살인(寸鐵殺人)의 해학(諧謔)과 급진적인 비판과 인생을 내건 도전과 모험의 촉구를 담고 있네. 그것은 예수의 하나님 나라가 무슨 지적 교양이나 훌륭한 도덕적 생활에 대한 것이 아니라, 지금 이 순간 인간이 자신의 삶 전체를 바쳐서 진입해야 할 새로운 차원의 질적인 삶, 곧 하나님의 다스림(나라)을 발견하고 그 안으로 들어가 살아야 하는 삶에 관한 것이기 때문이네.

"밭에 숨겨진 보물을 발견한 사람, 장마당에서 진주를 찾아낸 상인"의 비유가 그것을 말하지(마 13:44~46). 핵심은 "그것을 발견하고 가진 것을 다 팔아서 산다."라는 것이네. 그러니까 하나님의 나라를 상징하는 보물이나 진주가 자기 내면이나 평범한 일상 속에 있다는 것을 모르는 사람을 전제하는 것인데, 발견한 사람은 하나님의 나라를 위해 자신의 모든 것을 내건다는 말이네.

그렇기에 예수의 비유는 하나님의 나라를 가리키는 이정표 같은 것인데, 그것도 가벼운 오락적 소흥(小興)이나 교양 삼아 듣는 이야기가 아닌, 지금 자기 삶의 보람과 허무, 생명과 죽음을 가르는 중차대한 문제로 다가온 하나님의 나라 앞에서 결정적 선택을 촉구하는 실존적 메시지이지.

신학생 : 그러면 비유도 기적을 표징(表徵)으로 봐야 하는 것과 같다고 하겠네요. 아무리 기적을 목격한들 그 가리키는 의미의 표징을 깨닫지 못하면, 쇠귀에 경 읽기와 마찬가지인 것처럼, 비유도 듣고 읽는 사람의 깨달음을 요구하는 것이니까요. 곧, 비유는 인간의 질적 변형을 요구하는 진리의 선포입니다.

교수 : 그렇지. 일상의 일이든 이야기이든 기적이든, 거기에 담긴 실존적 의미를 깨닫는 것이 중요하지. 깨달음만이 인간 변형을 낳으니까. 우리가 밤낮 소설을 읽어 줄거리를 환히 알면 뭘 하겠는가? 소설가가 말하려는 뜻을 깨달아 내 삶의 빛과 힘이 되게 만들어야 하지.

신학생 : 고대 종교인들과 철학자들과 작가들은 비유를 즐겨 썼는데, 대부분이 문맹인 민중의 문학적 소양 차원을 충분히 고려한 때문이지요. 그런 점에서 비유를 많이 쓴 것으로는 예수가 독보적이라 하겠습니다. 그런데 예수의 청중이 대부분 문맹이었기에, 그래서인지 예수도 가끔 알아듣지 못하는 사태에 부닥쳐 답답한 심경을 피력하기도 했지요.

교수 : 그렇다 해도, 오늘날의 청중이 고대인들보다 더 낫다고는 할 수 없네. 알아듣는다는 말은 이야기 줄거리를 이해한다는 게 아니라, 그 의미의 표징을 깨닫고 자기 삶에 적용하느냐는 것을 뜻하니까. 그러니 오늘날에도 우이독경이 없다고 할 수 없지. 형이상학적 논설 같은 방식으로 나아가면, 더욱 알아듣지 못하지.

신학생 : 창세기 첫머리의 에덴동산 이야기도 비유로 보겠습니다.

교수 : 그것이야말로 성서에서 가장 유명한 비유이지. 누가 쓴 것인지는 모르지만, 3천 년 전 고대 이스라엘의 작가가 얼마나 위대한 시인과 예언자인지를 충분히 증명하네. 사실 창세기 2~3장을 이해하는 것이 성서 전체를 이해하는 길이지. 왜냐면 그 이야기는 '하나님과 더불어 삶'(2장), '하나님을 무시하고 추방되어 비참하게 삶'(3장), 이 두 가지 존재 방식의 차이를 극명하게 드러내니까.

그러니 성서 전체는 창세기 2~3장에 나온 인간과 세상의 이상과 고통의 문제에 관한 궁극적 구원의 길을 밝힌 역사와 사상과 문학과 신학의 해명이라고 할 수 있지. 요컨대 성서와 예수가 말하는 인간의 궁극적 구원의 세계란 타락하기 이전 에덴동산의 재현이라고 말할 수 있겠네. 하나님의 나라가 에덴동산의 재현이니까.

2

　신학생: 비유하면 그리스 철학자 '플라톤'의 "동굴 비유"가 유명합니다(기원전 427~347년, 국가). 이것은 이 책을 읽어보지 않은 사람들도 들어서 익히 알고 있는 이야기로서, 전형적으로 형이상학적이고 이원론적인 이야기입니다. 그런데 이 동굴의 비유는 '아우구스티누스'가 이른바 육과 영, 어둠과 빛, 죄와 구원, 악과 선, 죽음과 생명, 환상과 실재, 물질적 세상과 영적 세계를 대조하며 기독교 진리를 신학적으로 해명하면서부터(로마 식민지인 아프리카 튀니지. 서기 354~430년, 고백록; 하나님의 도시·神國) 중세 기독교 신학에 지대한 영향을 끼쳤는데, 사실 중세 1500년 동안 신학은 이것이지 다른 게 없다고까지 말할 수 있습니다. 게다가 이러한 이원론은 지금도 신약성서의 서신들을 논증하는 강력한 도구이지요.

　교수: 그러나 구약성서에는 이원론이 없지. 몇 개 있지만(욥기 1장, 역대지 상 21:1의 사탄; 시편 73:24의 하늘), 이런 것들은 페르시아 시대에 나온 문서들로, 조로아스터교의 이원론에서 영향을 받은 것이네. 그런데 철학 사가들에 따르면, 수학자·철학자·신비주의 종교가인 "피타고라스"(기원전 570~495년경)의 신비주의 종파가 플라톤보다 먼저 조로아스터교의 영향을 받은 것으로 말하기에, 플라톤이 조로아스터교와 피타고라스 종파의 이원론을 철학적 이원론으로 변형한 것이라고 할 수 있지.

　그런데 플라톤의 이원론 철학 이전에 그리스의 한 철학자의 개념도 대단히 중요한 자리를 차지하고 있었는데, 바로 '헤라클레이토스'의 "로고스"(Logos) 개념이네(기원전 535~475년경). 그에 따르면, 로고스는 신들보다 상위에 있는 어떤 이념적 실체(Reality, 실재, 우주적 이성)로서, 신들조차도 로고스의 창조물이라고 하네. 우주와 만유는 로고스의 창조물이라는 것이지. 로고스는 중국 '노자'의 "도(道)" 개념과 일맥상통하는데(기원전 604~531년경). 헤라클레이토스가 노자의 말년에 태어났으니, 우연의 일치치고는 대단히 의미 깊은 일이지.

더욱 흥미로운 일은 헤라클레이토스가 소아시아(튀르키예) "에페수스"(에베소) 출신이란 것인데, 신학자들은 요한복음을 대개 에베소 교회 공동체에서 나온 것으로 추정하니까, 첫머리에서 로고스를 말하는 게 우연한 일이 아니네. 그곳 지식인층은 그의 철학을 알고 있었기에, 그들에게 선교하기 위하여 그것을 참작하고 복음서를 쓴 것으로 볼 수 있지.

그런데 헤라클레이토스의 로고스 개념과 플라톤의 이원론 철학은 팔레스타인과 그리스와 소아시아의 초기 기독교에 유입되기 훨씬 이전에, "알렉산드로스" 대왕 이후 분리된 네 왕국의 하나인 "프톨레마이오스" 왕조의 땅인 "이집트 알렉산드리아"로 건너가 꽃피웠다는 것을 주목해야 하네. 정작 플라톤 철학의 본산인 그리스에서는 쇠퇴했지. 알렉산드리아에는 세계 최고의 대도서관이 있었기에, 그리스 철학과 과학의 르네상스가 이루어졌네.

알렉산드리아 출신의 유대인 철학자 "필로"도 그중 한 사람이지(기원전 20~서기 50년). 이 사람은 대략 예수보다 16살 많고 20여 년 더 살았으니까, 예수와 활동 시대가 겹치네. 그러나 예수가 플라톤이나 필로를 알았는지는 알 수 없지만, 이름을 들어봤거나, 어쩌면 그들의 철학을 알았을지도 모르네.

그런데 필로는 기원전 250년대, 이집트 프톨레마이오스 왕조의 명령으로 알렉산드리아의 유대인 학자들이 히브리어 구약성서를 그리스어로 옮긴 "70인 역본"(셉투아진타·Septuaginta)의 덕을 톡톡히 보았다네. 알렉산드리아의 지식인들치고 이 성서를 읽어보지 않은 사람이 없었다고 하지.

헤라클레이토스와 플라톤 철학에 해박한 필로는 오경을 비롯한 구약성서의 여러 이야기를 문학적이고 철학적 방식인 비유와 은유의 '알레고리'를 사용하여 책을 썼기에(Allegory, 유비·類比. 비유와 은유), 대개 그리스인들과 유대인들인 알렉산드리아의 지도층이나 지식인들, 그리고 대중에게 큰 인기를 얻었고, 로마의 지식인들에게까지 영향을 끼쳤다네.

필로의 대표적 알레고리 해설은 아브라함과 출애굽 이야기인데, 그는 이것을 플라톤 철학의 이원론적 방법론으로 설명했네. 플라톤 철학에는 특정한 신이 없고, 그 자리를 차지하고 있는 것은 "이데아"(Idea, 진리, 실재·Reality)의 세계이지. 그래서 필로에 따르면, 인생이란 참되고 영원한 세계인 이데아의 인식을 통해, 갖가지 '모순과 부조리와 오류'(성서의 죄)로 가득한 기존의 그릇되고 악한 인식과 사고와 존재 방식과 세상이 환상이고 거짓이라는 것을 깨닫고 탈출하여, 지혜와 자유의 새로운 삶을 향하여 나아가는 정신적 여정(旅程)이라네.

그러니 아브라함이나 출애굽 이야기가 여기에 딱 들어맞지. 필로 당대의 지식인들은 성서적 신앙은 어떠하든지, 이런 알레고리 방법론 해설을 통해 성서 이야기를 철학적으로 이해하고 알아들을 수 있었던 것이지. 그러니 소아시아나 그리스 본토나 로마나 알렉산드리아의 지식인들도 로고스 개념을 통하여 하나님과 그리스도 예수를 해명하는 요한복음을 읽었다면, 그 의미를 알아들었다고 볼 수 있네.

이런 것을 볼 때, 예수와 초기 기독교가 지중해 세계로 전파될 여건이 오래전부터 미리 착착 마련된 것이 여간 신기한 일이 아닐 수 없지. 그래서 신학자들이 그것을 하나님이 인류 구원의 역사(役事, work)를 위한 예비 작업으로 일으키신 일이라고 말하는 것이지.

그 후 헤라클레이토스의 로고스 개념, 플라톤과 필로의 이원론 철학은 요한복음은 물론, 신약성서 서신들에 큰 영향을 미쳤는데, 필로 사후에 나오기 시작한 로마서와 갈라디아서(서기 1세기 중반), 에베소서와 골로새서와 히브리서에 집중되어 있지(서기 2세기). 특히 히브리서에는 "하늘의 고향·도시"(이데아의 세계)와 같은 플라톤 철학의 언어가 그대로 나오네(11장). 그런 풍토에서 3세기 "플로티노스"(204~270년)가 주도한 '신(Neo)-플라톤주의' 철학이 성행하여 기독교 신학에 큰 영향을 미쳤지. 4세기의 "아리우스"(256~336년)와 "아타나시우스"(298~373년)의 '삼위일체 신학 논쟁'도 그런 철학적 사조(思潮)에서 도움을 입은 것이네.

신학생 : 좀 복잡한 이야기인데, 이상을 정리하면 '조로아스터교 > 피타고라스 > 헤라클레이토스 > 플라톤 > 필로 > 신약성서' 순서이니까, 조로아스터교의 이원론이 초기 기독교 신학에 끼친 영향이 크다 하겠습니다. 그러니 신약성서는 기독교를 지중해 세계, 곧 그리스와 로마와 이집트 사회에 선교하는 과정에서 나온 것이기에, 어쩔 수 없이 그들이 알아들을 수 있는 철학과 신비주의 종교의 언어와 개념을 빌려 쓸 수밖에 없었던 것이지요.

교수 : 그렇지. 기독교가 유대교 언어와 개념만 사용해서는 그들이 알아듣기 어려웠지. 그리스, 이집트, 로마의 지식인들과 상류층의 철학적 교양 수준이 높았기에, 더욱 그런 방법을 사용할 수밖에 없었네. 사도행전에서 그리스 지식인들이 '광장'(Areopagus, 아레오바고)에 모여 철학적 토론을 하는 것을 일상의 취미로 삼았다고 하는 말도 그런 정황을 충분히 보여주지(행 17장). 앞서 말한 것처럼, 요한복음을 비롯한 에베소서, 골로새서, 히브리서는 물론, 아우구스티누스 이후 초기 기독교 교부들의 설교와 신학도 그런 사정을 여실히 증명하네.

서기 30년대 이후 초기 교회의 사정을 보도하는 사도행전에도, "집사들"을 선정한 이유가 유대계와 그리스계 기독교인 사이의 갈등 때문이라고 하지(행 6:1~7). 그런데 그것은 단순히 가난한 사람들의 구제 때문에만 일어난 것이 아니라고 보네. 언어를 불문하고 함께 모이는데, 사도들이 아람어로만 복음을 설명하기에 불평이 발생했을 테니, 아람어와 그리스어를 할 줄 아는 유대인이나 개종한 그리스인 일곱 명을 집사로 선정한 것으로 보아야지. 그 후 그들은 팔레스타인과 알렉산드리아와 소아시아와 그리스로 가서 선교했을 것이네(요한계시록에는 에베소와 버가모 교회에 일곱 집사의 한 사람인 "니골라"를 추종하는 집단이 이단으로 나옴. 따라서 후일 그가 변질한 것. 그는 그리스인. 행 6:5; 계 2:6.15).

3

신학생 : 그러면 플라톤의 책에 나오는 동굴의 비유를 생각해볼까요?

교수 : 그 광경은 동굴에 있는 사람들이 벽에 비친 사물의 그림자만 바라보고 앉아 있으니, 마치 극장과 같은 것이네. 그러니 이야기의 내용도 그렇지만, 그 장면 자체가 비유이지.

신학생 : 그렇네요. 그것은 제가 미처 생각하지 못한 것입니다.

교수 : 왜냐면 동굴에 갇혀 사는 그들의 삶 자체가 벽에 비친 그림자인 허상(虛像)을 실체(實體, reality), 곧 "이데아"(Idea)의 세계로 여기기 때문이지. 이것이 플라톤이 말하고자 하는 전제이네. 우리가 극장에서 영화를 보는 것과 같지. 영화를 보는 시간에는 허상을 실체로 여기지 않는가? '과학적이고 합리적인 사고'만 한다면, 도대체 영화를 볼 필요조차도 없지.

그렇기에 동굴의 비유에서, 그들이 동굴에서 살고 있으니 밖에서 들어간 게 아니냐, 동굴 안에서 무얼 먹고살았느냐 하는 모든 합리적 의심은 이야기의 이해를 가로막지. 이야기 자체에 모순점이 있으니까. 그러나 모순율은 진리를 전할 때 어쩔 수 없이 쓸 수밖에 없는 장치라네. 일종 역설(逆說, paradox)의 변증이지.

신학생 : 초등학교 시절, 친구들과 함께 흑백 TV로 드라마를 보다가, 한 친구가 엉뚱한 소리를 해서 해명하다가 다툰 일이 있습니다. 동굴이 무너져 갇힌 광부들 이야기인데, 그 친구가 '시방 동굴이 무너져 갇혔는데, 어떻게 그리로 들어가 사람들을 찍을 수 있느냐?'고 말하더군요. 그 친구는 그것을 사실로 본 것이기에, 맞는 말이지요. 그래서 제가 '저건 연속극이니까, 그렇게 만들어 놓고 찍은 거야' 하고 말했지요. 다른 친구들은 이해하는데, 이 친구만 끝까지 그럴 수 없다고 우겼지요. 그래서 싸우다가 그만두었어요.

교수 : 영락없이 '장자의 나비 꿈' 이야기일세(호접지몽·胡蝶之夢, 장자-제물론). 꿈에 나비가 된 장자가 깨어난 후, 자기가 나비가 된 것인지, 나비가 장자가 된 것인지 오리무중이라고 한 것인데, 인생에는 사실과 상상의 경계가 모호한 일이 많지. 그러나 때로는 상상이 사실보다 더 깊은 의미의 층을 드러내네.

신학생 : 어느 날 그중 한 사람이 빛이 비쳐오는 곳으로 가다가 동굴 밖으로 나옵니다. 그런데 세상에! 동굴 속과는 전혀 다른 세계가 펼쳐져 있습니다. 그 지점에서 다른 세계는 지금 우리가 사는 세상이지요. 그렇게 보면, 지금 이 세상도 실상 동굴 속이라는 것이고요.

교수 : 그렇지. 비유는 이야기 자체와 그게 가리키는 의미의 세계가 중첩된 것이니까.

신학생 : 한 번도 본 적이 없던 경이롭고 찬란한 세상을 실컷 본 그는 사람들에게 전혀 다른 세계가 있다는 것을 알려주려고 다시 들어갑니다. 그런데 아무도 믿지 않고 코웃음을 칩니다. 그가 계속 말하자, 급기야 미친 자로 취급하고 몰매를 쳐서 죽이고는, 아무 일 없다는 듯이 그림자 세상을 바라보며 즐거워하며 삽니다. 그가 동굴 밖 세상을 보았다는 것은 삶의 실상을 깨달았다는 뜻으로 보입니다.

교수 : 그러니 그것은 예수의 삶을 말하는 것으로 봐도 될 것이네. 동굴과 그림자는 지금 허상에 빠져서 살아가는 사람들의 마음과 그런 마음들이 펼치는 이 세상이라는 현실이고, 동굴 밖 진짜 세상은 예수가 말하는 하나님의 나라라고 대치해서 이해하면, 정확히 그런 유비가 가능하니 말이네. 동굴 바깥이 안에서 먼데 있는 것이 아니듯이, 예수도 그 참되고 새로운 현실의 세상인 하나님의 나라가 손에 잡힐 듯 가까이 다가와 있다고 말했으니까(막 1:15). 그렇다면 예수가 말하는 '회개'란 동굴 밖의 참된 세상인 하나님을 나라를 향하여 지금 이 순간 마음을 바꾸고 인생의 방향을 전환하는 것이 되겠지.

신학생 : 그렇습니다. 그러나 지나치게 나아가, 하나님의 나라를 죽은 후에 간다는 천국으로 오해하면 안 될 것입니다. 그렇게 되면 동굴을 악한 물질적 세상, 동굴 밖을 영적인 참된 세상으로 보는 극단의 이원론에 빠져서, 이 세상을 경시하고 도피하며 저 피안(彼岸)의 세상만 갈망하는 식이 되어버리고 맙니다. 그것은 예수의 하나님 나라가 아니지요.

교수 : 세상과 삶에 대한 우리의 인식은 어쩔 수 없이 이원론적이지만, 극단의 이원론은 물질과 육체와 세상을 사탄과 악으로, 영과 영혼과 피안의 세상을 하나님과 선이라 하여, 세상에 대한 기피와 도피와 무관심을 낳고 마네. 그러면 이 악하고 죄 많은 육신과 물질의 세상을, 그저 영적 능력으로 무한히 견디며 참아내는 것이 기독교

의 덕성인 양 말하게 되지.

　예수 이전부터 성행한 그리스 철학, 그리스와 메소포타미아(시리아)와 이집트의 신비주의 종교에서 나온 극단적 영지주의가 바로 그것이지. 영지주의는 초기 기독교에 엄청난 영향을 끼쳤네. 하마터면 기독교가 붕괴할 뻔했을 정도였지. 요한복음이나 서신들에 있는 이원론도 그런 위험을 안고 있다는 것을 알아야 하네. 그러나 신약성서는 극단으로 가지는 않네.

　신학생 : '존 버니언'의 "천로역정"(天路歷程)이 극단의 전형입니다. 주인공 크리스천이 천국으로 가려는 갈망 하나만 품고, 가족까지 내버리고 온갖 유혹을 물리쳐 결국에 골인한다는 이야기입니다. 그러다가 극심한 사회적 반발에 부닥친 작가는 속편을 써서, 부인과 자식들도 그렇게 가는 이야기를 했지요.

　그리고 우리가 어려서 많이 부르거나 요즘도 유행하는 복음성가 중에는, 온건한 이원론이나 극단의 이원론을 지닌 것들이 많습니다. 장례식 찬송가들도 주로 이러합니다. 물론 예수도 땅과 하늘을 대조하며 말했지만(마 6:19~21), 그것은 이원론이 아닌, 이 세상에서 참되게 살아가는 삶에 관한 가르침이기에, 잘 이해해야 하지요.

　교수 : 찬송가에도 문제가 많지. 전혀 예수의 가르침과 상반되는 것들이 버젓이 찬송가로 자리 잡고 애용되니까. 찬송가에는 예수의 하나님 나라에 관한 것이 하나도 없네! 고작 4개가 있는데, 내용은 거리가 멀지. 대단히 심각한 문제라네. 그래서야 어떻게 이 21세기 현대인을 구원하겠다는 것인지! 기독교인들은 예수가 비유라는 이해하기 쉬운 이야기를 들려주었다고만 생각하네만, 전혀 그렇지 않다네. 그조차도 이해한 사람이 별로 없었지. 그렇다고 해서 예수가 대중의 차원으로 내려갔던가? 아니지.

요한복음에는 예수가 하도 어려운 이야기만 하니까, 제자가 된 사람들마저 떠났다고 하네(6:60~66). 예수는 결단코 대중에 영합한 분이 아니네. 현대 기독교는 이 점을 유념해야 할 걸세. 기독교는 대중을 끌어올리려고 해야지, 구원한답시고 영합해서는 안 되네. 단순하면서도 심오한 설교·강론으로 진리를 밝혀야 하지.

에베소서 저자가 그리스도인은 정신과 인격과 삶에서, '믿는 일과 아는 일에 하나가 되어서 그리스도의 충만한(완전한) 경지(차원)에까지 다다르고, 머리가 되시는 그리스도에게 이르기까지 성장해야 한다.'라고 말하는 것도 다 이유가 있는 것이네(4:13~15). 그 말을 현대적으로 하면, 그리스도인은 제2의 그리스도가 되어야 한다는 말이지.

4

신학생 : 예수는 비유를 하나님의 나라를 설명하는 것으로 채용한 점에서, 이솝이나 플라톤이나 소설가들과는 매우 다르지요. 비유는 모두 49개인데, 소금과 빛, 목자나 등불, 반석과 모래 같은 간단한 경구나 문장에서 상징과 이미지로 채택한 것까지 계산하면, 거의 70여 개에 이릅니다. 여기에서는 굵직한 것 몇 개만 생각해보는 것이 좋겠습니다.

교수 : 그렇게 하세나. 오늘은 내가 꼽아온 비유를 생각해보기로 하지. **'진리, 죄의 유혹, 사랑, 하나님의 무조건적 용서와 무한한 사랑 이야기'**만 한정해서 골랐네. 진리는 씨앗을 뿌리는 것, 죄의 유혹은 무시해버리기 쉬운 사소한 죄의 위험성, 사랑은 타자에 대한 사랑 두 가지, 하나님의 무한한 사랑과 용서에 관한 것 등이네. 이 5개 비유는 예수의 하나님 나라에서 핵심이지. 먼저 **"씨앗을 뿌리는 농부 이야기"**를 해보세(막 4:1~9).

신학생 : 그런데 이것은 전형적으로 모순율을 지니고 있습니다. 씨앗이 좋은 땅에 뿌려지지 못한 책임은 농부에게 있지, 열매를 맺지 못한 씨앗의 책임이 아니니까요. 그러나 이 이야기도 진리를 전할 때는 어쩔 수 없이 쓸 수밖에 없는 역설의 변증이니까, 비록 모순율로 보여도 전혀 전혀 모순이 없다고 하겠습니다. 밭은 사람을 가리키기에, 마지막에 "들을 귀가 있는 사람은 들어라."하고 말합니다. 이 비유도 표징으로 봐야 하겠습니다.

교수 : 비유가 다 그런 것이지. 이야기 속에 가리키는 바가 있으니, 듣는 사람은 그것을 깨달아 소화하여 자기 삶으로 만들어내야 하지. '길바닥, 흙이 얇고 잔돌이 많은 곳, 가시덤불, 좋은 땅에 떨어진 씨앗.' 앞의 세 곳 씨앗들은 새가 먹거나, 뿌리를 내리지 못해 햇볕에 타버리거나, 가시덤불의 기세에 숨이 막혀 누렇게 떠버리고, 좋은 땅에 떨어진 것만 풍성한 열매를 맺는다는데, 알아듣지 못할 게 없지.

신학생 : '빈센트 반 고흐'가 이 이야기를 소재로 그린 그림이 있지요. 태양이 막 떠오른 이른 아침에 농부가 소쿠리를 메고 씨앗을 뿌리는데, 까마귀들이 날아와 쪼아 먹습니다. 그런데 팔을 휘저으며 걷는 농부의 모습을 열정적으로 그려서, 풍성한 열매를 기대하는 빛이 역력합니다. 전체적으로 보면, 힘과 희망으로 꿈틀거립니다.

교수 : 걸작이지. 그 농부야말로 고흐의 초상(肖像)이지. 그가 그토록 열정적으로 살았음에도 끝내 열매 하나 보지 못한 게 안타깝네.

신학생 : 그런데 제자들마저도 이 비유의 의미를 알아듣지 못하자, 예수가 신경질을 내고 언짢아하며 말합니다. "너희가 이 비유를 알아듣지 못하면서, 어떻게 모든 비유를 이해하겠느냐?"(막 4:13) 그러면서 설명해 주는데, 정녕 제자들이 그렇게도 귀가 막혔을까요? 그렇다면 예수의 말처럼, 모든 비유마다 다시 설명해 주어야 했을 텐

데요. 마태복음에도 밀과 가라지 비유를 그런 식으로 제자들에게 설명하는 장면이 나옵니다(13:24~30,36~43).

교수 : 그럴 수 있었겠지. 제자들 대다수가 문맹인 무식한 사람들이었으니까.

신학생 : 그런데 'J. 예레미아스, W. 뵈젠' 같은 신학자들은 어부들도 농사를 겸한 사람들이라고 하지 않습니까(예수 시대의 예루살렘; 예수 시대의 갈릴래아)? 그러니 설명하지 않아도 알아들었을 것 같은데요?

교수 : 그걸 내가 어찌 알겠는가? 그러나 자세히 풀어주면, 더 좋겠지. 신학자들은 그런 장면들은 초기 교회의 설교였을 것이라고 말하네. 씨앗은 진리의 말씀이고 밭은 사람을 말하니까, 길바닥같이 딱딱한 마음의 사람은 말씀을 듣는 즉시 사탄이란 새에게 먹히고 말고(망각하고), 잔돌이 많고 흙이 얕은 땅 같은 마음의 사람은 들을 때만 반짝 은혜를 받았다는 둥 좋아하다가 시련을 만나면 걸려 넘어져 내버리고, 가시덤불 같은 마음의 사람은 말씀을 쏙쏙 잘 받아들이기는 하지만 이런저런 욕심의 기세에 그만 허우대만 크고 열매를 맺지 못하고, 옥토와 같은 마음의 사람은 햇빛과 비와 영양분을 잘 흡수하여 많은 열매를 맺는다고 설명하니, 그제야 비유의 의미를 온전히 이해했을 것이네.

신학생 : 진리의 말씀 앞에서 사람은 저마다 성향에 따라 네 가지로 갈라지고 만다는 말인데, 그게 타고난 운명, 교육 수준, 산만한 정신이나 성격 때문인가요?

교수 : 예수는 운명론자가 아니네. 인간이면 누구나 깨달을 수 있다고 보았지. 곰곰이 곱씹어 생각해보는 사람이라면, 문자를 모르는 사람이라도 알아들을 것이네. '들을 귀'가 없는 사람은 없으니까. 청각 장애인에게도 수화로 들려주면 깨달을 것이네.

요는 사람에게 진지하게 집중하는 몰입의 태도가 없다는 것이 문제이지. 그러면 지식인들은 제대로 알아듣는가? 아니네. 교회 역사나 오늘의 현실을 보게나.

히브리말과 우리말에 같은 뜻을 지닌 단어가 두 개 있는데, 하나는 발음조차 같아, 신기해서 놀란 적이 있네. 히브리어 '아브'(Av)는 '아버지', '아비'(Avi)는 '나의 아버지'이네. '아브라함'은 '만국의 아버지'라는 뜻이지. 아브나 아비가 들어가는 모든 이름이 아버지와 관련된 것이네. 우리말 아버지도 '아비'인데, 윗사람이 쓸 때만 사용하지만 (아비나 애비), 같은 발음과 뜻이지. 다른 하나는 의미가 같은 단어인데, 히브리어 '쉐마'(Shema)는 '듣는다', 샤마(Shama)는 '순종·복종'을 말하네. 우리말의 '듣는다'도 명령형으로 '들어!' 하면 순종을 뜻하지.

씨앗을 뿌리는 농부 이야기의 핵심은 단지 말귀를 알아듣고 뜻을 이해하는데 그치는 것이 아니라, 진리가 인격에 안착할 때까지 해야 할 인내와 실험과 실천이네. 말귀를 알아듣지 못하거나, 알아들어도 실천하지 않으면, 둘 다 알아듣지 못하는 것이라는 말이지. 복음서가 그렇게도 어려운 책이라서 못 알아듣는가? 들을 맘 자체가 없거나 실천하지 않는 것이 비극적인 일이지. 아마 교회에 다니는 사람들 대다수가 앞의 세 가지 땅과 같을 것이네. 그러니 예수는 지금도 신경질을 드러내고 있을 것이네!

신학생 : 멋진 농담이십니다.

교수 : 농담이 아니라, 사실을 말하는 것이지. 기독교인의 한평생은 진리 앞에서 끝없이 고뇌하는 것이어야 하네.

5

신학생 : **"죄의 유혹 이야기"**를 비유로 봐도 될까요(막 9:42~50)? 마가는 이 이야기의 배경으로 그리스도의 사람에게 물 한 잔 주는 것(막 9:38~41)에 이어, "나를 믿는 이 작은 사람들 가운데서 하나라도 죄짓게 하는 사람"을 말하고 절충하며 이야기를 풉니다(막 9:42).

마태는 어린아이처럼 하나님의 나라를 받아들이는 것을 배경으로 말하면서(마 18:1~5), "나를 믿는 이 작은 사람들 가운데서 하나라도 죄짓게 하는 사람"이란 마가의 말을 그대로 인용한 후, 배경에서 말한 어린이를 직접 가리키기에 이야기가 더욱 생생하고 진지합니다. 아마 마가보다 나중에 나온 마태는 마가의 배경이나 설명이 적절하지 못한 것으로 보아 바꾼 것 같습니다.

교수 : 그렇게 복음서에 나오는 이야기를 서로 비교해가면서 읽는 것이 '깊이 읽기'의 핵심이지. 마가 이야기는 제자들과 작은 사람들이니까, 어린이도 포함된 것으로 볼 수 있겠지. 어떻든 내가 이 이야기를 비유로 보는 까닭은 예수의 입에서 마치 살인자나 도살장을 연상하게 하는 끔찍한 발언이 연신 나오기 때문이네. 그렇게 무섭게 이야기를 해서 단단히 경고한 것이니까, 비유로 봐도 무리한 일은 아닐 걸세.

신학생 : 실로 살이 떨리는 이야기입니다. 마태 이야기를 통하여 생각해보면, 어린이를 '작은 인간'이라고 보잘것없이 업신여기며 죄의 도구로 이용하는 악행을 고발하고 경고한 셈입니다. 그러니까 예수가 말하는 하나님의 나라란 좋은 게 좋은 것만은 아니라는 것이지요. 거기에는 엄정한 기준과 원칙과 표준이 있다는 뜻으로 봐야 하겠습니다. 그러니 이 이야기는 예수가 어린이를 비롯한 사회적 약자들을 얼마나 사랑했는가를 여실히 보여줍니다.

교수 : 그렇게 어린이든 사회적 약자든, '작은 인간이네, 보잘것없는 인간이네' 하면서 무시하고 냉대하고 억압하고 착취하고 이용하는 행태는 무서운 처벌을 받는다고 못 박은 셈이지! 우리는 예수의 말을 감하거나 외면하는 일 없이, 있는 그대로 보아야 하네. 사람을 죄짓게 하는 도구로 이용하고 억압하거나, 돼먹지 못한 말로 절망하게 하는 것은 존엄한 인간을 박해하고 죽이는 짓이고, 하나님을 모독하는 일이니까.

살인이 어찌 직접 목숨을 빼앗는 것만이겠는가? 사람에게 사사로이 분노하고 모욕하며(마 5:21~22) 상처와 고통과 절망을 안겨 서서히 죽어가게 하는 것조차도 살인이네. 어린이 같은 작은 사람을 '걸려 넘어지게 하는'(인간을 수단으로 이용하는 것) 자는 커다란 맷돌을 목에 달고 바다에 빠져 죽는 게 낫다, 손이나 발이나 눈을 죄짓는 도구로 사용하는 자는 차라리 손발을 찍어버리고 눈을 빼어버리고 생명에 들어가는 편이 온전한 몸으로 지옥에 들어가는 것보다 낫다는 것은 그만큼 자기 이익을 위해 사람을 경시하고 무시하고 억압하며 죄를 짓는 행태가 얼마나 사악한 것인지를 비유로 말한 것이네.

신학생 : 죄는 홀로 지을 수 없지요. 반드시 누군가에게 해를 끼치는 것이니까요. 그러니 이 이야기는 무섭고 독한 비유입니다. 그런 점에서 예수가 그렇게도 과격한 말을 하는 것은 하나님의 나라는 어떤 인간도 무시되고 차별받고 이용되어서는 안 되는 새로운 세상이기 때문이지요. 그러면 인간이 그런 행태를 보이는 까닭은 무엇 때문일까요?

교수 : 탐욕과 교만 때문이지, 다른 이유가 있겠는가? 그 때문에 거짓과 폭력이 발생하니까. 그래서 예수의 하나님 나라가 다시 태어나는 중생의 인간 혁명을 기초로 하여 전개되는 새로운 세상이라는 것이지. 탐욕과 교만과 거짓과 폭력이야말로 인간이 해결해야 할 영원한 과제이네. 그래서 우리가 예수의 하나님 나라 운동을 '새로운 생명

문화를 건설하는 문명사적 대전환의 이야기'로 알아들어야 한다고 말한 게 아닌가?

6

신학생 : 타자에 대한 사랑은 **"선한 사마리아 사람 이야기"**를 꼽으셨는데(눅 10:25~37), 이 이야기는 주인공이 유대인들이 경멸해 마지않는 사마리아 사람이기에, 당대에 무척이나 큰 쇼크를 주었을 것입니다.

교수 : 지금도 그렇지. 만일 이것을 현대로 옮겨 사마리아인을 무신론 유물론자인 공산주의자, 제사장과 레위인을 목사·신부와 장로로 말한다면, 기독교인들의 반응이 어떨까?

신학생 : 당장 그 입을 닥치라고 했을 테지요.

교수 : 미국 신학자 '로버트 M. 브라운'이 이 이야기를 그런 식으로 현대 미국으로 옮겨서 말했네(뜻밖의 소식). 1950년대 '매카시즘'(반공산주의) 광풍이 불던 미국 워싱턴 어느 골목 입구에서, 한 사람이 강도를 만나 두들겨 맞고 지갑을 빼앗기고 피를 흘리고 쓰러졌네. 잠시 후 목사가 걸어가다가 보고는, 예배 시간 때문에 못 본 척 지나갔네. 쓰러진 사람은 거의 실신 지경에 갔지. 한참 후, 자동차를 타고 상공회의소에 가던 장로가 그것을 보고는 더 달렸지. 이윽고 그 사람은 기절했네. 몇십 분 지난 후, 소련 대사관 직원인 유물론 공산주의자가 차를 몰고 가다가 그 사람을 발견하고는, 곧 정차하여 그 사람에게 가서 물을 마시게 하고 피를 닦아 준 후, 병원으로 데려가 돈을 지급하고 치료받게 했지. 그런데 돈이 모자라자 대사관 신분증을 맡기고는, 내일 다시 와서 더 든 비용을 내겠다고 하고는 돌아갔네.

신학생 : 예수 당시보다 더 충격적입니다. 그러고 보면 예수는 유대인들에게 충격을 주는 악취미를 가졌다고까지 말할 수 있겠습니다. 사마리아 문둥병 환자, 사마리아 여인, 그리고 이 이야기 주인공도 사마리아 사람이니까요.

신학생 : 그러면 지금 사마리아 사람을 어떤 사람을 상징하는 것으로 봐야 할까요?

교수 : 요한복음에서 사마리아 사람은 "귀신 들린 자", 곧 미친 자와 동격이네(요 8:48). 종교개혁시대에는 가톨릭과 프로테스탄트 교인이 서로를 사마리아 사람이라고 했지. 또 가톨릭이나 개신교나 자기네 노선을 지지하지 않고 엉뚱한 소리를 한다는 사람들을 사마리아인이라고 했네. 중세시대에 성행한 마녀사냥이나 유대인 박해나 종교개혁자를 이단으로 규정하고 처형한 것도 그런 것이었지.

사마리아인은 지금도 기독교에서 다른 종교인들이나 인종이나 국민을 차별하는 것을 정당화하는 구실로도 쓰이고 있네. 비록 말은 그렇게 하지 않아도, 인간의 비뚤어진 심성 속에는 그런 교만과 차별과 배타주의가 자리 잡고 있지. 모조리 내적 혁명 없는 돼먹지 못한 인간들의 특성이지, 다른 게 있겠는가? 폭력이고 살인이네!

신학생 : 그러니 예수가 충격적인 이야기를 통하여 유대인들의 우월감과 자만심을 통렬하게 꾸짖고 철저한 반성을 요구한 것이네요?

교수 : 그렇지. 이것은 누구나 잘 알고 있는 이야기니까, 요점만 말하는 게 좋겠네.

신학생 : 그렇게 하시지요.

교수 : 기독교인들은 곧장 선한 사마리아 사람 이야기로 들어가네만, 이것이 나오게

된 상황에 대해서는 별로 깊이 생각하는 바가 없는 것으로 보이네.

신학생 : 그런가요?

교수 : 자네도 알다시피, 이 이야기는 한 율법 학자(랍비)가 "무엇을 해야 **영생**을 얻겠느냐?"고 질문하면서 시작된 것이지. 예수는 율법에 무엇이라고 기록했고, 당신은 그것을 어떻게 이해하느냐고 묻네. 그는 율법 학자답게 '하나님 사랑과 이웃 사랑'이라고 대답하지(신 6:5; 레 19:18). 예수는 그의 대답이 옳다고 하며 실천하면 살 것이라고 말하네. 그러자 그가 내 이웃이 누구냐고 물어서 예수가 이야기를 들려준 것이지.

여기에서 우리가 쉽사리 지나치는 문제가 나오네. 부자 청년 이야기에서도 나온 것이지만(눅 18:18~30), 바로 영생 문제이네. 예수는 분명히 영생을 두 가지 계명을 실천하는 데서 얻는다고 말하네! 부자 청년 이야기에서는 십계명을 언급하지. 그러나 그가 사랑의 계명은 말하지 않기에, 예수는 재산을 가난한 사람들에게 다 나눠주고 자기를 따르라고 하지.

어떻든 영생에 대한 질문에 예수는 분명히 하나님 사랑과 이웃 사랑의 두 가지 계명을 실천하는 것이라고 하네. 이것이야말로 기독교인들에게 일대 충격이 아닐 수 없지. 복음서에 분명히 이렇게 나오는데, 또 다른 말을 하지. 그러면 예수의 말을 들어야 하는가, 아니면 바울을 비롯한 사도들의 말을 들어야 하겠나?

신학생 : 이야기로 보거나 사실과 진실로 보거나 예수의 말이지요. 바울을 비롯한 사도들의 견해는 예수 해석의 신학에서 나온 부차적인 말이니까요.

교수 : 영생의 문제는 아무도 확인하고 증명할 수 없는 신앙의 문제니까 그렇다 쳐도, 하나님을 온전히 믿고 사랑하는 사람은 자연히 이웃을 제 몸처럼 사랑하지. 하나님을 믿는 것이 직접 믿건 예수 그리스도를 통해서 간접 믿건, 같은 지점에 도착하네. 만일 예수 그리스도를 통해서 믿는다는 사람이 사람을 사랑하지 않는다면, 그게 과연 믿는 것일까?

신학생 : 아니지요. 그러면 선생님 말씀은 예수 그리스도를 믿지 않더라도, 하나님을 사랑하고 이웃을 사랑하면 영생을 얻는다는 것이지요?

교수 : 그것은 내 말이 아니라 예수의 말인데, 어떡하겠나?

신학생 : 그래서 이 이야기 전체는 지금도 기독교인들에게 충격이네요?

교수 : 그렇지. 아까 말한 대로, 이 이야기에서 제사장과 레위인을 기독교인이라고 한다면, 충격이 아닐 수 없지. 예수는 영생을 얻는 길을 묻는 율법 교사의 질문에 이 이야기를 하고는, "가서, 선생도 이같이 하십시오."라고 말하네. 영생은 내가 누군가의 이웃이 되는 데 있다는 것, 곧 사랑의 실천에 있다는 것이지.

신학생 : 그런데 예수는 하나님을 사랑하는 것은 말하지 않습니다.

교수 : 그것은 암시한 것으로 보겠네. 왜냐면 하나님을 사랑하는 것은 사람이 타자를 사랑하는 것을 통하여 우회하는 방식으로 사랑할 수 있기 때문이지. 사람을 사랑하지 않고 어떻게 하나님을 사랑하겠는가? 그것은 손쉬운 도피처일 뿐이네. 혼자서 하나님을 사랑한다고 말할 수도 있지만, 그것은 신비주의적 도피일 뿐 현실적인 것은 아니네. 그렇게 말한다면, 영지주의가 정통주의가 될 것이네.

그러니까 사람을 사랑하는 것이 곧 하나님을 사랑하는 것이네. 그것이 영생을 얻는 길이라는 것이지. 예수의 말을 어떻게 보더라도, 이것이지 다른 게 될 수 없네. 사람이나 생태계의 생명체를 아끼고 사랑하지 않는 인간은 비록 교황이나 신부나 목사라 해도, 그가 정녕 영생을 얻을 수 있을까? 예수를 믿고 따르는 기독교 신앙은 자기 생각이나 관념이나 신학의 문제가 아니라, 언제나 예수의 가르침에 근거해야 하네!

신학생 : 전에 말씀했듯이, 현대 보수주의 기독교의 좌장이라 할 '제임스 패커'는 "기독교: 참된 휴머니즘"이라는 책을 썼습니다. 물론 그가 말하는 휴머니즘은 하나님을 생략한 것이 아니라, 하나님을 공경하고 사랑하는 마음에서 인간을 사랑하는 것이지요. 흔히 휴머니즘 하면 하나님을 배척한 인간중심주의라고 오해하지만, 그런 뜻이 아니라는 것입니다. 그러니까 기독교는 휴머니즘이고, 이것이 영생의 길이지요.

교수 : 그렇지. 예수는 "이웃이 되어 주는 것"이라고 말하니까, 이웃은 타인들이 아니라 타자에게 구체적으로 선과 사랑을 베푸는 내가 이웃이라는 것이지. 그래서 예수는 유대인들이 생각해오던 기존의 이웃 개념과 정의(定義)를 완전히 뒤바꾼 것이네.

7

신학생 : 그렇습니다. 역시 타자에 대한 사랑의 문제를 다루는 **"양과 염소 이야기"** 는 마태복음의 특수 자료입니다(25:31~46). 흔히 이것을 "최후의 심판 이야기"라고 하는데요. 그러나 그렇게 되면 그때 가서 판별한다는 말이니, 현재에는 가만둔다는 이야기가 되어 예수의 의도를 왜곡하는 게 아닐까요?

교수 : 그렇기도 하지만, 그렇지 않기도 하네. 먼저 이것은 우리네 일상에서 하나님·그리스도를 믿는다는 사람들의 행동과 삶에 관한 이야기이기에, 최후 심판 이야기로

만 보면 큰 문제가 발생하지. 이 이야기의 초점은 항상 지금 어떻게 살아가느냐 하는 데 있네. 일상의 오늘 여기에서 사람을 사랑하라는 이야기이니까. 최후의 심판 때도 역시 일상의 오늘이지. 그래서 그렇기도 하고, 그렇지 않다고 말하는 것이네.

신학생 : 그렇군요. 이것도 기독교인은 누구나 아는 이야기이니, 핵심만 간추리지요.

교수 : 내 생각보다는 자네의 이야기를 듣는 게 좋겠네.

신학생 : 그럴까요? 양들과 염소들의 똑같은 말은 "우리가 언제?"입니다. 양들은 '우리가 언제' 주님이 주리고 목마르고 배고프고 나그네 되고 헐벗고 병들고 감방에 갇힌 것을 보고 대접했느냐 묻고, 염소들은 '우리가 언제' 주님을 그렇게 돌봐 드리지 않았느냐고 묻습니다. 그러자 주님은 그런 어려운 처지에 빠진 형제자매들이 바로 "나"라고 말합니다. 여기에는 신앙이란 말이 나오지 않지만, '주님'이란 말로 깔고 있지요. 하나님·그리스도를 직접 사랑하는 것이 아니라, 이웃을 사랑함으로써 사랑하는 것이니, 그래서 이것도 충격입니다.

또 여기에서 중요한 것은 하나님·그리스도는 매일 변장하고 다가오신다는 말이겠습니다. 특히 우리가 무시하고 경멸할 수 있는 보잘것없는 작은 사람들로요. 그런데 재미있는 것은 양들은 그것을 모르거나 의식하지 않는 채 사람을 대접하고, 염소들은 글자 그대로 믿으며 하나님·그리스도께서 자기들에게 오신 일이 없다고 합니다.

그러니 과일나무로 말하면 신앙이란 보이지 않는 뿌리이고, 사랑의 실천은 열매입니다(요 15:1~10 포도나무 비유). 뿌리 없이 줄기와 가지와 열매가 있을 리 없지요. 그래서 뿌리와 열매는 하나, 곧 신앙과 사랑은 하나라는 뜻입니다. 더 나아가 비록 종교적 형식인 신앙생활이 없더라도, 사람을 사랑하는 것은 그리스도를 대접하는 것입니다. 왜냐면 뿌리가 있어서 열매를 맺는 것이니까요. 그런 점에서 기독교는 마음과 생각과 시야를 넓혀야 한다고 봅니다. 세상을 바라보는 눈이란 게 꼭 기독교적 시각이나 기준만 있는 것은 아니니까요.

아시다시피 '톨스토이'의 민화에 "구두 수선공 마르틴 이야기"가 있지요. 몹시 추운 겨울날, 마르틴이 반지하 구둣방에서 가끔 창밖을 내다보며 일하다가, 청소부 노인과 사과 파는 노부인과 헐벗은 부녀를 발견하고 들어오게 하여 빵과 차를 대접하지요. 그런데 그날 밤 꿈에 그리스도가 나타나, 아까 자기를 따스하게 대접해주어서 고맙다고 합니다. 놀란 그가 무슨 말이냐고 하자, 그리스도는 그들이 바로 자기였다고 하지요. 꿈에서 깨어난 그는 복음서를 펼쳐 들고는 이 이야기를 읽습니다.

교수 : 자기를 세상의 꼴찌들과 동일시하는 예수야말로 어떤 차별 없이 인간을 소중히 여기는 태도를 드러내는 누구와도 형제가 될 수 있네. 그것이 예수의 진정한 휴머니즘이지. 앞서 우리가 현대 보수주의 신학의 좌장이라 할 '제임스 패커' 이야기를 했네만(기독교 참된 휴머니즘, 3장-3 참조), 그가 이해한 복음도 예수의 구체적이고 실제적인 자비의 휴머니즘이지, 공허한 그리스도론이나 인간 구원론이 아니네.

신학생 : 보수주의 신학계는 크게 정신 차려야 할 일입니다. 그야말로 평생 신앙생활을 했는데 마지막에 가서 염소들처럼 거부당하는 사태에 직면할 수 있으니까요.

교수 : 그러니 이것은 대단히 무서운 이야기이네. 20세기에 동유럽 국가의 공산주의 유물론자들이 오히려 예수를 새롭게 발견하는 기이한 현상들이 일어났네. '에른스트 블로흐'(기독교 안의 무신론: 한국어-저항과 반역의 기독교), '밀란 마코비취'(무신론자가 본 예수)인데, 그들이 본 것은 바로 이 이야기에 나오는 것처럼, 사회적 약자

와 자기를 동일시하는 예수의 진정한 휴머니즘이네. 예수의 가르침과 행동을 세상에 참된 내적(사상적), 외적 혁명을 일으키는 불꽃이라고 말하는 이 두 철학자의 도전은 지금도 새로운 것이네.

신학생 : 어떻든 양과 염소 이야기는 교조적 신앙이나 세상의 포로가 되어버린 기독교에는 혁명일 수밖에 없습니다. 기독교는 교회 안의 종교가 아닌, 인간과 세상을 하나님의 나라로 변화시키려고 예수 그리스도를 따르는 '사람들의 모임·공동체'이니까요.

교수 : 2천 년이 지났지만, 우리는 여전히 예수를 잘 모른다, 아니 제대로 따르고 있지 않다고 해야겠네. 그러니 이제부터라도 기독교인들이 '복음서 읽기 운동'이라도 해야 할 걸세. 교리의 창을 통해서 보고 믿는 예수가 아닌, '이 땅을 거닐었던 산 예수'를 알고 따라야 한다는 말이지. 복음서조차도 읽질 않으니, 도대체 어떤 예수를 믿는다는 것인가? 그런 점에서 마태복음 7:15~27의 말씀은 기독교인들을 향한 영원한 경고라고 봐야 할 것이네.

8

신학생 : "**아버지와 탕아(蕩兒)의 이야기**"입니다(눅 15:11~32). 이것은 유명한 이야기이지만, 자칫하면 율법, 곧 도덕 폐기론으로 들을 수 있습니다. 그러나 예수는 하나님의 사랑을 알고 실천하는 것이 율법과 도덕과 윤리의 진정한 성취에 이른다고 말한 것이지요.

교수 : 그렇지. 하나님의 나라를 말하는 예수의 마음에서 우선적인 것은 인간의 도덕과 윤리보다 하나님의 사랑과 선한 의지이지.

신학생 : 그러니 현대 신학자들은 '탕자(蕩子)의 비유'라는 말은 예수의 의도에 어긋난 제목이기에 '아버지의 비유'라고 해야 한다고 말하는데, 이야기의 핵심이 아버지로 상징된 하나님의 조건 없는 무한한 용서와 사랑이니까, 그것이 타당한 것으로 보입니다.

교수 : 그렇지. 예수가 말하는 구원이란 잃었던, 잠들었던, 혹은 죽었던 인간성의 회복이네. 다른 말로 하면, 인간이 자기 내면에 새겨진 "하나님의 형상"(창 1:27)을 온전히 회복하는 것이지. 하나님의 형상을 규정하기는 어렵지만, 바울이 "하나님의 형상이신 그리스도"라고 하는 것을 볼 때(고후 4:4), 예수 그리스도를 인간 안에 새겨진 하나님의 형상을 완전히 발견하고 실현한 분으로 말하는 것이기에, 무엇을 가리키는지 알 수 있네. 그리스도 예수는 인간 안에 새겨진 하나님의 형상이 담고 있는 하나님의 품성과 능력인 진실, 선, 아름다움, 자유, 사랑, 자비를 완전하게 드러낸 화신(化身)이라는 것이지.

그러니 구원이란 성령과 진리를 통하여 하나님의 형상을 회복하고 온전히 실현하는 일, 곧 인간의 인간화이지! 도대체가 예수 그리스도를 주님으로 믿는다는 사람들이 진정 하나님이 바라시는 인간다운 인간으로 다시 태어나지 않는다면, 그게 무슨 구원이란 말인가? 구원은 결단코 추상적인 테제나 심리적 자기 확신이나 객관적 검증의 증명이 필요 없는 것이 아니라, 가장 구체적이고 실제적인 것이네. 그렇기에 내가 '신앙은 과학'이라고 말하는 것이지. 외적이고 객관적인 존재 방식과 삶으로 하는 증명이 필요하니까.

우리는 어리석은 부자(눅 12:16~21)나 부자와 거지 나사로 이야기(눅 16:19~31)가 이방인들이 아닌, 유대인 이야기라는 것을 명심해야 하네. 우리에게는 기독교인 이야기이지. 기독교인들이 성서를 옛사람들의 이야기, 남의 이야기로만 안다면, 읽을 것도 없지. 성서는 도덕적 교훈집이 아니네. 기독교 타락의 근본은 성서를 지금 살아 계신 하나님께서 나에게 다가와 하시는 말씀이 아닌, 역사책이나 문학책으로 읽는 데서 발생하는 것이네.

신학생 : 그러니 성서를 오늘 나와 우리에게 육박해 들어와 때리는 하나님의 말씀, 예수의 목소리로 들을 때만, 기독교가 다시 자기 정체성을 찾을 것으로 보입니다.

교수 : 전에 자네가 말한 '하비 콕스'의 "예수, 하버드에 오다"라는 책도 이것을 말하지(7장 11 참조). 그는 예수를 기독교의 종조(宗祖)라는 틀에서 해방하여, 인류가 나아갈 길을 제시한 분으로 새롭게 본 것이네. 생각해보게. 도대체 예수를 기독교라는 틀 안에 잡아둘 수 있을 것 같은가? 복음서의 예수는 여전히 기독교를 넘어서 있네!

기독교가 기독교인 만들기나 선교라는 측면에서만 예수를 말하는 것은 지나치게 협소하고 편협하고 왜곡하는 태도이지. 중요한 것은 예수의 가르침과 삶이네. 예수의 비유도 얼마나 심오하고 폭넓은 가르침인가? 예수의 모든 가르침은 하나님의 나라, 곧 인간이 인간답게 살아가는 새로운 현실과 새로운 세계를 말하는 것이니까. 따라서 이제는 기독교가 진실로 자기 전향(轉向), 곧 회개해야 할 때이네. 사람을 '기독교인'이 아니라, 예수를 닮은 사람다운 사람, 곧 '그리스도인'을 길러내는 데 힘써야 하지. 그리스도 차원에 이르기까지 성숙하라는 게 아닌가(엡 2~4장)? 기독교인은 교회에 다니기만 하면 자동으로 되지만, 그리스도인은 성령과 진리를 통하여 내적 혁명을 일으킨 새로운 인간을 뜻하네.

전에 말했듯이, 기독교가 이 일에서 실패한다면, 앞으로 세상의 섬으로 고립될 것이네. 유럽 사회를 보게. 요한계시록에 매우 심오하고 충격적인 말이 나오네(3:20). "보아라, 내가 문밖에 서서 문을 두드리고 있다. 누구든지 내 음성을 듣고 문을 열면,

나는 그에게로 들어가서 그와 함께 먹고, 그는 나와 함께 먹을 것이다." '문'은 "라오디게아 교회"이지만, 모든 교회를 말하네. 그리스도가 교회라는 문 바깥에 서서 두드리며, 문을 굳게 잠그고 그 안에서 자기들만 희희낙락하는 기독교인들을 깨우고 있다는 뜻이지.

그리스도는 늘 신앙인의 변화를 촉구하고 있다는 말이네. 세상이 변하면, 교회의 설교와 교육과 선교 방식도 바꾸어야 하네. 나는 아직도 한국교회가 성서를 그 낡아빠진 구시대의 '개역 개정판'으로 읽고 있는 것이 변화를 완고하게 거부하는 태도의 하나라고 보네. 세상에(!), 21세기 사람들에게 1956년에 나온 번역판을 조금 고쳐서 읽게 하다니, 제정신인가!

9

신학생 : 이제 둘째 아들 이야기로 들어가지요. 이것도 다 아는 이야기이니까, 예수의 하나님 나라 측면에서 신학적 핵심만 짚고 넘어가지요. 문학적으로만 보더라도, 이것은 예수라는 이야기꾼의 진면목(眞面目)을 고스란히 드러내는 감동적이고 강렬한 단편 소설입니다.

교수 : 그것도 한 쪽지 분량의 미니 단편 소설이지. 이것을 '아버지의 비유'라 하는 것은 실상 주인공이 아버지이기 때문이네. 둘째는 주연급 조연이지. 이 이야기는 예수 가르침의 핵심, 곧 인간이 처한 비참한 현실, 완전한 하나님 이해, 인간의 변화 가능성, 새로운 인간관계와 생명 문화, 새로운 세계 창조의 방법 등, 하나님 나라의 참된 모습을 담고 있네. 이 이야기는 예수가 심오한 신적 체험이라 할 "근본 체험"(윌리엄 제임스-종교적 경험의 다양성)을 통해 새롭고도 완전하게 깨달은 사랑의 아버지이신 하나님의 모습을 드러내지.

물론 구약의 하나님도 본디 그러한 분이시라는 것은 말할 것조차 없네. 하지만 그때는 신에 대한 고대인들의 두려움과 공포 의식, 인지의 미발달과 지식 발전의 시대 문화적 한계, 무지, 편협한 율법주의와 민족주의의 편견 등으로 인해서 하나님의 참모습을 깨닫지 못하고, 그저 하늘의 엄정한 독재자와 사납고 무서운 심판자인 무척 까다로운 분으로만 인식한 것이지. 독재적 왕조시대에는 그러한 하나님 상이 효력을 볼 수 있는 시대였기 때문이네.

이를테면 가정교육과 비슷하지. 어릴수록 미숙하기에 배워야 할 게 많지 않은가? 특히 말과 예절이 그렇지. 그래서 갖가지 규칙을 지키며 상벌을 명확하게 하여 자라게 하네. 그런 후에 성장하는 아이의 이해력과 도덕성에 맞추어 자유의 영역을 넓혀주지. 대학생이 되면 일체 잔소리를 할 필요가 없네. 그때도 여전히 코치를 필요로 한다면, 그런 녀석의 버릇은 여든까지 갈 것이지. 그래서 아동 심리학자들이나 철학자들은 어린이를 7살까지만 제대로 훈육하면, 가정교육은 다 마친 셈이라고 말하네. "내가 알아야 할 것은 유치원에서 다 배웠다."라는 말도 이것이지(필립 체이스필드: 내 아들아, 너는 인생을 이렇게 살아라). 유치원이야말로 인생 대학원일세! 구약성서에도 그런 책들이 있지, '잠언'은 유대인의 청소년 교육 교재이고, '전도서'는 청년을 위한 인생론이지.

종교 심리학에서 보면, 구약성서 시대는 유아기와 청소년기와 청년기에 해당한다고 볼 수 있네. 그렇기에 법칙, 규칙, 법률, 명령, 순종, 경고, 절제, 위협과 협박, 상과 벌 등을 강제하고 감시하는 하나님의 준엄한 모습을 말할 수밖에 없었던 것이네. 물론 전부 다 그런 것은 아니지. 호세아나 예레미야에 이르면 심오한 하나님 이해가 나오네. 그러나 시대를 너무 앞서간 것이기에 별 효력이 없었지.

구약과 신약의 하나님은 전혀 다르다는 주장은 초기 기독교의 '마르시온'(서기

84~160년) 주의 이단이지. 마르시온은 구약의 야훼·여호와 하나님을 잔혹한 독재자요 괴물이고 예수의 하나님이 아니기에 버려야 하고, 마땅히 구약성서도 모조리 폐기해야 한다고 가르쳤지. 자기의 강의가 열풍을 일으키며 곳곳에서 수많은 추종자를 거느리게 되자, 그는 마침내 자기 마음대로 그때까지 나온 기독교의 여러 문서를 모아, 최초로 복음서를 비롯한 서신들을 모아 신약성서 목록을 선정했네.

그 때문에 화들짝 놀란 교회 당국이 골머리를 앓다가, 급히 모여 비로소 기독교 신약성서 경전 분류 작업을 하게 된 것이지. 복음서나 서신들에 구약 인용이 무척 많기에, 그의 말대로 구약을 폐기한다면 엉망진창이 되고 마니까. 그러니 마르시온은 자기도 모르게 교회의 신약성서 경전 작업에 혁혁한 공을 세운 '위대한' 이단이 된 것이지.

현대 영국의 생물학자도 그의 추종자라 하겠네(리처드 도킨스-만들어진 신). 그는 구약의 하나님을 그야말로 정신 이상자라고 하며, 아예 역사의 번제물로 바치려는 듯, 각을 떠서 죽여 놓고 있네! 이것은 여담이지만, 나는 책 장사 하는 출판사도 정신없는 사람들이라 하네. 어떤 출판사가 기독교 정통주의 책도 도킨스의 책도 내고 있는데, 도대체 뭘 어쩌라는 것인가? 제발 정신 차리기를 바랄 뿐이네.

우리가 알아야 하는 것은 신관(神觀)은 어쩔 수 없이 인간의 정신과 의식의 진화와 인지와 문화의 발달에 따라 달라지면서 더 분명하게 깨닫게 된다는 것이네! 예수가 그 정점이지. 예수의 십자가와 죽음의 한 측면은 지나치게 높은 신관 때문이네. 그것이 유대교의 신관과 충돌한 것이지. 이것이 이 비유의 핵심이기도 하네.

그리고 이것은 또한 기독교의 하나님 관념에도 엄연한 도전장이네. 기독교인들의 하나님 관념에서 예수의 아버지가 아닌 구약의 하나님 상이 대단히 많지. 그래서 목회자들은 구약성서로 설교하고 가르칠 때, 항상 조심해야 하네. 성서에 있으니까(!) 그대로 해야 한다? 그런 말은 오히려 하나님을 모독하는 짓이네. 항상 예수의 아버지 하나님을 중심에 놓고 구약의 하나님을 말해야 하네. 둘을 대립시키면 영락없이 마르시온 주의 이단이 되고 마네.

10

신학생 : 실로 신관은 인간의 심성과 심리, 성격, 인격, 인간관계, 세계관과 가치관과 인생관, 존재 방식, 생활, 삶까지 전반적으로 휘어잡고 영향을 끼치는 것 같습니다. 기독교 개혁자 '마르틴 루터'가 신부가 되고 나서도 하나님을 아버지라고 부를 때마다 땀을 흘리고 두려워했다는 것이 대표적입니다. 광부인 그의 아버지가 술만 취하면 어머니와 자기를 때리고 가재도구를 부수며 난리를 피웠기에, 아버지 하면 공포심만 남았다는 것이지요.

'칼릴 지브란'의 말인데요. "사과 속에 들어있는 한 알의 씨는 하나의 보이지 않는 과수원이다. 그런데 그 씨도 바위에 떨어진다면, 아무것도 아니다. 이스라엘의 옛날 하나님은 까다롭고 인정사정없었다. 그래서 이스라엘은 좀 다른 하나님이 필요했다. 부드럽고 용서하는, 그리고 불쌍히 여기는 마음으로 그들을 내려다 봐주시는 하나님!

그는 언제나 심판대에 앉아서 그들의 잘못을 저울질하고, 그들의 타락한 행실을 재고 있기보다는, 도리어 햇빛을 타고 내려와 그들의 불완전한 길 위를 함께 걸어주시는 분이어야 했다. 이스라엘은, 그 심정은 질투하지 않는 심정, 그 기억은 그들의 잘못을 잠깐밖에 기억하지 않는 하나님을 낳아 놓아야 했다. 그는 그들 위에 분노를 갚으시기를 3~4대까지 아니하시는 분이어야 했다.

그런데 이 예수라는 나사렛 사람은 사람의 영혼과 어떤 닮은 점이 있기에는 너무도 넓고, 큰 벌을 주기에는 너무도 잘 알고, 자기 피조물의 죄를 기억하기에는 너무도 사랑하는 하나님을 말해주었다. 그래서 이 나사렛 사람의 하나님은 대지의 아들들 문간에 들어설 것이고, 그들의 아랫목에 앉을 것이고, 그들의 담장 안에서 복이 되고, 그들의 길 위에서 빛이 될 것이다."(사람의 아들 예수)

교수 : 지브란은 위대한 시인이지. 이스라엘 민족은 옛날 사람들이었기에, 그때의 의식 차원에서 하나님을 말한 것이네. 지브란도 이것을 말한 것이지. 마르시온이나 도킨스와 같은 말이 아니네. 아버지의 비유가 이러한 하나님이시지. **죄인을 아무런 조건 없이 이미 무한히 용서하고 사랑하고 대접하시는 아버지!** 그러니까 예수는 하늘에 있는 무서운 유대인들의 하나님을 집으로 모셔 들여 친절하고 자상한 사랑의 아버지로 바꾸어 놓은 것이네. 곧, 본래 그러하신 하나님을(!) 독창적으로 깨닫고 말하고 가르치고 몸소 보여준 것이지! 그만큼 예수의 의식이 더는 그 위가 없는 최상의 차원에 이른 것이라는 말이네.

그래서 이 이야기는 예수의 하나님 관뿐만 아니라, 인간의 신관에 있어서 위대한 혁명과 정점으로 자리매김 되네. 이 이야기의 하나님은 기독교를 포함하여 예수 이후 하나님에 대한 모든 생각과 말을 판단하는 참되고 영원한 기준이네! 결단코 이전의 하나님 관으로 돌아갈 수는 없네. 그렇다면 예수를 부정해야만 하니까.

신학생 : 그래서 여기에서 주목할 것이 크게 두 가지라고 봅니다. 1) 아버지는 둘째가 집을 나간 그 날부터 매일(!) 대문 바깥에 나가서 아들을 기다렸다는 것입니다. 20절이 그것이지요. "그가 아직도 먼 거리에 있는데, 그의 아버지가 그를 보고 측은히 여겨서 달려가 그의 목을 껴안고 입을 맞추었다." 아들이 돌아오고 있다고 알려준 사람은 없었지요. 그것이 아버지의 가없고 애끓는 사랑인 자비(慈悲)입니다. 전에 말씀하셨듯이(2장-5), 자비는 어머니가 자식을 낳을 때 겪는 자궁의 고통을 의미하는 단어

에서 온 것이니까요.

교수 : 나는 이것을 읽을 때마다, 특히 '호세아'가 떠오르네(기원전 8세기 후반). 그가 말하는 하나님이 바로 이 이야기의 아버지와 같지. 그러니 호세아는 고대 이스라엘에서 하나님의 참모습을 깨달은 예언자요 신학자라 하겠네. 호세아의 하나님은 자식인 이스라엘의 타락과 방탕과 비참한 모습에 매일 울며 날을 지새우는 아버지이시지.

그런데도 돌아오는 말은 '아브(아버지) 싫어! 죄짓는 게 더 좋다고요!' 하는 말뿐이니, 그 터져나가는 심정을 무슨 말로 표현하겠나? 그러니 호세아서야말로 구약성서에 나오는 아버지의 비유라 하겠네. 거기에 나오는 아버지이신 하나님의 슬픔과 고통을 알고 느끼는 가슴만이 여기에 나오는 아버지의 마음을 알 것이네.

신학생 : 이 이야기의 아버지는 아들이 귀환했을 때 용서한 게 아니라, 이미 용서한 것입니다. 과거는 전혀 묻지도 않고, 무조건 용서합니다.

교수 : 따라서 이 이야기는 하나님에 대한 예수의 전혀 새로운 발견이고 해석이네. 물론 이미 호세아가 어느 정도 말한 것이지. 예레미야도 그러한데, 그의 책에 "내 눈에서 밤낮 눈물이 흘러내린다."라는 하나님의 말씀이 나오네(렘 14:17). 그는 이스라엘을 하나님의 "처녀 딸, 내 사랑스러운 백성"이라고 말하지. 그렇게도 사랑스러운 딸이 무지와 어리석음과 탐욕에 빠져 스스로 구정물 진흙탕에서 뒹굴고 있으니, 아버지 하나님의 심정이 어떠했겠는가?

예수가 하나님 아버지를 악인이나 선인, 의인이나 불의한 사람에게 햇빛과 비를 공평하게 비추고 내려주시는 분이라고 한 것도 이 이야기의 아버지와 같은 말이지(마 5:45). 예수는 이렇게 선언한 것이네. '더는 정죄하고 벌주고 심판하는 하나님은 없다,

인간의 죄와 악 때문에 슬프고 가슴 아프고 고통스럽더라도 기꺼이 감내하며 이미 용서하고 돌아오기를 기다리시는 아버지 하나님이 계실 뿐이다!'

11

신학생 : 그러면 사람들이 더욱 제멋대로 살지 않을까요?

교수 : 그렇지 않네. 예수는 인간을 믿은 것이고, 인간을 높이 평가한 것이네. 예수는 하나님의 무조건적 용서와 사랑을 체험한 사람은 죽어도 제멋대로 살게 되지 않는다고 믿고 본 것이지. 인격적인 하나님을 향한 인간의 인격적인 신뢰와 사랑! 이것이 예수의 가르침이네.

둘째가 그런 아버지의 사랑을 체험하고도 다시 방탕하게 살았을까? 상상할 수도 없지. 전에 자네가 삭개오 이야기에, 그가 어떻게 했는지 결론이 없다고 했는데, 반드시 자기 말대로 했다고 보아야 하지. 그러고도 하지 않았다면, 그는 그야말로 하나님도 구원하시지 못할 천하의 악당이 되고 마는 것이지.

우리는 예수가 인간을 얼마나 높이 평가했는지 깨달아야 하네. 그래서 세리들과 죄인들과 창녀들까지 사랑하며 밥을 같이 먹으며 즐거이 이야기를 나눈 게 아닌가? 그것은 자선이나 동정(同情) 윤리의 차원이 아닌, 순수하고 숭고하고 거룩한 사랑과 자비의 심정에서 자발적으로 나온 것이네. 예수는 하나님 아버지의 사랑과 인간의 심성을 인격적 차원으로 높이 올려놓은 분이지. 예수의 아버지 하나님 상은 더 없는 최상이네!

그런 사랑을 체험한 사람들이 이전의 삶을 돌아갔으리라는 것은 상상하기도 어려운 일이지. 물론 이따금 은혜를 배신하는 자가 있기는 하네. 그러나 그가 진정 은혜를 깨달은 사람일까? 아니네. 그런 일을 인간 일반으로 생각하면 안 되네. 바울도 그런 말을 하지. 그러면 이제 하나님의 은혜 아래 있게 되었으니, 마음 놓고 죄를 짓자는 그런 논리는 성립할 수 없다고(롬 6:15~16). 그러니 사랑의 하나님 아버지께 돌아가는 것, 곧 심정과 사고방식과 존재 방식과 인생의 방향 전환인 '회개'야말로 인간의 절체절명의 과제이지. 이것은 이제 개인의 문제를 넘어선 인류와 문명의 문제라네. 아버지 하나님은 지금도 대문 밖에 나와 인류가 돌아오기를 기다리고 계시지. 무조건적 용서와 사랑의 자비야말로 하나님의 성품이네.

신학생 : 그러니 "그림은 아는 만큼 보인다."라는 말처럼, 사람은 사랑의 아버지 하나님을 아는 만큼 자기와 인생과 타자를 알게 되는 것 같습니다.

교수 : 그렇지. 인간은 이토록 소중한 삶을 선물로 받아 사느니만큼, 진실로 사랑 속에서 행복과 자유와 기쁨과 생명을 충분히 누리며 살아야 하지. 그것이 성숙한 인간이니까.

신학생 : 주목해야 할 두 번째 것은 맏아들의 행동입니다. 그는 바리새파 사람 같은 율법주의자입니다. 그가 분노하고 심통을 내며 잔치 마당에 들어가지 않는 것은 율법 때문이지요. 율법의 논리에 따르면, 동생은 불효막심한 자식이고, 방탕한 놈이고, 타락한 종자이기에, 마땅히 율법에 따라 처벌해야 하지요.

교수 : 율법주의자인 그의 눈에 동생은 그저 창녀들과 놀아난 죄인이요 불한당이요 불량배이고 악인일 뿐, 인간이 아니네. 따라서 규탄하고 처벌하고 추방하고 아들의 지위를 박탈해야만 하지. 그런데 잔치라니! 율법주의자는 절대로 그것을 용인할 수 없지. 그에게는 율법이 하나님보다 위에 있기 때문이지. 아니, 그에게는 율법이 곧 하나

님이고, 하나님은 율법이네. 그러니 하나님도 율법을 지키는 한에서 하나님이신 것이지! 그에게 하나님은 인격적인 분이 전혀 아니네. 그러니 용서니 사랑이니 잔치니 하는 게 도무지 가당치 않은 것이지.

신학생 : 그렇다면 그는 자기가 '만들어낸 하나님'을 섬기고 있다는 말이 되겠습니다.

교수 : 그렇기도 하지만, 그렇지 않기도 하네. 성서에 따르면, 율법을 주신 분은 분명히 하나님이시네. 그러니 하나님도 율법에 따라 사람을 대해야 하시지. 당신이 지키시지도 않을 것을 주어서 지키라고 하면 자기모순이니까. 그런데 율법의 목적은 무엇인가? 조문대로 지키는 데 있는 게 아니지. 그럼, 법을 어기지 않으면, 누구나 다 도덕적이고 윤리적인 선인이고 의인인가? 법은 최소한의 것이네. 율법은 사람다운 사람으로 살아가라고 주어진 안내문이나 길 같은 것이네. 가정의 화목함이 가문의 법이나 아버지가 세운 규칙을 지켜서 이루어지는 일이던가? 그렇다면 공동묘지의 고요함일지언정, 행복한 가정은 아니지.

법보다 상위에 있는 것은 친밀한 심정과 사랑이 아닌가? 그것이 살아 있으면, 법이나 규칙은 있으나 마나 한 것이네. 그렇다고 해서, 그것이 전부 쓸데없다고 할 수도 없지. 왜냐면 인간은 약하고 탐욕스러우니까 말이네. 그래서 규제가 필요하지. 자식을 사랑한다고 나쁜 행동을 하는 것조차 용인한다면, 사랑하는 게 아니라 숫제 절망하고 패대기치는 것이지.

그렇다면 율법의 목적은 사람다운 사람으로 살아가게 하는 데 있는 것이니, 율법이 할 수 없는 것을 사랑이 한다면, 율법을 이룩한 것이 되지 않는가? 따라서 예수의 생각이나 의도는 무조건적 용서와 사랑을 통해서 변화된 인간은 절로 율법을 지키는 도덕적인 인간이 된다는 것이네. 도덕 폐기론이 아니지. 조건 없고 무한한 용서와 사랑과 자비의 인격적인 하나님을 아는 것은 율법의 완성이니까.

신학생 : 그런데 맏아들이 어떻게 했다는 말이 없습니다.

교수 : 그것은 듣는 이에게 해석의 자유를 준 것으로 보겠네. 들어가서 진실한 마음으로 동생을 끌어안았다면 자기를 살리는 일이 되었을 테고, 들어가지 않고 여전히 동생을 죄인으로 보고 꽁한 맘으로 살았다면 아버지의 마음을 후벼 파고 스스로 제 삶을 망쳤을 테지.

신학생 : 그러면 이 이야기가 예수의 수난과 십자가에 한 원인이 되었을 것입니다.

교수 : 그렇다고 봐야지. 그런 하나님이시라면, 더는 성전 제사도 율법도 필요 없다는 말이니, 당연히 그런 말을 퍼뜨리는 자를 죽여야 한다고 생각했을 테지.

12

신학생 : 예수의 비유는 오늘날에도 충격적이고 신선합니다. 많은 비유를 다루지 못해 유감입니다만, 우리가 나눈 대화가 오늘날 기독교인들의 가슴에 전혀 '뜻밖의 이야기'로 다가왔으면 좋겠습니다.

교수 : 이 아버지의 비유야말로 우리가 예수와 성서의 모든 것을 바라보는 기준이네. 아버지의 집, 곧 잃어버린 에덴을 다시 찾는 것, 죽었던 인간이 새로운 삶으로 부활하는 것, 이것이 예수의 하나님 나라이네. 그래서 예수야말로 가르침과 행동과 공생애를 통해, 인간의 참된 삶을 가리키며 보여준 인류의 영원한 구원자 그리스도이고

스승이고 구세주이지. 예수 자신이 하나님의 나라이네. 하나님의 나라가 무엇인지를 알려면, 예수를 보는 것으로 충분하고, 하나님이 어떤 분이신지를 알려면 예수를 보는 것으로 족하니까.

신학생 : 그리고 더 나아가 복음서 안에 있는 예수의 말이나 행동도 다시금 살펴봐야 할 것입니다. 그렇지 않으면 예수의 사상이 진화론적 발전을 보여, 전기와 중기와 후기로 나누어야 할 필요성까지 생기니까요. 그래서 무엇이 본래 역사적 예수이며 가르침과 행동이냐 하는 문제가 발생합니다. 이 아버지의 이야기가 시종일관 예수의 사상이라면, 이것과 합치되지 않는 모든 가르침과 행동은 예수의 것이 아니라, 초기 교회의 설교를 예수에게 소급하여 기록한 것이라는 말을 할 수밖에 없으니까요.

교수 : 그렇지. 아버지의 비유에서 무조건적 사랑의 아버지 하나님을 말하는 예수를 놓고 보면, 복음서에서 전혀 그 숭고한 사랑의 의식과 차원에 미치지 못하고, 분노와 경멸, 잔혹성과 저주와 보복까지 드러내는 예수의 언행은 다시 생각해야 할 것이네. 이런 것은 예수의 말과 비유와 행동 전체에 걸쳐서 나오는데, 지극히 왜곡되어 전와(轉訛)된 예수상이네.

일찍이 미국의 3대 대통령을 지낸 '토마스 제퍼슨'이나 '톨스토이', 그리고 20세기 후반 미국 학자 '스티븐 미첼'이 그런 작업을 했네. 왜 그런가 하면, 예수라는 분의 의식에 전혀 미치지 못하는 것을 예수의 언행이라 하는 것은 예수 모독이라고 보았기 때문이지. 물론 마땅한 부분도 있네. 어린이들을 막아설 때 분노하는 것이나, 어린이나 사회적 약자를 이용하고 억압하고 착취하는 일에 악담을 퍼붓는 모습은 이른바 '거룩한 의분, 거룩한 사랑'에서 나오는 예수의 참모습이지.

신학생 : 어떻게 보면, 행복한 인간이 되라는 것이 예수의 가르침일 것입니다. 행

복한 사람은 절로 품격 있게 사니까요. 그것이 하나님의 나라 안에서 사는 것이고요.

교수 : 그것도 개인을 넘어선 의롭고 거룩하고 자비로운 행복이어야 하지. 기독교는 개인주의 신앙이나 종교가 아니네. 그리스도인이 된다는 것은 공적(公的) 인간이 된다는 뜻이지. 그리스도인의 모든 사고(思考), 관념, 이념, 판단, 견해, 감정, 의지, 태도, 행동, 관계, 직업, 돈의 사용, 그리고 삶의 영원한 기준은 바로 예수이네(빌 2:5). 이것을 율법적 방식이 아니라, 성령을 통해 진리를 깨달은 자유롭고 깨끗한 심정이 가득 배인 사랑, 곧 예수를 닮은 숭고한 인격을 통해 드러내는 것이지. 그래서 "좁은 문, 좁은 길"이네(마 7:13~14).

12장
예수의 가르침 (1)

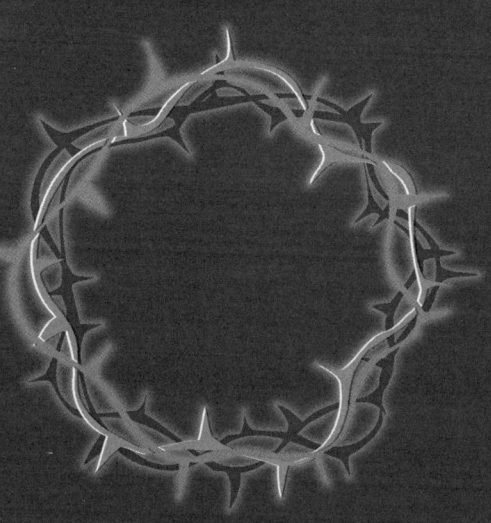

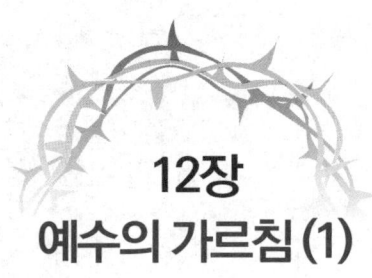

12장
예수의 가르침 (1)

1

신학생 : 앞으로 7차례에 걸쳐 예수의 가르침을 생각해보는 시간인데, 먼저 "산상수훈"을 생각해보고, 공관복음과 요한복음의 가르침을 선별하여 이야기하는 것이 좋겠습니다.

교수 : 그렇게 하지. '루돌프 불트만'의 "공관복음 전승사"는 독보적인 작품이네. 공관복음은 초기 제자들이나 목격자들이 전한 **예수 어록**(Quelle·Q 복음·자료, 마태와 누가에 공통으로 나오는 예수의 말)**과 행적의 전승(傳承)과 초기 교회의 설교**를 결합하여 추가와 수정과 개찬을 거쳐 확정한 것이라는 결론을 냈네.

마가는 주로 예수의 행적을 보도하고, 그 후에 나온 마태와 누가는 마가를 기본 자료로 하여 공통 어록(Q)과 각기 독자적으로 수집한 '특수 자료'를 추가한 것이라는 말이지. 그러나 그런 문제는 우리가 다룰 사안이 아니니, 오늘은 공관복음에서 예수 어록의 집약이라 할 수 있는 마태복음의 산상수훈에서 '팔복'만 다루는 게 좋겠네.

그런데 요한복음은 워낙 처음부터 예수 그리스도에 대한 요한 기자와 공동체의 신앙과 해석과 고백과 증언의 신학으로 전개되고 채색된 것이기에, 역사적 예수의 가르침이라고 말할 수 있는 것을 구별해내기 어렵네. 그렇다고 해도, 예수의 숭고한 인격과 깨달음의 드높은 경지와 삶을 전체적으로 볼 때, 능히 예수의 가르침으로 여겨야 하는 것이 많다고 볼 수 있으니까, 전체를 다루기보다는 간단한 경구 같은 것만 뽑아서 생각해보는 게 좋을 것 같네.

처음에 예수를 '**전체적인 인간, 통전적(通典的)인 인간**'으로 봐야 한다고 했는데, 오늘날 사람들이 이 용어를 이해하기 곤란한 것은 그런 사람이 없기 때문이네. 예수는 '시인, 예언자·철인, 현자, 교사, 영혼과 세상의 혁명가, 진리를 깨달은 자, 신의 신성한 어른과 어린이' 등, 다면(多面)의 얼굴로 폭이 넓고 깊고 높아서, 특정한 인간의 틀에 넣기 어렵지. 그래서 예수의 진면목(眞面目)을 알려면, 공관복음과 요한복음을 통합하여 보아야 하네.

그런데 그 모든 다양한 면모를 아우르는 **하나의 얼굴**을 말하자면, **하나님의 나라 운동을 한 예수**라는 것이지! 그래서 단순히 웃는 얼굴 하나인 하회탈보다는, 중국의 경극(京劇)에 나오는 가면(假面)을 생각하면 좋을 것이네. 배우의 얼굴은 하나이지만 형형색색의 가면을 연출하는 것같이, 예수의 얼굴은 하나님의 나라 운동이라는 하나의 얼굴에 '시인, 예언자·철인, 현자, 교사, 영혼과 세상의 혁명가, 진리를 깨달은 자, 신의 신성한 어른과 어린이'가 상황에 따라 표현된 다양한 색깔의 가면과 같다는 말이지.

신학생 : 이에 대해서 지난 시간에, 예수는 유대인들에게 무서운 하나님과는 전혀 다른, 인간을 너무나도 사랑하는 새로운 하나님을 말해주었다고 한 '칼릴 지브란'의 말을 더 들어보는 게 좋겠습니다. 제가 읽어보겠습니다. "그는 밤중에 타오르는 산이었고, 또 먼 산 뒤에서 비쳐오는 부드러운 광채(光彩)였고, 공중에 몰아치는 폭풍이었고, 동틀 무렵 안개 속에서 속삭이는 속삭임이었다. 그는 산꼭대기에서 평지로 쏟아지며 만나는 모든 것을 무너뜨려 버리는 급한 강물이었다. 그러면서도 그는 어린이들의 웃음소리 같았다."(사람의 아들 예수)

시인인 지브란도 사랑으로 이룩되는 하나님의 나라를 가르치고 보여주며 산, 한 얼굴의 예수가 상황에 따라 드러낸 갖가지 변형된 얼굴을 보았는데, 2천 년을 예수 그리스도를 믿고 이해하고 따른다고 해온 기독교는 여전히 제대로 알지 못한다고 해야겠습니다.

교수 : 그렇지. 예수를 올바로 알고 신뢰하고 따르고 사랑한다면, 어떻게 기독교 역사나 오늘날 그렇게도 왜곡되고 망가지고 추한 모습을 드러내겠나? 한국 개신교에 유난히 이단이 끊임없이 출현하는 것도 교회의 책임이네. 하나님의 나라라는 예수의 핵심적이고 전체적인 가르침과 주제(theme)를 파악하여 가르칠 줄 모르고, 이원론적인 영혼 구원이니 기복주의니 "교회의 대원수인 값싼 은혜"(본회퍼-나를 따르라)니 교양강좌 같은 행태를 보이니, '귀에 걸면 귀걸이, 코에 걸면 코걸이'(耳懸鈴鼻懸鈴)라는 식의 갖가지 해괴망측한 해석과 선전이 나올 수밖에 없지. 아마 이단을 따르는 사람들 대부분이 복음서조차도 제대로 읽어보지 않았을 것이네. 읽었다 해도, 통전적으로 읽지 않아 전체적이고 깊은 이해가 없어서 예수를 모르기에, 갖은 교묘한 언사에 쉽사리 끌려가는 것이지.

신학생 : 앞에서 말씀하신 것과 같이, 이제 교회에서 '복음서 읽기 열풍'이 일어야 할 것 같습니다. 예수를 알아야 닮고 따를 수 있으니까요. 개신교가 지금도 그렇게 '믿음'을 강조하는 것은 한참 시대에 뒤떨어진 사태라고 봅니다. 히브리서 기자도 믿음은 "초보적 교리"라고 하지요(히 6:1). 어떤 아들이 아버지에게 '아버지 믿어요.'라고 말하는 것은 좋지만, 밤낮 그런다면 믿지 않는 것이고, 나아가 아버지를 믿을 수 없는 사람으로 보는 것이나 마찬가지가 아니겠습니까? 아들은 아버지에게 믿는다는 말을 할 필요가 없습니다. 왜냐면 부자지간은 이미 신뢰와 사랑으로 얽혀 있으니까요.

교수 : 에베소서 기자도 믿는 일과 아는 일에 하나가 되어 그리스도의 차원에 이르

기까지 자라야 한다고 하지(엡 4:13~15).

신학생 : 어느 책에서 읽은 초기 기독교 교부(教父)인 알렉산드리아의 신학자 '클레멘트' 이야기인데요. 한 번은 어떤 그리스도인이 그가 누군지 모르고 예수를 믿으라고 전도했답니다. 그러자 그는 "나는 예수를 믿지 않습니다. 예수를 아니까요." 하고 말했답니다. 대단한 사람입니다. 알면 믿을 필요 없습니다. 모르기에 믿는 것이지요.

교수: 이런 말은 부끄럽지만, 20세기 초반 일본의 평신도 신학자와 저술가인 '우찌무라 칸조'의 "로마서 강의"를 보면, 그런 점에 관한 말을 시작하면서 전개하네. 부끄럽다는 말은 서양이나 한국의 어떤 신학자도 그런 식으로 이해한 일이 없기 때문이지. 나는 그의 생각이 아주 독창적이고 탁월한 견해라고 보네. 그는 로마서는 물론, 신약성서를 이해하는 것을 미술관 관람하는 것에 비유했네. 관람하려면 들어가는 순서가 있지 않은가?

신학생 : 그렇지요.

교수 : 어떤 순서인가?

신학생 : 미술관에 가서 마당에서부터 시작하지요. 표를 끊고 현관에 들어섭니다. 그다음 안내문에 따라 각 방에 진열된 작품을 보며 설명을 읽습니다.

교수 : 칸조는 로마서가 미술관을 관람하는 것 같다고 하네. 1장 인사말은 마당, '믿음'과 인류의 상황은 표를 끊고 현관에 들어선 것, 2장은 진열된 작품 전시에 관한 전체적 해설을 기록한 안내문, 3장부터는 작품이 진열된 각 방이네. 그렇게 차례로 관람하는 것이지. 그러니 그가 말하는 믿음이란 기독교인의 첫걸음이지, 중간이나 끝이

아니라는 것이지. 믿음으로 시작했으면, 그다음부터는 각 장을 깊이 감상하며 이해하고 깨달아, 그 가르침으로 물들어 변화되어야 한다는 것이지. 중간이나 끝에 가서도 여전히 믿음 타령만 한다면, 안내문만 읽고 나오는 것 같이 우습기 짝이 없는 일이지.

믿음은 그리스도인 삶의 시작이고 기초이지. 그다음부터는 신약성서를 읽고 또 읽어 복음의 진리를 이해하고 깨닫는 과정이 깊어져 인격이 성숙해야 하는 길이네. 그런데도 여전히 믿음만 말한다면, 초보에서 벗어나지 못한 유치한 일이지. 믿음에서 앎으로, 앎에서 깨달음으로, 깨달음에서 변화된 성숙한 인격으로 나아가는 것이 그리스도인의 길이네.

예수도 자기를 "길"이라고 하면서, "진리와 생명"이라고 하지(요 14:6). 이 말을 하나하나 분리해서 읽으면 그와 같은 것이네. 길에서 진리로, 진리에서 생명으로! 길을 걷고 배워 알아 진리를 깨닫는 목적은 생명을 얻는 데 있는 것이니까. 그러니 예수를 향하여 밤낮 '믿습니다!' 하면, 듣는 예수가 좋아할 리가 없질 않겠는가? 게다가 성숙한 인격은 없는데 노상 그런다면, 더욱 좋아할 리 없지.

신학생: 그렇지요. 그렇다면 믿음은 태어난 것, 앎은 배우고 익히며 성장하는 어린이나 청소년이나 청년 시절, 깨달음은 성숙한 어른이 되는 것, 생명은 생의 열매를 맺는 것에 비유할 수 있겠네요?

교수: 그렇지. 밤낮 어린애 신세로 머무르면, 어찌 그리스도인의 삶이겠는가? 유치(幼稚)하다는 말은 '어린 벼'를 말하네. 어린 벼가 자라서 가을에 결실하여 추수하는 게 아닌가? 기독교도 그런 것이네. 언제나 자라지도 않는 어린 벼에 머문다면, 결실이 어디 있겠나? '니체'는 사람이 진리를 깨달아 참된 인간이 되어가는 과정을 "낙타와 사자와 어린아이"로 비유했지(차라투스트라는 이렇게 말했다). 낙타는 노예나 일

반인, 사자는 용맹한 신념과 이상과 분투의 인간, 어린이는 진리를 깨달아 순결한 마음을 지니게 된 현자를 가리키네. 인간이 걸어가야 할 단계를 말한 것이지. 제1 이사야(11:5~9)와 예수(막 10:13~16)가 말한 어린이라는 상징적 언어도 이것을 말하네.

2

신학생 : 그러면 산상수훈의 첫머리부터 짚고 넘어가야지요(5:1~2). 이것은 매우 중요한 말인데, 사실 이 구절이 보여주는 그림을 깊이 이해하는 것이 예수의 가르침을 깨닫는 관건으로 보입니다. **"예수께서 무리를 보시고, 산에 올라가 앉으시니, 제자들이 그에게 나아왔다. 예수께서 입을 열어서 그들을 가르치셨다."**

마치 느린 화면을 보는 것 같이 썼어요. '보고, 올라가고, 앉고, 나아오고, 입을 열고, 가르치고' 하는 과정을 천천히 말합니다. '입을 열고'는 굳이 쓰지 않아도 될 말인데 썼습니다. 그만큼 존경의 염으로 스승의 모습을 우러러보고 배우려는 심정이 가득 묻어나는 표현입니다. 그렇다면 스승이 입을 열지 않고 가만있는 것을 유심히 지켜봐도, 무엇인가 배우고 깨우칠 수 있다는 것을 암시하는 것 같기도 합니다.

교수 : 그렇지. 스승은 말로만 가르치는 것이 아니니까. 예수라는 스승의 존재 자체가 진리의 현시(顯示)인 것이지. 이 구절에 대해서는 다른 종교의 경전을 참고하여 이해하는 것이 좋겠네. 힌두교 "우파니샤드"(Upanisad)와 불교 "금강경"만 생각해보도록 하지. 우파니샤드란 "스승 가까이 앉는다."라는 뜻이니까, 마태 기자와 같은 말이네. 우파니샤드는 진리를 깨달은 스승의 가르침을 듣고 깨우쳐 나가는 제자 사이의 대화를 그린 책이네.

금강경은 "이같이 나는 들었다."(여시아문·如是我聞)라는 형식으로 말하는 어느 제자가 증언하는 형식이니까, 우파니샤드와 같은 말이지. 그 첫머리 역시 아주 느린 화면을 보는 것 같네. 고타마 붓다가 탁발하러 직접 자기 바리때를 '들고, 일어서서, 걸어, 도시로 들어가, 음식을 받고, 감사하고, 돌아와, 다시 자기 자리에 앉아, 묵묵히 밥을 먹고, 다 비운 후, 그릇을 씻고, 옆에 놓은 다음, 명상한 후, 입을 열어 제자들을 가르치네.' 스승의 고요한 행동 하나하나가 진리를 가리키는 것이라고 보기에, 그런 식으로 세밀하고 느리게 기술한 것이지.

둘 다 스승에게서 진리를 배우려는 제자의 기본적인 진지한 태도를 말하네. 진리의 스승을 멀리해서는 아무도 진리를 깨우칠 수 없는 법이니까. 그런 점에서 진리의 스승은 도약대(跳躍臺), 곧 제자가 밟고 올라가는 발판이라 하겠네. '공자'의 "후생가외"도 그런 의미심장한 말이지(後生可畏, 후세대를 두려워할 만하다. 논어-자한 편). 그러니까 자기를 후세대를 위한 밑거름으로 내놓는다는 뜻이지. 아무도 후세대를 속일 수 없는 데다가, 자기보다 더 높이 솟구칠 수도 있는 미래의 동량(棟樑)이니까, 스승의 자리가 조심스러워질 수밖에 없지.

20세기 중국의 문인 '루쉰'은 이렇게 말했네. "청년들아, 나를 딛고 오르거라."(서간집) 자기를 기꺼이 신세대의 발판으로 내주는 도량과 겸허함을 보게나. 진정한 어른이라 하겠네. 이 땅에 이런 어른이 많으면, 밝은 미래가 있을 것이니, 얼마나 좋겠는가? 진리를 깨달은 스승이 누구인가? "제자와 사람들의 먹이(victim)가 되어 주는 사람이네."(앙리 슈브리에-참다운 제자). 그러니 스승은 도약대요 발판이지. 사람들에게서 숭배받으려 하는 자는 죄다 도둑놈에다 날강도일세!

예수의 십자가라는 것이 무엇인가? '나는 너를 섬기는 영원한 종이다, 나는 죽어도 너는 살아라, 나를 잡아먹고 너는 살아라, 나를 짓밟고 너는 올라가라, 너는 나보다 더 높이 솟구쳐라.'라는 말이 아니겠는가? 얼마나 큰 어르신인가? 그런 점에서 예수가 진리의 스승이고, 세상의 구원자 그리스도라는 것이지. 기독교인들의 큰 문제와 질병이라 할 것은 예수에게서 배우려는 탐구심과 학구열이 부족하다는 것이네.

신학생 : 산상수훈의 서언이 그렇게 심오한 뜻을 지닌 줄 몰랐습니다. 갑자기 마음이 숙연해지고 고요해지는 것 같습니다.

교수 : 복음서든 성서든, 경전을 읽을 때는 '마음 다함'(mindfulness)이 필요하네. 여느 책들을 읽을 때와는 다른 마음가짐이 있어야 하지. 기독교인들은 유대인들이 '토라'(Torah, 오경을 말하지만, 히브리 성서 전체)를 "글로 쓰인 하나님"이라고까지 말하는 심정과 전통에 깊이 공감하는 바 있어야 할 것이네. 유대인들은 지금도 어린이들이 히브리 성서를 읽을 때 일일이 손가락으로 짚어가면서 소리 내어 읽게 하지. 그러니까 산상수훈 서언은 진리의 스승 가까이 다가앉아, 그의 입과 눈과 표정까지 바라보면서 마음을 다해 경청하는 태도를 말하는 것이지. 그럴 때만 진리의 불꽃이 내 가슴으로 튀어 불이 붙네.

신학생 : 누가복음에도 그런 장면이 나오는데, 마리아가 "주님의 발 곁에 앉아서 말씀을 듣고 있었다."라는 말입니다(눅 10:39). 그녀는 그윽한 사랑과 존경과 흠모의 심정에 젖어 예수의 얼굴을 바라보며, 한마디라도 놓칠세라 귀를 기울이는 제자다운 태도를 드러냅니다.

교수 : 그래서 예수가 마리아가 "좋은 몫"을 택했다고 칭찬한 것이지(눅 10:42). 마음을 다해 스승을 바라보고 귀를 쫑긋 세우고 듣는 것이 첫 번째라네. 듣는 것이 시원치 않으면, 사는 것도 형편없게 된다는 것은 우리가 다 아는 것이지. 지난번에 순종·복종이란 뜻의 히브리어 '샤마'(shama)는 '쉐마'(shema, 듣는다)에서 온 단어라 했네. 순종은 귀를 기울여 듣는 데서 시작된다는 말이지. 듣지 않는 것은 불순종으로 이

어지고, 불순종은 죄와 타락으로 나타나네. 그러니 신앙인의 삶에서 관건은 경청(敬聽)에 있는 것이지.

3

신학생 : 산상수훈은 첫머리부터 대단히 의외의 사태입니다. 저는 이것을 **'예수의 행복론'**으로 보고 싶습니다.

교수 : 좋은 생각이네. 모든 인간이 근본적인 인간 혁명을 이루어서 자기부터 행복을 누리고, 타자를 사랑하며 평화롭게 사는 새로운 세계가 예수가 말하는 하나님 나라이니까, 당연한 순서이네. 생각해보게. 사람이 행복한데, 어찌 남에게 모질게 하겠나? 불행한 사람만이 타인을 거칠게 대하는 법이네. 거친 태도는 자기가 지금 불행하다는 것을 광고하는 것이지.

그래서 예수가 첫머리에서부터 참된 행복의 길을 말한 것이네. 세상이 이토록 불행한 것은 무슨 심오한 종교적 가르침이나 형이상학적 철학이 없어서인가? 아니지. 사람들이 행복하지 못해서 나타나는 병적 증상일 뿐이네. 예수의 행복론은 마음의 근원적인 혁명과 타자와 맺는 새롭고 인간다운 관계의 근본 형식을 말하지. 그래서 사람들이 좋아하고 바라는 게 전혀 없네.

신학생 : 그런데 누가복음은 산상수훈을 이리저리 퍼뜨려 놓았을 뿐만 아니라, 행복론도 마태와는 매우 다른데, 그것을 어떻게 이해해야 하겠습니까?

교수 : 흔히 신학자들은 마태 기자가 예수의 행복을 지나치게 정신화시켰다고 하지. 누가 기자는 사회학적 차원에서 다룬 것이기에, 이것이 역사적 예수의 본래 가르침일

것이라고 말하네. 누가 기자의 복과 화(禍)는 "마리아의 찬가"와 같은 성격이기에(눅 1:46~55), 전형적으로 예언자적 발언이니까.

그러나 그렇게 무 자르듯, 구별해서 보는 것은 단견(短見)이라고 생각하네. 마태 기자는 하나님의 복이나 나라가 정신의 혁명에서부터 이루어지는 것을 밝히려는 예수의 의도를 드러낸 것이고, 누가 기자는 하나님의 복과 하나님의 나라가 그에 대한 사람들의 태도 때문에 어쩔 수 없이 그렇게 갈라질 수밖에 없다고 말한 것으로 보아야 하지.

어찌 하나님이 사람의 태도 여하도 고려하지 않고, 무조건 복과 화를 내리신다고 할 수 있겠나? 그러면 하나님의 독재 정치이고, 하나님의 나라라는 것도 역시 역사에서 일어난 정치와 사회 혁명과 하나도 다를 게 없지. 하나님의 나라가 사회 정치적 전복 사태라면, 그 혁명에 성공한 세력이 계속 본래의 혁명 정신을 드러낼 것 같은가? 아니지. 그들이 곧 혁명에 대한 반동과 기득권 세력이 되고 말지. 예수는 절대로 흑백론자나 이원론자가 아니네.

따라서 마태와 누가의 복은 통합해서 이해해야 하네. 왜냐면 그간 이야기했듯이, 하나님의 나라는 인간 혁명에서 시작되어, 경제적 평등과 사랑·자비의 새 정신과 진리에 기초한 의롭고 거룩한 세계 혁명이기 때문이지. 그렇기에 마태와 누가에서 어느 한쪽이 옳다 하며 한쪽만 취한다면, 정신적 신비주의나 부조리한 혁명 주의로 귀착할 뿐이네.

그러나 마태 기자도 자비와 평화와 의의 실천을 말하기에 정신화 작업으로만 볼 수 없고, 누가 기자도 앞에서 제2 이사야(눅 3:4~6)와 제3 이사야 예언자의 말을 인용한 것을 보면(눅 4:18~19) 사회 혁명을 말한 것으로만 볼 수 없다네. 제2 이사야는 높고 낮음이 없는 평등한 인간과 평등한 사회 질서를, 제3 이사야는 영적이고 사회적인 차원을 아우르는 진정한 혁명의 사회 질서를 말하니까. 이 두 가지 관점을 통합한 것이 '예수의 기도문'이지(마 6:9~12; 눅 11:2~4). 하나님의 나라에 관한 예수의 복음은 정신과 몸과 삶을 통합하고 혁신하여, 새로운 인간과 새로운 세계를 건설하는 것을 목표로 하는 것이네.

신학생 : 그렇군요. 마태의 행복론을 흔히 팔복(八福)이라지만, 깊이 들여다보면 이복(二福)이라는 생각이 듭니다. 왜냐면 **"마음이 가난한 사람, 슬퍼하는 사람, 온유한 사람, 의에 주리고 목마른 사람"**이나, **"자비한 사람, 마음이 깨끗한 사람, 평화를 이루는 사람, 의를 위하여 박해를 받은 사람"**이나, 서로 같은 부류의 사람이라고 볼 수 있으니까요.

교수 : 잘 보았네. 듣는 사람들을 고려하여 더 넓게 펼친 것이라고 볼 수 있지. 물론 그런 식으로 펼친다면, 10개도 20개도 될 수 있네.

신학생 : 그러면 팔복을 산상수훈이나 예수의 모든 가르침의 요약이라고 봐도 되겠습니까?

교수 : 그렇게 생각할 수 있네. 그러나 예수가 한 문장으로 말한 것이 있으니, 그것 하나만 실천해도 되는 것이지. "너희는 무엇이든지 남에게 대접을 받고자 하는 대로, 너희도 남을 대접하여라. 이것이 율법과 예언서의 본뜻이다."(마 7:12)

이것은 하나님을 닮으라는 말로 담을 수 있네. "하늘에 계신 너희 아버지께서 완전하신 것 같이, 너희도 완전하여라."라는 마태 기자의 말이나(5:48), 이것을 "너희의 아버지께서 자비로우신 것 같이, 너희도 자비로운 사람이 되어라."라고 바꾼 누가 기자의 말도 하나님을 닮으라는 말이지(6:36). 완전한 것은 자비로운 것이고, 자비로운 것이 완전한 것이니까.

그러나 마태의 기록을 인간에게 결코 불가능한 새로운 율법을 강요한 것으로 보아서는 안 될 것이네. 왜냐면 인간의 도덕적 꿈과 이상은 그처럼 높아야 하니까. 완전한 차원을 자기의 도덕적 이상으로 설정하는 사람은 끊임없이 배우고 노력하고 정진할 것이네. 죽는 그 날까지 포기하고 정지하는 일이 없겠지. '나는 못난이야. 아무리 해도 안 될 사람이야.' 하면, 해보지도 않고 지레 포기하는 것이 아닌가?

4

신학생 : 그러면 여덟 가지 복을 이야기해보지요.

교수 : 서로 이해하고 있는 것을 나누기로 하지. 우리가 먼저 고려해야 할 것은 예수는 지금 지식인 유한(有閑) 계층을 상대로 설교하는 게 아니라는 점이네. 청중은 궁핍하고 소외된 갈릴리 민중이지. 그래서 누가 기자가 복과 화를 선포하여 위로하고 격려한 것이네.

그런데 예수는 그런 사람들에게조차 '마음의 가난'을 말한 것이지. 가난하니까 먹을 것 입을 것 등이 태부족하여, 병들거나 소외당하거나 좌절하고 절망하고 사회적 복수를 감행하기도 쉽지. 그러니 마음의 가난은 먼저 가난한 사람의 그러한 현실적 처지를 헤아려야만 이해할 수 있네.

마음의 가난은, 매일 빵이 여의치 못해, 근심과 불안과 두려움과 슬픔과 고통에 젖어서 사는 몹시 궁핍한 사람이 걱정 없이 빵을 먹고 살기를 바라는 것처럼, 그와 같은 절절한 심정으로 하나님과 진리를 갈망하며 자신의 참모습을 찾아 인간다운 행복을 누리며 살아가려는 내면의 깊고 뜨거운 소망을 말하네.

그런데 이런 마음을 내는 게 워낙 어려운 일이지. 왜냐면 사람들이 본능적으로 밤낮 구하는 것은 빵, 곧 물질의 풍요니까. 성공이니 영광이니 영화니 하는 것도 다 여기에 포함되네. 하여튼 마음이 가난한 사람은 지금 "하늘나라가 그들의 것", 곧 하나님의 나라 안에 들어간 사람, 하나님의 나라를 소유한 사람이네(마태에서 하늘과 하나님은 같은 뜻). 바꾸어 말하면, 그는 하나님의 소유가 된 사람, 하나님 안에 있는 사람이지.

그래서 마음의 가난은 '참된 인간'이 되려는 절절한 갈망이라 할 수 있네. 산상수훈, 아니 예수의 모든 가르침은 '개인'이 되라는 것이 아니라, '인간'이 되라는 것이네. 개인과 인간은 차이가 크네. 개인은 특별한 상황, 곧 특별한 나라와 종교와 관념과 문화와 체제의 사람이지만, 인간은 그것을 넘어서 세상 전체를 바라보며 끌어안고 살아가는 사람이기 때문이네.

일례로 예수를 생각해보게나. 예수는 개인이면서도 개인이 아니네. 예수는 개인을 넘어선 참된 인간, 곧 "새로운 존재"이네(폴 틸릭-The New Being). 예수를 보는 것은 모든 인간이 되어야 할 참인간, 새로운 인간을 보는 것이라는 뜻이지. 그렇기에 세상에 '개인'은 많으나, '인간'은 많지 않다고까지 말할 수 있지. 개인은 언제나 온갖 탐욕의 총체인 자아(自我, Ego)의 명령과 지시에 따라서 끊임없이 타자와 대립하며 이기적 갈망과 경쟁과 투쟁 속에서 살아가네. 그것이 어쩔 수 없는 개인의 상황이지.

이런 상황을 넘어선 사람이 바로 인간이네. 인간은 개인의 결과가 어떤 것인지를 통찰하고 이해하여, 그 무지하고 어리석고 부끄럽고 가벼운 존재 방식을 넘어선 사람이네. 그렇기에 예수가 말하는 행복론의 처음인 '마음의 가난'은 참된 인간이 되려는 마음이지. 이런 가난한 마음 하나만 품고 살아도, 예수의 모든 가르침을 따를 수 있을 것이네. 따라서 산상수훈은 가난한 마음으로 지금 하나님의 다스림(나라) 안에 들어간 사람이 걸어가는 삶의 길이라 하겠네.

신학생 : 중국 출신의 미국 문인 '임어당'은 "사상은 배때기에서 나온다."라는 말을 했는데요(생활의 발견), 대단히 중요한 생각으로 보입니다. 부유한 데서는 사상이랄 게 별로 나오지 않으니까요. 물론 그는 학문을 말한 것이라기보다는, 진실로 인간을 살리고 구원하는 사상을 가리킨 것이라고 봅니다.

교수 : 좋은 말을 인용했네. 그런 생명 사상은 곯는 배를 움켜쥐거나, 그렇지 않더라도 자발적 단순성과 소박하고 검소한 생활을 하면서, 정신의 심층에 가 닿아야만 나오는 것이지. 잔뜩 주린 배때기가 음식을 갈망하는 것 같이, 그런 배고픈 정신으로 하나님이나 진리를 찾으려고 할 때, 무엇인가 빛을 발견하는 것이니까. 배때기에 기름이 잔뜩 끼었는데, 무슨 숭고하고 심오한 구원의 사상이랄 게 나오겠나? 기껏해야 푹신한 소파나 찾고 하품 같은 허언이나 할 것이지.

'단테 알리기에리'의 "신곡"(神曲)은 정치적 박해로 추방되어 20년 동안 쓴 서사시, '빅토르 위고'의 "레 미제라블"은 정치적 박해로 영국으로 망명했을 때 쓴 대하소설, 'H. D. 소로'의 "월든"은 가난한 측량기사로 지내다가 숲에서 2년간 소박하게 살면서 쓴 심오한 수필이네. 부유한 백작 'L. N. 톨스토이'의 "부활, 민화집, 인생독본"은 이미 세계적 문인의 위치에 오른 이가 거의 모든 재산을 가난한 농노들에게 나눠준 후 그들처럼 생활하며 쓴 책들이지. '정약용'은 강진 19년 유배 생활 때 무려 백 권도 넘는 책과 수백 편의 시를 썼고, '김정희'는 제주도 귀양 시절에 걸작 세한도와 독특한 한문 서체를 창안하여 중국에까지 필명을 떨쳤네. 이처럼 힘겨운 고난이나 자발적인 궁핍에서 명징(明澄)한 정신의 결실이 나오는 것이지.

신학생 : 그래서 **'슬퍼하는 사람'**이 자연히 가난한 마음의 다음 순서가 된 것인가 봅니다. 하나님 앞에서 진실하게 자신의 마음을 들여다보니, 부끄러움이 많다고 느끼니까요. 요는 여느 사람들과 자신을 견주는 것이 아니라, 하나님께 자기를 견주어 보는 것입니다. '마하트마 간디'의 자서전 들어가는 말에, "하나님, 이 몹쓸 녀석을!" 하는 말이 나오는데, 하나님 앞에서 자기를 보니까 그렇다는 것을 고백한 것이라고 합니다.

교수 : 잘 보았네. 진실로 하나님 앞에서 자기를 들여다보면, 누구라도 못나고 한심스러워 슬픔과 부끄러움을 느끼지 않을 수 없지. 하나님을 의식하건 하지 않건, 사람들 앞에서 나대는 것은 도무지 그럴 줄 모르기 때문이 아니겠나? 나나 자네도 이런 말을 자신 있게 할 수 없을 걸세. "나는 매일 죽는다."라는 바울의 고백이 우리 것이어야 할 것이네(고전 15:31).

그런데 슬퍼하는 것은 자기를 넘어서는 차원을 내포하고 있네. 날이 갈수록 타락해 가는 인간들과 망가져 가는 세상 때문에 느끼는 것도 말하지. '의로운 슬픔, 거룩한 슬픔'이라 할까! 이 슬픔은 자기와 세상이 동떨어진 게 아니라, 하나임을 아는 데서 오네. 예루살렘을 바라보던 예수의 슬픔과 눈물이 이런 것이지(눅 19:41). 바울도 그랬네(롬 9:2~3; 빌 3:18).

시편 12편은 타락해가고 망가져 가는 인간들과 세상을 바라보는 한 시인의 한탄과 눈물 어린 절절한 기도문이네. 진실하고 착하고 의로운 사람이 날이 갈수록 세상에서 사라져가는 비극적 현실 사태에 가슴 아파하고 슬퍼하면서, 하나님께 도와달라고 호소하지. "주위에 악인들이 우글거리고, 비열한 자들이 사람들 사이에서 높임을 받는" 그런 못된 세상에서, 명색이 신앙인이라는 사람이 어찌 슬퍼하고 고뇌하지 않을 것인가?

신학생 : 그러니 하나님 앞에서 자기를 보거나, 사람들이나 세상을 보거나, 슬퍼하는 사람은 정확히 하나님의 마음을 닮은 사람이라고 봐야겠지요. 그런 점에서 '홍수 이야기'에는 타락한 세상을 바라보시는 하나님의 슬픔과 한탄과 탄식과 눈물이 나오는데, 노아가 "당대에 의롭고 흠이 없고 하나님과 동행하는 사람"이라고 한 것도 그가 하나님의 마음을 닮은 마음으로 그렇게 슬픔과 고통을 느끼고 눈물지으며 살아간 것으로 보겠습니다(창 6:1~13).

교수 : 그렇지. '노아의 슬픔'이라 해도 되겠네. 사실 하나님의 마음을 닮은 사람으로 살아간다는 것은 일종의 '거룩한 천형(天刑)'이라 해야 할 걸세. 진실로 의로운 사람, "궁핍한 시대의 시인"(F. 휠덜린; M. 하이데거-숲길)은 세상의 참혹한 현실에 슬픔과 탄식이 끊일 날이 없지. 그런데 "하나님이 그들을 위로하실 것"이라고 하니까, 그런 슬픔을 얼마든지 이기면서 기쁘고 자유롭게 살아갈 수 있다는 말이지. 어찌 슬픔에 중독되어 절망하겠는가?

신학생 : 그렇군요. **'온유한 사람'**은 시편 37:11을 인용한 것인데요. 온유는 겸손이나 착함과 같은 말이라고 합니다. 그러니 마음과 태도와 존재 방식의 따스함과 부드러움과 겸허함과 착함을 아울러 가리키는 것으로 보겠습니다. 그런데 이런 사람이 "땅을 차지한다."라는 말은 무슨 뜻입니까? 부유해진다는 말은 분명 아닐 텐데요.

교수 : 그런 말일 수 없지. 시편 37편 전체에 그 대답이 나오네. 겸손하고 온유한 사람은 글자 그대로 땅을 획득한다는 말이 아니라, 땅으로 상징되는 '나라와 세상의 기초와 토대'라는 뜻이지. 그렇지 않은가? 세상이 그나마 굴러가는 것은 어떤 특정 방면의 사람들이 아니라, 온유하고 겸손하고 착한 사람들 때문이지. 농부와 노동자와 주부가 없다면, 세상이 어떻게 되겠는가? 그런 점에서 온유하고 겸손하고 착한 사람이 세상의 주인이란 말이지(民主).

신학생 : '**의에 주리고 목마른 사람**'도 구약성서를 참고해야 하겠습니다. 구약성서에서 '의'는 이중적 의미로 쓰이는 말인데, 하나님의 의로움을 가리키면서도, 사람이 하나님과 맺는 진실하고 친밀한 신뢰의 관계인 신앙(믿음)을 의미하기도 합니다. 그러니까 우리가 생각하는 신앙의 차원이 아니라, 하나님이 우리에게 바라시는 신앙의 깊이와 진실성을 말하는 것이지요. 그때 심오하고 견고한 "배부름", 곧 만족과 행복을 누린다는 것이지요.

교수 : 가난한 마음이 슬퍼하는 것과 온유한 것과 의에 주리고 목마른 것으로 이어지네. 어느 하나도 분리되지 않지. 사실 팔복의 머리와 기본과 중심과 척추는 가난한 마음이네. 마음의 가난 하나만 제대로 되면, 다른 것은 절로 나오니까. 그러니 예수의 행복론이 말하는 요체는 마음의 가난 하나뿐이네. 인간다운 인간으로 살고자, 하나님과 진리를 절절히 갈망하고 찾는 배고프고 주린 가난한 마음 하나에서 모든 덕성이 나오니까.

5

신학생 : '**자비한 사람**'은 전에도 말했듯, 자비가 자식을 낳는 어머니 자궁의 고통을 가리키니까, 그처럼 타자의 상처와 고통과 문제를 자기 것으로 여기고 그와 함께하는 것입니다. 하나님은 그런 사람을 "자비롭게 대우할 것"이란 말은 하나님의 자비가 그를 통하여 마르지 않는 강물처럼 계속 흘러간다는 뜻으로 보입니다. 자비는 내 것이 아니라 하나님의 자비를 빌어다 쓰는 것이니까, 그는 늘 자비의 샘물이 되어 행복하지요.

교수 : 놀랍군! 바로 말했네. 자비나 사랑은 사람의 것이 아니지. 내가 자비를 베풀거나 사랑하는 것이 아니라, 하나님의 자비와 사랑이 나를 통해서 흘러가게 하는 것

이 자비를 베풀고 사랑하는 것이니까. 우리는 이 점을 한시도 망각해서는 안 될 걸세.

신학생 : 그런데 '자비한 사람'부터는 사회 윤리 차원으로 방향이 바뀝니다. 이렇게 구별하면 **마음이 깨끗한 사람**'이 앞의 네 복 쪽에 들어가야 할 것으로 보입니다.

교수 : 내면적인 것으로 말한 '온유와 자비'도 그렇지. 그것도 마음과 생활 태도를 이중적으로 가리킨 것으로 보아야 하지. 그래서 마음과 사회생활을 분명하게 구별하면 안 될 것이네. 마음이 깨끗한 사람도 그 의미가 이중적인 것으로, 내적 순결과 외적 순결의 태도를 아울러 말한 것으로 보아야 하지.

신학생 : 외적 순결의 태도라면 어떤 것인가요?

교수 : 그것은 '타인 속에 계신 하나님의 얼굴'을 보고 대우하는 일상의 구체적이고 자비로운 행동을 뜻하네. 이것은 모든 인간은 하나님을 모시고 걸어 다니는 성전이라고 보는 관점에서 나온 것이지. 인간이 하나님의 형상이라는 말이 그것이네. 바울도 사람은 하나님이 머무시는 성전이라고 하지(고전 3:16~17). 그래서 "하나님을 볼 것"이라고 말한 것이네.

신학생 : 그렇군요. 그러면 **평화를 이루는 사람**'도 이중적으로 볼 수 있겠네요. 다른 이의 마음에 평안을 주는 것(요 14:27)과 사회적 평화를 이루는 실천은 분리되는 게 아니라 연속 관계에 있으니까요. 그러니 한 사람을 사랑하는 것은 인류를 사랑하는 것과 같다는 말이 이것을 가리킨다고 보겠습니다. 그런 사람이 "하나님의 아들딸"이라는 말이고요.

교수 : 예수의 가르침에는 행복에 이르는 길이나 행복한 삶에 관한 말들이 많지. 그

러나 그 모든 가르침이 마음의 가난 하나로 수렴된다고 보겠네. 그처럼 마음의 가난은 단순하고 심오하면서도 도달하기 어려운 숭고한 경지이지. 예수 자신이 마음이 가난한 사람의 표상이네.

신학생 : 그런데 '**의를 위하여 박해를 받은 사람**'을 부연하는 11~12절은 마태 기자의 추가 부분으로 보입니다. 의를 "나" 곧, 예수와 동일시하니까요.

교수 : 그것은 지금 알 수 없지만, 요한복음을 본다면 예수의 말로 보아야 하겠네. 요한복음 16장은 박해와 함께 기쁨과 승리를 말하니까, 이곳의 박해와 기쁨도 그와 같은 것이지. 왜 박해를 받는 것이 기쁨인가? 하나님과 진리를 위한 삶 자체가 이미 승리이고 영광이기 때문이네. 그래서 끝에서 예수가 "내가 세상을 이겼다."라고 선언하는 것이지.

신학생 : 그렇군요. 그리고 이들에게 주어진 "하늘나라가 그들의 것"이라는 말은 놀랍게도 마음이 가난한 사람에게 주어진 복과 같아서, 처음과 끝이 하나로 맞추어집니다.

교수 : 그러니 예수의 모든 가르침과 행동과 존재 방식과 삶 전체가 하나님의 나라에 맞추어져 있는 것이지. 따라서 여덟 가지 복은 '**지금**' 하나님의 다스림(나라) 안에서 살아가는 사람의 모습이네. 결단코 나중이 아니네. 그러니 예수의 행복론은 하나님의 나라를 소유한 삶, 다시 말하면 하나님의 온전한 소유가 된 삶을 말하는 것이지.

예수는 권력이나 재산이나 명성이나 건강이나 장수 같은 것을 일절 복의 요소로 말하지 않네! 인간들이 바라는 것과는 전혀 다른 행복론이지. 놀랍고 단호하고 당연하기도 하네. 왜냐하면 예수는 잃어버릴 수 없고 빼앗길 수도 없는 참되고 영원한 행복을 말한 것이니까! 도대체가 이런 행복론을 제대로 아는 기독교인들이 얼마나 되겠는가?

6

신학생 : 그러면 이제부터 산상수훈은 예수 행복론의 요체인 하나님의 다스림(나라) 안에서 살아가는 사람과 그렇지 못한 사람의 모습을 대조하며 설명하는 것으로 보아야겠습니다.

교수 : 바로 말했네. 일일이 다루기는 어려우니까, 각 부분의 주제를 하나님의 나라를 중심에 놓고 살펴봐야 하겠네. 곧, 가난한 마음으로 지금 하나님의 나라 안에서 살아가는 사람과 그렇지 못한 사람의 차이를 생각하는 것이네. 따라서 산상수훈을 진실하고 정직하게 읽는 것은 오늘날 기독교에 중차대한 일이지. 예수에 따르면, 신앙과 실천·행동, 신심·신념과 삶은 하나이고, 하나가 되어야 하니까. 예수의 모든 가르침은 기쁨과 행복과 자유의 삶을 말하는 것이니, 그것이 하나님의 다스림(나라) 안에서 사는 것이지.

신학생 : '칼릴 지브란'은 말을 또 인용해보지요(사람의 아들 예수). 그는 바빌론의 천문가 '멜라키'의 입으로 이렇게 말합니다. **"그 위대한 기적이란 곧 그 사람!"** 그 사람은 예수입니다. 실로 놀라운 통찰인데, 생각할수록 지브란이 위대한 시인이란 것에 감탄하게 됩니다. 일만의 다른 기적이 무슨 소용 있겠습니까? 예수 자신이 기적임을 아는 것이야말로 눈을 뜬 진정한 그리스도인의 자각과 생명의 길이라는 생각이 듭니다.

교수 : 그렇지. 성서가 왜 자꾸만 사람들의 눈이 멀고, 귀가 막히고, 마음이 둔해 깨닫지 못한다고 말하는가(사 6:10)? 그것은 진정한 기적이 무엇인지 보고 듣고 깨달을 줄 모르고, 그저 몸뚱이나 가정생활이나 사업상의 돌발적인 행운을 복이나 기적으로

여기는 무지하고 어리석은 인간들의 작태를 비판한 말이지. 그래서 암만 솔로몬같이 되면 뭘 하는가? 예수는 솔로몬이라는 인물에 코웃음을 칠 뿐이네(마 6:29). 구약성서나 기독교 역사, 인류 역사나 지금 세상을 보면, '아류 솔로몬'이 되지 못해 안달하는 치졸하고 눈먼 군상들의 발자취뿐이지. 그런 점에서 인류 역사는 너무나도 시고 씁쓸하여 불쾌한 앙금이 가시지 않는 한바탕 '블랙 코미디'라네. 채 익지도 않은 매실이나 감을 씹는 것 같지.

신학생 : 예수가 예루살렘 도성을 바라보며 탄식하고 눈물을 흘린 것도 그래서였지요(눅 19:41). '윌리엄 셰익스피어'의 말입니다. "악마의 앞잡이들은 사람을 해치고자 하찮은 진실을 가지고 유혹을 하고는, 정작 중대한 시기에 가서는 배반을 때리지. 불멸의 보배인 영혼을 인류의 적 악마의 손에 기꺼이 넣어주면서…. 꺼져라, 꺼져, 이 짧은 촛불아! 인생이란 한낱 부질없는 그림자, 가련한 배우. 제시간엔 무대를 주름잡지만, 얼마 안 가서 영영 사라져버리는…. 그것은 바보의 이야기, 고래고래 지르는 아무 의미도 없는 고함(高喊)."(맥베스) 절절히 인간에 대한 슬픔과 안타까움이 묻어나는 말입니다.

교수 : 예수의 가르침에 따르면, 그는 정녕 복된 사람이지. 나의 성공과 풍요와 행복에 겨워 할렐루야를 연발하는 것도 말릴 일은 아니나, 진정 예수를 사랑하는 그리스도인이라면 그보다 더 넓고 높게 나아가야 하네. 그리스도인은 이토록 부조리하고 비극적인 세상, 날이 갈수록 망가져 가는 세상을 슬퍼하며 기도할 줄 알아야지. 저 "시므온" 할아버지나 "안나" 할머니가 그런 진정한 신앙인의 표상이네(눅 2:25~38).

UN에서는 지금 80억 인류 가운데서 하루에 겨우 부실한 한 끼를 먹고 사는 극빈자들을 20억 명, 하루 세 끼니를 먹고 사는 사람은 나머지 절반도 안 될 것으로 추산하네. 얼마나 비극적인 일인가? 2024년 12월까지, 세계 모든 나라에서 지출하는 군사비가 3천 360조 원에 달한다는 것을 믿을 수 있겠나? 엄연한 현실이니 안 믿을 수 없지. 미국의 군사비는 천조 원에 육박해서, '천조 국'이라 하네. 도대체가 미친 인류가 아니고서야! 슬퍼하며 통곡할 일이지. 그러니 예수의 하나님 나라 운동이 지금 얼마나 절실한 것인가?

신학생 : 저는 '마하트마 간디'의 책을 읽다가, 그가 "나는 예수를 좋아하고 따르지만, 기독교인들은 믿지 않는다."라고 한 말에 섬뜩했던 적이 있습니다(인도의 감리교 선교사 '스탠리 존스' 목사와 나눈 대화). 그는 예수의 산상수훈에서 자기가 전개한 비폭력주의 운동의 모범과 근거를 찾았다고 말했지요(자서전). 물론 그의 비폭력주의는 'H. D. 소로'와 'L. N. 톨스토이'에게서 배운 바도 컸지만요.

교수 : 그런 점에서 예수의 하나님 나라 가르침이야말로 진정 신성하고 인간다운 인류 문화의 초석(礎石)이고 대안(代案, alternatives)이네. 행복한 인간과 평화로운 세계를 건설하는데, 무슨 많은 말이 필요하겠는가? 문제는 실천이지(praxis), 관념이나 이론이 아니네. 진리의 가르침이 부족해서 인간이 여전히 이따위로 사는 것이겠나? 인간은 알면서도 실상은 죽음과 파멸을 지향하고 있네. 지독한 모순과 부조리이지.

신학생 : 사회 심리학자 '에릭 프롬'은 두 종류의 사랑을 말합니다(인간의 마음; 존재의 예술). '생명에 대한 사랑(Biophilia)과 죽음에 대한 사랑(Necrophilia).' 이것은 아무래도 유대인인 그가 구약성서를 깊이 연구한 가운데서 도출해낸 것으로 보입니다. 그는 구약성서의 핵심 사상을 심리학적으로 해석한 책을 내기도 했는데(너희도 신처럼 되리라), 신명기와 예언자들의 책이 시종일관 이 두 가지 사랑과 삶을 가리킨다고 말합니다.

프롬은 생명에 이르는 길이 있고, 죽음에 이르는 길이 있다고 말하는데, 예수의 산상수훈 결론 부분인 반석 위에 집을 짓는 지혜로운 사람과 모래 위에 집을 짓는 어리석은 사람과 같은 말로 보겠습니다(마 7:24~27). 그는 인간이라면 누구나 생명과 죽음에 이르는 길을 알고 있다고 합니다. 이를테면 자유와 사랑과 자비는 생명에 이르는 길이고, 탐욕과 거짓과 억압과 무자비는 죽음에 이르는 길입니다.

그러나 문제는 그것을 알면서도 생명에 이르는 길을 걷지 않고 한사코 죽음의 길을 걷는다는 것이지요. 그래서 그는 죽음에 이르는 길을 걸어가면서 생명을 얻으려는 것이야말로 인간의 근본적인 무지와 망상과 착각과 어리석음이 짓는 모순과 부조리라고 합니다. 프롬의 저서들은 목회자들이 반드시 읽어야 할 책이라고 봅니다.

교수 : 사실 산상수훈은 예수가 구약성서와 유대교의 주석 전통에서 끌어낸 사상이네. 예수는 구약성서를 인용하고 수정하기도 하면서, 자신의 새로운 가르침을 설파한 것이지. 몇 년 전, 안타깝게도 이른 나이에 세상을 떠난 신학자 '조철수'는 "예수 평전"에서 그런 것을 일일이 추적하며, 예수가 구약성서는 물론, 유대교의 탈무드와 미드라쉬와 미쉬나에서 많은 말들을 인용했다는 것을 증명했네.

그렇다고 예수가 그 모든 것에서 복사하여 요약했다는 말이 아니라, 자신의 독창적 해석과 깨달음을 설파했다는 것이지. 아니, 예수의 삶이 독창적이지! 노자와 공자와 고타마 붓다도 선대의 가르침을 배우고 깨달아 독창적으로 표명한 것이네. 인간은 아무도 저 홀로 사상의 금강석을 캐낼 수는 없지.

13장
예수의 가르침 (2)

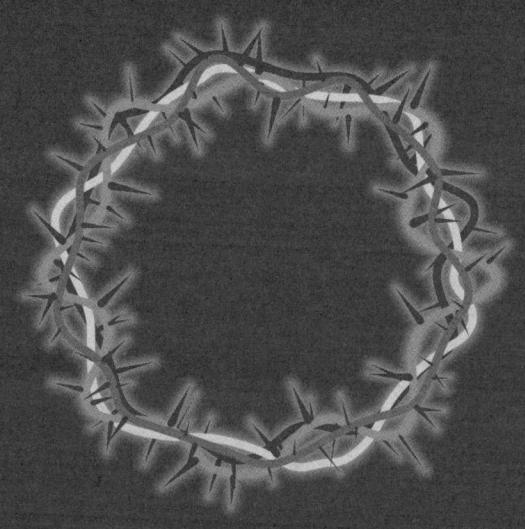

13장
예수의 가르침 (2)

1

신학생 : **"세상의 소금과 빛"**은 목표로 삼아야 할 게 아니라, 팔복을 살다 보니 그렇게 된 것으로 보아야겠습니다(5:13~16). 왜냐면 목표로 삼으면 지나치게 인위적이고 가식적이 되고 마니까요. 앞서 말씀하신 것처럼, 산상수훈은 가난한 마음으로 지금 하나님의 다스림(나라) 안에 들어간 사람이 걸어가는 삶의 길이기에, 일반 도덕과 윤리가 아니라 '중생한 사람인 그리스도인의 길'로 봐야겠지요?

교수 : 그렇지. 이것을 일반 도덕과 윤리로 본다면, 거의 불가능한 것으로 치부되어 공허한 말 잔치에 그쳐 버리고 말 것이네. 지금까지 서구 신학자들조차도 대개 이런 식으로 말해왔지. 그러나 이것은 성령의 감화와 침묵과 사색을 통하여 진리를 깨달아 중생하여 인간 혁명을 이룬 '제자-그리스도인'의 존재 방식에 관한 것이네! 산상수훈은 제자-그리스도인의 거울이지. 언제나 그 거울에 자신을 비추어 살펴보아야 하네. 그러니 그리스도인에게는 자랑이나 교만이 들어설 여지가 없지. "완전"이 목적지와 이상이니까(마 5:48).

신학생 : 소금과 빛은 비유와 상징으로 보는데요. 빛은 "착한 행동"을 의미한다고 설명하지만, 소금의 짠맛은 그런 말이 없는데, 내면의 혁명을 이룬 인간다운 성품을 말한다고 보아야 할까요?

교수 : 그렇지. 착한 행동도 단지 일시적인 행동보다는, 착한 존재로 변형된 것을 말하지. 그러니 '세상의 소금과 빛'은 중생을 통한 내면의 혁명을 이룬 사람의 자연스러운 귀결을 가리키는 것이지. 내적 혁명의 자발성에서 나오는 존재 방식이니, 물처럼 흐르는 것이지 무슨 사람들의 눈에 띄려고 하는 게 아니네.

소금과 빛을, '노자'식으로 말하면 무위자연(無爲自然), 곧 일부러 하는 게 없으나 못 하는 일이 없는 것이네(無爲而無不爲). 인위적이고 의도적인 계산이나 억지나 의무적으로 하거나 자랑이 없는, 내면 혁명의 자연스러운 행동이지. 그래서 뒤에서 의도적으로 하는 자선과 기도와 금식(6:1~8.16~18), 좋은 나무와 좋은 열매와 나쁜 나무와 나쁜 열매(7:17), 반석 위에 집을 짓는 사람과 모래 위에 집을 짓는 사람을 대조하는 것이네(7:24~27).

신학생 : 그러면 착한 존재가 된 그리스도인을 본 사람들이 하나님 아버지께 "영광"을 돌리게 하라는 말은 세상의 인정과 칭찬과 존경을 받게 되는 것을 가리키나요?

교수 : 그렇지. 중요한 것은 "세상"이란 말이네. 새로운 인간인 그리스도인의 존재 방식과 삶은 세상 속에서 이루어지는 것이니까, 일상의 삶을 말하지. 그래서 "사람들이 너희의 착한 행실을 보고"라는 말이 중요하네. 이것은 예수를 믿는다는 사람들이 스스로 하나님께 영광을 돌린다고 착각하지 말라는 것이고, 믿지 않는 사람들이 보고 '아, 저들은 참으로 다르고 존경할 만한 사람들이구나!' 할 만큼 인정할 정도가 되어야 한다는 말로 들어야 하네.

신학생 : 사실 기독교인들의 자화자찬이나 착각은 심각할 만큼 병적이라고 봅니다. 예를 들어 사람이 붐비는 공항에서 손을 잡고 둥글게 죽 늘어서거나 사람이 많은 식당에서 큰 소리로 기도하는 것은 예수가 공박한 바리새인들의 "위선"과 같은 것이지(마

6:1~8), 믿음이 아니지요. 그것은 기독교인들이 예수의 말조차 듣지 않고 자아도취에 빠져서, 세상에 매연이나 미세먼지를 마구 뿜어내는 것이라 하겠습니다.

교수 : 자연스러움을 내버린 신앙은 위선이네. 우리는 꽃들로부터 많이 배워야 하네. 예수가 공연히 "들의 백합꽃"을 말했던가(마 6:28)? 꽃이 무슨, 내가 얼마나 향기롭고 예쁜가 보라고 광고하고 홍보하던가? 그냥 자연의 섭리에 따라 말없이 피어 향기를 내뿜고 아름다운 자태를 드러내다가 지고 말지. 자연 그대로이네.

신학생 : 사실 자연은 살아있는 경전(經典)입니다. 예수는 자연의 사물에서 진리를 본 것이지요. 자연의 사물을 유심히(有心), 그리고 무심히(無心) 들여다본다면, 굳이 종교의 경전을 보지 않아도 아름답고 숭고한 삶을 살 것입니다.

교수 : 익살과 해학의 철인 장자(莊子)는 재미있는 이야기를 들려주었네(양생주 편). 하루는 백정(포정·庖丁)이 소를 발라내다가, 그 앞에 앉아 책(목간)을 들여다보던 임금에게 물었지. "지금 읽고 계신 책은 누가 쓴 것인가요?" "옛 성현이 쓴 것이라네." "그렇다면 그것은 성현이 남긴 찌꺼기이겠네요." "무엄하다! 백정인 주제에 무얼 안다고, 그런 말을 하느냐?"

"제 말은 그런 게 아닙니다. 저는 소를 잡을 때, 살과 뼈 사이를 갈라내어 조금도 힘줄이나 뼈를 건드리지 않습니다. 그래서 제가 지금 쓰고 있는 칼은 19년이 된 것이지만, 방금 갈아낸 것처럼 잘 듭니다. 그러나 이것을 누구에게 가르쳐줄 수가 없습니다. 스스로 익혀야 하니까요. 그러니 이런 것을 말이나 글로 가르쳐주는 것은 찌꺼기라는 말이지요." 그래서 그만 임금이 감탄했다는 것이지.

경전이란 게 진리를 깨달은 각자(覺者)나 현자의 찌꺼기라는 것이네. 그들의 존재와 마음과 삶을 고스란히 담은 게 아니라는 것이지. 어찌 존재와 글을 비교할 수 있는가? 장자의 말은 예수의 말과 상통하는 진리이네. 살아 있는 꽃이 진리를 말하고 있는데, 죽은 찌꺼기만 살핀다면, 무슨 향기로운 인격이 나오겠는가? 자연 전체가 경전이지.

자네가 전에 인용한 "내가 저 별에서 하나님을 보는 나의 눈은 저 별에서 나를 바라보시는 하나님의 눈과 같다."라는 '마이스터 에크하르트'의 말도 이것이지. 실로 자연의 사물들 속에서 하나님의 세미한 음성을 들을 줄 아는 귀야말로 복된 사람이네.

신학생 : 그런 점에서 예수는 단연 위대한 시인입니다. 복음서가 워낙 인간과 세상 문제에만 치중하다 보니, 예수의 시적인 가르침을 대부분 놓친 게 아닌가 합니다.

교수 : 그렇게도 볼 수 있지.

2

신학생 : 마태 5장 17~48절까지는 "옛사람들에게 말하기를" 하는 투로 시종일관하면서, 예수의 새로운 통찰과 해석을 담고 있습니다. **율법, 분노, 음욕과 간음, 이혼과 간음, 맹세, 보복, 원수 사랑**"에 관한 가르침입니다. 17~20을 전문으로 보면, 예수는 율법을 폐지한 것이 아니라 참되게 완성한 것입니다.

계명은 인간의 행복과 세상의 평화를 위해서 주어진 것이니까, 어겨서 좋을 게 하나도 없지요. 예수는 모든 계명을 하나님의 나라에 연결하여 새롭게 정의합니다. 제물(헌금)과 예배보다 사람 사이의 화해와 사랑과 친화, 여자를 바라보는 순결한 눈, 음행을 제외한 이혼의 금지, 인간의 연약함에 따른 맹세의 금지, 보복 금지, 사람을 차별하지 않고 햇빛과 비를 내려주시는 하나님을 닮아 원수까지도 사랑하는 완전함(마태)과 자비(누가)를 천명합니다.

교수 : 예수는 옛 율법의 진정한 완성을 천명한 것인데, 율법의 문자적 준수에 얽매인 사람들은 예수가 율법을 파기하는 것으로 보였지. 하지만 예수는 이미 내면의 깨끗함을 언명했기에(마 5:8), 그것을 율법을 완성하는 토대로 말한 것이네. 외형적 신사 숙녀가 어디 내면의 순결을 보증하던가? 대개 위선이지. 미인의 뱃속에는 똥이 없나? 죄인과 의인, 선인과 악인을 차별하지 않고 햇빛과 비를 은혜로 내려주시는 하나님처럼 하라(닮으라)는 말이 핵심이네. 하나님을 닮은 인간은 그야말로 백합처럼 자연스럽고 향기롭고 아름다운 존재가 되니까, 무슨 구구한 율법과 도덕과 윤리가 필요하겠는가?

신학생 : **"자선과 기도와 금식"**도 내적 순결을 전제합니다(6:1~8.16~18). 마음이 깨끗한 상태에서 하는 자선과 기도와 금식은 도대체 타인의 눈과 입을 의식하지 않지요. 모든 것은 "숨어서 보시는 아버지께서" 알아주시는 것만으로 충분합니다.

교수 : 자선이나 기도나 금식은 모두 하나님의 나라를 이 땅에 세우기 위해서 하는 것이지. 그것이 **"예수의 기도문"**이네(6:9~13). 이것이 예수의 모든 가르침을 요약한 것이지. 하나님의 나라는, 제1 이사야 예언자가 말했듯이, 모든 인간이 "하나님을 아는 지식"으로 내적 변형을 이루어 하나님을 아버지로 모시는 "어린이"가 되면 실현되는 세상이니까(사 11:6~9).

예수의 기도문에 따르면, 모든 인간이 하나님을 아버지로 알고 모시는 세상, 하나님의 뜻이 이루어진 세상, 모든 인간이 오늘 필요한 양식을 만족스럽게 먹고 사는 세상, 서로 용서하고 이해하고 존중하고 사랑하면서 함께 행복과 평화와 삶의 의미를 만끽하는 세상, 하나님의 용서와 자비가 모든 이에게 선물로 내려지는 세상, 모든 인간이 삿된 탐욕과 거짓에 홀리거나 관계를 맺는 데서 유혹과 악에 빠지지 않고 자유롭게 살아가는 세상이네.

그러나 하나님의 나라는 인간의 힘만으로는 부족하기에, 끊임없이 기도할 때마다 하나님께 요청하라는 것이지. 그래서 예수의 기도문은 '요청 기도'라 할 수 있네. 왜냐면 이 땅에 하나님의 나라를 실현하시려는 것이 하나님 아버지의 뜻이니까 말일세.

신학생 : 그렇다면 지난 2천 년 동안, 기독교나 기독교 문화권에서 하나님의 나라와는 상반된 역사를 드러낸 것은 예수의 기도문조차도 실천하지 않았기 때문이라고 보겠습니다.

교수 : 그것 말고 딴 이유가 있겠는가? 사실 하나님께 요청하라는 형식은 그렇게 기도하는 동시에, 자신부터 실천해야 한다는 말이지. 어디 하나님이 들어주실 의향이 없어서, 이런 따위의 모순과 부조리로 가득한 역사를 이루어온 것이 아니질 않은가? 우리는 성서나 예수의 말을 잘 들어야 하네. 모든 게 하나님이 하시는데 달렸다는 식으로, 마치 믿음이 좋은 것인 양 말하면, 결국에 모든 책임이 누구한테로 돌아가겠나?

신학생 : 세상의 모든 모순과 부조리를 하나님이 죄다 뒤집어쓸 수밖에 없지요!

교수 : 그렇지. 앞에서 요한계시록을 말한 바와 같이, 세상의 종말 시점에 인류 대부분이 파멸하고 소수만 구원받는다고 하는데, 그러면 하나님이 모든 것을 하신다는 견해에서 보면, 그것은 영락없이 하나님의 무능력이나 책임으로 돌아가고 마네. 그러나 어디 그러한가? 하나님이 아무리 기다리셔도 끝내 돌아서지 않는 인간의 책임이지(롬 2:1~11). 이것은 하나님을 편들자고 하는 게 아니라, 인간과 세상의 실상을 보고 말하는 것이네.

20세기 유대인 학자·랍비·철학 교수인 '아브라함 조수아 헤셀'은 말하네. "인간과 세상의 구원은 신인(神人)의 협동으로 이루어진다."(예언자들; 사람을 찾는 하나님; 누가 사람이냐?). 그보다 앞서 역시 유대인 철학자 '마르틴 부버'도 "나와 너"에서 그렇게 말하네. 히브리 성서를 제대로 읽고 깨달은 사람들이지.

그런 점에서 툭하면 모든 게 하나님이 하시는 일이라고 말하는 기독교인들의 깊은 반성과 성찰이 필요하네. 그런 말은 일이 다 마쳐진 후에 감사하는 마음으로 표현하는 것이지, 인간이 해야 할 일이 필요 없다는 말이 전혀 아니네. 그런 점에서 사실 예수만큼 인간을 긍정적이고 적극적인 시선으로 보고 이해하고 가르친 분도 없지. 물론 예수만큼 죄악과 불의와 부패에 중독된 인간성을 환히 들여다보신 분도 없지만 말이네.

신학생 : 열 처녀의 비유, 달란트 비유, 양과 염소의 비유도 인간이 하는 데 따라서 구원이 결정된다고 말합니다(마 25장). 전형적인 유대교 신앙과 신학의 말로, 하나님의 은총과 사랑이 우선적인 것이고, 거기에 응답하는 인간의 행동을 천명합니다.

교수: 예수는 결코 인간을 하찮은 벌레 정도나 죄인으로 본 일이 없네! 유대 사회가 규정한 '죄인'이라는 말을 사용했을 뿐, 죄인으로 보지는 않았지. 단지 "길 잃은 양"으로 보았네(눅 15:4). 같잖은 신앙이나 율법(도덕과 윤리)이나 신학의 잣대로, 사람을 함부로 죄인이라 하는 것은 예수의 가르침이 아니지. 자기도 여전히 죄인인데, 어찌 남을 죄인이라 하나?

3

신학생 : **"하늘에 쌓은 보물, 몸의 등불, 하나님과 재물"** 이야기는 대단히 심오하면서도 실제적인 가르침입니다(6:19~24). 마태복음에서 '하늘'은 '하나님'이니까, 보물

을 하나님의 뜻을 위해서 사용하라는 말이겠습니다. 그런데 "하나님과 재물을 아울러 섬길 수 없다."라는 24절은 문맥상 21절 뒤에 붙여야 할 것 같습니다. 보물은 재물과 같은 말입니다. 그러나 비단 보물과 재물만 가리킨 것은 아닌 것 같은데요?

교수 : 그렇지. 보물은 재산은 물론, 지식, 직업, 예술적 재능, 체육적 능력, 정치와 교육과 종교와 행정의 능력 등, 인간이 소유하고 값지게 여기는 모든 힘의 형식을 가리키네. 그런 것을 자기만을 위한 부의 축적, 가족의 성공, 명예와 향락을 위해서만 사용하는 것은 인간으로서 부끄러운 일이라는 말이지. 그리스도인은 할 수 있는 한 검소하게 살면서, 자신의 보물을 타자를 위해서 사용해야 한다는 것이네. 왜냐면 그 모든 게 본디 하나님의 것이니까!

그래서 바울도 사람이 죽으면 반드시 "그리스도의 심판대 앞에 서야 한다."라고 말한 것이네(고후 5:10). 그렇지 않고 곧장 천국에 들어갈 일은 없다는 말이니, 얼마나 준엄한가! 그런데도 기독교인들은 죽으면 곧장 천국에 간다고 믿으니, 통탄할 노릇이지. 그런 식의 믿음과 생각이야말로 'D. 본회퍼'의 말대로 "교회의 대원수인 값싼 복음"이네(나를 따르라).

신학생 : 감리교 창시자인 '존 웨슬리'는 이렇게 말했지요. "있는 힘을 다해서 벌어라. 있는 힘을 다해서 저축하라. 있는 힘을 다해서 타인을 위해 사용하라. 이것이 하나님의 뜻이며, 그리스도인의 삶이다."(표준 설교집) 그런데 참으로 어려운 이야기입니다.

교수 : 그래서 성령과 진리를 깨달은 내적 혁명을 전제하는 것이지. 인간 혁명 없이, 어느 누가 예수를 따를 수 있겠는가? 예수의 가르침은 자기를 믿으라는 말이 아니라 따르라는 것인데, "자기 아버지와 어머니나, 아내나 자식이나, 형제나 자매뿐만 아니

라, 심지어 자기 목숨까지도 미워하지 않으면, 내 제자가 될 수 없다. 누구든지 자기 십자가를 지고 나를 따라오지 않으면, 내 제자가 될 수 없다."라고 했으니(눅 14:26~27), 재산이나 그 외 능력들은 말할 것도 없지(십자가는 희생과 죽음을 불사하는 태도의 상징으로 쓴 것이네). 인간 혁명만이 제자·그리스도인의 길이네. 예배당용 신앙생활이란 것은 아주 손쉬운 도피처일 뿐이지.

신학생 : 그런데 몸의 등불 이야기는 마치 선불교의 가르침 같이 들리지만, 모든 종교의 가르침이 인간의 내면적 순결부터 말하기에, 그렇게만 볼 것도 없습니다. 그러니 선불교의 가르침도 예수의 가르침 같은 것이라고 말해도 되겠지요?

교수 : 진리는 하나, 곧 전체이네. 그런데 진리는 자기가 속한 종교와 문화와 전통의 언어를 써서 표현할 수밖에 없지. 따라서 진리의 가르침은 말로 표현할 수 없는 진리를 궁여지책으로 표현한 것이니, 말이 가리키는 방향을 봐야 하지.

신학생 : "눈은 몸의 등불"이라는 말은 내면의 빛을 말하는 것인가요?

교수 : 그렇지. 그리고 몸은 몸뚱이만 아닌, 세계관과 가치관과 인생관 등의 사고체계, 존재 방식과 태도, 그리고 삶 전체를 가리키는 것이네. 그래서 눈이 성하거나 성하지 못한 데 따라서 온몸, 곧 인격과 삶이 밝거나 어두워진다는 말이지. 마음이 더러워 내면이 깜깜한 사람의 삶은 심한 어둠 속에 갇힌 것이 된다는 뜻이네.

신학생 : 그렇다면 '퀘이커교'의 창시자인 '조지 폭스'가 내면의 빛만 갈망하는 명상적 기독교 분파를 세운 것도 일리 있는 것으로 봐야 하겠습니다. 그런데 세계적으로 소수에 불과한 그들의 사회봉사 활동과 인권이나 평화 운동은 영향력이 큽니다.

교수 : 사실 성서적 종교의 모든 의전(儀典)과 의식(儀式)과 예배와 미사란 내면의 순결·청결·단순성과 인간 사랑을 위해서 존재하는 것이네. 제1 이사야 예언자의 책 1장은 갖가지 종교적 의식 호황의 천국이 빚어낸 자기모순과 부조리의 현실을 적나라하게 드러내며 고발하고 비판하는 것으로 유명한 부분이지. 마음이 더럽고 사랑이 없는데, 아무리 밤낮 예배만 드리고 기도하면 뭘 하겠는가? 마음이 더러우면 사랑이 있을 수 없네.

신학생 : 그러니 마음의 깨끗함이야말로 인생과 세상의 근본 토대로(마 5:8), 실로 이 한마디를 깨닫는 것이 기독교의 관건이라 하겠습니다. '논어'를 읽다가 충격을 받은 적이 있습니다. "人而不仁如禮何, 人而不仁如樂何?"란 말인데요. "사람이 인(仁)하지 못하면 예(禮) 같은 건 무엇이며, 사람이 인하지 못하면 음악 같은 것은 무엇이냐?"라는 뜻으로 푸는데(팔일 편), 미지근하여 가슴에 와 닿질 않습니다. 한학자이기도 한 이화 대학의 '김흥호' 목사는 이것을 기독교에 적용하여, 거칠면서도 가슴에 확 와 닿게 옮겼더군요. "사람이 돼먹질 못했는데 예배나 신학은 해서 뭘 하며, 사람이 못돼 먹었는데 예술은 해서 어쩌자는 것이냐?" 그래서 아모스나 제1 이사야 예언자의 말처럼 들립니다(암 5:21~23; 사 1:11~15).

교수 : 슬픈 일이지. 생각해보게. 하나님께서 인간과 세상의 행복과 평화와 구원을 위해 베풀어주시지 않은 게 있는가? 기독교만 생각해보게. 하나님, 예수 그리스도, 성령, 성서, 성전, 예배·미사, 기도, 찬송, 설교와 교육, 재물, 각종 직업의 사람과 모임이 있는데도 불구하고, 역사나 현실을 보면 얼마나 많은 탈선과 타락이 많은가? 그러니 현대 생물학자들조차 인간과 세상을 일컬어, "인간의 얼굴을 한, 털 없는 원숭이들의 동물원"이라고 한 말이 전혀 과장이 아니지(데스먼드 모리스-털 없는 원숭이; 인간 동물원).

신학생 : 저는 인간이 정녕 그 모든 구원의 방식을 거절하고, 세상과 재물의 노예가 되어 살아갈 때 직면할 가공스러운 미래가 보이는 것 같아서 섬뜩하기도 합니다. 앞서 UN의 경고를 생각해봤지만, 석유화학 문명으로 인한 생태계 오염과 기후 위기와 재앙은 이미 우리가 겪고 있는 사태입니다. 그런데도 별로 심각하게 받아들이지 않지요.

교수 : 나는 그 우려가 사실이 될 것 같아 끔찍하네. 그래서 불쌍한 것은 어리고 젊은 세대이지. 그들은 죄도 없이 채 살아보지도 못하고, 우리네 잘난 조상들 때문에 망하게 되었으니 말이네. 기후학자들이나 생물학자들은 지금 이 문명을 멈춘다 해도 지나치게 늦었다 하지. 그러나 세계의 정치와 경제 지도자들은 결단코 이 산업 문명을 멈출 생각이 없네! 멈춘다면 대혼란이 발생할 것이 분명하니까. 그래서 인류는 지금 어떻게도 할 수 없는 진퇴양난에 놓여 있지. 극단적 생각이겠지만, 암울하기 그지없는 미래가 바짝 다가와 있는 것 같네.

신학생 : 그런 점에서 산상수훈을 문명사적 자리에서 읽어야 한다는 선생님의 말씀이 옳습니다. 이것은 인류와 문명의 구원 문제, 곧 미래가 있는 인류의 삶에 관한 가르침이니까요. 그렇기에 6장 25~34절의 **"걱정과 하나님의 나라"**에 대한 가르침은 오늘날 대단히 심오한 울림으로 다가옵니다. 그간 인류는 "목숨을 부지하고 몸을 감싸려고" 문명을 발전시켜온 것인데, 그것이 도리어 생존과 미래를 위협하여 '아포칼립스'(Apocalypse, 그-Apocalypsis, 세계의 종말·doomsday)를 직면하게 했으니, 지독한 모순과 부조리입니다.

교수 : 사실 기독교인들조차도 이 말씀을 믿는 사람은 거의 없을 걸세. 흔히 "공중의 새, 들의 백합화" 이야기라 하는 이것은 걱정하지 않는 삶을 말하는데, 신학자들조차도 수도사들에게나 어울린다고 말하지. 그런데 이것은 기도문에서 '오늘 필요한 양식', 곧 '일용할 양식'을 위해서 기도하는 것과 상통하는 것이네.

인간은 본성상 '솔로몬의 온갖 영화'를 추구하네. 자본주의란 게 이것이지 무엇인가? 그러니 이 가르침을 따르지 않는 기독교인은 교회 안의 "이방인", 곧 '예수를 믿는 이방인'이지. 말은 하나님의 사랑을 운운하네만, 하나님이 먹이고 입히고 돌보실 것을 믿고 단순하고 소박한 생활로 만족할 사람이 몇이나 있겠는가? 그야말로 수도사들밖엔 없을 것이네.

신학생 : 그런데 문맥을 보면, 그 모든 말이 "하나님의 나라와 하나님의 의"를 향하여 배열되어 있고, 그 뒤의 말들은 이것에 보탠 사항으로 보입니다. 따라서 하나님 나라가 예수의 모든 가르침의 핵심입니다. 그러면 하나님의 나라는 모든 인간의 물질적·경제적 평등을 포함한 것으로 보아야지요?

교수 : 전에 말한 것 같이, 먼저 일한 자나 나중에 온 자나 모두 하루 한 데나리온을 받은 포도원 일꾼 이야기가 그것이지(마 20:1~16). 경제적 불평등이 있는데, 어떻게 하나님의 나라라고 하겠나? 하나님 나라는 경제적 평등이 기본이네. 그로부터 정치와 인간관계와 문화 등, 모든 것의 조화와 균형과 평화가 이루어진 새로운 세계이지. 그러니 공중의 새와 들의 백합화 이야기야말로 혁명적인 가르침이지. 평등의 문제는 기독교도 공산주의도 해결하지 못한 일이네. 인간이 거부하는 한, 아마 세상이 파멸한다 해도 해결하지 못할 걸세.

4

신학생 : 이제 7장을 생각해보지요. **"남을 심판하지 말라, 거룩한 것과 진주, 구하고 찾고 문을 두드려라, 황금률, 좁은 문으로 들어가라"**(7:1~14), **"거짓 예언자와 거짓 신앙인에 대한 경고, 두 종류의 집 짓는 사람 이야기"**(7:15~27)로 나누어볼 수 있겠습니다.

1) **남을 심판하지 말라**는 말은 '비판'을 금지한 것이 아니라, 남을 향한 '저주'를 금지한 것으로 봐야 할까요?

교수 : 해석하기 어려운 말이네. 비판과 심판을 말하는 것 같기도 하니까. 예수는 기적을 체험하고도 회개하지 않는 마을에 저주와 심판의 화(禍, 재앙)를 퍼부었고(마 11:20~24), 유대교에는 형언하기 어려운 지독한 말로 저주를 선포했네(마 23장). 그 외에도 여러 번 그랬지(막 7:1~23; 요 8장).

그래서 이것을 역사적 예수의 말이 아니라, 초기 교회의 설교라고 보는 신학자들이 많고, 기독교 비판자들도 예수의 자기모순을 말하지. 우리는 예수의 정확한 의도를 모르네. 그러나 "되질, 티, 들보"를 볼 때, 남을 비판하고 심판하기보다는 자기 성찰부터 하라는 말로 들어야 한다고 봐야 하지 않을까 싶네.

즉, 하나님의 나라 테두리 안에서 이해해야 한다는 것이지. 하나님의 나라는 모든 인간의 화해와 조화와 평화가 이루어진 새로운 세상이니까. 기도문도 "우리가 우리에게 죄지은 사람(빚진 사람)을 용서해 준 것 같이"라고 했으니, 남 탓을 하는 것은 한도 끝도 없는 일이네. 남의 잘못을 거세게 지적하는 한, 인간관계든 국가들의 관계든, 언제나 갈등과 충돌과 싸움과 분열만 벌어지지. 그래서 핵심은 "네 눈 속에 있는 들보(서까래)", 곧 남의 잘못은 티고, 내 잘못은 들보라는 것이니, 자기 성찰부터 하라는 말로 보겠네.

신학생 : 2) **거룩한 것을 개에게 주지 말고, 진주를 돼지 앞에 던지지 말라**는 말은 도무지 무슨 말인지 모르겠습니다.

교수 : 나도 모르겠네. 여러 가지 해석이 있지. 대체로 거룩한 것과 진주는 하나님

의 말씀을 말한다고 하지만, 그것도 예수의 자기모순을 노출하는 것으로 볼 수 있기에, 해석상 곤란한 일이네. 예수는 사람을 골라서 말하지 않았으니까. 게다가 예수는 제자들에게 하나님의 말씀을 전할 때 받는 모욕과 박해와 죽음까지도 말했으니, 더욱 이해하기 어렵지.

흔히 개나 돼지를 '이방인들'을 상징한다고 말하지만, 그것은 더욱 터무니없는 해석이네. 그렇다면 어떻게 이방인들에게 복음을 전하겠는가? 그래서 이것은 전승 과정에서 문제가 있는 것으로 보는 사람이 많네. 다른 복음서에는 없으니까.

아무래도 개와 돼지는 진리의 가치를 모르는 자의 상징인 것 같네. 그러면 주거나 던지지 말라는 말은 그들과 타협하거나 한패가 되지 말라는 뜻이 되지. '중용'에 "택선고집(擇善固執)"이란 말이 있네. 선을 택했으면 고집스레 밀고 나가라는 뜻이지. 따라서 이 말씀은 그릇된 세계관과 생각과 사상과 습성에 대한 그리스도인의 혼합, 편승, 어설픈 타협, 허물어지는 것에 대한 거부와 저항을 말하는 것으로 볼 수 있네. 그렇지 않으면, 결국에 그들에게 짓밟히고 파괴되니까 말이네. 이를테면 그리스도인의 자존과 지조의 길이란 말이지.

신학생 : 3) 구하고 찾고 문을 두드리라는 말은 아마 예수의 가르침에서 가장 많은 오해와 왜곡을 불러일으킨 말로 보입니다. 가장 흔한 대중적 설교는, 소망이 이루어질 때까지 끈덕지게 기도하라는 것이지요. 그래서 누가복음에 나오는 "과부와 재판관" 이야기에 연결하여 설명합니다(18:1~8). 사람들이 듣기 좋아하는 품목입니다. 그런데 하나님은 사람에게 필요한 것을 다 아신다고 하는데(마 6:32), 어떻게 그렇게 이해할 수 있을까요?

교수 : 설교자나 기독교인들이 그렇게 이해하게 된 이유는 "빵, 돌, 생선, 뱀"(마태),

"생선, 뱀, 달걀, 전갈"(눅 11:9~12) 비유 때문인 것 같네. 자녀가 빵과 생선과 달걀을 달라는데, 돌멩이와 뱀과 전갈을 줄 부모가 어디 있겠느냐는 말을 글자 그대로 이해한 것이지. 성품이 악하다 해도 그런 부모는 없네. 그러니 하나님이야 말해 무엇하겠느냐는 것이지.

그런데 이런 식으로 이해하고 가르치게 된 것은 설교자들이 마태복음만 보고, 누가복음은 외면해서 발생한 일이네. 마태 기자는 확실히 오해의 소지를 남겼지. "아버지께서 **'좋은 것'**을 주지 아니하시겠느냐?"라고 결론을 내렸으니까. 그러니 설교자들은 이 말을 '사람들이 소망하는 좋은 것'이라고 해석한 것이지. 그러나 마태 기자도 그런 식으로 말한 게 아니네. **'하나님이 생각하시는 좋은 것'**을 말한 것이지. 그러면 마태의 말도 오해의 소지가 없네.

그런데 누가 기자의 말을 보면, 오해와 왜곡의 여지 자체가 없네. 그는 마태 기자의 '좋은 것'을 **"성령"**으로 바꾸었네(눅 11:13). 그러니 마태복음보다 후대에 나온 누가복음 기자가 그의 말을 바꾼 것이거나, 아니면 누가의 것이 본래 예수의 말이거나, 둘 중의 하나일세. 어떤 것이 본래 예수의 말인지는 알 수 없지만, 예수의 하나님 나라 사상에 비추어 볼 때, 누가 기자의 말이 정확하다고 볼 수 있네. 왜냐면 앞에서 먹을 것과 마실 것과 입을 것을 걱정하지 말라고 한 예수가 곧이어 사람들이 좋은 것이라고 소망하는 것을 구하고 찾고 문을 두드리며 기도하라고 가르쳤을 리 없다고 봐야 하니까!

따라서 마태의 좋은 것을 하나님이 생각하시는 좋은 것으로 보고, 그것을 누가의 성령으로 보면 조화롭게 되네. 진실로 성령이야말로 사람을 깨달음으로 인도하여 내적 혁명을 일으키니까, 하나님이 생각하시는 좋은 것이고, 또 사람에게도 가장 좋은 것이고, 그것이 하나님의 나라를 이 땅에 이룩하는 길이니까 말이네.

그러니 예수의 하나님 나라 운동은 실상 '성령 운동'이라고 할 수 있지. 나사렛 회당에서 읽은 제3 이사야의 책이 그게 아닌가(사 61:1~2; 눅 4:18~19)? 요한복음도 그렇게 증언하지(14~16장). 성령은 진리의 영이시니까, 사람에게 예수가 가르친 진리를 깨달아 내적 혁명, 곧 인간 혁명을 이룩하게 하여 세상에 하나님의 나라를 건설하는 일에 참여하게 하시니까.

5

신학생 : 4) **'황금률'**은 해석의 여지 없이 글자 그대로 보는 게 옳을 것입니다. 이것은 인간의 본성을 통찰한 데서 나온 말이라고 봅니다. 사람은 누구나 남에게서 대접과 대우, 인정과 칭찬과 존경, 친절과 사랑을 받기 바라니까요. 그런데 그렇게 수동적으로만 기대할 것이 아니라, 먼저 능동적으로 남에게 좋은 대접과 대우를 하고 존경하라는 말입니다. 그러면 남도 나를 그렇게 대할 것이니까요. 그렇지 않아도 할 수 없는 일이고요. 이것이 율법과 예언서, 곧 구약성서 전체의 뜻이라고 합니다.

교수 : 우리는 '예수의 하나님 나라는 인류 문명과 문화의 대안'이라고 말했네. 이것의 기초는 인간이 하나님과 진리와 맺는 관계에서 파생되는 것이지. 진리를 말한 것은 성서가 하나님을 진리로 말하기도 하니까(시 31:5; 사 65:16; 요 1:1~2), 무신론자까지 포함해야 되기 때문이지. 하나님의 나라는 하나님과 인간과 만물의 삼각관계가 온전한 조화와 평화를 이루는 것이네(창 2장; 사 11:6~9).

이제 인류 문명은 더는 머뭇거릴 틈이 없는 시대에 진입했네. 지금까지와 같이 이 문명을 그대로 밀고 나아가면, 기후 재앙에서 비롯되는 식량난이나 바이러스 전염병이나 핵전쟁 등, 갖가지 불행한 사태를 촉발하여 절멸을 피할 수 없지. 문명의 근본적인 방향 전환만이 구원의 길이네. 따라서 황금률은 인간이 진리 안에서 먼저 타인의 소망을 들어주고, 자연과도 조화를 이루어 사는 평화로운 세계를 건설하는 길이기에, 인류 문명과 문화의 대안이지.

신학생 : **5) 좁은 문과 좁은 길, 넓은 문과 넓은 문도** 말은 쉬우나 실천하기 어려운 것입니다. 기독교인들은 하나님의 은총(선물)으로 구원을 얻고 은총으로 산다고 말하지만, 이 말은 영적 노력을 강조하는 것으로 봐야 할 것입니다. 왜냐면 하나님의 은총에 충실히 응답하는 삶이 그것을 살아 있는 것이 되게 하니까요.

교수 : 되풀이하지만, 우리는 성서나 복음을 통전적으로 이해해야 하네. 은총만으로 되는 것이 아니네. 은총으로만 된다면, 이토록 부패한 세상에 대한 책임은 전적으로 하나님이 져야 할 일이지. 은총과 영적 노력은 상호 대립이나 모순 구조가 아닌, 통합 구조 안에 있는 것이네.

은총 없는 노력은 고되고 허망할 뿐이고, 노력 없는 은총이란 공허하고 무책임한 것이네. 성령과 신앙은 함께 나아가는 것이지, 일방적인 게 아니지. 그래서 에베소서도 그리스도인의 영적 노력과 분투를 말하는 것이네(6:10~18). 달란트 비유도 그렇지.

신학생 : 그렇습니다. 신앙의 삶은 농사와 비슷합니다. 햇빛과 비(물)는 하늘에서 거저 내리는 은총이고, 농부의 수고는 노력입니다. 하나가 빠지면 농사는 헛일입니다. 햇빛과 물을 만들어낼 인간은 없습니다. 전깃불조차도 근원을 따져 올라가면 태양에서 옵니다. 그리고 인간의 노력 없이는 햇빛과 물이 암만 있다 해도 허탕이지요.

그런 점에서 "가진 사람에게는 더 주어서 넘치게 하고, 갖지 못한 사람에게서는 있는 것마저 빼앗을 것이다."(마 25:29), "꼴찌가 첫째가 될 사람이 있고, 첫째가 꼴찌가 될 사람이 있다."라는 말도(눅 13:30), 좁은 문과 좁은 길로 걸어가는 진지한 영적 노력을 의미한다고 봅니다. "서 있다고 생각하는 사람은 넘어지지 않도록 조심하라."라고 하며, 자만과 나태를 경고한 바울의 말도 같은 뜻으로 보겠고요(고전 10:12).

교수 : 예수는 신앙과 노력을 아울러 강조한 점에서 빈틈이 없네. 은총과 노력에서 한쪽만 능사로 아는 사람은 예수를 전혀 모르는 사람이지.

신학생 : **6) 거짓 예언자와 거짓 신앙인에 대한 경고, 두 종류의 집 짓는 사람** 이야기는 새삼 거론할 게 없다고 봅니다. 글자 그대로 보면 되니까요. 평생 애를 써서 살았는데, 모래 위에 지은 집 꼴이라면, 얼마나 허망하겠습니까? 그런데 그렇게 사는 사람이 많지요.

교수 : 우리는 언제나 자신을 깊이 성찰하며 살아야 할 것이네.

6

신학생 : 실로 산상수훈은 예수의 모든 가르침을 요약한 것입니다. 새로운 인간 혁명과 새로운 세계, 곧 하나님의 나라 건설에 관한 프로그램을 담고 있지요. 다만 마태복음의 산상수훈에 '성령'이란 말이 없다는 것이 아쉽지만, 마음의 가난이나 구하고 찾고 문을 두드리는 것에 내포된 것으로 보겠습니다.

교수 : 이제 21세기의 기독교는 산상수훈의 공동체로 탈바꿈해야 할 것이네. 실로 중차대한 일이 아닐 수 없지. 전에 말했듯이, 기존의 정통주의 신앙과 신학은 이미 효용의 한계를 한참이나 지났네. 1, 2차 대전이 그것이지. 그런데도 아직도 기독교는 그것을 깨닫지 못하고 환상의 잠에 취해 있네.

그러면 대안이 무엇이겠는가? 실천적 기독교밖엔 없지. 나는 기독교가 '산상수훈의 공동체'가 되는 것이 그것이라고 보네. 기독교가 정녕 인류와 세계를 구원하여 이 땅에 하나님의 나라를 세우시려는 한 분 하나님, 한 구원자 예수 그리스도, 한 성령을 믿고 따른다면, 교회와 신도를 확장하려는 것이 아니라, 진실로 내적 혁명을 일으킨 사람들이 산상수훈을 실천하는 공동체와 예수를 따르는 길이 되어야 할 걸세. 종교가 아닌, 길이네!

신학생 : 그래서 지금 기독교에 가장 필요한 것은 참으로 '예수를 닮은 인간을 길러 내는 성령 운동'으로 보입니다. 제자가 별로 없는 교회는 그저 바알 종교 같은 것일 뿐이니까요. 결국에 교회는 언제나 바알이냐, 하나님이냐 하는 엘리야 시대 속에 있다고 보겠어요. 그런 점에서 기독교는 전투적 길입니다. 그런데 그것을 오해해서 타민족이나 다른 종교와 문화에 대해서 독단과 독선과 정복의 태도에 빠지는 것이 문제이지요.

교수 : 그렇지. 예수는 그렇게 가르친 적 없네. 예수는, 제자 공동체는 "세상에 있어도 세상에 속하지 않은 사람들"이라고 했지. 그런 점에서 예수의 하나님 나라 운동은 확고하면서도 부드러운 사랑의 길이네.

신학생 : 산상수훈은 21세기 기독교가 나아가야 할 대안 사상과 문화의 방향과 길입니다. 그러니 지금은 신학자들과 목회자들의 책임이 매우 중요한 시점이지요. 시인이 타는 듯한 목마름으로, "신실한 사람, 진실한 사람"(시 12편), "겸손한 사람, 의인, 착한 사람"(시 37편)을 세상에서 많이 일으켜 달라고, 하나님께 기도한 게 새삼스레 가슴에 와 닿습니다.

교수 : 그런 이가 예수를 닮은 사람이지.

14장
예수의 가르침 (3)

14장
예수의 가르침 (3)

1

신학생: 오늘은 **"Q 자료"**(마태와 누가에 공통으로 나오는 예수 어록)를 포함하여 **"공관복음"**에 나오는 예수의 가르침을 생각해볼 차례입니다. 제가 뽑아온 것에서 이야기하는 게 좋겠는데, 말의 형식인 '선포, 선언, 초청, 명령, 권고, 경고, 비판'은 모두 가르침에 속합니다. 먼저 선포와 선언, 명령과 초청에 속하는 두 말씀을 생각해보지요.

"때가 찼다. 하나님의 나라가 가까이 왔다. 회개하여라. 복음을 믿어라."(막 1:15; 마 4:17) 이것은 선포와 선언과 명령과 초청인데, 예수의 하나님 나라 운동의 기초로서, 모든 시대와 상황에 적용되어야 할 가르침입니다. 마태는 예언자 요한의 말과 같은데(마 3:2) '때, 복음'이 없고, 누가에는 이 말씀이 없고 제3 이사야 예언자의 말로 대치했습니다(눅 4:18~19).

교수: 마가를 기본 자료로 했는데도 그렇게 한 것은 복음서 기자들의 예수 이해와 시대적 상황과 삶의 자리(Sitz im Leben)가 달랐기 때문이라고 봐야겠지. 마가가 특히 '때와 복음'을 강조한 것은 예수가 그랬듯이(막 8:39~9:1), 그 공동체도 하나님 나라가 곧바로 이루어질 것으로 믿었기 때문이었을 것이네. 그만큼 하나님 나라 실현의 긴박성을 말한 것이지.

신학자들은 마가복음이 대개 서기 66~70년 사이에 벌어진 대로마 항쟁인 "유대 전쟁" 이후에 기록된 것으로 보네. 마가 기자는 예루살렘 성전이 불타고 성벽이 헐리고, 유대인들이 살육당하거나 추방되고(대략 50여만 명. 요세푸스-유대 전쟁사), 교회도 같은 위기에 직면한 것을 보고 예수를 말해야 했지. 그래서 곧 예수를 통해서 실현될 하나님의 나라를 강조하며 복음을 전할 필요성이 더욱 커졌고, 절망에 빠진 유대인들을 설득하려고 한 것으로 볼 수 있을 것이네. 마가가 부활 기사에서 '갈릴리'를 다시금 언급한 것도 그런 정황에서 나온 것이지. 마가는 고난에 빠진 유대인들에게 예수와 함께 새로운 시대의 때, 곧 하나님의 나라가 밝아왔다는 것을 강조한 것이네. 그러나 하나님의 나라는 오지 않았지.

　마태와 누가는 마가보다 10~15년이 지난 후에 기록된 것으로 추정하네. 마태복음은 주로 추방되어 흩어진 유대인들을 대상으로 선교한 공동체에서 나온 것으로 보는데, 그것은 암암리에 예수를 율법을 선포한 모세와 견주려는 의도에서 드러나네. 그래서 마태복음에 예수의 기나긴 선포와 가르침, 곧 설교가 많이 나오는 것이지. 누가복음은 주로 가난하고 소외된 그리스계 이방인을 대상으로 선교한 공동체에서 나온 것으로 보는데, 유난히 예수의 사랑과 자비를 강조하기 때문이네.

　이렇게 공관복음 각자의 예수 공동체 상황과 삶의 자리는 달랐어도, 예수가 하나님의 나라를 이 땅에 세우는 것을 자신의 사명과 목적으로 알고 활동한 분으로 증언한다는 데서는 일치하네. 선교 대상이 유대인이든 이방인이든, 아무 상관 없지. 중요한 것은 예수를 통해서 새로운 세상인 하나님의 나라가 본격적으로 시작된 것을 증언한 것이네.

　신학생 : 그래서 회개, 곧 하나님의 나라를 향하여 자신의 모든 것을 새로운 방향으로 전환할 것을 촉구한 것이지요. 회개는 예언자들의 명제입니다. 그들에 따르면,

회개는 지금 이 순간 지정의(知情意)와 사고와 인격과 존재 방식과 삶 전체를 하나님의 뜻을 향해 결정적으로 전환하는 행동입니다. 단지 감정적 뉘우침인 협소한 게 아니지요.

그렇게 회개를 통하여 하나님의 다스림(나라)을 받아들여야 할 때는 바로 '지금'입니다. 나중은 누구에게도 오지 않습니다. 내일 살아 있을지 누가 알겠습니까? 그래서 회개는 뱀을 보거나, 낭떠러지에 직면하거나, 집에 불이 났거나 할 때의 태도와 같지요. 그때 무슨 관념이나 이론을 생각하고 뜸을 들이겠습니까? 당장 피하고 물러서고 불을 꺼야지요. 그렇듯 회개는 지금 이 순간에 내려야 할 결단의 긴급성과 급박성을 말합니다.

교수 : 잘 이해했네. 사람들은 항상 내일 내일 하고 미루지. 그러다가 죽고 마네. 자신이 올바로 살아가는지, 잘못 사는지 묻지도 않고 사는 것이 사람들이지. '때와 회개와 하나님의 나라와 복음'은 지금 이 순간에 결정하고 받아들여 삶의 모든 것을 전환해야 할 중차대한 실존적 사항이네.

'가까이 왔다.'라는 말이 그것이지. 손에 잡힐 듯 옆에 와 있다는 뜻이니까, 지금 이 순간이야말로 나의 삶과 죽음을 결정하는 실존적 순간이란 말이네. 자네 말처럼, 내일이나 나중은 없네. 그것은 상상의 가공물이고, 핑계이고 도피일 뿐이지.

신학생 : 그런데 때와 회개와 하나님의 나라와 복음을 지적으로 이해하는 것도 쉬운 일이 아닙니다. 그래서 성서나 역사에서 때를 알아차려 실존적 결단과 변형을 이룩하여 참된 삶의 발자취를 남긴 사람들이나, 때가 왔어도 알아차릴 줄 모르고 세상에 빠져서 살았던 사람들의 예를 들어보는 게 좋을 것 같습니다.

2

교수 : 사실 그러하네. 그것은 대학교수나 목회자라는 지성인들조차도 잘 이해하지 못하지. 자네가 한 번 꼽아보게나.

신학생 : 그럴까요? 성서와 역사에 사례가 많지만, 각기 두 사람씩만 생각해보겠습니다. **'아브라함과 롯, 프란치스코와 그의 아버지'**입니다. 물론 여기에는 때와 회개와 하나님의 나라와 복음이라는 말은 명시하지 않지만, 본질과 실질과 내용은 그것을 가리킵니다.

아브라함은 "떠나서 가라"는 하나님의 명령을 듣고 곧바로 실천합니다. 오랜 세월 갖은 시련과 시행착오를 거쳐 진정한 신앙의 사람으로 다듬어지고 인격적으로 승화됩니다. 그 절정이 모리아 산에서 외아들 이삭을 바치는 장면이지요. 따라서 아브라함은 자기에게 찾아온 때를 알고 방향 전환의 회개를 하고 하나님의 나라와 복음을 받아들인 사람으로 보겠습니다. 그래서 그는 이스라엘 민족은 물론, 모든 신앙인의 조상이 된 것이지요.

그런데 아버지를 일찍 여읜 롯은 하나님의 부르심을 받은 게 아니지만, 큰아버지를 따라나섰기에, 오래도록 곁에서 하나님을 따르는 삶을 배울 숱한 기회를 얻었지요. 그러나 그는 아브라함이 목초지를 양보할 때나 포로가 되었을 때 구원을 받은 체험을 했으면서도, 종래 아무것도 배우질 못했습니다. 그리하여 물욕의 노예로 살다가 결국에는 쫄딱 망하고, 수치스러운 발자취를 역사에 남기고 말았지요.

프란치스코는 아시시의 부유한 포목 상인의 아들이었는데, 전쟁에 끌려나가 비참한 장면을 보고 충격을 받아 돌아온 후 우울증에 걸려 은둔하다가, 그리스도의 음성을 듣는 신비 체험을 하고는, 버려진 조그마한 성당을 고치면서 수도 생활에 들어갑니다. 아들에게 사업을 물려주려던 아버지는 결사반대하며 아들을 감금하고 협박하고 위협하지요. 여러 차례 그런 실랑이를 반복하던 프란치스코는 성당에 들어가 신부를 불러, 사람들이 지켜보는 가운데서 옷을 홀랑 벗어 던진 알몸이 되어, 아버지와 부자 관계를 절연한다고 선언합니다. 그의 아버지는 죽을 때까지도 그를 아들로 인정하지 않았지요.

교수 : 이 두 경우에서 신비 체험, 곧 '윌리엄 제임스'가 말하는 "근본 체험" 여부가 문제일 것이네(종교적 경험의 다양성). 근본 체험이란 한 인간에게 있어서 기존의 모든 것을 전복하고 새로운 패러다임을 발견하는 내적이고 실존적인 충격적 경험이지. 그렇다고 해서 그것이 인간의 변화에서 결정적인 것은 아니네. 왜냐면 폭풍 같은 체험이 있는가 하면, 이슬 같은 체험도 있으니까. 그래서 근본 체험이 다양하다고 말하는 것이지.

신학생 : 모든 인간이 그런 충격적 신비 체험을 한다면 당연히 변화되겠지요. 그러나 신앙인의 신비 체험은 느닷없이 하늘에서 떨어지는 게 아닙니다. 아브라함의 경우에는 전혀 그 전의 사정을 말하지 않고, 청년 프란치스코는 깊은 우울증에서 인생에 대한 심각한 회의와 의문에 휩싸여 지내다가 생의 전환점을 맞이했습니다.

하지만 우리는 부자 아브라함이 그런 체험 이전에 깊은 자기 회오(悔悟)에 빠져 있었다고 전제해야만 합니다. 그런 일은 그러한 심각한 내적 고뇌를 전제하지 않고는 일어날 수 없지요. 명색이 그 사회에서 성공하여 부유하고 존경받으며 잘 나가던 사람이 어째서 갑자기 아는 사람도 없는 미지의 땅으로 떠나겠습니까? 따라서 아브라함은 그 체험 이전에 깊은 회의에 빠져 암중모색하는 길고 고통스러운 시간을 보냈을 것이라고 상정해야 합니다.

교수 : 20세기 위대한 소설가 '토마스 만'은 대하소설 "요셉과 그의 형제들"에서 이 문제를 천착했네. 그는 메소포타미아의 다신론(多神論) 사회에서 성공하여 살던 아브라함이 종교적 회의와 심각한 실존적 위기에 빠진 이야기를 하지.

아브라함은 어느 순간부터 자기가 이룩한 부와 명성과 안락한 삶 전체에 대한 부조리와 무의미와 허무를 느끼네. 그리하여 할아버지와 할머니와 아버지와 어머니와 형제자매들로 구성된 그 신들이 사실 신이 아닌, 인간들이 욕망으로 만들어낸 허상이라는 것을 깨닫지. 왜냐면 그들은 진흙이나 청동으로 자기들이 신봉하는 신들의 신상을 만들어, 신전이나 가정에 모셔놓고 복을 빌었으니까.

그래서 그는 심각한 실존적 회의에 빠져 만들어진 신이 아닌, 참된 신을 오래도록 찾았네. 그러던 차에 그 신이 그를 찾아온 것이지. 자기를 "엘 샤다이"(전능한 신)라고 말하는 신이네. 바로 하나님이시지. 그런데 그 신에게는 조상이나 가족이 일절 없네. 달랑 혼자이지. 그 하나님이 떠나서 가라는 명령을 하자, 아브라함은 그 신에게 모든 것을 내걸고 곧 떠나네.

신학생 : 그렇기에 한 인간의 삶에서 중요한 것은 실존적인 근본 회의에 빠져서 자기 인생을 결정지을 것을 찾을 줄 아느냐 하는 데 있다고 봅니다. 왜냐면 신비 체험은 인간이 만들어낼 수 있는 게 아니니까요. 그것은 하나님이 하실 일입니다. 그러나 진실로 현재 자기 삶의 상황이 어떠하든지 간에, 심각한 자기 회의에 빠져서 무엇인가 새롭고 결정적인 돌파구를 찾는 사람이라면, 회개와 발견의 때가 찾아오는 법이라고 봅니다.

교수 : 현실 안주에서는 그 어떤 새로운 전환이나 변혁이 없다는 것은 틀림없는 일이지. 현실에 만족하거나 안주하지 않고, 그 이상의 무엇을 찾는 고뇌 속에서 허우적

대는 실존적 위기와 탐색의 시간을 보내는 사람에게는 분명히 내적 감동을 얻는 순간이 찾아오네.

신학생 : 그것이 폭풍같이 급진적이거나 이슬같이 점진적이거나, 형식은 별로 관계없는 것 같습니다. 사람은 하나의 성구나 이야기나 사건에서 실존적인 깨달음을 얻고 전환할 수도 있으니까요. 예수가 구하고 찾고 문을 두드리라고 말한 게 바로 이것이 아니겠습니까?

3

교수 : 현대 소설가 '리처드 바크'가 쓴 "갈매기 조너선"도 그런 이야기이지. 여느 갈매기들은 해변에서 먹이를 차지하는 경쟁을 삶이라고 여기지만, 조너선은 그런 의미 없는 삶에 회의를 느끼고, 누구나 불가능하게 여기는 빠른 비행의 기쁨과 자유자재한 변화의 이상을 추구하다가, 결국에 성공하네. 인간의 참된 삶에 관한 절묘한 비유이지.

회개하고 복음을 믿어야 하는 것은 인간의 일이네. 그러면 하늘의 감화를 받는 날이 오네. 그러니 중요한 것은 자기에게 진실한 심정이지. 예수의 말도 이것이네. 하나님의 나라에 자신을 활짝 개방하는 마음만이 새로운 세계를 찾는 길이네. 현실 추구는 해야 하지만, 현실 안주야말로 하나님의 나라에 자기를 폐쇄하는 방어적이고 도피적인 존재 방식이지.

신앙인이었던 롯과 프란치스코의 아버지가 그런 사람들이라 하겠지. 그런데 기독교 역사와 오늘의 현실은 이런 사람들로 가득하네. 예수는 그런 사람들을 살아서 이미 "죽은 사람들"이라 했네(눅 9:60). 19세기 프랑스 상징주의 시인인 '폴 발레리'는 그런 사람들의 종국을 "해변의 묘지"라고 했지. 탈출하는 이스라엘을 추격하다가 물에 빠져 죽은 이집트 병사들 이야기에서 얻어낸 착상이네.

신학생 : 그러니 '지금'이야말로 진실로, 그리고 전체적으로 하나님의 다스림(나라) 안에 들어가서 살아야 할 결정적 전환의 때라는 것을 알고, 기존의 모든 행태에서 돌아서서 그리스도의 가르침(복음)을 믿고 따르는 것이 근본 변형(Metamorphosis)이라 하겠습니다.

교수 : 제2 이사야의 "독수리" 이야기가 그것이네(사 40:31). 그것은 나라를 잃어버리고 바빌론으로 끌려가 기나긴 포로 생활을 하는 동안, 그만 지치고 상하고 체념하고 절망하여 넋을 놓고 정체성마저 잃어버리고 살아가는 유대인 동포들을 깨우려고 던진 말이지. 그러니까 그들은 지금 닭대가리(이런 말을 써서 미안하지만)가 되어 살아가는 꼴이라는 것이네. 물론 닭장은 바빌론이고…. 그의 말은 이런 것이네. '이스라엘아, 너의 본성, 너의 참모습은 독수리이다! 그러니 이제 죽음의 구덩이에서 깨어나 훨훨 창공으로 날아오르렴!' 결국에 그들은 그 예언자의 오랜 노력과 투쟁과 죽음을 통하여 깨닫고 일어나 독수리가 되었지.

신학생 : 그런데 지금도 신앙을 통통하게 살이 찐 닭대가리가 되어 사는 것이라고 가르치고 믿는 자들이 태반이니, 어찌합니까? 역사에서 맛 좋은 치킨이 되는 것밖에 없는데요.

교수 : 예수를 보게나. 듣지 않으면 내버려 두는 수밖에! 고맙게도 하늘은 사람이 살아가야 할 길을 이미 다 밝혀주셨다네. 20세기 독일의 실존 철학자 '칼 야스퍼스'의 "역사의 기원과 목표"가 그것을 말하지. 대략 기원전 8~4세기 동서양에서 출현한 진리의 교사들이 설파한 가르침이 그것이네. 조로아스터, 이스라엘 예언자들, 붓다, 노

자, 공자, 소크라테스, 플라톤, 맹자, 장자 등이 그런 사람들이지. 예수야말로 더욱 그러하지.

그런데도 지금 인류를 보게나. 여전히 "춘추전국시대"를 방불하네. 인간은 참으로 변하지 않는 알 수 없는 종족이지. 그러나 예수의 말처럼, 겨자씨나 누룩처럼 서서히 변화해간다고 믿어야 하네. 귀 있는 자들은 들을걸세.

신학생 : 그런데 지금 학자들이나 UN까지 석유화학 문명으로 인한 기후 재앙이 닥쳐왔고, 이대로 계속해서 나아가면 머지않아 인류의 미래가 미증유의 대파국에 직면하게 될 것이라고 경고하는데, 언제까지 인류의 근본적인 방향 전환의 때를 기다려야 하나요?

교수 : 그런 파국이 어떻게 일어날지 아무것도 모르니까, 설마 그럴까 하는 것이겠지.

신학생 : 설마가 사람 잡는다는 말이 있지 않습니까?

교수 : 그래서 요한계시록의 말이 걱정이지. 우연을 필연으로 만들어버리는 것이 인간의 탐욕과 무지와 어리석음이네. 그 책은 역사의 필연을 말하는 것보다는, 경고와 결단을 촉구하는 말로 들어야 하네. 곧, 개인적 회개를 포함한 문명의 대전환을 촉구하는 말로 들어야 한다는 것이지. 그것이 빼지도 박지도 못할 필연이라면, 대단히 큰 문제가 발생하네. 왜냐면 결국에 하나님의 세계와 인류 경영이 대 실패로 돌아간다는 말밖에 안 되니까! 물론 그 책임은 인간에게 있지만 말이네. 어떻든 지금 우리 시대야말로 인류 역사상 가장 중대한 갈림길이네! 전환하고 변화하면 살 것이고, 계속 밀로 나아가면 인류가 거의 죽을 걸세.

4

신학생 : "나를 따라오너라. 내가 너희를 사람을 낚는 어부가 되게 하겠다."라는 말씀은 명령과 초청, 계획과 약속입니다(막 1:17; 마 4:19; 눅 5:10).

교수 : 언어의 형식은 초청이나 명령이지만, 예수의 하나님 나라 운동에서 결정적인 중요성을 지니고 있지. 하나님의 나라 운동은 예수 홀로 하는 것이 아니라, 동지와 제자와 친구가 필요하니까 말이네. 예수는 잘난 체를 한 적 없네.

신학생 : 이 말에 따르면, 기독교 신앙은 예수를 따르는 것입니다. 요한 21:15~19를 참고하여 역설적으로 말하자면, 예수가 제자를 부른 이유는 그들을 죽음에 내던지기 위해서입니다! 물론 여기에서 죽음은 이중적입니다. 심리적 자아의 죽음과 박해로 인한 죽음인 순교입니다. 곧, 예수에 의하면, 신앙은 죽음을 불사하고 예수를 따르는 것이지요. 그것이 예수를 사랑하는 것이고요. 그리고 예수를 사랑하는 것은 예수를 믿고 따르는 "양 떼"를 길러, 그들 또한 예수의 하나님 나라를 위해 목숨을 걸고 사는 제자가 되게 하는 것입니다.

교수 : 아주 무서운 이야기를 했네만, 맞는 말이네. 대개 오해하듯이, 기독교 신앙은 예수를 믿어서 성공하고 복을 누리자는 것이 아니라, 예수처럼 살자는 것이지! 예수처럼 살자면, 한 번 결정적으로, 그리고 세상을 떠나는 그 날까지, 매일 자아와 세상에 대해서 죽어야 하고, 예수처럼 살아가는 과정에서 박해와 죽임을 당한다 해도 물러서지 않아야 하네. 로마서 이하 신약성서가 말하는 것이 이것이지.

신학생 : 그러니 예수를 따라서 사람을 낚는 어부가 된다는 것은 따르는 그 사람부터 먼저 철저한 내적 변혁과 혁명을 이루어야 한다는 것을 전제합니다. 그런 후에 예

수의 가르침과 삶을 따라서 더욱 참된 인간으로 성장하고, 또 신앙인들이 성장하도록 가르치고 인도하는 것이지요. 하나님의 나라를 위해 목숨을 내걸든, 예수처럼 살든, 사람을 낚는 어부가 되든, 자연인인 맨 사람으로 될 일이 아니니까요.

교수 : 그렇지. 그래서 성령을 통해 진리를 깨달아 근본적으로 변화된 중생(重生)을 말하는 것이지. 그런 사람만이 사람을 낚는 어부가 될 수 있지. 그렇지 못하고 사람을 낚는다면, "자기들도 하나님의 나라에 들어가지 않고 들어가려고 하는 사람도 들어가지 못하게 하고, 자기들보다 배나 더 못된 지옥의 자식으로 만들어버리는 일"이네(마 23:14~15)! 그야말로 사람 잡는 짓이지. **"눈먼 사람이 눈먼 사람을 인도할 수 있느냐? 둘이 다 구덩이에 빠지지 않겠느냐?"** 는 말도 그것이네(마 15:14; 눅 6:39). 진실로 눈뜬 사람만이 눈먼 사람을 눈뜨게 하네. 물론 그 일도 아무도 강제로 할 수 없지. 이것은 예수의 삶에서 충분히 입증되네.

신학생 : 사실 누가 눈뜬 사람인지 알아보는 것조차도 어려운 일입니다. 이것은 예수 당시 유대교 지도자들이나 기독교 역사에서 숱하게 나타난 일이고, 오늘날도 마찬가지입니다. 목회자라고 누구나 눈을 뜬 사람은 아니거든요. 게다가 눈먼 사람들은 눈먼 사람을 눈뜬 사람으로 오인하고 따르는 일이 허다합니다. 예수의 말은 이것을 가리킨다고 보겠습니다.

교수 : 그렇지. 문제는 사람이 자기가 눈먼 상태라는 것을 아느냐 하는 데 있네. 그것을 아는 것부터가 이미 눈을 뜨기 시작한 것이지. 그런 점에서 보면, 구원은 스스로 이룩하는 것이지, 남이 가져다주는 게 아니라네. 하나님이라도 그렇게는 못 하시네! 예수가 당시 유대교 지도자들을 구원하고 싶지 않았겠는가? 그들이 거부했지.

실제로 눈먼 사람이 자기가 본다고 말하면, 인정할 사람은 없네. 그런데 정신적으로 눈먼 사람이 자기가 본다고 말하는 것은 따져보지도 않고 아무렇지도 않게 생각하지. 그러나 그것은 망상과 착각이네. 우리가 말할 수 있는 것은 체험과 변화의 방식이 폭풍이든 이슬이든, 중생하지 못한 사람은 비록 대학교수나 목회자라 하더라도 여전히 눈먼 사람이라는 것이지. 세상은 이러한 모순과 부조리로 가득하네. 실로 기독교 신앙의 관건은 중생, 곧 눈을 뜨는 것에 달려 있네! 그것이 아니면, 아무리 나라가 종교 천국이 된다 하더라도 변하지 않네.

신학생 : 그러면 자기를 따르라는 예수는 '나부터 하나님의 진리를 위하여 죽을 테니, 너희도 나를 따라 죽어라!' 하는 말이네요? 하나님의 나라를 위한 삶은 이토록 타락하고 부패하고 진리를 싫어하는 세상에서 목숨을 걸어야 하는 일이니까요.

교수 : 십자가를 지고 나를 따르라는 말이 나처럼 살다가 죽으라는 뜻이지.

신학생 : 그렇다면 예수를 따르는 사람이 거의 없을 것입니다.

교수 : 예수에 의하면, 신앙과 따르는 것은 하나인데, 후에 기독교에서 구별하여 생각하게 된 것이 비극이지. 서기 2세기 초에 야고보서가 나올 때, 벌써 그런 풍조가 유행했네. 그래도 역사를 보면, 예수를 따르는 '바보들'이 줄곧 있었네. 예수가 워낙 바보였으니까! 기독교 신앙이란 '바보 예수'를 따르는 '바보 제자'가 되는 것이네.

프란치스코는 자기를 "그리스도의 바보 광대"라고 했지(토마스 첼라노-아시시의 프란치스코; 니코스 카잔차키스-성 프란치스코). 그러니 진정한 기독교는 기존 세상을 전복하여 새로운 세상(하나님의 나라)을 실현해보자는 한바탕 거룩한 바보들의 춤이고 운동일세.

신학생 : 멋진 이야기입니다. 그러니 그리스도의 바보가 되는 것을 형언할 수 없는 영광으로 아는 것이 진정한 신앙이겠습니다.

5

교수 : 그렇지. 그런 점에서 **"나를 따르는 사람은 자기 십자가를 지고 따르라."**라는 명령을 생각해보세(막 8:31~36; 마 16:21~28; 눅 9:22~27). 자네가 이 말의 배경을 말해 보게.

신학생 : 이것은 베드로의 그리스도 고백 직후, 예수가 처음 수난과 죽음을 예고한 후 한 말입니다. 그런데 복음서마다 베드로의 태도가 조금 다릅니다. 마가복음이 사실적으로 보이는데, 베드로는 세속적 야망을 품고 예수를 "바싹 잡아당기며 항의"합니다. 이것은 옷소매나 팔을 거칠게 잡아채 자기 앞으로 당기며 얼굴을 노려보며 항의한 것으로, 스승에 대한 무례함을 넘어선 폭력행위로서, 있을 수 없는 행태지요.

그러자 분노한 예수는 베드로에게 "사탄아, 너는 하나님의 일을 생각하지 않고 사람의 일만 생각하는구나!" 하고 꾸짖습니다. 사탄의 자식도 종도 아니라니, 가장 심한 말입니다. 마태복음은 베드로를 "예수를 따로 붙들고 절대로" 스승에게 수난과 죽음이 벌어져서는 안 된다고 말하는 충정 어린 제자로 묘사하고, 누가복음에는 이 이야기가 없습니다.

교수 : 마가복음은 대략 베드로의 순교 15여 년 후에 기록되었기에, 나는 아마도 마가 공동체가 제자들의 위계를 전혀 고려하지 않은 가장 평등하고 순수한 복음의 모임이었을 것이라고 보네. 이 말씀은 예수의 본래 가르침이라 하겠네.

십자가는 예수가 어려서부터 본 로마에 맞서 항쟁하다가 잡힌 독립투사들의 수난과 죽음의 형구(刑具)이고, 진다는 것은 그것을 지고(가로대) 가서 달려 죽는 것이네. 예수는 제자들을 사람을 낚는 어부, 곧 하나님의 나라를 위하여 일하는 일꾼과 동지로 부른 것이기에, 박해는 물론 죽음을 불사하고 그 일에 정진하고 투신해야 한다는 것이지(마 5:10~12). 그러니 실로 예수는 오로지 이 땅에 하나님의 나라를 세우는 일에 자신부터 하나님의 의롭고 거룩한 바보가 되어, 제자들도 그렇게 만든 것이지.

　신학생 : 그런데 다니엘서 강의를 다룬 책을 보니까, 십자가를 지고 따르라는 말이 본래 그리스 제국의 잔혹한 박해 시대에 민족해방 독립투쟁에 나선 '마카베우스' 혁명 전사(戰士)들의 구호였다고 합니다. 그때 나온 다니엘서 끝에 이런 문구가 있지요(기원전 2세기 170~164년 사이). "너, 다니엘아, 너는 죽더라도 끝까지 신실하여라."(12:13) 강력한 제국에 맞서서 민족해방 투쟁에 나섰다가 체포된 전사(戰士)는 누구나 십자가에 처형되었기에, 죽음을 각오해야 했지요. 그러니 예수도 바로 그런 전사의 신념과 태도를 요구한 것이겠습니다.

　교수 : 그렇지. 죽음과 신실은 충성을 뜻하지. 그런데 이 말은 신약성서에 또 기록되었네. 요한계시록 2장 10절 끝에 있지. "죽도록 충성하여라. 그리하면 내가 생명의 면류관을 너에게 주겠다."(2:10) 그러면 다니엘서에 나오는 "끝 날의 보상"이 바로 생명의 면류관이지. 그러니까 예수의 하나님 나라 운동은 그런 독립운동과 같은 폭력혁명은 아니지만, 그 정신은 같은 것이지. 예수는 모든 인간의 독립과 자유와 평등이 실현된 참된 세상인 하나님의 나라를 이 땅에 세우는 일에 뛰어든 제자들에게, 독립투사보다 더한 결사각오(決死覺悟)의 정신과 태도를 요구한 것이네. 무슨 믿고 잘살아 보세 하는 종교를 세운 게 아니지.

　신학생 : 그러니 공산주의와 같이, 나라와 세상이 반-그리스도 풍조로 가득한 독재

정치의 박해 상황이 된다면, 제자로 남아 있을 사람이 별로 없겠습니다.

교수 : 그렇지. 그것은 기독교 역사가 실증하지 않는가? 일례로 일제 강점기 시절 기독교(가톨릭과 개신교)는 '장로교 고려신학' 교파만 제외하고 모두 예수를 배신했네. 평안한 시대에는 누구나 제자나 그리스도인으로 보이지. 하지만 박해의 시대가 오면, 양과 염소처럼 분명히 갈라지고 구별되네. 그래서 예수가 첫째가 꼴찌가 되고, 꼴찌가 첫째가 될 사람이 있다고 말한 것이지(눅 13:30). 우리는 공관복음에 나오는 환란의 시대에 처신할 태도에 관한 예수의 말을 진지하게 들어야 할 것이네(막 13장; 마 24장; 눅 21장).

신학생 : 아무튼 제자·그리스도인이 된다는 것은 사람을 낚는 어부가 되어, 죽음을 각오하고 신실하고 충성하는 사람이 된다는 뜻입니다. 이것이 예수가 요구하는 신앙이지요. 신앙은 예수 사랑과 추종과 충성입니다. '마더 테레사 수녀'는 이렇게 말합니다. "예수는 사람이 온 세상을 얻고도 제 목숨을 잃으면 무슨 이득이 있겠느냐고 하셨어요(막 8:36). 목숨은 하나 뿐이기에 무척 소중하지요. 그런데 나는 예수를 향한 신앙은 목숨보다 더 소중하다고 봅니다. 그래서 신앙 없이 사느니, 차라리 목숨을 잃는 편을 택하겠습니다."(슬럼가의 어머니)

6

교수 : 그래서 **"새 포도주는 새 가죽 부대에 담아야 둘 다 보존된다."** 라는 가르침을 생각해보고 싶네(막 2:21~22; 마 9:17; 눅 5:38). 사실 예수는 시종일관 변화·혁신·혁명을 말하네. 제자·그리스도인은 신조나 관념이나 이념(ideology)의 도그마(dogma)을 떠받드는 사람이 아니네. 예수를 사랑하고 따르는 정신이 시퍼렇게 살아 있는 사람이지. 살아 있는 것은 움직이고, 움직이는 것은 변화하고 성장하고 도전하고 모험하고

창조하는 것이네. 고목(枯木)이나 시체만이 고정되어 움직이거나 변화하지 않지. 변화라 해도 썩어가는 것뿐이지.

이 말씀은 겨자씨나 누룩 비유와 같은 변화와 성장에 관한 것이네. 제자·그리스도인은 하나님의 나라라는 새 시대, 새 세계의 일꾼이지. 따라서 매일 듣고 읽고 배우고 이해하고 깨닫고 변화하고 성장해야 하네. 에베소서 저자는 그러한 경지를 "예수 그리스도의 차원"에까지 도달해야 하는 것으로 말하지(4:1~16). 실로 위대한 가르침이네. 왜냐면 제자·그리스도인은 예수의 것, 곧 예수의 사람이니까! 제자·그리스도인은 자기 인생의 목적 같은 것은 없는 사람이네. 오직 예수를 위한 목적뿐이지!

신학생 : 프랑스 소설가 '제랄드 메사디에'의 "신이 된 남자" 마지막 권(6권)에 보면, 부활한 예수가 동방으로 떠나자 수소문 끝에 알아낸 제자들이 찾아옵니다. 예수는 그들에게 이렇게 말하지요. "나는 자네들이 나를 찾아온 이유를 아네. 자네들을 위해서 나를 사랑하고, 내가 필요하다고 할 뿐이지. 그러나 내가 찾는 사람은 그런 사람이 아니네. 나는 나를 위해서 나를 사랑하는 사람만 찾네." 그러면서 돌려보냅니다. 소설가가 예수의 뜻을 알아차렸습니다.

교수 : 그것이 참된 신앙이고 사랑이지. 바로 예수 차원에 도달하는 경지를 목표로 하여 나아가는 것이네. 바울의 "푯대를 향하여"라는 말도 이것이네(빌 3:12~16).

신학생 : 그러면 새 포도주와 새 가죽 부대 이야기는 끊임없는 배움과 깨우침과 변화와 성장, 곧 노력에 관한 말입니다. 성서나 신앙과 신학 서적을 읽는 것도 이를 위해서지요. 전에 말한 것처럼, 그리스도인은 자기의 생각과 뜻을 하나님의 생각과 뜻으로 여기는 사람이 아니라, 자기를 향하신 하나님의 생각과 뜻을 자기의 생각과 뜻으로 하는 사람으로 정의됩니다. 자기 생각과 뜻을 앞에 내세우면, 누구나 필연 고정되

어 자라고 변화되지 않지요. 그런 사람은 세상에 속한 포로와 노예로 살아가는데 만족하고 안주하니까요.

교수 : 그리고 이 말씀은 교회의 태도에 관한 가르침이네. 새 포도주는 새로운 가르침과 신세대이고, 새 가죽 부대는 새로운 형식이나 방법론을 말하지. 그런데 2천 년 기독교 역사나 오늘의 현실을 보게. 밤낮 똑같은 소리만 하네. 살아 있는 예수의 가르침을 죽은 도그마로 만들어, 정통주의 신앙이니 신학이라고 내세우며 신앙을 강요하지. 그게 예수가 바라던 것이던가? 아니지. 예수가 그랬다면 유대교 랍비로 그쳤을 것이네! 십자가도 없었지.

유대교와 충돌한 예수는 역시 기독교와도 충돌한다네! 이것이 내가 보는 관점이네. 복음서의 예수를 그저 유대교와 충돌한 예수로만 보는 사람은 그야말로 눈먼 사람이지. 마태 23장을 예수의 유대교와 그 지도층에 대한 비판으로만 읽는다면, 지금은 읽을 필요도 없지 않겠는가? 도대체 성서를 옛날이야기 책으로 아는 것만큼 크나큰 불신과 타락과 죄도 없네. 전에 자네가 말했던 '도스토옙스키의 대 심문관 이야기'도 그런 것이 아니겠나?

신학생 : 그렇지요. 교회는 언제나 과거(전통)를 딛고 오늘에 서서 미래를 향하여 나아갑니다. 그러니 항상 새로운 세대를 생각하여 모든 것을 혁신해야 합니다. 특히나 성서나 설교나 교육이 그렇습니다. 말씀하신 것처럼, 아직도 성서를 옛날 고리짝의 '개역 개정판'으로 보는 한국교회는 큰 잘못을 저지르고 있다 하겠습니다. 신세대가 '고어 문어체'를 읽고 제대로 이해하겠나요? 초등학생이 이 책을 펼치고 읽는 장면은 웃음이 나오는 게 아니라, 차라리 비극이라 하겠어요. 저 그리스 신화의 "이소크라테스의 침대" 꼴이지요. 손님을 억지로 침대에 맞춰 눕혀, 그 길이에 모자라면 잡아 늘이고, 길면 잘라내서 죽였다는 이야기 말입니다. 미국교회만 해도 20년 정도 흐르면 새

번역판을 내서 교회마다 자유롭게 읽는답니다.

교수 : 가톨릭은 '공동번역'을 포기하고 새로 번역한 성서를 읽네(2005년 12월 25일). 그런 점에서 목사들은 인문학 공부를 많이 해야 할 걸세. 물리학이나 천문학이나 생물학 서적도 읽으면 좋지. 현대인들이 알아듣기 어려운 말을 해서 무슨 소용인가? 기독교는 세상에서 고립된 섬이 아니네. 사실 예수야말로 언제나 혁신적이었지. 예수의 설교나 가르침이나 행동은 모두 소통(疏通, communication)을 위한 혁신적 방편이었네. 이 영어단어는 '함께 하나가 되는 것'을 뜻하네. '들을 귀'를 언급한 것도 그런 뜻에서 한 말이 아니겠는가? 설교나 선교는 소통이지, 학습이나 강제가 아니네.

한국교회는 비단 성서 텍스트만 아니라, 목회자나 교인들의 각종 언어 문제도 심각한 구식이네. 예를 들면 아직도 '열방'이란 말을 쓰네. '만국'이나 '열국'이란 말도 사어가 된 마당에, 열방이 뭔가? '세상, 세계'란 말이 있는데도 그러하니, 얼마나 고지식하고 고집스럽고 시대에 뒤떨어진 낡아빠진 태도인가? '세계'가 모든 나라를 가리키지 않는가? 언어는 시대와 진리의 방편이네. 시대가 달라지면 언어도 달라져야 하지.

신학생 : 그러니 예수는 지금도 앞서가는 분이라는 생각이 듭니다. 산상설교 후미에 이런 기록이 있지요. "예수께서 이 말씀을 마치시니, 무리가 그의 가르침에 놀랐다. 예수께서는 그들의 율법 학자들과는 달리, 권위 있게 가르치셨기 때문이다."(마 7:28) 이것은 '권위'도 그렇지만, 예수의 새로운 언어와 표현 방식을 말하는 것으로도 볼 수 있지 않을까요?

교수 : 그렇지. 이 땅에 하나님의 나라를 세우는 것을 목적으로 삼는 교회는 그것을 위해서라면, 기존의 어떤 것이라도 자꾸만 버리고 새롭게 바꾸고 만들어서 운용해야 하지.

신학생 : 삼성그룹의 고 '이건희' 회장이 "아내와 자식들만 빼놓고 모든 것을 바꾸라."라고 했다는 말이 참으로 새롭습니다. 세상과 환경은 자꾸만 변하는 것이니, 기업이 그 trend를 읽을 줄 모르고 자기 혁신을 하지 못하다면 절로 도태되고 마니까요. 경영학자들은 일본이 저렇게 주저앉고 있는 이유도 변화하는 시대의 흐름을 읽질 못하고 옛것만 고집했기 때문이라고 합니다. 그들은 지금도 도장을 찍고, 팩스나 종이 서류와 현금을 사용하는 것을 좋아합니다. 그러면 '구루마'(수레·마차)를 이용할 것이지, 어째서 구루마(자동차)를 타는 것인지!

교수 : 교회도 그렇지. 지금 한국교회가 급속히 줄어들고 가라앉고 있는 것도 그런 사태가 커다란 이유로 작용하기 때문이라 하겠네. 예배당 시설만 현대화한다고 해서 새로워지는 게 아니네. 요즘은 예배당을 마치 거대한 창고처럼 짓는데, '괴이한 새로움'이라고 하겠네. 그런 식의 새로움이 아닌, 실질적인 새로움이 필요하다는 말이지.

신학생 : 서구권에서 '윌리엄 셰익스피어'를 위대한 시인이라고 말하는 것은 그가 자기의 뜻을 제대로 전할 단어가 없거나 있어도 부족하면, 과감하게 새로운 단어를 만들어 썼다는 데서도 하는 것이라는 말을 들었는데, 그가 새로 쓴 숱한 단어는 그대로 영어 사전에 올라 영어 문화권의 단어가 되었답니다.

교수 : 역사적으로 예수는 우리 민족의 고구려 백제 신라가 갓 태어난 시대 사람이니, 얼마나 옛날 인물인가? 그러나 예수는 2천 년 전 고대의 구식 인물이 아니지. 예수의 언어와 가르침과 삶은 잉크 냄새가 풍기는 조간신문과 같네. 방금 도착한 오늘의 예수이지! 예수는 시대가 아무리 흐른다 해도 영원한 오늘의 새로운 예수라네! 오히려 현대인이 여전히 고리타분한 구식이지(舊式, old fashion)! 예수는 시대의 징조들을 분별하라고 했네(마 16:3).

7

신학생 : "안식일이 사람을 위하여 생긴 것이지, 사람이 안식일을 위하여 생긴 것이 아니다."는 말씀을 생각해보지요(막 2:28; 마 12:8; 눅 6:5). 이 구절은 마태와 누가에 없습니다. "인자는 안식일의 주인"은 세 곳에 다 있는데, 마가는 여기에 "또한"을 첨가합니다.

교수 : 마가 기자의 말이 정확한 것이네. 왜냐면 예수의 정신에 따르면, 이것은 '사람이 안식일을 주인'이라는 '인간 선언!'이기 때문이지. 예수는 시 8편처럼, 인간을 정확히 "하나님 아래, 만물 위"의 존재로 본 것이네(시 8:5~6). 그것이 하나님 나라에서 핵심이지. 그래서 예수가 사회에서 불가촉천민으로 규정한 세리나 죄인들이나 병자들이나 창녀들이나 목동들이나 이방인들을 우대한 것이 아니겠는가? 우대했다기보다는 그저 사람으로 대우한 것이지. 그들도 엄연히 존귀한 인간이니까(창 1:27, 하나님의 형상). 실로 이러한 예수의 인간관이야말로 우리가 배워야 할 인간 인식이네.

신학생 : 그래서 '인자는 안식일의 주인'이라는 말이 이상합니다. '안식일이 사람을 위해 있으니' 문맥상 분명히 '사람이 안식일의 주인'이라는 뜻인데, 어째서 마가 기자는 예수가 자기를 가리키는 인자(人子)를 써서 다시 말하고, 마태와 누가 기자는 그것만 기록했을까요?

교수 : 신학자들은 그것을 역사적 예수의 말이라기보다는 초기 교회의 고백으로 보네. 그렇지 않으면, 분명히 '사람=인자'라는 말이 되어 언어의 논리적 모순이 되네. 그러나 그것이 아니지. 이 말이 나오게 된 사건 전체를 읽으면, 예수의 의도는 분명히 사람이 안식일보다 존귀하고, 안식일이 사람을 위해 있고, 사람이 안식일의 주인이라는 것이 틀림없네.

출애굽기나 신명기의 안식일 계명은 분명히 이스라엘 민족, 곧 사람을 위해서 세워진 제도이지(출 20장; 신 5장), 사람이 그것을 위해 지어지거나 선택받은 게 아니네. 창세기에도 사람이 먼저 지어지고 나서 하나님의 안식에 초대된 것으로 말하지(창 1:27~2:4a). 그러니 마가의 '인자' 추가분이나, 아예 이 구절을 생략한 마태와 누가의 기록은 본래 예수의 가르침에서 못 미치는 것이네. 이렇게 성서는 세밀히 읽어야만 하네.

신학생 : 안식일과 사람인데요. 안식일은 종교적 제도이고, 사람은 사람입니다. 이 둘의 관계에 관한 이야기인데, 어떻게 이해해야 할까요?

교수 : 예수의 눈에는 하나님이 가장 높고, 다음에는 사람이네. 그다음이 살아가는 데 필요해서 세우고 도입한 갖가지 형식과 제도와 나라와 종교와 법률과 교육과 물건 등이지. 그러니 인간 다음에 있는 모든 것은 인간을 위한 도구이고 수단이고 방편이네. 그것이 인간 위에 군림할 수는 없지. 따라서 그 어떤 형식도 인간 위에 두거나 강요하거나 억압하지 말라는 말이네. 그것은 존귀한 인간 모독이고, 또 사랑으로 인간을 지으신 하나님을 모독하는 것이니까. 그렇기에 실로 이 가르침은 혁명적인 것이지.

신학생 : 예수의 하나님 나라는 모든 인간이 인간으로서 존귀하게 대우하고 대우받고 사랑하고 사랑받는 새로운 세계입니다. 따라서 인간이라는 것 외에 다른 것을 인간 위에 놓는 모든 시도나 행태는 하나님의 나라를 파괴하지요. 특히 돈이 그렇지요. 인간은 예나 지금이나 돈의 포로와 노예입니다. 사회 구조가 그렇다고 해서 정당화하거나 합리화할 수는 없습니다. 그렇다고 예수가 돈의 필요성을 모른 것도 아니고, 악마의 산물로 규정한 것도 아닙니다. 모든 것을 하나님의 나라 아래와 뒤에 놓고 방편으로 써야 한다고 분명히 가르쳤지요(마 6:19~21.25~33).

교수 : 또한 그렇다고 하나님의 나라가 인간 위에 있다고 말할 수도 없지. 왜냐면 하나님의 나라가 인간을 위해 있는 것이니까. 인간 없는 하나님의 나라가 가능한가? 따라서 예수의 하나님 나라는 인간의 나라이네. 곧, 하나님 안에서 실현된 참된 인간의 세계이지.

15장
예수의 가르침 (4)

15장
예수의 가르침 (4)

1

신학생 : "누구든지 하나님의 뜻을 행하는 사람이 곧 내 형제요 자매요 어머니이다."(막 3:35; 마 12:50; 눅 8:21) 예수는 모든 인간을 '안식일'로 대표되고 상징되는 '국가, 재산, 종교, 이념, 전통, 제도, 법률, 관습' 위에 있는 존엄한 존재로 여기고 대우했을 뿐 아니라, 자신을 '나는 만인의 형제, 만인은 나의 형제'라고 보았습니다. 20세기 독일 신학자 '칼 라너'도 "예수, 만인의 형제"(Jesu, Les Frere Universel)라고 말했지요(그리스도교 신앙입문).

교수 : 예수 때는 '사해동포주의'라는 용어가 없었네. 하지만 예수는 인간 사랑을 하나님의 나라에서 핵심 사상으로 보고, 이스라엘을 인류를 대표하는 것으로 생각했네. 따라서 하나님 나라에서 적용되는 진리는 종교에 한정되는 게 아니라, 인간과 사회와 세상 전체를 포함하고 모든 민족에게 해당하는 보편성을 지닌 것이기에, 우리는 예수의 특유한 언어를 현대인과 소통(疏通)하기 위해서 오늘날의 새로운 언어 형식으로 풀어서 이해해야 하네.

그래서 해석학(解釋學)이 중요하지. 그러나 자의적으로 해서는 안 되고, 언제나 말의 본래 의도와 의미를 드러내고 지향해야 하네. 성서에서 하나님은 진리와 같지. "진리의 하나님"(시 31:5), "진리이신 하나님"(사 65:16), "말씀·참·道·진리이신 하나님." (요 1:1~2). 예수는 인격적 칭호를 사용하여 "아버지"라고 했네. 아버지도 오래전 예레미야(렘 31:9)나 제3 이사야(사 64:8)를 비롯한 유대인들이 사용해온 말이지.

그런데 예수는 "진리가 사람을 자유롭게 한다"(요 8:32), 바울은 "그리스도, 성령이 자유롭게 한다."라고 했으니(롬 8:1~17; 갈 5장), 하나님이나 진리나 그리스도나 성령이 사람을 자유롭게 한다는 말이지. 그리고 예수는 하나님을 영(요 4:24), 성령을 진리의 영이라고 했으니(요 14:17), 하나님은 진리, 영, 성령이시네.

신학생 : 그런데 '영'은 하나님을 가리키고 그 자체가 '거룩한'(그-Hagios, 聖) 것인데, 어째서 이 수식어를 붙여서 말했을까요?

교수 : 신학자들은 성령을 역사적 예수가 아니라, 바울 이후 초기 기독교의 언어로 보네. 하도 '악령'에 시달리는 사람들이 많았던 것이 그 당시 지중해 세계의 보편적 현상이었기에(정신 질환), 구별하기 위해서 쓴 것이라고 보네. 단지 유대 사회만 그랬던 게 아니지. 이것은 복음서에 무척 자주 나오는 것이네(악령, 귀신, 귀신의 대왕 바알세불·바알세붑).

예수가 영을 성령으로만 말했다면, 어째서 앞에서는 영이라고 했겠나(요 4:24)? 이 구절에서 예수가 '영과 진리'를 나란히 말한 것은 하나님을 그렇게 보았기 때문이네. 그래서 인간도 하나님을 예배할 때 자신의 영혼과 진리·진실로 드려야 한다고 한 것이지. 그러므로 '하나님의 뜻'이란 진리를 가리키네. 곧, 하나님의 마음이나 생각이나 길이지(사 55:8~9).

그러면 진리가 무엇인가? 진리는 아무도 말로 규정하거나 설명할 수 없네. 하지만 인간을 위해서 말로 표현하여 가리켜야 소통이 되네. 우리가 아는 대로, 구약성서는 하나님의 뜻을 크게 두 가지로 말하는데, 모든 말이 여기에 포함되지. '하나님 사랑

과 이웃 사랑.'

그런데 성서는 하나님 사랑을 우선 사항으로 말하지. 그것은 출애굽 사건의 성격에서 나온 것이네(출 20장, 34장). 이스라엘은 먼저 하나님의 사랑을 입었기에, 그에 대한 신앙의 응답으로 하나님을 사랑해야 한다는 것이지. 그리고 출애굽의 은혜와 사랑을 입은 공동체인 이스라엘은 하나님 안에서 한 형제자매이기에, 서로 사랑해야 한다는 것이네.

종교와 신앙은 착각과 자만심에 빠지기 쉽네. 인간을 배제한 하나님 사랑을 말하며 합리화하지(요한1서 3~4장 참조). 그래서 예언자들이 인간 사랑 없는 하나님 사랑을 망상과 배신과 죄악이라 한 것이네(사 1:11~16.21~23). 예언자들은 하나님 사랑이 인간 사랑이고, 인간 사랑이 하나님 사랑이라 말하여 일치시킨 것이지. 아니, 오히려 예언자들은 인간 사랑을 하나님 사랑 앞에 둔 것이라고까지 말할 수 있네. 예배야말로 하나님 사랑과 인간 사랑의 일치가 일어나는 진실의 현장이지. 인간 사랑을 배제한 하나님 사랑은 거짓이니까.

신학생 : 이것이 하나님이 가인의 제사를 받지 않은 이유이지요(창 4장). 이 이야기는 세밀하게 읽어야, 가인은 제사를 바치기 전에도 불량하게 살았다는 것을 알 수 있습니다. 자기 제사가 수용되지 않자, 가인의 얼굴빛이 달라지지요. 그러자 하나님은 네가 "올바른 일"을 하였다면, 왜 얼굴빛이 달라지느냐고 책망하십니다. 그러니 가인은 이미 제사 이전에 '올바른 일', 곧 올바르게 살지 않았다는 뜻이지요. 그래서 하나님이 그의 제사를 받지 않으신 것이고요. 딴 이유는 전혀 나오지 않습니다.

'제사를 받거나 말거나 하는 것은 하나님 맘이다' 하면, 실로 큰 문제가 발생하지요. 그러면 누구도 맘 놓고 제사를 바칠 수 없고, 하나님은 제사 고기나 돈을 탐하는 우상으로 전락하고 말지요. 이윽고 하나님은 말을 듣지 않고 동생을 죽이려는 가인의 흑심을 경고하면서, 죄가 너의 문에 도사리고 앉아 지배하려고 하니, 너는 그 죄를 잘 다스려야 한다고 말씀하십니다.

교수 : 전에 이 이야기가 솔로몬 후기 시대의 저자가 당대의 부조리한 사태를 비판하기 위해, 무대를 인류 초창기에 일어난 일로 소급해서 말하는 전형적인 역사소설 수법의 이야기라고 말했네(7장 11). 그렇지 않으면, 이 이야기에 나오는 여러 가지 모순을 이해할 길이 없지. 그러니까 가인 이야기는 하나님은 일상에서 이웃을 사랑하지 않는 자가 드리는 예배는 받지 않으신다는 뜻이지. 아모스 5장이나 이사야 1장을 보게. 하나님은 숱한 예배를 받지 않으신다고 하네. 왜? 일상에서 인간을 모독하면서 예배를 드리고, 다시 여전히 인간을 억압하는 행태를 반복해서 저지르니까. 그래서 위선과 죄악을 그치라는 것이지.

더 나아가서, 하나님이 무엇이 부족해서 인간의 제사·예배가 필요하신가? 시인들도 그런 말을 하지 않았는가? "온 세상의 모든 것이 하나님의 것"인데(시 24:1), "인간이 무슨 동물을 하나님께 바친다는 것이냐?"(시 50:7~13. 이 구절을 잘 읽어보게). 예레미야는 하나님은 제사를 명하지 않으셨다는 말을 하고(7:22~23), 더 나아가 제사나 율법의 골격은 긍정하나 세부적인 것들은 대개 서기관들의 거짓된 붓이 만들어낸 허구와 조작이라 비판하지(8:8)!

신학생 : 가장 충격적인 것은 제3 이사야의 말인데, 그는 아예 성전 자체를 부정하지요(66:1~2). 동물의 희생 제사를 사람을 잡아 바치고 개와 돼지의 피를 드리는 것과 같다 하고, 향불조차 우상을 찬미하는 짓이라며 제사·예배를 폐지하는 발언을 합니다(66:3~4). 그의 말을 인용하여 돌멩이에 맞아 순교한 사람이 '스테파노스'(스데반) 집사이지요(행 7장).

교수 : 예배조차도 하나님이 아닌 인간 사랑을 위한 것이기에, 예수가 예배보다 중요한 것은 "화해"라고 한 것이지(마 5:23~24). 화해야말로 인간 사랑을 통해 하나님 사랑을 드러내는 것이니까.

따라서 예수가 말하는 '하나님의 뜻'도 인간 사랑이네. 인간을 사랑하는 사람은 그가 누구라도 자신의 형제자매와 어머니와 아버지와 동지와 친구라는 것이지! 인간을 사랑하는 자라면, 종교든 인종이든 나라 등 아무 구별 없이 누구나 자기 형제라는 것이네. 그러니 예수가 성서와 예언자 사상을 계승하면서도 더욱 혁신적으로 폭넓게 말한 것이지. 여기에서 예수는 이미 종교를 넘어서 있네.

신학생 : 그러니 기독교가 규정하는 무신론자이면서 인간을 사랑하는 휴머니스트라면, 예수의 형제라고 말할 수 있습니다.

교수 : 그렇지. 우리가 전에 'E. 블로흐, M. 마코비취'와 같은 현대 공산주의 유물론자요 휴머니스트인 학자들을 말하지 않았는가? 인간을 사랑하는데 무슨 종교나 관념이나 이념의 구별이 있을 수 있겠는가? 그러면 인간을 사랑하지 않는 기독교인이 정녕 하나님의 백성이며, 인간을 사랑하는 유물론 공산주의자는 이방인이요 사탄의 자식이란 말이겠는가? 예수에게는 그런 게 없네(마 25:31~46; 눅 15:11~24). 따라서 하나님의 뜻이란 인간 사랑이네. 그러면 누구나 하나님의 나라에서 예수의 형제자매이고 새로운 가족이라는 것이지.

신학생 : 예수는 종교는 물론, 가정도 넘어선 분입니다. 공관복음서에서 예수가 어머니나 형제들에게 덤덤한 것은 그런 면을 보여줍니다(막 6:20~22.31~34. 그러나 요한복음은 다르다. 요 19:27). 게다가 예수는 "가족이 집안의 원수"라는 미가 예언자의 말까지 인용했지요(미 7:6; 마 10:36).

교수 : 어머니를 몹시 사랑한 예수가 그렇게 말한 의도가 무엇일까?

신학생 : 가정이 하나님의 나라를 훼방하는 방식으로 작용하기 쉽기 때문이 아닐까요?

교수 : 그렇지. 진실로 자신에게 정직한 사람이라면 그런 것을 느끼지 않을 수 없네. 인간의 본성상 가족에 매이지. 그러니 하나님의 나라는 뒷전으로 밀려나고 마네.

신학생 : 그렇다고 해서 예수가 가정을 부정하고 해체한 것은 아니지요.

교수 : 가정의 목적도 하나님의 나라이니, 가정에 갇히면 안 된다는 뜻이지(마 10:37~39; 눅 14:25~27). 가족을 사랑하지 않는 사람은 없지만, 그러나 가정이나 큰 가정인 나라 때문에 분열되고 경쟁하고 전쟁하며 불행하지 않은가? 그래서 복음서의 예수를 따르려고 한 '톨스토이'는 극단적으로 가정과 국가를 악으로 규정했지(하나님의 나라는 네 안에 있다). 이 역설을 이해할 때만 예수의 가르침도 이해할 수 있네.

2

신학생 : "죽은 사람들을 장사하는 일은 죽은 사람들에게 맡겨두고, 너는 가서 하나님 나라를 전파하여라."(눅 9:59~60; 마 8:22) 마태 기자는 앞의 '죽은 사람들'을 단수로 썼는데, 누가 기자는 둘 다 복수를 썼습니다.

교수 : 문맥상 누가 기자가 맞는 것으로 보아야겠네. 왜냐면 예수는 거기에 모인 사람들을 바라보며 자기를 따라오라고 한 젊은이에게 말한 것이고, 아울러 인간이 처해 있는 보편적인 진실을 지적한 것이니까. 그러니 그 젊은이의 죽은 부친 한 사람만 지

적하며 말한 마태 기자는 예수의 의도를 제대로 파악하지 못한 것이지.

신학생 : 그런데 말이 참으로 충격적입니다. 이것은 그리스나 로마가 아닌, 유대인에게 한 말이지요. 하나님을 믿으며 예배를 드리고 율법을 지키며 살아가는 신앙의 민족인 유대인들을 죽은 사람들이라고 했으니, 독단입니까 아니면 영적 사실을 말한 것입니까?

교수 : 영적 사실이지. 살아있으나 실상은 죽은 사람들을 가리킨 것이네. 이에 대해서는 '장 자크 루소'와 '칼릴 지브란'의 말을 들어보는 게 좋겠네. "인간은 자유롭게 태어났으나, 곳곳에서 사슬에 매여 있다."(사회 계약론) "바깥 거리를 다니면서도 죄수인 사람이 수두룩하다. 그들이 비록 날개를 잘린 것은 아니지만, 마치 공작같이 날개를 퍼덕이기만 하고 아직 날지는 못한다."(사람의 아들 예수)

신학생 : 루소는 민중을 옭아매는 사회적 억압 체제를 가리켜 말한 게 아닙니까?

교수 : 그렇게만 볼 수 없네. 비록 그것이 사회적 억압 체제라는 사슬을 가리킨다 해도, 정신적 측면에서 인간의 자기 억압과 무지와 어리석음과 무력함을 상징하는 말로 볼 여지도 있지. 전에 말한 독수리 이야기도 이것이네. 자기의 진정한 정체성이 독수리인 줄 모르고 닭장 속에 갇힌 닭대가리인 줄 아는 것이 어찌 바빌론 포로 유대인들에게만 해당하는 이야기이겠는가? 이것이야말로 무지와 어리석음 속에 갇힌 인간 일반이 드러내는 죄수의 삶, 곧 살아있으나 실상 죽은 자라는 말이지. 예수도 이런 뜻에서 한 말이네.

신학생 : 그러니까 예수의 의도는 경멸이나 독단이나 단정이 아니라, 안타까움의 표현으로 읽어야 한다는 말씀이지요? 아무리 깨우침의 말을 들려주어도 듣질 않는 사

람들이 많은 것이 현실이니까요. 우리 말의 "벽창호 같다."라는 말이 그것입니다. 성서도 끊임없이 귀먹고 눈먼 사람들을 말하지요. "너희는 재갈과 굴레를 씌워야만 잡아 둘 수 있는 분별없는 노새나 말처럼 되지 말아라."라는 말도 이것입니다(시 32:9).

교수 : 그런 점에서 'S. A. 키르케고르'가 한 이야기를 들어보는 게 좋겠네(이것이냐 저것이냐?). 겨울이 다가오는 11월, 기러기들이 남쪽으로 날아가네. 그런데 한 어린 기러기가 방앗간을 발견하고는 대열에서 이탈하여 내려앉았지. 구멍을 통해 안으로 들어가 보니까, 아늑하고 주워 먹을 낟알들이 제법 많았다네. 배가 고픈 기러기는 정신없이 곡식을 주워 먹으며 내일 날아가면 되지, 하고 중얼거렸지.

그렇게 곡식을 거저먹는 재미와 안온한 방앗간의 유혹에 빠져 지내던 기러기는 남쪽으로 가야 한다는 사실조차도 까맣게 잊어먹었네. 그러다가 운동이 부족한 데다가 날이 갈수록 살이 쪄서, 급기야 날기도 어렵게 되었지. 그때야 기러기는 날아가는 동료들을 바라보며 부러워하기만 했네. 결국에는 낟알도 없어지고 혹독한 겨울이 찾아와 얼어 죽고 말았지.

신학생 : 물과 얼음도 그렇습니다. 물은 자유롭게 흐르지만, 얼음이 되면 고정되고 갇혀버리니까요. "최고의 선은 물과 같다."(上善若水, 도덕경 8장)라는 '노자'의 말도 이런 의미로 볼 수 있겠어요. 흐름과 변화가 생명의 핵심인데, 어떤 틀에 고정되고 갇히면 이미 죽은 것이나 다름없지요. 그래서 예수도 "자기 목숨을 얻으려는 사람은 목숨을 잃을 것이요, 나를 위하여 자기 목숨을 잃는 사람은 목숨을 얻을 것이다."라고 말한 것 같습니다(마 10:39).

교수 : 끊임없는 배움과 이해와 성찰, 그리고 변화와 성장과 성숙이 생명의 길이네.

신학생 : 사람들은 자기의 가능성이나 잠재력을 모르고 있다는 생각이 듭니다. 뇌 과학자들조차도 인간은 뇌 용량의 5% 정도밖에 쓰지 않는다고 합니다.

교수 : 누구에게 '못난 사람'이라면 벌컥 화를 낼 걸세. 그러나 스스로 자기를 못난 사람으로 규정하고 살아가는 게 인간 일반의 현실이지. '너는 가서 하나님의 나라를 전파하라.'라는 예수의 말은 자기를 세상의 고정된 틀과 전통과 문화의 닭장에 가두며 한계를 짓지 말고, 더 낫고 진정한 삶의 가능성을 지향하며 나아가라는 말로 들어야 할 것이네.

3

신학생 : 유대교 지도층인 **바리새파 사람들과 율법 학자들에 대한 비판**은 유대교뿐만 아니라, 기독교와 모든 종교의 일탈 행위에 대한 준엄한 가르침입니다(막 12:38~40; 마 23장; 눅 11:37~54). 그런데 바리새파와 예수, 유대교와 기독교 사이는 지금도 민감하고 조심스러운 문제입니다. 기독교가 차이를 강조하게 되면, 자칫 반유대주의(anti-semitism)라는 인종 차별로 확산하기 쉽습니다. 기독교 역사 내내 그런 면이 적지 않았지요.

그러나 예수 전후 바리새파의 행동이나 노선은 유대인의 정체성과 전통을 보존하려는 순수한 열성은 좋았지만, 지나친 율법주의와 보수주의와 자만심에 젖은 엘리트주의로 변질하고, 고난을 겪는 민중에 대한 자비와 책임보다는 종교적 억압과 무책임이 지나쳤기에, 그 때문에 예수가 바리새파를 날카롭게 비판하며 대립한 것은 역사적 사실입니다. 종교 사회학적으로 볼 때, 예수의 십자가는 그로 인한 한 예언자의 패배와 죽음입니다.

교수 : 우리는 유대교와 기독교를 비롯한 모든 종교의 일탈에 대한 예수의 비판에 집중해야 할 것이네. 어떤 종교든 시대가 흘러가면서 변질하기 마련인데, 여러 이유가 있지. 새로운 길을 창설한 진리의 스승이 떠난 후에는, 어느 종교든 비슷한 면모를 드러냈네.

가장 큰 이유는 스승의 가르침이나 행동이나 삶에 대한 해석과 교리 싸움도 그렇지만, 대개 세력 확장이나, 성공과 풍요와 울타리 종교의 대표인 '바알 종교'를 좋아하고 추구하는 대중적 인간의 본성과 타협하기 때문이네. 대중이 없으면 종교 운영이 어려워지니, 결국에는 돈과 세력 때문에 스승의 길을 왜곡하고 배신하는 일이 벌어지게 되는 것이지.

그렇더라도 종교의 변질이나 추락의 일차적인 책임은 언제나 사제들·종교인들에게 있네. 종교인들의 질적 수준이 떨어지면서 진리와 자각의 종교를 대중이 좋아하는 기복주의 신앙으로 얼버무리며 영합하고 타협하는 것이지. 그리고 이런 것이 그 종교의 주류가 되고 나면, 오히려 진리의 스승을 따르는 사람들이 소수가 되어 밀려나고, 그래도 비판하며 저항하면 박해를 받거나 죽임을 당하네. 이것은 그 어떤 종교보다도 기독교가 유난을 떨었지.

종교는 언제나 진리의 스승이 전한 가르침에 비추어 끊임없는 자기비판과 성찰을 해야 하네. 그것을 게을리하는 순간, 자기도 모르게 일탈하고 타락하면서도 얼마든지 정당화하게 되지. 그렇기에 우리는 마태 기자가 한 장에 걸쳐서 예수의 유대교 비판을 할애한 것도 벌써 초기 교회 공동체 안에서 그런 싹이 나타나는 부조리한 현실에 대한 자기비판과 성찰에서 나온 것으로 보아야 할 걸세. 후에 나온 야고보서를 봐도 그렇지.

신학생 : 이것을 일일이 논하는 것은 어려운 일이기에, 핵심만 짚고 넘어가지요.

교수 : 나보다는 젊은 세대가 훨씬 문제의식이 강렬할 테니까, 자네 생각을 들어보지.

신학생 : 몇 가지만 생각해보겠습니다. 여기에 나온 예수의 종교관이나 종교성이라 할 것은 주로 네 가지로, 말(신앙의 관념과 이론, Theoria)과 실천(Praxis)의 일치(마 23:3~4), 종교 지도자들이나 신앙인들의 숭고한 인격과 겸손(23:5~12), 정의와 자비와 신의(23:23), 내적 순결과 마음의 순수성(23:25~28) 등입니다. 예수의 종교관과 종교성은 옛 예언자들과 비슷한 것인데, 유난히 내적 순결과 순수성을 강조하는 데서 다르다고 하겠습니다.

예레미야나 에스겔도 마음의 순결을 강조하지요. 예수의 독특성은 가르침도 그렇지만, 숭고한 인격과 존재 방식과 삶, 곧 그 심오한 인격과 숭고한 깨달음과 진실한 희생의 삶에 있지요. 실제로 예수같이 살고 죽은 사람은 없었으니까요. 기독교는 예수의 존재 방식과 삶에 기초한 것입니다. 따라서 기독교는 예수의 유대교 비판을 가슴 깊이 새기며 언제나 자기비판과 성찰을 게을리하면 안 될 것입니다. 마태 기자는 이미 산상수훈에서, 예수가 자기를 믿고 따른다는 거짓 예언자들과 위선적인 신앙인들에 대한 비판을 기록했지요(7:15~23).

교수 : 종교에서 중요한 것은 마음의 순결, 정의와 자비의 실천, 그리고 숭고한 인격과 인간 사이의 인격적 신의라네. 종교의 일탈과 타락은 마음이 갖가지 탐욕과 욕심으로 더러워지는 데서부터 시작되는 것이니까. 기독교의 일탈과 타락은 세상의 포로가 되어 예수의 하나님 나라 지평을 망각하고 상실하는 데서 나오네.

4

신학생 : "육신을 죽여도 그다음엔 그 이상 아무것도 할 수 없는 자들을 두려워하지 말아라."(마 10:28~31; 눅 12:4~7) 두려움의 문제야말로 인생을 관통하는 감정과 정서라고 봅니다. 인간은 죽는 그 날까지 갖가지 두려움에 지배당하지요. 두려움은 알게 모르게 걱정과 욕심, 지나친 자기 안전의 추구, 방어와 도피, 거짓과 공격성과 폭력의 근원으로 작용하며 인간을 지배하는 심리적 기제(機制)가 됩니다.

교수 : 그렇지. 실직, 가난과 궁핍, 비난, 고립과 소외, 질병, 죽음의 두려움 등, 실로 인생 전체는 두려움으로 가득 채색되지. 공관복음은 예수조차도 겟세마네 동산에서 죽음의 두려움에 휩싸였다고 사실적으로 보도하네. 예수는 하나님의 무한한 침묵 앞에서 끝없이 고뇌하지. 누가의 추가된 자료에 따르면, 그때 예수는 "고뇌에 차서 땀이 핏방울같이 되어서 땅에 떨어졌다."라고 말하네(눅 22:44).

게다가 마가는 예수가 십자가에서 하나님을 향하여 왜 자기를 버리시느냐고, 절망에 찬 어조로 항변하는 것까지 과감하게 보도하지(막 15:34). 그러나 그것이 어찌 하나님을 향한 예수의 개인적 원망이겠나? 나는 그것을 하나님의 나라가 실현되기를 바란 데서 나온 예수의 진정한 역설적 면모라고 보네.

정녕 하나님을 사랑하는 자만이 침묵의 하나님, "숨어 계신 하나님"(사 45:15)을 향하여 항변도 저항도 하는 것이지. 그것은 개인적인 소망의 좌절에 대한 푸념이나 원성의 어조가 아니라, 거룩한 몸부림이네.

하나님이 어찌 이 세상에 평화의 세계, 곧 하나님의 나라가 이루어지기를 바라시지 않겠나? 그러나 하나님은 강제로 하지 않고, 인간의 회개, 곧 방향 전환과 깨달음과 실천을 기다리시네(롬 2:4). 그래서 그것은 하나님 자신에게도 무한한 인내와 슬픔과 고통이지. 옛 예언자들이나 예수가 슬퍼하고 눈물을 흘리며 하나님의 슬픔과 눈물을 대리하며 증언한 것도 그런 것이네(창 6:5~6; 호 11:8; 렘 14:17; 눅 19:41).

신학생 : 몸뚱이와 살림에 대한 두려움에서 모든 종류의 탐욕과 일탈이 나오게 된다고 봅니다. 이런 두려움을 극복하는 것이야말로 인생 최대의 문제이지요. 자유인이란 일체의 두려움에서 해방된 사람을 말하니까요. 그러니까 예수의 말은 육신 다음의 삶을 믿지 않는다면, 두려움을 극복하기 어렵다는 뜻으로 보입니다.

교수 : 요는 삶을 이 세상과 육신으로 한정하는 것이 문제라는 것이겠네. 한 번의 생으로 모든 게 결정되고 끝이라는 생각 때문에, 두려움과 탐욕에 빠지는 게 아니겠는가? 그런 점에서 요한복음의 예수가 시종일관 영생, 곧 지금 얻어 누리는 영원한 생명에 관하여 이야기하는 것은 심오한 가르침이라 할 수 있지. 신약성서 전체가 그렇지만 말이네.

영생 문제는 전적으로 신앙과 신념의 소관이지. 아무도 증명하고 보장할 수 없는 것이기 때문이지. 그렇다고 믿고 살거나, 그런 것은 없다고 믿고 살거나, 둘 중의 하나이니까 말이네. 그래서 '블레즈 파스칼'이 "하나님의 실재에 대한 신앙은 내기 도박이나 마찬가지이다. 하나님이 계시다고 믿고 산다면 하나님이 계시지 않다고 해도 손해 볼 일은 없을 테고, 계시지 않다고 믿었는데 계신다면 크나큰 낭패에 직면할 것"이라고 말한 것이지(팡세).

신학생 : 영생이 있네 없네 하는 문제를 따지는 것보다는, 그것을 믿거나 믿지 않고 살아가는 것이 지금 세상에서 살아가는 방식을 결정하기에 중요하다고 봅니다. 아무래도 영원한 생명을 믿는다면, 최소한 은총(선물)으로 주어진 삶을 마구잡이로 살아

가지는 않으니까요. 이것은 힌두교나 불교에서 말하는 윤회와 비슷한 문제로 보입니다. 윤회가 있냐 없냐 하는 문제가 중요한 게 아니라, 있다고 믿으면 지금의 삶을 조심스럽게 살아가게 되니까요. 인간으로 태어나는 것이 그렇게도 희귀한 일이라는데, 죄악에 빠져서 살아가다가 다시 하찮은 벌레나 짐승으로 태어나기를 바랄 사람은 없을 것입니다.

교수 : 아무튼 두려움은 인간답게 사느냐 그렇지 못하느냐를 결정하는 중요한 문제이지. 두려움을 극복하지 못한다면, 끝내 그 종으로 살다가 먹이가 되고 마네. 그래서 예수가 진리와 자유를 말하고, 바울이 성령 안에서 이룩하는 자유를 말한 것이지. 그러니 자유의 실현이야말로 인간의 사명이고 목적이라 해도 될 것이네.

5

신학생 : "너희는 허리에 띠를 띠고 등불을 켜놓고 있어라."(막 13:32~37; 마 24:45~51; 눅 12:39~40.42~46) 주인과 종의 비유에 나오는 이 말은 누가의 독립 어록인데, 마가는 세 번이나 "깨어 있어라."라고 말합니다.

교수 : 기독교는 깨어 있다는 말은 하지만, 깨달음이라는 말을 별로 하지 않지. 그러나 깨어 있는 것과 깨달음은 같은 말이네. 깨어 있다는 것은 깨달음 안에 있다는 것이고, 깨달음은 깨어 있는 상태의 꽃이니까. 예수가 진리가 사람을 자유롭게 한다고 했을 때(요 8:32), 어디 객관적인 실체의 진리가 있어서 사람을 그저 자유롭게 한다는 말이겠는가? 진리를 깨닫는 것이 자유롭게 한다는 것이지.

신학생 : 마태 기자는 나쁜 종의 일탈을 경고하고, 누가 기자는 도둑 이야기를 하며 경계하는 것이 다릅니다. "신실하고 슬기로운 종"(청지기·매니저)은 띠를 매고 등불

을 켜놓고 깨어 있어, 돌아오는 주인을 맞이합니다. 그런데 두 이야기 모두 세상의 끝 날 심판인 종말론에 연결되어 있습니다. 그런데 과연 예수의 의도가 그것이었을까요? 제가 보기로는 기자들이 예수의 의도를 잘못 이해한 것 같은데요.

교수 : 그렇지 않기도 하고, 그렇기도 하네. 그렇지 않은 것은 예수의 의도가 일상에서 깬 정신으로 하나님의 나라 안에서 살며 그 실현을 위해 실천하는 것을 말하고, 그러한 것은 신실하고 슬기로운 존재 방식은 종말 앞에서도 마찬가지이기 때문이지. 따라서 예수의 의도는 종말이 언제 오든지, 지금 살아있는 동안 깨어서 살면서 물욕의 포로가 되지 않아야 한다는 것이네. 요한복음은 그것을 "세상에 있어도 세상에 속하지 않은 사람"(15:19, 17:14), 요한1서는 "세상을 사랑하지 말라."라고 표현하지 (2:15~17).

신학생 : 그러니 깨어서 사는 것이야말로 신앙인의 관건입니다.

교수 : 그렇지. 왜냐면 종은 자기 사업이 아니라, 주인의 피고용인이기 때문이네. 성서의 인간관이 여기에서 나온 것이지. 세상과 그 안의 모든 것은 하나님의 것이기에 (시 24:1), 인간 또한 하나님의 것이지(창 1:27, 2:7). 그래서 성서는 인간을 "나그네, 하나님에게 와서 사는 일시 거주자일 뿐"이라 하네(레 25:23). 마태 25장의 세 가지 비유도 그런 것이지.

신학생 : 청지기는 청직(廳直)+이(한글에서 사람)을 합친 말인데, 관청의 일을 깨끗하게 수행하는 사람입니다(steward). 누구는 淸直, 淸職으로 쓰는데, 같은 뜻으로 보입니다.

교수 : 그렇지. 성서나 예수나 신약성서나 시종일관 인생을 하나님의 것을 잠시 맡

아서 돌보는 청지기로 보는 데서 확고하네. 몸이든 돈이든 재능이든, 그것을 자기 것·소유물로 보는 것이 인간의 착각이고 망상이지. 죽을 날이 오면 알 것이네. 그러니 훌륭한 신앙인이란 신실하고 슬기로운 청지기로 사는 사람이지.

신학생 : 미국 대통령을 지내고 은퇴 후 해비타트(가난한 사람들을 위한 집 짓기) 운동과 북한 방문 등, 나라 간 화해 운동에 전념하여 노벨 평화상을 수상한 '제임스(지미) 얼 카터'의 전기에서 읽은 이야기입니다. 해군사관학교를 졸업할 때, 인품이 좋았던 그는 공부에 소홀하여 300명 졸업생에서 298등을 했습니다. 졸업장을 받는 자리에서 학교장인 제독이 느닷없이 그에게 이런 질문을 했답니다. "그대는 최선을 다했다고 보는가?" 그러자 조지아주의 부유한 땅콩 농장 도련님은 머뭇거리며 대답하지 못하고 부끄러움에 얼굴이 빨개졌다고 합니다. 그 말에 큰 충격을 받은 그는 그 후 매사에 최선을 다하는 자세로 임했다는 것이지요.

교수 : 그는 비록 대통령으로서는 실패했어도, 한 그리스도인으로서는 진실로 성공한 사람이네. 현대 미국인 중에서 그처럼 존경받는 사람도 드물지. 그것이 청지기의 삶이 아니겠는가? 청지기의 삶이란 게 하나님의 나라를 위하여 자신을 바치는 것이니까.

6

신학생 : **"하나님의 나라는 너희 가운데 있다."**(눅 17:21) 누가복음의 특수 자료인 이것은 미묘한 뉘앙스를 내포한 말이기에, 해석이 분분합니다. 그리스어 "en"은 문맥에 따라 "안에, 위에, ~와 더불어(가운데·사이)"를 뜻하기에, 하나님의 나라가 마음 속이냐(within)이냐, 사람들 가운데냐(among) 하는 것이지요. 강조하기 나름이지만, 어떤 것이 정확한가요?

교수 : '안에'는 내 마음에서 하나님의 다스림(나라)을 받는 것이고, '위에'는 하나님에게서 오는 것이고, '~와 더불어·가운데·사이'는 인간 사이와 세상에서 이루어지는 것이네. 그런데 이 셋을 다 말하는 것이니, 예수를 실로 절묘한 문장가라고 하지 않을 수 없지. 예수는 하나님의 다스림·나라가 사람의 내면에서부터 시작하여 인간관계와 세상에 확대되는 것으로 말했으니까. 그러니 이제 예수의 하나님 나라 사상이 일목요연하게 보이지 않나?

인간의 인간화와 세상의 인간화, 그래서 인간의 신성화와 세상의 신성화! 이것이 하나님의 나라이네. 창세기 2장의 에덴동산 이야기와 이사야 11:5~9절의 '사자와 어린 양' 이야기와 35장과 65:17~25절에서 밝힌 대로, 하나님과 인간과 만물의 삼각형 구조에 온전한 사랑과 평등과 평화가 실현되는 세상이지. 이것을 요한복음의 말로 하면, 이런 것이네. "내가 아버지 안에, 너희가 내 안에, 내가 너희 안에!"(14:20) "아버지, 아버지께서 내 안에 계시고, 내가 아버지 안에 있는 것과 같이, 그들도 하나가 되어서 우리 안에 있게 하소서!"(17:21)

비록 여기에서는 만물이 빠졌지만, 내포된 것으로 보겠네. 왜냐면 하나님과 일치를 이루고 타인과 조화를 이룬 인간은 자연의 만물을 형제자매나 친구로 여기니까 말이네. 프란치스코가 부른 "태양의 노래"를 생각해보게. 인간이 인간답게 될 때, 세상이 인간답게 되네. 세상은 인간의 작품이니까.

신학생 : 흔히 오해하듯이, 예수의 하나님 나라는 사후의 천국이 아니라, 이 땅에서 이루어지는 참된 세상입니다. 창세기 1:1~2:4a까지 보면, 엿새 동안 창조를 다 마치신 하나님은 이렛날에 안식(安息)하며, 그 날을 복되고 거룩하게 하고, 인간과 만물을 그 안식에 초청하여 하나가 되어 어우러집니다. 그래서 성서 전체가 말하는 인류 역사의 드라마는 처음과 나중의 일치입니다. 처음의 하나님 나라가 마지막의 하나님 나

라로 재현되는 것이지요.

교수 : 그래서 우리는 히브리서 기자가 여느 서신들과는 다르게, 하나님의 안식을 심오한 주제로 펼치며 강조하고, 그리스도를 통해서 이루어지는 하늘과 땅의 일치를 말하고, 그에 대한 진실한 신앙을 논하는 것은 의미심장한 이야기로 보아야 할 것이네.

7

신학생 : 더 있지만, 여기에서 마쳐야 하겠습니다. 공관복음에 나오는 예수의 모든 가르침이 실로 인간의 마음과 세상에서 이루어져야 할 하나님의 나라에 관한 것입니다.

교수 : 그런데도 그것을 망각하고 외면해온 기독교 역사가 도무지 믿기지 않지.

신학생 : 로마서 이후 서신들은 예수의 하나님 나라를 별로 이야기하지 않지요(롬 14:17에만 있음, 하나님의 나라는 의와 평화와 기쁨). 그러니 예수로부터 후퇴한 것이 아닐까요?

교수 : 그렇게도 볼 수 있고, 그렇게 볼 수도 없네. 그렇게도 볼 수 있는 이유는 분명히 서신들에는 하나님의 나라라는 말이 거의 없기 때문이지. 예수의 하나님 나라를 언급하지 않음으로써 기독교 신앙의 구체적이고 실제적인 방향과 목표가 흐려지고, 그것을 사후의 세계인 것으로 오해하게 한 일은 분명히 역사적 예수의 가르침과 삶에서 후퇴한 것이네.

그러나 그렇게만 볼 수 없는 이유는 그리스도 예수의 삶과 죽음과 부활을 나를 위한 구원 사건으로 믿는 사람은 성령을 통해 진리를 깨달아 내적 혁명을 이룩하여, 자연히 그리스도의 가르침인 사랑과 정의와 자비의 존재 방식을 드러내면서, 하나님의 나라라는 명시적인 용어를 사용하지 않더라도 그 본질을 지향하며 살기 때문이지.

예수는 평생 하나님의 나라를 가르치고 행동하고 온몸으로 보이며 가리키고, 그것의 실현을 위해 목숨을 바쳐가면서까지 지향했는데, 기독교가 하나님의 나라를 말하지 않은 것은 확실히 역사 내내 크나큰 불상사를 가져온 것이 사실이네. 기독교가 자신을 하나님 나라의 실현을 위한 도구로 여기지 않고 하나님의 나라로 착각하거나, 사후 세계로 말한 것이지.

로마 역사가인 '타키투스'는 "로마사"에서, "나라가 버린 가난하고 병들고 소외된 사람들을 크리스투스(Christus, 그리스도)를 신으로 믿는 사람들이 먹이고 돌보기 때문에, 그 운동이 날이 갈수록 넓게 퍼지고 있다."라고 말했네(지동식 편-로마 제국과 기독교). 놀라운 일이지. 초기 그리스도인들은 말로만 선교한 게 아니네. 바울이 서신에서 수없이 강조했듯이, 그리스도인의 품격있는 말과 인품과 실천적 행동, 그것이 로마 사회를 이겨낸 진정한 선교이지.

신학생 : 그 후 기독교 역사가 그렇게 되었다면, 얼마나 좋았겠습니까? 그렇다 해도 서신들이 하나님의 나라에 대해서 침묵함으로써, 그 후 예수를 따르는 길이요 공동체인 기독교가 자신의 참된 현실적 정체성과 미래의 지향점을 쉽사리 망각하게 된 것이지요. 급기야는 로마 제국의 정치 제도와 같은 교회 제도를 만들어놓았습니다. 그게 과연 예수가 바란 것인가요? 저는 예수의 뜻과 의도와 사상은 절대로 그것이 아니라고 봅니다.

교수 : 매우 안타까운 일이지. 예수는 제자의 길을 가르친 것인데, 사도들 이후에는 예수를 그리스도로 숭배하는 종교를 만들어놓았으니까. 그러나 과거는 이미 다 지나간 것이니까, 이제부터가 중요하지. 기독교는 언제나 종교냐 길이냐 하는 것 사이에서, 자기를 의심하고 성찰하며 참된 정체성을 찾는 것을 과제로 삼아야 할 것이네.

그러자면 이제부터라도 역사적 예수의 가르침과 삶이 하나님의 나라였다는 것을 깨닫고 가르치고 닮고 따르는 일에 힘써야겠지. 도대체가 수십 년씩 신앙생활을 하는데도 예수를 모른다면, 그게 될 말인가? 왜 모르는가? 다른 이유는 하나도 없네. 복음서를 읽지 않으니까! 그런 일을 위해서 내가 한국교회에 제안하고 싶은 것은 '복음서 읽기 운동'이네. 그렇지 않으면, 기독교는 지나온 역사를 또 반복하겠지! 교회의 장년층은 연속극에 빠져 있고, 청년층은 '네플릭스' 영화에 빠져 있다면, 교회의 앞날이 어떠할 것인가! 기도도 문제가 많지.

16장
예수의 가르침 (5)

16장
예수의 가르침 (5)

1

신학생 : 이제부터 '**요한복음**'의 가르침을 생각해볼 차례입니다. 먼저 **"너희는 무엇을 찾고 있느냐? …와서 보아라."**라는 말입니다(1:38~39). 이것은 예언자 요한의 말을 듣고 그의 제자들이 자기를 따라오는 것을 본 예수가 돌아서서 물은 질문과 랍비는 어디에 묵고 계시느냐는 그들의 물음에 대한 예수의 대답입니다. 이것을 가르침으로 보는 것은, 사람이 예수를 믿고 따르는 근본적인 동기와 이유와 목적에 관한 물음이기 때문입니다. 곧, 예수가 당신을 믿고 따르는 사람에게 '너는 나에게서 무엇을 찾고 바라느냐?'라는 질문이지요.

도대체 사람은 예수에게서 무엇을 찾고 바라기에 믿는 것일까요? 그런데 와서 보라고 대답하니까, 앞으로 체험하고 알게 될 일에 관한 것입니다. 따라서 문제는 예수가 사람에게 바라고 가르친 것과 사람이 예수에게 바라고 찾는 것이 같은 것이냐 하는 데 있지요.

교수 : 좋은 말을 했네. 제2 이사야의 말을 보게. "내 생각은 너희의 생각과 다르며, 너희의 길은 나의 길과 다르다. 하늘이 땅보다 높듯이, 나의 길은 너희의 길보다 높으며, 내 생각은 너희의 생각보다 높다."(55:8~9) 이것이 대답이 된다고 보네. 하나님의 생각과 사람의 생각이 일치하는 것, 그것이 성서가 말하는 참된 신앙과 앎과 깨달음과 순종이지.

신학생 : 제1 이사야에 나오는 하나님의 말씀이 떠오릅니다. "너희가 듣기는 늘 들어라. 그러나 깨닫지는 못한다. 너희가 보기는 늘 보아라. 그러나 알지는 못한다. 너는 이 백성의 마음을 둔하게 하여라. 그 귀가 막히고, 그 눈이 감기게 하여라. 그리하여 그들이 볼 수 없고 들을 수 없고, 또 마음으로 깨달을 수 없게 하여라. 그들이 보고 듣고 깨달았다가는 내게로 돌이켜서 고침을 받게 될까 걱정이다."(6:9~10)

이것은 하나님의 반어법입니다(反語法, irony). 하나님이 인간에게 바라시는 것은 당신의 말씀을 듣고 깨달아 사물과 인생의 진실을 보고 인간다운 인간으로 행복하고 평화롭게 살아가는 것인데, 아무리 말해도 들어먹질 않으니까, 분통이 터져서 이런 식으로 말씀하신 것이지요. 인간이 찾는 것이 하나님이 바라시는 것과 늘 어긋나는 결과로 모든 불행하고 비참한 사태를 고스란히 겪는 현실이 안타까워서 하신 말씀입니다.

교수 : 정확하게 보았네. 예수의 질문도 그런 것이지. 예수가 사람에게 바라고 가르치는 것과 사람이 예수에게 바라고 찾는 것의 일치, 그것이 질문의 참된 뜻이네. 제자란 이제부터 그렇게 되어야 할 사람이란 뜻이지. 제자에게 자기 뜻이란 게 있는가? 있다면 제자가 아니지. 따라서 예수가 자기를 따라오는 젊은이들에게 물은 것은 제자가 되라는 것이고, 와서 보라는 말은 나에게서 배우며 나와 함께 '사람을 낚는 어부'의 길을 걸어가자는 뜻이지.

예수가 바라는 것을 나도 바라는 것! 그 사람이 제자이네. 그러니 제자란 자기 안에 자기가 없는 사람이지. 여기에서 자기란 몸뚱이가 아닌, 욕망의 총체인 자아(Ego)를 말하네. 그래서 우리는 이사야에 나오는 말이나 예수의 질문을 이런 기도문으로 말할 수 있네. '주님, 내 안에서 당신의 삶을 살아 주소서!' 그래서 제자의 삶이란 예수 그리스도가 내 안에서 당신의 삶을 살게 해드리는 것이라고 말할 수 있지.

신학생 : 좀 무식하게 표현하면, 예수는 자기를 찾는 사람들에게 '나는 너를 온통 잡아먹고 싶다!'라고 말한 것입니다. 예수가 자기를 따르려면, 부모와 형제자매, 심지어 목숨까지도 미워하라고 말한 것도 이것이지요(눅 14:25~27). 누가 기자는 이것을 제자만 아니라 "많은 무리"에게 한 말이라니까, 예수를 믿는 모든 이에게 해당합니다. 실로 무서운 말입니다.

교수 : 인류 역사상 그런 식으로 말한 사람은 전무후무하네. 그만큼 예수는 하나님의 나라가 이 땅에 실현되는 것을 목숨보다 더 소중하게 여긴 것이지. 예수에게는 자기 삶을 추구하는 자아의 종인 개인이란 게 없네. 자유롭게 된 인간뿐이지. 개인이란 자아의 종노릇을 하는 대중의 한 사람이고 이미 살아서 죽은 사람이기에(눅 9:60), 예수는 그런 개인을 필요로 하지 않았지. 그러니 '너희는 나에게서 무엇을 찾느냐?'는 질문만큼 서슬 퍼런 것도 없네. 오늘날 이 질문의 뜻을 아는 기독교인들이 몇이나 있을 것 같은가?

신학생 : 극소수뿐이겠지요.

교수 : 요한복음의 마지막 장인 21장에서 예수가 베드로에게 한 질문이 무엇인가?

신학생 : **"네가 나를 사랑하느냐?"**라고 물은 것이지요(21:15).

교수 : 그러니 요한복음이 실로 절묘하다는 생각이 들지 않는가?

신학생 : 그렇군요! 무슨 말씀인지 알겠습니다. 첫 장에서는 제자들에게 너희는 나에게서 무엇을 찾느냐, 마지막 장에서는 베드로에게 네가 나를 사랑하느냐고 물었으니, 그가 찾아야 할 하나는 '예수 사랑뿐'이라는 대답입니다. 그것이 예수가 바란 것

이지요!

교수 : 그래서 우리는 첫 질문과 마지막 질문을 하나로 만든 요한 기자의 편집 솜씨가 얼마나 기막힌지 알 수 있네. 실로 위대한 문학가라 하겠네.

신학생 : 그러니 그 질문과 대답은 베드로뿐 아니라, 다른 제자들과 모든 그리스도인에게도 적용되는 것이겠지요?

교수 : 베드로에게만 묻고 대답한 것이라고 보면, 잘못 읽은 것이지.

신학생 : 두 가지를 이어서 보면, 예수는 너희는 무엇을 찾고 있느냐는 질문에 또 물음으로 대답한 것인데, 그 대답은 '나를 찾아라, 나를 사랑하라, 나를 찾는 목적을 나를 사랑하는 것에만 두어라, 하나님의 나라를 위해 목숨을 바쳐라!'라는 뜻으로 보아야 할 것입니다.

교수 : 그것이 그리스도인의 길이지.

신학생 : 그러면 예수를 찾는다는 것은 예수를 믿는다·신뢰한다는 것뿐만 아니라, 예수를 닮고 예수를 따르고 예수처럼 산다는 뜻이겠습니다.

교수 : 그래서 예수가 "땅에 떨어져서 죽는 한 알의 밀알"을 말하고(요 12:24), 바울이 "그리스도 예수의 마음을 품으라" 하고(빌 2:5), '마르틴 루터'가 "그리스도인은 작은 그리스도이다!"라고 말한 것이지(기독교 강요). 그리스도인의 길과 삶은 숭고(崇高)한 것이네. 송충이처럼 이 세상의 나뭇잎이나 배 터지도록 갉아 먹자는 이야기가 아니지.

2

신학생 : **"네가 무화과나무 아래에 있는 것을 내가 보았다."**(1:48) 이것도 가르침이 아니라, 예수가 나다나엘을 부를 때 한 말입니다. 그런데 하나님의 나라 측면에서 이보다 소중한 가르침이 없다고 보기에 선정했습니다.

교수 : 대단하군! 그것은 예로부터 이스라엘 민족이 갈망해온 메시아의 나라, 곧 하나님의 나라에 대한 상징과 이미지이지. 최초로 '무화과나무 아래에 앉아서'라는 문구가 나오는 곳은 솔로몬의 정치적 업적을 찬양하는 부분이네(왕상 4:25). 그곳을 읽어주겠나?

신학생 : "이스라엘의 모든 사람은 저마다 자기의 포도나무와 무화과나무 아래에서 평화를 누리며 살았다."

교수 : 또 그 글귀가 나오는 곳을 기억하고 있나?

신학생 : 미가 예언자의 책에 나오지요. "사람마다 자기 포도나무와 무화과나무 아래 앉아서 평화롭게 살 것이다."(4:4)

교수 : 그렇다면 묻겠네. 열왕기와 미가서 중에서 어떤 책이 먼저 나온 것인가?

신학생 : 구약성서 문서의 역사는 소상히 알지 못합니다. 당연히 열왕기가 앞에 있으니, 거기에 먼저 기록된 것이 아닐까요?

교수 : 앞으로 고대 이스라엘 역사와 구약성서 문서 기록의 역사에 대해서 많이 공

부해야 할 것이네. 구약성서를 올바로 아는 것은 예수와 신약성서와 기독교를 이해하는 관건이네! 엉뚱한 이해가 기독교를 오염되게 만드는 근원으로 작용하기 때문이지. 구약성서는 세상을 향하신 하나님의 뜻과 역사 섭리를 증언하며 드러내지. 그 주제와 핵심은 하나님의 나라이네. 예언자들과 역사가들과 시인들과 현인들은 그것을 주로 민족적 차원에서 이야기했고, 소수만이 인류 차원에서 말했네. 결정적으로 하나님의 나라를 자기의 뜻과 이상과 목적으로 알고 확실하게 천명하며 가르치고, 자신의 삶으로 미리 보여준 분은 단연 예수이네.

따라서 구약성서는 예수와 함께 하나님의 나라를 가리키는 것이지. 구약과 복음서까지만 보더라도, 이것이 명확하게 드러나네. 그렇기에 구약에 대한 무지가 예수와 복음서와 신약성서와 기독교에 대한 무지를 가져오지. 구약과 예수와 신약은 인류 구원의 하나님 나라를 실현하기 위한 하나님의 말씀으로서 연속성을 가지는 것이니까.

신학생 : 전에 말한 '무화과나무 아래 앉아서'의 내력을 다시 짚고 넘어가지요.

교수 : 미가 예언자는 북이스라엘의 호세아와 남 유다의 제1 이사야와 동시대로서, 대략 기원전 8세기 후반인 740년~30년경에 활동한 사람이네. 그리고 신학계에서는 열왕기를 북이스라엘이 망하고(기원전 721년) 100여 년이 지난 기원전 622년경 이후 요시야 왕 시대부터 기록되기 시작하여, 유다 멸망 후 바빌론 포로기에 완성된 것으로 보네. 그것을 '신명기계 역사서'라고 하지(여호수아~사사기~사무엘기~열왕기. 룻기는 한참 후대의 작품). 신명기는 요시야 왕 때 먼저 나온 것이네. 그러니까 '무화과나무 아래 앉아서'라는 문구는 미가 예언자가 처음 말한 것이지. 그 말에 붙은 것이 무엇이라고 했는가?

신학생 : 평화입니다.

교수 : 평화라고 하니, 무엇이 떠오르는가?

신학생 : 메시아의 나라, 곧 하나님의 나라이지요.

교수 : 그렇지. 하나님의 나라! 무화과는 이스라엘 땅에 가장 흔한 나무이지. 집, 마을, 광장, 밭두렁, 언덕이나 숲, 길가마다 있네. 길 가던 사람이나 농사를 짓다가 햇빛과 바람을 피해 쉬거나 도시락을 먹거나 잠시 낮잠을 청하거나 도란도란 이야기를 나누는 곳이 무화과나무 그늘이지. 그러니 무화과는 과일이 아니라 민중의 식량이네. 여행할 때는 말린 무화과를 먹었네.

그런데 툭하면 외적이 쳐들어 와, 억압하고 착취하는 통에 모조리 빼앗기니, 민중의 살림살이가 말이 아니게 고달팠지. 따라서 무화과나무 아래 앉아 있다는 말은 평화로운 세상을 대망한 것을 뜻하네. 이스라엘 민중은 일시적인 평화가 아닌 영구적인 평화를 바라면서, 그 문구를 속담처럼 쓰게 된 것이지. 그러니 그 말은 메시아의 나라, 곧 하나님의 나라에 대한 대망을 담은 절절한 희망의 언어라네. 끊임없는 외적의 침입과 국내 독재 정치에 대한 염증에서 나온 민중의 절실한 소망을 상징하는 말이지.

신학생 : 그러면 예수가 무화과나무 아래 있는 나다나엘을 보았다는 것은 그가 하나님의 나라를 대망하는 뜻을 품고 있는 것을 알아차렸다는 말이기에, 실마리가 풀립니다.

교수 : 그래서 요한복음에만 나오는 예언자 요한의 제자들이 그의 지시에 따라 예수를 따라나섰다는 기록을 유념해야 하네(1:29~42). 갈릴리호수의 어부들이 따랐다는 공관복음과는 전혀 다른 뉘앙스를 풍기니까 말이네. 이름이 나오지 않는 한 사람, 안드레, 베드로, 그리고 빌립이 왜 예수 이전에 먼저 요한을 따랐겠는가?

요한이 전개한 하나님 나라 운동 때문이었지(마 3:1~2), 다른 이유가 없네. 그러니 그들도 '무화과나무 아래 앉은 사람들'이었지. 그래서 요한복음이 유다의 배신과 베드로의 부인(否認) 이야기만 하고, 공관복음에 나오는 제자들이 서로 누가 높으냐 하고 다툰 행태는 일절 침묵한 것이네.

신학생 : 이제야 환하게 보이는 것 같습니다. 그러니까 제자들이 어부였건 직업을 알 수 없건 간에, 중요한 것은 예수의 하나님 나라 운동에 참여한 사람들이라는 것이고, 그리스도인 역시 마찬가지라는 말이네요.

교수 : 그렇지. 또다시 말하지만, 예수는 자기를 믿거나 숭배하는 종교를 창설한 게 아니라, 하나님의 나라 운동을 이어받는 제자의 길과 작은 공동체를 세운 것이네. 그것이 교회의 시작이고 본질이고 목적이네. 따라서 하나님의 나라 지평을 상실한 기독교는 수메르와 메소포타미아와 바빌로니아와 이집트, 그리스와 로마와 가나안의 종교가 그랬듯이, 기복주의를 추구하는 여느 무속 신앙과 하나도 다를 바가 없는 유사(類似) 바알 종교일 뿐이지. 예수의 이름으로 그것을 추구하든, 본질은 똑같은 것이니까.

기독교 역사나 오늘날의 현실 대부분이 이런 형식이라고 해도 지나친 말이 아닐 걸세. 그래서 내가 늘 탄식하는 말이 '기독교는 예수 안에서 길을 잃었다.'라는 것이네. 얼마나 우습고 기막힌 노릇인가! 오늘날 성당이나 예배당에서 하나님의 나라에 관한 강론이나 설교를 들어볼 수 있나? 거의 없네! 우리가 앞서 산상수훈 첫머리에 나오는 예수의 행복론을 이야기했네만, 그게 어디 인간들이 바라고 추구하는 행복론인가? 전혀 반대가 아닌가!

신학생 : '니체'가 기독교에 독설을 퍼부으면서, "그리스도인은 예수밖에 없었다!"

라고 한 말은 전혀 지나친 말이 아닙니다(안티 크리스티).

교수 : 그를 미친 자나 이단자나 사탄의 자식으로 보는 기독교인에게, 나는 아무런 할 말이 없네. 니체가 극도의 긴장 속에서 살다가 탈진하여 정신이상이 된 것은 병약한 몸에 지쳐 휴양하러 간 이탈리아의 어느 도시에서, 어떤 마부가 진흙 구렁에 빠진 마차를 끌어내려고 피가 나도록 말을 채찍으로 때리는 것을 보고는, 왜 가여운 짐승을 그렇게도 두들겨 패느냐고 하며, 눈물을 흘리며 막아선 다음에 일어난 일이라고 하네(R. J. 홀링데일-니체, 그의 삶과 철학). 인간의 무자비함과 폭력성에 충격을 받고 아예 지쳐 절망한 것이지.

나는 그를 현대의 예언자로 보네. 예수는 "사람들이 잠잠하면 돌들이 소리지를 것"이라고 했네(눅 19:40). 돌조차도 예언자 노릇을 한다는 말이니, 니체가 어찌 예언자가 아니겠는가? 진정 니체의 책을 속속들이 읽어본 사람이라면 알 것이네! 한 권조차도 읽어보지 않고서 그를 비난한다면, 제정신을 가진 기독교 성직자라고 할 수도 없지.

옛날 이스라엘 예언자들도 당대에는 그런 사람들이 아니었는가? 모조리 "미친놈" 취급을 당했지(호 9:7). 예수조차도 당대에는 "사마리아 사람, 귀신이 들린 미친놈" 취급을 받았네(요 8:48). 그러면 우리가 시방 미친 자를 구세주로 믿고 따른다는 말인가?

신학생 : 미쳐도 올바로 미쳐야지요.

교수 : 그렇지. 예수야말로 거룩하게 미친 사람이지. 그를 따르는 제자나 그리스도인들도 거룩하게 미친 부하들이고! 그러나 결단코 예배당에만 다니면 자동으로 되는 '기독교인'은 아니네! 그러니 진정한 교회란 예수의 하나님 나라를 위해 미친 자들의

공동체이지.

신학생 : 멋진 정의(定意)입니다! 지금도 '무화과나무 아래 앉아서', 이 세상의 평화를 위해 슬퍼하고 기도하며 바라는 신실한 그리스도인들이 많을 것이라고 봅니다!

3

교수 : 이번에는 지난번 '9장, 예수를 만난 사람들'에서 다룬 니고데모 이야기에서, **"누구든지 물과 성령으로 다시 태어나지 아니하면 하나님의 나라에 들어갈 수 없다. 성령으로 태어난 사람은 다 바람과 같다."**라는 말을 좀 더 생각해보기로 하세(3:5.8).

신학생 : 요한 기자는 여러모로 흥미로운 인물이라는 생각이 듭니다. 어떻게 공관복음과는 전혀 다른 복음서를 쓰게 되었을까요? 요한이라는 인물이 누구인지는 지금도 분분하기에 그 이야기를 할 것은 없고, 어째서 그가 이런 종류의 책을 쓴 것인지 몹시 궁금합니다.

교수 : 요한복음은 서기 90년 이후에 나온 것이니, 예수의 제자인 요한일 수 없는 것은 확실하지. 그래서 그가 세운 교회 공동체의 누군가, 아니면 집단 창작으로 써서 스승에게 헌정한 것으로 보네. 고대에는 이름이 알려진 사람의 권위를 빌려 쓰는 그런 방식이 유행이었지. 구약의 욥기나 요나서나 다니엘서, 에녹서와 모세의 승천 같은 외경들, 그리고 신약의 바울 이름으로 쓴 편지들(에베소서, 골로새서, 디모데전후서 등)이나 요한계시록이 그렇지.

요한 기자는 분명히 '플라톤' 철학이나 알렉산드리아의 유대인 철학자인 '필로'의 책을 잘 알았을 것이네. 그러면서도 지리나 유대교 관습 등을 잘 아는 유대인의 특성을 드러내기에 유대계 그리스도인이라고 볼 수 있지. 사실 지리나 절기나 예루살렘의 상황은 그가 공관복음 기자들보다 더 상세하네. 예수의 공생애를 3년으로 보는 것도 요한 기자가 유월절 두 차례, '초막절과 마카베우스 성전 봉헌절'(수전절·守殿節, 같은 해로 봄)을 말하기 때문이지.

그러니까 요한 기자는 그리스와 로마 철학은 물론, 주변 종교들의 특성까지 환히 알고 있는 고도의 지성인이라고 보겠네. 그는 그러한 지식을 예수 그리스도의 가르침과 인격과 존재 방식과 삶을 고백하고 증언하는 자료로 십분 활용했지. 어떤 때는 영지주의와 아슬아슬할 정도로 비슷한 말을 할 때도 있지만, 결코 경계를 벗어나지는 않았네.

신학생 : 그렇다면 그가 목표로 하는 독자층은 이미 정해진 것이나 마찬가지였겠네요. 그리스-로마 사회의 상류층 교양인들과 지식인들일 것입니다. 바울이 '아테네'에서 선교 활동을 할 적에, 그리스인들이 밤낮 '아고라'(Agora, 광장)에 모여 "에피쿠로스와 스토아 철학"을 논했다는 것을 보면(행 17:16~18), 그때 상류층 지식인들의 일상을 알 수 있기에, 요한 기자는 그런 사람들에게 기독교의 진리를 해명하여 선교하기 위하여 쓴 것으로 보아야겠네요.

교수 : 그렇지. 로고스(말·말씀·하나님)와 육신, 빛과 어둠의 대립적 강조, 영과 육의 이원론적 해명, 죄를 내적 어둠과 무지와 어리석음과 편견과 고집불통으로 보는 관점, 진리와 자유의 상관관계, 신을 영으로 말하는 것, 진리에 대한 깨달음을 강조하는 것, 구원을 자유와 사랑으로 이해하는 것, 거짓과 진실의 대비, 위·하늘과 땅·아래·세상 그리고 죽음과 영생의 대조 등, 요한 기자 특유의 신학적 관념은 그리스-로마 철학에 익숙한 사람이라면 누구나 받아들이기 어렵지 않은 심오한 가르침이네.

신학생 : 그런데 성령만 말해도 될 것 같은데, 굳이 '물'을 말한 이유가 뭘까요?

교수 : 그것은 침례를 강조하려고 한 것이겠지. 요한 기자의 시대는 이미 40여 년 전에 바울이 침례의 신학적 의미를 밝혀놓은 지 한참 후이니까(롬 6장). 침례는 어디에서부터 시작된 것인지, 그 연원을 정확히 알 수 없는 의식이네(儀式, ritual). 고대 종교 연구자들에 따르면, 모든 종교에서 시행한 전통이었지. 이집트의 이시스와 오시리스 종교, 페르시아의 조로아스터교, 그리스의 신비 종교인 오르페우스교나 엘레시우스교, 그리스 수학자와 철학자와 종교가인 피타고라스 종파, 시리아의 아도니스 종파, 메소포타미아나 페르시아의 미트라 종교 등이 그러하네. 인도의 힌두교도들은 지금도 강물에 들어가지.

그런데 이런 종교들의 침례는 기독교와는 분명한 차이가 있네. 그들은 자기네 종교를 받아들이고, 몇 년 동안 교리 교육을 이수하고 과거를 청산하고 덕행을 드러내며 진실로 입문하는 사람들에게만 침례를 주었지. 물론 재산도 많이 헌납하게 했네. 그러나 기독교는 예수 그리스도를 믿는 사람에게 입교하는 방식으로 주었지. 그러니 그들의 관점에서 보면, 기독교가 종파 확장에 빠져 신중하지 못하게 침례를 남발하는 것으로 보였을 테지.

신학생 : 그러면 물은 침례를 가리키고 성령 역시 침례를 말하니까, 전자는 종교적 형식을, 후자는 내적 체험을 말한 것으로 봐야겠습니다.

교수 : 강조점은 내적 변화와 혁명이지. 바울에 의하면, 침례의 의미를 확연히 깨달아도 성령의 감화를 받은 것이니까 말이네(롬 6장). 그러나 종교는 본질만 아니라 형식도 중요하네. 가톨릭이 주로 성찬 전례인 '미사' 의식(儀式)을 통해서 내려온 것은 간과할 수 없는 일이네. 장엄하고 진지한 의식은 무엇보다 인간의 감성에 호소하여

감동을 안겨주지. 인간은 말로만 살 수 없네. 개신교는 말이 지나치게 많아서 탈이지. 가톨릭이나 정교회가 예배당을 고딕식으로 지은 것도 감성적인 측면에서 한 것이네.

감성적 감화든 지적 이해와 통찰이든, 사람이 어떤 것에 부딪혀서 깨달음을 얻어 이전과는 다른 인간이 되어 살아가는 것이 다시 태어나는 것이네. 요한은 그 부딪쳐야 할 것이 성령과 진리라고 말하는 것이지. 곧, 성령의 감화를 입고 진리를 깨달아 자아가 녹아 해체되는 체험, 이것이 중생(重生)이네.

신학생 : 그러니 중생의 체험이 없는 신앙생활이란 그저 기독교 문화생활일 뿐입니다. 그것은 진리의 길을 친목이나 미신이나 우상숭배 정도의 기복주의로 격하시켜버립니다. 이것이 바로 현대 기독교가 빠져 있는 "구덩이"(창 37:22~24), "바빌론 포로"입니다(칼 바르트-로마서 강해). 그러니 '무화과나무 아래 앉는 것'은 상상치도 못할 일입니다. 예배당에서 세속적 복을 구하는 것이나, 강가나 바닷가나 바위 밑에 가서 떡과 과일과 돼지머리 상을 차리고 비는 것은 하나도 다를 게 없지요.

교수 : 그렇지. 물과 성령으로 다시 태어나 하나님의 '나라' – 여기에서는 확실히 '다스림'이네. 곧, 내가 하나님 안에! – 에 들어가서 사는 것, 이것이 두 번째 탄생이네. 중생은 "혈통, 육정, 사람의 뜻(의지, 지식)"으로 되는 일이 아니지(요 1:13). 중생은 각 사람이 절실히 바라며 성령의 감화를 입는 체험으로 이루어지는 일이네. 그러니 예수의 말은 그러한 중생의 체험이 없는 종교 생활은 아무리 열성적이고 전통적인 유대교인이나 기독교인이라 하더라도, 하나님의 다스림(나라) 안에서 사는 게 아니라는 뜻이지. 그것이야말로 요한복음이 말하듯이, 평생 어둠과 거짓에 속한 사람에 머물다가 멸망하는 것이네(3장, 8장).

신학생 : 중생한 사람은 바람 같다는 말은 절묘한 시구입니다. 바람은 자유의 표상

이니까, 중생하여 하나님의 다스림을 받는 사람은 자유인이라는 뜻이지요?

교수 : 그렇지. 그러나 그것은 결정적인 순간의 내적 체험 사건을 말하고, 날마다 계속해서 더 깊고 넓고 높은 차원으로 나아가야 하지. 전에도 말했듯이(7장-4) '빈센트 반 고흐'의 그림에 삼나무가 있는 마을의 밤 풍경을 그린 것이 여러 개 있지. 별들과 교회당과 집 등, 갖가지 사물에 정적인 모양이 전혀 없고, 모든 게 뱀처럼 꿈틀거리며 살아있네. 그런데 세심히 들여다보면, 앞에 있는 삼나무 끝이 저 멀리 떠 있는 별들에 이어져 있네. 그것은 무엇을 말하는 것일까? 별들까지 도달하고 싶어 하는 화가의 꿈이 아닐까? 그렇다면 그 그림이야말로 예수의 가르침을 담고 있는 것이라 하겠네. 하나님의 다스림(나라) 안에서 살아가는 것은 자꾸만 자라고 섬세해지고 풍부해지는 인격과 존재 방식과 삶을 말하는 것이니까.

신학생 : 놀랍습니다. 다시금 그의 그림을 봐야겠고, 그에 관한 책들도 읽어봐야겠습니다.

교수 : 나는 고흐의 그림을 성화(聖畵)로 보네. 그의 그림은 공관복음의 예수와 요한복음의 그리스도가 결합 되어 있으니까. 탄광촌 사람들이나 가난한 사람들이나 창녀나 정신병원 그림들, 그리고 씨앗을 뿌리는 농부나 풍성한 밀밭이나 별들이 총총한 밤 그림들이 그러하지. '후기 인상파' 화가 가운데서 고흐만큼 복음서 이야기를 많이 그린 사람도 없네.

4

신학생 : "**하나님께서 세상을 이처럼 사랑하셔서 외아들을 주셨으니, 이는 그를 믿는 사람마다 멸망하지 않고 영생을 얻게 하려는 것이다.**"(3:16) 그런데 대부분의 성서

번역본이 이 부분부터 누구의 말인지 모호하게 처리합니다. 제가 보기로는 문맥상 예수의 말일 수 없고, 요한 기자의 말인 것 같은데요?

교수 : 16~21까지는 요한 기자의 말로 보아야지. 예수가 자신을 '외아들'이라고 했을 리 없으니까. 1장 18절과 같은 말이네. 그래도 예수의 생각으로 볼 수 있지.

신학생 : 문장을 보면, '하나님, 세상, 사랑, 외아들, 신앙, 영생'입니다. 하나님의 사랑을 강조합니다. 그런데 그런 사랑이 예수 사건을 통해서 가장 명확하게 드러난 것입니다. 예수는 인류에게 주신 하나님의 최고 선물, 곧 은혜·은총이고 사랑입니다. 그 외에 다른 것도 없고 그 위도 없습니다. 이것이 기독교의 진리입니다. 종교 사기꾼·이단이 들어설 여지가 없는데, 그런데도 줄곧 나오고 대중이 따르니, 알 수 없는 일입니다.

교수 : 전에 이제 기독교인들에게 '복음서 읽기' 열풍이 일어야 한다고 한 게 그것이네. 도대체 예수를 모르니 그리스도를 모르네. 그러니 무엇이 엉뚱한 소리인지, 진리인지조차도 분별하지 못하고 따라가는 것이지. 예수가 위대한 구원자인 것은 말이 아닌 그 삶 때문이네. 그런데 어떤 사람이 예수처럼 살았고, 또 산단 말인가? 죄다 부귀공명에 대한 탐욕이지. 나는 한국인의 결정적 단점은 감정과 일상의 필요가 앞서고, 이성과 논리가 부족한 것이라고 보네. 명색이 대학을 나와도 주체적이고 논리적으로 생각할 줄 아는 사람들이 적지.

신학생 : 신앙은 말이나 의향이 아닌, 전체적인 투신(投身)을 뜻하는 것이지요?

교수 : 기독교에서 '믿음·신앙'이란 말만큼 오해된 것도 없네. 무슨 교회당에 다니거나 '믿습니다, 믿습니다!' 하면 믿는 것인 줄 알지. 그러나 구약성서나 예수나 사도들이 말하는 믿음·신앙은 오체투지(五體投地)란 말처럼, 내 마음과 뜻과 생각과 몸과 삶

전체를 믿는 분을 향해 내던지는 것이네(신 6:5). 모리아 산 이야기가 진정한 신앙을 보여주지(창 22장). 예수는 더욱 그러하네. 예수의 가르침이나 요구가 얼마나 극단적일 정도로 과격한가? 자기보다 부모와 형제자매와 논밭 등의 재산을 더 사랑하는 자는 제자가 될 수 없다고 아예 단단히 못 박아버리지(눅 14:26~27). 그러니 예수는 신앙을 제자와 같은 의미로 쓴 것이네.

신학생 : 신앙이 무엇인지는 예수와 프란치스코를 보는 것으로 족하다고 하겠습니다.

교수 : 목회자든 신앙인이든 예수 그리스도를 표상으로 삼아 나아가야 하네. 그러니 얼마나 자기의 부족함이나 모자람을 "슬퍼하고"(마 5:4) 통탄해야 할 것인가? 예수 차원이란 우리로서는 불가능한 것이지. 하지만 불가능하다고 해도 그것을 목적과 이상으로 알고, 매일 변하고 자라야 하네. 그것이 우리에게 주어진 길이지.

신학생 : 영생도 오해하고 있는 말입니다. 그것은 사후에 천국에 들어가서 영원히 산다는 게 아니라, 지금 이 순간 하나님 안에(나라) 들어가서 사는 것을 말합니다. 지금 들어가지 못하면, 나중에 들어갈 일도 없지요. 물론 하나님은 하실 수 있지만요!

교수 : 기묘한 말이지만, 실로 그러하지. 인간은 누구나 연약하니까, 하나님의 자비라면 가능한 일이지. 그래서 '도스토옙스키' 이야기를 해야겠네. "카라마조프의 형제들"에서 이런 이야기를 하지. 예수를 믿지도 않는 창녀가 어느 날 대문을 지나가는 궁색한 모습의 어떤 할머니를 보고, 고향 어머니 생각에 눈물이 나서 텃밭에 있는 파를 한 움큼 뽑아서 주었지. 그리고는 얼마 후 병으로 죽었네. 도스토옙스키는 그녀가 천국으로 갔다고 확신하며 말하지.

왜? 진정한 자비 때문이라는 것이네. 신앙이고 고백이고 교리고 신조고 성서고 이해고 깨달음이고 간에, 하나님은 자비를 베푼 사람에게 자비를 베풀어 당신 나라에 영접하신다는 것이지. '착한 사마리아 사람'(눅 10:25~37), 양과 염소 비유도 이것이네(마 25:31~46).

신학생 : 그러면 사람이 정의와 사랑과 자비를 따라서 살기만 한다면야, 세상에 종교 같은 게 없어도 되겠지요?

교수 : 실로 그렇지. 예수가 무슨 종교 따위를 만들려고 세상에 왔는가? 예수는 종교의 종언(終焉)을 선언한 분이네(요 4:19~24)! 인간을 향한 하나님의 마음과 뜻과 의도와 목적은 모두에게 영생을 주시려는 것이지. 따라서 지금 이 순간, 모든 인간이 영생을 얻는다면 하나님의 나라가 실현되는 것이지.

신학생 : 예수의 가르침, 중생, 기독교 신앙은 내적 변화를 통하여 세계관과 인생관과 가치관의 혁명을 일으키는 것입니다. 관(觀), 곧 세상과 자기와 인생의 올바른 가치를 아는 관점과 깨달음이야말로 자연스럽게 하나님의 나라를 위하여 사는 길이니까요.

교수 : 잘 보았네. 그러니까 이 말씀도 하나님의 나라에 연결되는 것이지. 하나님의 최고 선물인 예수 그리스도를 신뢰하고 닮고 따르고 배우며 살아가는 삶이 영생이고, 하나님의 나라를 이 땅에 세우는 일이니까. 그러니 신앙·신뢰와 영생을 개인적인 것으로만 안다면, 그것은 이미 단단히 틀린 것이네. 그것은 사적인 것이 아닌, 공적(公的)인 것이지. 하나님이 공(公)이신데, 어떻게 신앙에 사(私)가 있겠는가?

신학생 : 그렇습니다. 진리의 길은 공(公)입니다. 자아(Ego)라는 사(私)가 개입되는

순간, 여지없이 길을 엇나가게, 곧 탈선(脫線)하게 되지요. 선악과 이야기가 이것입니다.

5

교수 : 인간의 마음, 생각, 말과 글, 감정과 의지와 행동은 전부 공적인 것이지. 그래서 미세한 감정과 느낌과 생각조차도 우주와 세계에 파동(波動)이 되어 영향을 끼친다네.

신학생 : 파동이란 말을 들으니, 19세기 미국 철학자 'R. W. 에머슨'의 말이 떠오릅니다. "각 사람의 마음은 우주의 한마음으로 이어져 있다."(과거와 현재) 이것은 각 사람의 마음은 우주의 한마음, 곧 하나님의 마음이 분여 되어(分與, 나누어진) 연결된 상태로서, 어떤 마음이든지 그 순간 세상으로 파동처럼 퍼져나간다는 뜻으로 한 말이라고 합니다.

교수 : 하나님에 대한 새로운 이해이지. 하나님이란 단어가 하나님은 아니니까 말이네. 하나님이란 말도 표적이지. 그 말로 말로서는 다 표현하고 담아낼 수 없는 어떤 우주적 실재(實在, Reality)를 가리키는 것이니까. 예수의 "아버지"도 그런 표징의 하나이네. 하나님은 남성이 아니시지. 그러니 문자대로 읽어서는 안 되는 것이네. 하나님은 '어머니'로 표상할 수도 있지. 아니면, 그냥 '임, 님'이라 해도 되네. 우리가 전에 '바빌론의 예언자 제2 이사야'를 말할 때 나눈 이야기도 이런 것이네(사 40~55장). 그는 낙담과 절망과 빠진 유대인들에게 그동안 믿어온 같은 하나님을 새로운 이해의 틀로 전하여, 결국에 그들이 일어서게 했지.

신학생 : 그런 점에서 세상을 위한 기도가 중요합니다. 진실로 매일 주기도문이라

도 마음과 뜻과 힘을 다해서 드리는 사람은 세상에 정의와 사랑과 자비의 파동을 내보내는 것이지요.

교수 : 현대 물리학에서 양자역학이 이룬 혁명적 사고는 새로운 '패러다임'(paradigm)으로 자리 잡았네. 알다시피 패러다임은 과학 사가인 '토마스 쿤'이 처음 사용한 용어로, 새로운 과학적 사고의 틀을 말하지(과학혁명의 구조). 사물에 대한 기존의 사고방식과 방법론적 이해가 더는 통하지 않는다면, 그걸 아무리 해본들 소용없는 일이니, 사물에 대한 새로운 접근이 필요하지. 그런 사람들이 역사에 자주 나타났지. '코페르니쿠스적 혁명'도 그것이네.

21세기에 들어서서 유난히 웹(web)을 말하네. 새로운 말은 아니지만, 새로운 이해와 관점을 담고 있지. 세상이 컴퓨터로 촘촘히 얽힌 것이 마치 거미줄 같다는 것인데, 거미줄을 한끝을 건드리면 전체가 흔들리는 것처럼, 인간의 마음이나 사고나 행동이 아무리 미세하다 할지라도, 그것은 의식(意識)의 파동이 되어 세상 전체로 퍼져나간다는 것이네. 양자역학 물리학자들은 이것을 실험을 통해서 입증했지.

그러니 우리는 세상을 위한 기도를 영향력 있는 실질적인 파동으로 볼 수 있네. 그런 점에서 시편 12편은 무척이나 소중한 가르침을 담고 있는 심오하고 숭고한 영혼의 기도이지. 그는 세상에서 신실하고 착하고 진실한 사람들이 자꾸만 스러지고, 불의하고 부패하고 악한 인간들이 성공하여 설쳐대는 꼴이 너무나도 가슴 아파서, 눈물로 하나님을 향하여 도와 달라고 호소하네. 그런 자들의 성공을 질투하는 게 전혀 아니지. 진실로 순결한 영혼이네.

그 시인의 기도를 예수의 "슬퍼하는 사람, 온유한 사람"(마 5:4~5), "기도문"에 연결해 보게(마 6:9~13). 하나님의 나라가 이 땅에 이루어지기를 바라며 살아가는 사람은 이토록 사람 많은 세상에서, 정의와 사랑을 따르는 사람들이 점점 없어져 가는 것을 탄식하며, 하나님을 향해 참사람들을 일으켜 달라고 호소하지. 이런 진정한 기도는 확실히 파동이 되어 세상으로 퍼져나갈 것이네. 따라서 세상이 점점 더 망가져 가는 것은 이런 기도를 드리는 기독교인들이 별로 없다는 것을 증명하는 일이기도 하니, 몹시 부끄럽고 안타까운 일이지.

신학생 : 그러면 하나님 나라도 새로운 패러다임의 파동으로 전개된다고 봐야지요?

교수 : 그렇지. 우리가 남을 위해서나 세상을 위해서 기도를 하는 것은 내가 할 수 없는 일을 우주적 영인 하나님이 하신다고 믿기 때문이 아니겠는가? 그러니 그리스도인들이 매일 진실한 심정을 다하여 주기도문으로 기도를 드린다면, 세상이 지금보다 훨씬 더 좋아질 것이라고 보네. 주기도문이 예배 끝에 헉헉거리며 경쟁하듯 해치워야 할 장애물인가? 그리스도인이 드려야 할 유일한 기도가 있다면, 주기도문뿐이네. 그러면 가족이나 사업이나 다른 이들이나 교회를 위해서 기도할 것도 없네! 그 안에 다 있으니까.

신학생 : 그러니까 좋은 마음을 품는 것 자체가 세상을 위한 기도가 되겠네요.

교수 : 그렇지. 지금 영생을 얻어 무엇을 하려는 것인가? 영생이 무슨 로또 복권 당첨이기에, 기쁨이나 확신이나 감사나 자랑에 그치는 것인가? 아니지. 영생은 예수를 따라 사람다운 사람이 되어 이 땅에 하나님의 나라를 세우는 일을 하려는 것이지.

17장
예수의 가르침 (6)

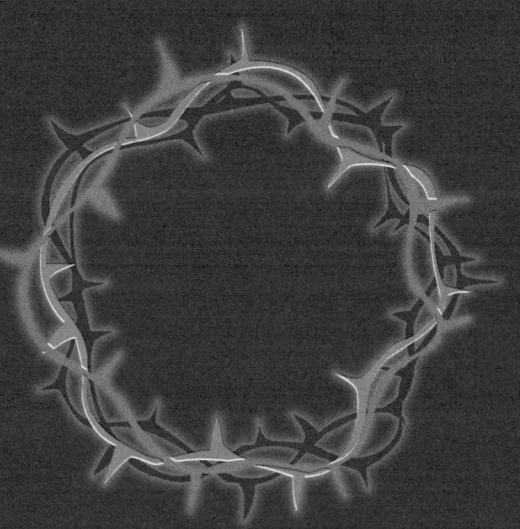

17장
예수의 가르침 (6)

1

신학생 : 이제 영성의 진면목(眞面目), 혹은 종교의 참된 모습과 힘인 종교성을 이야기하지요. "참되게 예배를 드리는 사람들이 영과 진리로 아버지께 예배를 드릴 때가 온다. 지금이 바로 그때이다. 아버지께서는 이렇게 예배를 드리는 사람들을 찾으신다. 하나님은 영이시다. 그러므로 하나님께 예배를 드리는 사람은 영과 진리로 예배를 드려야 한다."(4:23~24).

사마리아 여인이 예배 장소를 사마리아인들의 그리심 산 성전과 유대인들의 시온 산 예루살렘 성전으로 말하자, 예수는 둘 다 부정하며, 그렇게 예배를 드리지 않을 때가 온다고 하며, '지금'이라고 합니다. 실로 충격적인 말입니다. 이 말을 그대로 보면, 예수는 참된 예배는 성전이 아니더라도, 어디든지 사람이 있는 그 자리에서 영과 진리로 드리는 것이라고 하니까, 유대교라는 종교와 성전 자체를 부정한 것으로 들립니다.

교수 : 그대로 보면, 분명히 종교와 성전의 부정이네. 그런 점에서 예수는 제자들에게 자기를 숭배하는 종교를 만들라고 하지는 않았지. 최후의 만찬, 곧 최초의 성만찬 이야기도 단지 "나를 기억하라."라는 말만 있고(고전 11:25), 누가 기자도 그것을 따랐네(눅 22:19). 마가와 마태와 요한에는 없는데, 요한은 "사랑"만 말하며 "친구"라 하지(요 13:34, 15:12~14).

누가 친구를 숭배하겠는가? 평생 친구로 살면 되는 것이지. 그러니까 예수는 자기 이름으로 된 새 종교를 세운 것이 아니라, 자기를 따라서 하나님의 나라 운동을 하는 제자들의 공동체, 곧 모임을 만든 것이네. 그것이 '기억하라'라는 말에 담긴 의미로 볼 수 있지. 그런 사람이 "2~3명이 모여도" 예수를 따르는 모임이니까(마 18:20, 교회는 마태 기자의 말).

신학생 : 세월이 흐르며 교회가 발전하여, 종교 체제가 될 수밖에 없어서 그렇게 된 것이지요. 그런 움직임은 이미 서기 2세기에서부터 나타납니다. 교회의 각종 직분을 말하는 디모데서가 그렇지요.

교수 : 그것은 어쩔 수 없는 일이지. 기독교만 그런 것은 아니네. 불교도 고타마 붓다의 원래 가르침은 "너 자신을 등불로 삼고, 진리(法)를 등불로 삼아 정진하라."라는 말이었지. 그가 설립했다고 보는 승단(僧團)도 이것을 위한 소규모 공동체이지, 자기를 신처럼 숭배하라는 것이 아니었네. 불상을 만들어 숭배하기 시작한 것은 부처 사후 오백 년 뒤부터 생긴 것이지. 그래서 후일 중국으로 간 "달마대사"가 그런 불교를 부정하고 선불교(禪佛敎)를 시작한 것이네. 당나라 시대에 발전한 선불교도 그의 맥을 이은 것이지.

발전하는 바람에 어쩔 수 없이 제도 종교가 되었어도, 기독교는 엄연히 종교가 아닌 예수의 길이고, 예수의 길은 하나님의 나라 운동이네! 그런데 이것을 망각하고 말았지. 이것이 기독교 2천 년 역사이고 오늘의 현실이지.

'지금이 그때'라는 것은 예수가 자기 때를 가리킨 것이니, 자기로부터 진정한 구원과 생명과 평화의 길이 시작된다고 천명한 것이네. 곧, 하나님의 나라는 '언제나 지금', 영과 진리로 변화된 사람들을 통하여 세상에 퍼져나간다는 것이지.

신학생 : 그러니까 기독교는 아무리 발전한다고 해도, 언제나 지금 있는 곳에서, 예수 그리스도의 가르침과 삶을 따라 이 땅에 하나님의 나라를 세우는 공동체가 되려고 하는 데서만 자기를 예수의 제자로 증명하는 일이 되겠습니다.

교수 : 그렇지 않으면, 기독교는 언제 어디서나 '종교'로 전락하고 마네. 그러나 예수는 '참된 영성과 종교성'을 말한 것이네. 이것은 같은 의미의 말인데, 예수의 의도는 영성과 종교성을 지향하는 길이라는 뜻이네. 전에 말한 것 같이(9장-8), 예수의 길이나 기독교는 종교가 아니라 영성과 종교성이네. 종교란 바알 종교와 같이 기복주의를 말하니까.

요한복음의 말로 하면, 영성과 종교성이란 진리의 성령 안에서 다시 태어난 사람이 되어, 예수의 제자와 친구로 살아가는 것이네. 곧, 진정한 그리스도인이 되는 것이지. 그런데 예수야말로 진정한 영성과 종교성을 완전하게 드러낸 영원한 모범이고 표상(表象)이네. "위·하늘에서 오신 이"(요 3:31, 8:23)인 예수는 지혜, 순결, 겸손, 사랑과 자비, 자유, 온유, 견고함, 인내, 용기 등이 총체적으로 통합된 내면과 사고체계와 존재 방식을 보여주지. 이것이야말로 제자와 친구인 그리스도인이 갖추어야 할 참된 영성과 종교성이네.

신학생 ; 그러면 목회자들부터 예수를 올바로 알고 설교하고 교육해야 할 것이고, 그러자면 신학대학교부터 완전히 뜯어고쳐야 할 것입니다. 지금도 예수의 하나님 나라를 말하는 신학자는 무척 소수입니다. 대개는 여전히 정통주의 신학을 말하지요.

교수 : 그래서 2천 년 기독교 역사가 어떠했고, 현실은 어떠한가? 진실로 신학대학교부터 바뀌어야 할 걸세. 목숨을 걸고 할 말은 예수 그리스도는 하나님의 나라 운동을 한 분이지, 기독교라는 종교를 세운 분이 아니네! 따라서 세상이 기독교 천국으로

변한다 해도, 결단코 하나님의 나라는 이루어지지 않을 것이지.

그런 점에서 구약성서에 나오는 이스라엘 민족사는 유대교 천국을 만들려다 실패한 것이니까, 기독교가 깊이 새겨야 할 교훈이네. 그것을 가벼이 보았다가는 영락없이 그런 역사를 되풀이할 테지. 우리는 하나님이 다스리시는 역사란 것이 얼마나 무서운 것인지를 똑똑히 알아야 하네. 물론 인간들이 제풀에 지쳐서 스스로 심판하고 망하는 것이지.

예언자들의 신앙과 이해와 신학이 무엇이었던가? 이스라엘의 "길"이 종교화되는 것에 브레이크 걸고 영성과 종교성을 천명한 것이네! 그것이 본래 이스라엘이 걸어야 할 길이니까. 그래서 거의 모든 예언자가 바알 종교화되어가는 이스라엘의 길을 규탄했지. 그러니까 본래 구약성서에서 말하는 종교란 종교가 아닌 길이고, 그 길은 인간과 사회 공동체가 이루어야 할 마땅한 이념과 이상과 프로그램이네.

신명기 신학도 이스라엘의 참된 영성과 종교성을 말하지. 6장과 8장과 30장이 그 핵심이네. "마음과 뜻과 힘을 다해서 하나님을 사랑하라."(신 6:5). 예수는 이 말을 인용하면서, 마음과 뜻 사이에 "목숨"을 추가했는대(막 12:30), 의도적으로 한 것이네. 하나님을 사랑하는데 목숨을 걸라는 뜻으로 한 말이지. 이것이 바로 **'예수식 사랑법'**이네. 예수가 인자하다고? 천만에! 예수처럼 무서운 분도 없네. 다시금 마태 7장 15~23을 읽어보게. 전에 자네가 한 말처럼, '예수는 자기를 찾는 사람들에게, 나는 너를 온통 잡아먹고 싶다.' 하고 말한 것이지.

"사람은 먹는 것(빵)으로만 사는 것이 아니라, 주님의 입에서 나오는 모든 말씀으로 산다."라는 말에서(신 8:3), '빵'은 모든 소유의 형식을 상징하네. '종교'란 빵을 추구하는 것이라고 할 수 있지. 빵이 성공, 재산, 풍요, 영광, 부귀하고 영화로운 삶, 안전, 보호, 건강, 장수, 명예 등, 어떤 것을 가리킨다 해도, 예수의 길인 기독교는 그런 게 아니라(할 수 없이 기독교란 말을 쓰네), 진리를 찾고 따르고 실천하는 그리스도인의 길이라는 말이지. 빵의 종이나 노예가 되어 유물론자나 물질주의자로 살아가는 것이 아니라, 진리의 말씀으로 거룩하게 된 진리의 사람이 되라는 뜻이지(요 17:16~19). 산상수훈에서(마 6:25~33), 먹고 마시고 입는 것, 곧 빵에 대한 염려는 이방인들(이방 종교)이 추구하는 것이라 하지 않는가? 그런 점에서 빵을 추구하는 기독교는 영락없이 유물론이네!

신명기 30장에서는 단도직입적으로 말하지. "하나님의 명령은 너희들(사람들)에게 아주 가까운 곳에 있고, 너희들의 입에 있고, 너희들의 마음에 있다."(신 30:14). 그래서 사람은 언제나 "생명과 번영, 죽음과 파멸, 생명과 사망, 복과 저주"의 길 사이에서 선한 것을 잘 분별하고 선택하고 살아야 한다고 말하지(신 30:15~20). 여기에 어떻게 빵을 추구하는 바알 종교의 기복주의란 것이 들어갈 틈이나 있는가?

이런 말을 하자면 한도 끝도 없을 걸세. 아모스는 제사와 종교를 부정하며 공의(의, 의로운 신앙)와 정의를 요구했네(암 5:21~24). 호세아는 "제사장들이 많아질수록 죄악도 늘어난다."라고 말했는데(호 4:7), 종교 천국이 된 나라에 정의와 사랑이 없고, 거짓과 폭력이 난무하는 부패한 현실을 질타한 것이지. 제1 이사야 1장을 읽어보게. 그게 어찌 2700여 년 전의 말로 들리는가? 오늘 아침에 한 말이지. 이것도 길을 잃어버린 종교를 규탄하지.

그리고 제3 이사야는 동물이나 전제(奠祭, 포도주를 붓는 제사)나 분향 제사를 바치는 것은 사람을 죽여서 바치는 것이나, 유대인은 쳐다보지도 않는 돼지를 잡아 바치는 것과 같다고 하며, 아예 성전과 종교를 폐기했네(사 66:3~3). 후일 이것을 인용하며 유대교 지도층과 논쟁하다가 돌멩이에 맞아 순교한 사람이 "스데반" 집사란 것은 우리가 다 아는 일이지(행 7:48~50). 그러니까 우리는 여기에서 초기 그리스도인들이 예수의 길을 따르는 것을 종교로 안 것이 아니라는 사실을 보네(대략 오순절~요한복음이 나온 시대까지로 볼 때. 교회가 제도 종교가 된 것은 서기 2세기 이후. 디모데전서). 이보다 명확할 수 없지.

신학생 : 영성의 진면목(眞面目)은 영과 진리가 생생히 살아있을 때 이루어집니다. 그런데 '영과 진리'와 '하나님은 영'이라는 말에서, 영은 같은 것을 가리키는 것으로 보아야 하나요?

교수 : 그것은 학자마다 의견이 분분하네. 전자의 영은 인간의 심층인 영혼을 가리킨다거나, 하나님이 새로 주시는 영이라고 말하는 사람도 있네. 그러나 예배를 드리는 것은 사람이니, 사람의 영으로 보는 게 문맥에 맞는다고 보네. 진리는 진실이나 진정(眞情)을 의미하기도 하니까, 영과 같은 말로 보아야겠지. 그러니까 '영혼(신령)의 진실(진정)을 다해서' 예배를 드리라는 말이지. 물론 원죄를 믿는 자리에서 보면, 영혼조차도 죄에 물든 상태니까, 그럴 수 없지. 그러면 하나님이 새로 주시는 영으로 영혼을 정화하고 예배를 드려야 한다는 말이 되겠네. 따라서 니고데모와 나눈 이야기에서 말하는 성령으로 이해해야겠지.

어떻든 예수는 특정한 성전에서 드리는 예배가 아닌, 어디에서나 영과 진리로 드리는 예배를 말하네. 그런 점에서 이 구절은 충격적이고 파격적이고 혁명적인 가르침이 아닐 수 없지. 그러니 예수를 따르면 되는 것이지. 예수는 안식일마다 반드시 회당에 가지 않았고, 필요할 때만 갔네. 그렇다고 해서 예배당·성당, 예배·미사가 다 쓸데없다는 말이 아니네.

가지 않거나 간혹 나가면서, 예수도 그랬는데 뭘, 하는 것은 차라리 예수 모독이지.

어찌 자기와 예수를 비교한단 말인가? 전에 들은 이야기 하나 하지. 어떤 프랑스인이 장사하다가 망해서 이렇게 투덜댔다더군. "아니 하나님, 도대체 나에게 이럴 수 있나요? 그래도 나는 한 해에 두 번, 부활절과 크리스마스에는 성당엘 나간다고요?"

신학생 : 물론 하나님은 묵묵부답이셨겠지요.

교수 : 중요한 것은 예배를 드리는 목적을 잊지 않는 것이지. 곧, 영성과 종교성이 심오한 그리스도의 사람이 되어가는 것이네. 그것은 일상에서 평화와 화해를 실천하는 것으로 나타나지(마 5:9.24).

2

신학생 : "나의 양식은 나를 보내신 분의 뜻을 행하고, 그분의 일을 이루는 것이다."(4:34) 이것을 생각하면 19세기 미국의 현인 'H. D. 소로'의 말이 떠오릅니다. "운동장에서 행진하는 한 학생의 발걸음이 또래들과 틀리는 것은 그가 다른 곳에서 들려오는 북소리에 발을 맞추기 때문인 것이 확실하다."(월든)

교수 : 자네 세대에게는 먼 시대의 신화나 소설 같은 이야기로 들리겠지만, 내가 고등학교에 다니던 1970년대에는 '교련'이란 과목이 있었네. 그때는 군사정권 시대였기에, 전쟁이 터지면 고등학생들도 내보낼 요량으로 그렇게 한 것이지. 교련 선생은 주로 대위나 소령으로 예편한 사람들로, 군복을 입고 나와서 지도했네. 제식훈련과 행진은 물론, 고무 소총으로 엎드려 겨냥하고 고무 수류탄을 던지는 연습도 했네. 여학생들도 제식훈련과 행진과 간호 연습을 했지. 그런데 사열 종대로 행진할 때면 으레 구령이나 북을 쳐서 발을 맞추게 했는데, 발걸음이 틀리는 학생들은 '원산폭격'으로 벌을 받았네.

이런 일을 기억하니, 소로의 말이 기막히게 지혜롭고 자유롭고도 역설적인 발상이란 생각이 드는군. 넓은 운동장에서 여러 소대가 행진할 때, 소대마다 옆에서 작은 북을 메고 쳐서, 그 소리에 따라 왼발에 맞추게 했겠지. 그런데 '유난히 청력이 좋은'(!) 학생은 다른 소대의 북소리에 발걸음을 맞추니 틀릴 수밖에 없지. 그는 이런 학생을 적극적으로 옹호하는데, 자유를 가장 소중히 여기는 철인다운 발상이네.

예언자들이 그런 사람들이지. 예언자는 세상의 북소리가 아닌, 일반인들이 듣지 못하는 저 너머 다른 곳, 곧 하늘·하나님에게서 들려오는 북소리에 발을 맞춘 사람들이네. 그것이 참된 저항과 지향의 자유인이지. 소로는 이런 말도 했네. "세상의 값진 지혜란 한때 받아들이기 어려웠던 어진 이들의 이단 사상이다."(일기) 얼마나 지혜로운 통찰인가! 역사는 이단이 진리가 되는 예를 자주 보여주지. 소크라테스, 프란치스코, 얀 후스가 그러하다네. 과학사에서도 코페르니쿠스나 갈릴레이가 그런 사람이지.

우리는 이 말씀에서, 예수의 소통(疏通, communication) 방식을 보네. 곧, 예수의 영혼과 마음과 사고와 귀는 언제나 자기를 세상에 보내신 하나님의 목소리에 환히 뚫려 있었다는 것이지. 예수는 세리들과 어울리거나, 병자들에 둘러싸이거나, 부유한 사람의 초청으로 식사를 하거나, 유대교 지도층과 논쟁하거나, 마을과 도시의 군중 사이에 있거나, 언제나 그 상황에 휘말리지 않았고, 오직 하나님께만 주파수를 맞추고 행동했네. 예수도 다른 곳에서 들려오는 북소리에 맞추어 걸어간 것이지.

신학생 : 이것은 사마리아 수가에서 제자들이 빵을 구해왔을 때 한 말입니다. 그러면 예수는 밤마다 홀로 들판에 나가 기도하며 지새우고, 복음을 전하는 행군을 하면서 삼시 세끼 꼬박꼬박 식사하지 않은 것을 추정해볼 수도 있겠는데요?

교수 : 그럴 것이네. 그래서 식사할 겨를도 없었다는 말도 있지(막 3:20). 그리고 십

자가의 가로대를 짊어지고 갈 때(그 당시 사형수들은 기둥 위에 박는 나무만 지고 갔지), 여러 번 쓰러져서 구경나온 젊은이가 대신 지고 갔다는 것도 그렇게 추정할 수 있네(막 15:21). 왜냐면 겟세마네 동산에서 고뇌에 휩싸여 기도하고, 신문 과정에서 몇 번 채찍을 맞고 고문당하여 잠을 이루지 못했다 해도, 33세의 젊은이가 그 나무통을 짊어질 수 없을 정도로 허약했다고 보기는 어려우니까. 그러니 그간 식사를 제대로 하지 않고 강행군을 해온 것으로 보아야겠지. 못한 게 아니라, 일부러 자주 거른 것이네. 프란치스코는 44세에 세상을 떠났는데, 매일 눈물의 기도, 수면 부족, 소식(小食)으로 육체를 혹사한 결과였다고 하네(1182~1226년).

신학생 : "**나에게는 너희가 알지 못하는 먹을 양식(糧食)이 있다.**"라는 말도 그런 뜻에서 한 것이겠습니다(4:32). 사람들은 밥만 양식인 줄 알지만, 예수는 저편에서 들려오는 목소리에 따르는 것을 양식으로 여깁니다. 그러니 다른 북소리, 곧 아버지의 목소리에 발을 맞추어 그분의 뜻과 일을 이루며 걷는 것이 예수의 존재 '양식'(樣式, mode)입니다.

교수 : 재치있는 말이군. 세상 사람들과는 다른 양식(樣式. style, form, pattern)을 자기 양식(糧食, food)으로 삼은 것이야말로 예수의 양식(糧食)이고 존재 양식(樣式)이지. 그러니 하나님의 나라를 이 땅에 이룩하는 일을 자기 양식(糧食, 樣式)으로 아는 사람이야말로 진정 예수를 신뢰하고 사랑하고 따르는 사람이라 하겠네.

신학생 : 산상수훈의 "의에 주리고 목마른 사람"이란 말도 이것이지요?

교수 : 같은 말이지. 의란 하나님의 뜻과 일이니까. 그래서 예수는 늘 "**내 아버지께서 일하고 계시니, 나도 일한다.**"라고 말한 것이지(요 5:17). 예수는 온통 아버지에 취해 산 분이네. 그래서 예수는 거룩한 도취(陶醉)의 사람이라 하겠네.

'가오페이'라는 중국 학자는 전국시대 초나라 시인이요 정치가였던 "굴원(屈原) 평전"에서, 그를 "중취독성(衆醉獨醒)의 시인"이라 했는데, 굴원이 읊은 '어부사(漁父辭)'에 나오는 문구에서 따온 것이라 하네. "뭇 사람은 술에 취한 듯 살아가는데, 나만 홀로 깨어 있다."라는 시인의 고독한 심정을 읊은 노래라 하지. 예수의 말도 이런 뜻에서 볼 수 있네. 술에 취한 듯 살아가는 세상에서 나 홀로 깨어 있어 하나님에게 취해 있다!

3

신학생 : "내 말을 듣고 또 나를 보내신 분을 믿는 사람은 영원한 생명을 가지고 있고 심판을 받지 않는다. 그는 죽음에서 생명으로 옮겨갔다."(5:24) 저는 이 말을 읽을 때마다 "맹모삼천"(孟母三遷)이란 말이 떠오릅니다. 사실인지는 모르겠습니다. 남편을 잃고 공동묘지 근처에서 가난하게 사는데, 애가 맨날 '아이고, 아이고' 하며 곡소리나 흉내 내고, 시장에 사니까 '사세요, 사' 하며 노니, 엄마가 사람 되기는 영 글렀다 하여 서당 근처로 이사 가니까, 그때야 글 읽는 소리를 하더라는 것입니다. 그래서 맹자가 후일 성인의 경지에까지 갔다는 전설적인 이야기입니다. 환경, 곧 삶의 자리가 지닌 중요성을 말한다고 봅니다.

교수 : 그러니 맹자 엄마는 아들을 위하여 변화를 도입한 것이네. 예수의 말에서, 옮겨갔다는 말은 죽음 곁에서 살다가 생명 곁으로 이사 갔다는 말이네. 죽음의 공동묘지 곁에서 살면 죽음의 무리가 되고, 생명의 정원으로 옮겨서 살면 생명의 무리가 된다는 뜻이지. 장자(莊子)의 말이 생각나는군. "그 하나(一)와 함께하면 하늘의 무리가 되고(천도·天徒), 그 하나와 함께하지 못하면 사람의 무리가 된다(人徒). 하늘(天)과 함께한 사람은 서로 이기려 하지 않는다. 이를 참사람(眞人)이라 한다."(대종사)

신학생 : 그 하나가 뭔가요?

교수 : 하늘(天)이니까, 하나님·道이시지(요 1:1). 이런 말은 동양 철학에 많이 나오네. "역경"(易經, 周易)에도 우리가 깜짝 놀라 자빠질 정도로 요한복음과 똑같은 말이 나오지. "본호 천자친상, 본호 지자친하. 本乎 天者親上, 本乎 地者親下."(건괘) "그렇구나! 하늘에 속한 사람은 위와 친하지. 그렇구나! 땅에 속한 사람은 아래와 친하다네."라는 뜻이니, 장자와 같은 말이지. 본(本)이란 단어는 본다는 뜻이 아니라, '~도다, 그렇다, ~구나' 하는 뜻인 어조사 호(乎)와 붙어 있으니까, 本乎는 '그렇다'라는 뜻이네.

요한복음에 이런 말이 있지. **"위에서 오시는 이는 모든 것 위에 계신다. 땅에서 난 사람은 땅에 속하여서 땅의 것을 말한다."**(3:31) **"너희는 아래에서 왔고, 나는 위에서 왔다. 너희는 이 세상에 속하여 있지만, 나는 이 세상에 속하여 있지 않다."**(8:23)

신학생 : 요한 기자는 그리스도 예수를 이 땅에 사람으로 오신 하나님으로 증언하니까, 이렇게 말할 수 있겠네요. 공관복음의 예수로 보면, 광야에서 금식 고행 수도 끝에 하나님을 만나는 체험을 통하여 진리를 깨달은 분이니까, 자신이 하늘에 속한 사람이라는 것을 알게 되었다는 뜻으로 보아야겠습니다. 이것이 선생님이 줄곧 말씀하시는 균형이 아닐까요?

교수 : 그렇지. 하늘에서 내려왔건 땅에서 하늘로 솟구쳤건, 자신이 하늘에 속한 사람이라는 것을 아는 것이 인간의 사명이나 참된 삶의 길이라는 말로 알아야 할 것일세. 그래서 예수가 제자들에게 너희는 세상에 있으나 세상에 속한 사람이 아니라고 한 것이지.

신학생 : 예수가 빌라도에게 한 말도 그것입니다. **"내 나라는 이 세상에 속한 것이 아니다."**(요 18:36) 이것도 곡해하면 큰일 납니다. 하나님의 나라는 피안(彼岸)이 아

니라, 이 세상과 다른 방식으로 작동하는 것이라는 뜻이니까요. 골로새서도 그렇습니다. "아버지께서 우리를 암흑의 권세에서 건져내셔서, 자기의 사랑하는 아들의 나라로 옮기셨습니다."(1:13) 핵심은 그리스도인은 어둠의 땅인 세상에서 '지금' 빛의 나라로 이사 갔다는 것입니다. 그래서 '전에는'과 '이제는'을 대조하지요(3장). 그런 문장 방식은 에베소서에도 보입니다(2장).

교수 : 예수의 말은 자기의 가르침을 들어 깨닫고 하나님을 믿는 사람은 누구나 생명의 세계에서 산다는 것이지. 죽음의 세계에 속한 사람은 죽음의 세계가 내리는 명령과 지시에 충실히 복종하며 살고, 생명의 세계에 속한 사람은 생명의 세계가 내리는 명령과 지시에 충실히 복종하여 사네. 이것이 인간의 실상이지. 역경의 말처럼, 하늘에 속한 사람은 하나님과 친하고, 땅에 속한 사람은 세상과 친하지. 그러니 사람의 삶은 자신의 선택이네.

신학생 : 이 말씀을 하나님의 나라에서 보면, 죽음에서 생명으로 이사한 사람(하나님의 다스림 속에 있는 이)은 하나님의 나라 건설에 힘쓰며 살아간다는 뜻으로 보겠습니다.

교수 : 그렇지.

4

신학생 : 이제 예수의 고백록이라 할 말씀을 생각해보지요. **"나는 사람에게서 영광을 받지 않는다."**(5:41). **"나는 내 영광을 구하지 않는다."**(8:50) 둘 다 유대교 지도층

과 논쟁하는 자리에서 한 말인데, 이것이야말로 예수가 어떤 분인지를 드러내는 위대한 말입니다.

교수 : 성서에서 '영광'이란 말은 '빛, 거룩함, 명예, 영예, 독존(獨尊), 특권, 존귀, 칭찬, 존경' 등의 다중 의미를 지닌 것이네. 그래서 구약성서에서는 하나님에게만 사용하지. 인간에게는 영광 같은 게 없으며 어울리지도 않으니까 말이네.

신학생 : 그렇다면 예수는 사람들에게서 그런 따위의 존경과 상찬 같은 걸 받을 맘조차 없다는 말이기에, 정녕 위대한 분입니다. 사람들은 채 되지도 못한 주제에 갖가지 영광을 바라고, 서로 주고받으려고 하지요. 광야에서 일어난 악마의 유혹도 그런 영광을 누리게 해주겠다는 것이었습니다만, 예수는 일언지하(一言之下)에 거절했지요. 만일 예수가 추호(秋毫)도 세상의 영광을 바랐다면, 학원을 차려서 제자들을 기르는 랍비로 만족했을 겁니다.

교수 : 그래서 '그리스도인들'이 예수를 좋아하고 사랑하는 것이지.

신학생 : 전에 중국에 선불교를 들여온 '달마대사' 이야기를 읽다가, 참으로 대단한 사람이란 생각을 했습니다. 그가 불교 국가인 '양나라'에 온다는 소식을 듣자, 왕이 대신들을 동원하여 항구에 가서 영접합니다. 뭇 백성도 나와 환영하지요. 그런데 달마를 만난 왕은 자기가 그동안 불교의 중흥을 위해서 애쓴 이력을 줄줄이 나열합니다. 절을 수천 개 세웠고, 학승 수천 명을 먹이며 양성한다는 거예요. 그러니 자기의 공적이면 부처님께 어떤 상을 받겠느냐고 묻습니다. 그러자 달마는 쓴웃음을 지으며 이렇게 말합니다. "상은 무슨! 지옥에나 안 간다면 다행으로 아시오!" 그 말에 왕은 얼굴이 노랗게 되고 대신들은 웅성거렸지만, 달마의 권위에 눌려 유구무언이 되고 말았습니다. 실로 인물입니다.

교수 : 기독교인들이 귀담아들어야 하네. '노자'는 말했지. "後其身而身先 外其身而身存. 제 몸을 뒤로하는 사람은 몸이 앞서게 되고, 제 몸을 밖에 두는 사람은 몸을 길이 보전한다."(도덕경, 7장) 도무지 세상의 영광을 바라지 않고 자연스럽게 살아가는 경지를 말하지.

신학생 : 예수의 **"한 알의 죽는 밀알"** 이야기도 그것입니다. 죽지 않으려는 자, 제 목숨을 아끼고 영광을 추구하는 자는 죽고, 진리·그리스도를 위하여 죽는 사람은 영생에 이르도록 그 이름을 보전하고, 그리스도를 섬기면 하나님께서 높여주신다고 하지요(요 12:24~26).

교수 : 인생을 살아가는 방법은 아주 단순한 것이네. 자기(Ego)를 추구하면 세상에 갇히고 추락하다가 끝내 죽고, 진리·그리스도를 따르고 섬기면 이 세상에서나 죽어서도 죽지 않는 참 생명으로 부활하여 사네. 그런 점에서 부활도 죽고 나서 이루어지는 게 아니라, 살아서 이미 이루어지는 것이지. 이것이 하나님의 나라를 위하여 자신을 바치는 사람의 삶이네.

신학생 : 중생하지 못한 사람은 누구나 세상의 영광을 탐합니다. 본성이고 본능이기에, 권력, 부귀, 지위, 명성, 영화, 환락을 추구합니다. 그러나 아무리 누린다 해도 만족하지 못하지요. 성서에도 제왕들에 대한 조롱의 언사가 줄줄이 나옵니다. 이집트의 파라오들, 가나안의 왕들, 솔로몬을 비롯한 이스라엘 왕들, 바빌로니아의 네부카드네자르(느부갓네살)나 센나케리브(산헤립), 헤롯 대왕이나 헤롯 안티파스 등이 그렇습니다. 이사야나 다니엘서에 나오는 네부카드네자르에 대한 조롱은 걸작입니다(사 14:3~21; 단 4장). 모두 세상의 영광을 추구하고 누리다가 비참하게 된 왕들입니다.

교수 : 인류 역사를 영광 추구의 발자취라고 해도 되겠지. 지금 세상을 보게나. 이전

그 어떤 시대에도 없었던 광경이지. 돈이야말로 현대인의 절대 신이네! 돈은 모든 영광과 영화를 보장하니까 말이네. 그러나 그럴수록 인류가 동물 이하로 추락하고 있는 게 보이지 않는가? 문명은 달라져도 인간은 변함없고, 인생의 이치나 질서도 그렇지.

5

신학생 : "너희는 썩어 없어질 양식을 얻으려고 일하지 말고, 영생에 이르도록 남아 있을 양식을 얻으려고 일하여라."(6:27) 이것은 앞에서 한 말과 연결된 것으로 보입니다. 사람의 한평생이 끝내는 썩어 없어질 양식과 영광을 구하며 소비하다가 끝장이 나고 마니까요.

지금 3년이 넘도록 러시아와 우크라이나 전쟁이 한창인데요. 이제는 그쳐야 할 텐데, 서로 죽기 살기로 대드니, 끝날 조짐이 보이지도 않습니다. 누구나 러시아가 몇 주일 내에 이길 것이라고 보았지만, 러시아의 무능력한 후진성만 드러낸 꼴이 되었지요. 이것도 썩어 없어질 양식 때문에 벌어진 사태라 하겠는데, 이스라엘과 팔레스타인의 전쟁도 그렇고요.

교수 : 개인이든 국가든, 모조리 똑같지. 썩어 없어질 것을 뻔히 알면서도, 썩어 없어지지 않는다는 확신 아래, 썩어 없어질 영광을 구하며 사네. 일찍이 제1 이사야는 이런 사람들을 소나 나귀만도 못한 족속들이라고 비판했지(1:3). 어디 그분만 그런 말을 했는가?

나는 공산주의 소련이 붕괴한 후에도 여전히 동서(東西)가 대립하고 있는 형국을 이해할 수 없네. 냉전이 끝났으면, 미국이 주도하는 서구 사회도 변화된 모습을 보여야 하지. 그렇다면 당연히 '나토'도 해체했어야 마땅하네. 그런데 소련이 주도한 '바르샤

바 군사동맹'은 해체되었지만, 미국이 주도하는 나토는 더욱 동유럽 국가들까지 포섭하고 있네.

도대체가 여전히 러시아를 적으로 삼고 있는 것이지. 기가 막힐 노릇이 아닐 수 없네. 21세기 첨단과학기술 시대인데도, 인간의 이성이나 감성이나 도덕성이나 세계관은 여전히 제국주의 국가 시대를 벗어나지 못하고 있으니, 모든 게 썩어 없어질 양식이나 영광에 대한 탐욕 때문일세.

신학생 : 그런 차원에서 보면, 이 말씀 역시 인류 문명에 대한 적절한 대안입니다. 물질 일변도로 나아가는 문명과 국가는 필연 파멸하고 맙니다. 'A. 토인비'가 말한 대로, 정신 문화적 적응력을 상실한 일방적인 물질문명의 추구는 내부로부터 붕괴하는 속성을 지니고 있으니까요(역사의 연구, 축약본 1권). 개인과 가정도 마찬가지이지요.

그래서 중요한 것은 영생에 이르는 양식의 개발, 곧 정신문화의 창달입니다. 정신의 무능력은 풍요한 물질 사태를 다스릴 능력이 없어 필연 종속되어 노예가 되고 말지요. 정신적 미숙아나 나라는 경제적 부 속에서 타락합니다.

교수 : 지금 인류는 이중적 위기에 봉착했네. 하나는 석유화학 문명 일변도로 인한 기후 재앙이고, 다른 하나는 각 나라 안의 불평등과 선진국과 후진국 사이의 지나친 경제적 불평등의 무질서이네. 지금 인류는 국지적 문명들의 각개 존립이 아니라, 하나의 문명이네. 그러나 말은 지구촌이라지만, 이전보다 더 국가주의가 발호하고 있는 현실이지. 그러니 아무래도 세계적 기후 재앙이 본격적으로 닥치면, 어떻게 될까 두렵기까지 하네. 어떤 나라도 인류 전체를 생각하지 않지. 아, 도대체 누가 인류를 깨우치겠는가?

신학생 : 전에도 말한 바와 같이, 인류가 살길과 나아갈 길은 이미 다 밝혀진 바입니다. 고대의 현인과 각자(覺者)들이 설파한 진리가 그것이니까요. 예수의 이 말씀도 그렇고요. 인류가 계속해서 썩어 없어지지 않을 양식을 확보하는 데만 열을 올린다면, 필연 자멸적 사태에 이르고야 말고, 아무도 막지 못한다고 봅니다. UN이란 것도 그저 허수아비일 뿐입니다.

교수 : 누군가는 인류에게 경고해야 하는데, 기독교마저도 무능력하기만 하니, 어쩌겠는가? UN이 하는 말이 고작 "이러다가 우리 다 죽는다."라는 소리뿐이니, 한심하지 않을 수 없지. 세계 심판을 말하는 요한계시록의 현실화! 이것이 가장 무서운 일이겠네.

6

신학생 : "나는 생명의 빵이다. 내가 줄 빵은 나의 살이다. 내 살은 참 양식이요, 내 피는 참 음료이다. 내 살을 먹고, 내 피를 마시는 사람은 내 안에 있고, 나도 그 사람 안에 있다."(6:48.51.55~56)

기독교는 이것을 구원론적 관점에서만 해석하고 말하는데, 하나님의 나라에 연관해서 봐야 할 것입니다. 사실 예수의 의도도 그렇다고 보겠습니다. '좋은 세상, 인간적인 세상, 곧 평등하고 평화로운 세상은 어떻게 오는가?' 하는 관점 말입니다.

작든 크든, 사람은 두 종류로 대별 된다고 봅니다. 자기를 위해 타인을 먹이로 삼는 사람과 타인을 위해 자기를 먹이로 내주는 사람입니다. 타인을 먹이로 삼는 것은 정글의 법칙이 횡행하는 인간 지옥을 만들어내지만, 자기를 타인의 먹이로 내주는 의롭고 거룩한 행동은 하나님의 나라를 세우는 길입니다.

교수 : 가톨릭 학자인 '앙트완느 슈브리에'는 "참다운 제자"라는 책에서, 예수 그리스도를 "타자의 먹이(victims)가 되어주신 분", 제자·그리스도인 또한 "세상의 먹이가 되어주는 사람"이라고 했는데, 올바르고 심오한 통찰이네. 자기를 타인의 발판으로 제공할 줄 아는 사람, 그 사람이 진정한 인간이고 성숙한 어른이며 하나님의 나라를 받들고 사는 사람이니까. 진정한 인간다운 역사는 그런 데서만 발전하네.

이런 점에서 예수의 말을 생각해봐야 하겠네. 자기를 타인을 위한 빵과 물로 내준 이, 그가 바로 예수 그리스도이네. 예수가 큰 어른인 것은 자기를 타자의 먹이로 내주기 때문이지. 음식이 몸에 들어와 사람과 하나가 되듯이, 그리스도를 먹고 마시는 이는 그와 하나가 되어, 이 땅에 하나님의 나라를 세우는 일에 참여하며 살아가네. 그러니 세상의 지도자라는 사람들이 기꺼이 사람들의 먹이가 되어줄 때, 좋은 세상이 올 걸세. 그런데 무능한 사이비 지도자들이 판을 치는 세상이니, 어찌 좋아지겠는가?

신학생 : 그런 점에서 **"나는 세상의 빛이다. 나를 따르는 사람은 어둠 속에 다니지 아니하고, 생명의 빛을 얻을 것이다."** 라는 말도 같은 의미의 차원에서 이해해야 할 것입니다(8:12). 빛은 태양이나 촛불과 같이 연료 덩어리를 태우는 데서 나옵니다. 자기를 태우지 않는 한, 빛이 날 수 없지요. "나는 세상에다가 불을 지르러 왔다. 불이 이미 붙었으면, 내가 바랄 것이 무엇이 더 있겠느냐?"는 말도 같은 뜻으로 보겠습니다 (눅 12:49).

교수 : 잘 이해했네. 예수의 거룩한 열정(passion)을 담고 있는 말이지. 확실히 예수는 태양과 같은 분이네. 그래서 기독교가 로마 제국의 공인 종교가 된 후에 그리스도의 상을 태양으로 상징하여 그렸는데, 그만 "승리자 그리스도"(Victor Christos, 무적의 태양신·Sol Invictus)라는 황제적 이미지만 앞세워, 예수의 본래 의도를 크게 왜곡했지. 자기를 불태워 세상에 생명을 주는 몸이 예수 그리스도이네.

7

신학생 : "나는 그분을 안다. 나는 그분에게서 왔고, 그분은 나를 보내셨기 때문이다. …나는 잠시 너희와 함께 있다가, 나를 보내신 분께로 간다."(7:29.33)

그런데 여기에는 무엇인가 빠져 있는 느낌인데, 왜 왔는지, 왜 보내셨는지 하는 내용입니다. 그래서 **"내 아버지께서 이제까지 일하고 계시니, 나도 일한다."**라는 말을 보충하면 좋겠습니다(5:17). 그러면 예수의 말은 자기는 아버지의 일을 하러 왔다가(하고 오라고 보내셔서 왔다가), 다 마치면 다시 아버지께로 돌아간다는 뜻이 됩니다. 이것은 요한복음에서 여러 번 나오는 말이지요. 그러면 이것은 예수의 인생관이라고 하겠습니다. 지나친가요?

교수 : 그럴 것 없지. 사람은 누구나 인생관이란 것이 있으니까. 그런 면에서 예수는 인생관에 있어서 철두철미하지. 십자가가 그것이 아니겠는가? 그 젊은 나이에 어째서 그러한 비극적인 죽음을 피하지 않았는가? 공관복음에 나오는 겟세마네 동산의 고독한 기도와 침묵은 그것을 피할 수 있으면 피하려고 한 엄청난 고뇌와 망설임을 보여주네.

그러나 아버지의 일·뜻을 이루는 것을 자기 목숨보다 소중히 여긴 예수는 죽음을 받아들였지. 죽음도 자기를 막을 수 없다는 것이 아닌가? 그것은 전적으로 자신의 인생관에서 나온 행동이지.

이에 관해서 '맹자'의 말을 들어보는 것도 좋겠네. "삶은 내가 바라는 것이지만, 하고 싶은 일에 삶보다 더한 것이 있으니, 구차하게 살려고 하지 않는다. 죽음이란 또한 싫은 것이지만, 싫은 일에 죽음보다 더한 것이 있으니, 환란도 피하지 않는다."(맹

자, 고자 상)

인생에는 사는 것이나 죽는 것보다 더 높은 가치가 있다는 것이네. 구질구질하고 질철질척하게 구걸하듯이 오래 사는 것보다는, 가난과 추방과 환란과 죽임을 당한다 해도, 하고 싶은 일을 하다가 죽는 게 낫다는 말이지. 진실로 대쪽 같은 선비 예언자인 맹자다운 발언이라 하겠네. 죽음도 자기를 막을 수 없다는 예수의 말과 같은 것이 아니겠는가?

신학생 : 요한 10장 18에 그런 말이 나옵니다. **"아무도 내게서 내 목숨을 빼앗아 가지 못한다. 나는 스스로 원해서 내 목숨을 버린다. 나는 목숨을 버릴 권세도 있고, 다시 얻을 권세도 있다. 이것은 내가 아버지에게서 받은 명령이다."** 그래서 요한복음에는 겟세마네 동산의 고뇌와 기도가 없지요. 그러니 이것을 역사적 예수의 참모습으로 볼 수도 있지 않을까요?

교수 : 그렇다고 해서 공관복음이 말하는 겟세마네의 예수가 나약한 모습으로만 비치는 것도 아니네. 지극히 인간적인 예수의 모습이니까. 오히려 그것이 나약한 우리 인간에게 더욱 가깝고 살갑게 느껴지지. 한 사람이 목숨이 달린 일 앞에서 두 가지 모습을 드러냈다는 것은 말이 안 되는 것이지만, 복음서 기자들의 예수 관(觀)·상(像)은 저마다 자기네 삶의 자리에서 본 예수이기에 그렇게 말한 것이네.

사실 공관복음서도 그때 제자들이 모두 잠들어 있었다고 하는데, 그러면 누가 예수의 모습을 보고 기도를 들었다는 말인가? 그러니 그 자체가 추측과 상상이지. 광야 사화도 마찬가지 아닌가? 아무도 보고 들은 사람은 없네. 그렇다고 나중에 예수가 그것을 제자들에게 떠벌이듯이 말했을 리도 없을 테고.

그러나 신앙이나 진실은 객관적 사실이나 합리적 논리만으로 이루어지는 것은 아니지. 허구적 상상이나 신화적 이야기조차도 신학적 진실을 담을 수 있지. 오히려 그것이 객관적 사실보다 더 진실하기도 하네.

예를 들어 창세기 2~3장의 아담과 하와 이야기, 4장의 가인과 아벨 이야기, 6~7장의 노아 홍수 이야기는 익명의 고대 히브리 작가가 문학적 상상력으로 쓴 짤막한 시리즈 단편 소설 같은 것이네. 그런데 그 어떤 사실 보도나 역사적 인물의 전기보다 더 생생하고 진실하지. 우리가 순전히 허구와 상상으로 이루어진 소설을 왜 읽는가? 사실보다 더한 삶의 진실을 담고 있기 때문이 아닌가?

신학생 : 그렇습니다. 사실 각 사람의 삶은 세상과 인생을 바라보는 자신의 관(觀)에 따른 것이지, 다른 아무것도 아닙니다. 예를 들어 '아돌프 히틀러'는 독일 민족인 아리안족이 선민(選民)적 특권과 우월성과 지배 신분을 타고 났다는 관념과 신념에 따라 세계를 통치하는 게 마땅하다고 하여 전쟁을 일으킨 것이지요.

교수 : 이 구절에 관한 우리 이야기가 빗나간 것 같지만, 그렇지 않네. 예수의 인생관이란 하나님의 뜻과 일을 위하여 와서, 그 일을 마치면 다시 하나님께로 돌아간다는 것이네. 그렇다면 하나님의 뜻과 일이 무엇인가? 바로 예수가 평생을 바쳐 헌신한 하나님의 나라를 이 땅에 세우는 것이지. 비록 하나님의 나라를 실현하지는 못했지만, 예수는 자기가 할 일은 다 했다고 말하는 것이네. 이제 그 일은 제자들과 그리스도인들이 해야 할 몫이란 말이지. 이것이 예수가 요한복음 13장~17장에서 말하는 것이지.

18장
예수의 가르침 (7)

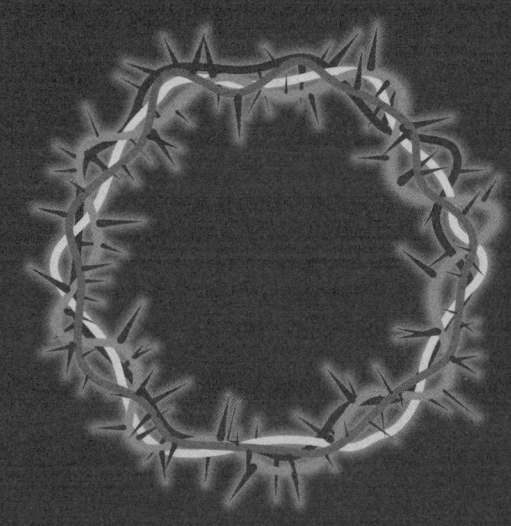

18장
예수의 가르침 (7)

1

신학생 : **"진리가 너희를 자유롭게 할 것이다."**(8:32) 이것은 개인의 삶이 아닌, 인류 문명사 관점에서 생각해보았으면 좋겠습니다. 이제 인류 문명이 한계점에 이르렀다는 감이 듭니다. 지구가 아니라면, 외계 행성에 가서 자원을 가져오면 된다는 이야기는 영화에나 나오는 상상일 뿐입니다. 인류가 아무리 과학 기술을 뽐낸다 해도, 달에 갔다 온 지 55년이 지나도록 여태 달에 기지를 세우는 것은 물론, 화성에도 가지 못하는 주제이니까요.

교수 : 문제는 개인이든 나라든 인류 전체든, 인간이 삶의 의미를 어디에서 찾느냐 하는 것이네. 그러니까 모든 게 세계관과 인생관과 가치관에 귀결되는 문제이지. 그래서 중요한 것이 의식(意識) 혁명이네. 옛 의식을 가지고서는 현대 문제를 해결할 수 없네. 곧, 물질적 풍요와 향락 일변도의 문명을 추구하는 고리타분한 의식이 어찌 21세기의 현대적 사고체계란 말인가? 그보다 후진적 사고방식도 없네. 그런 면에서 현대인들은 자기들이 똑똑한 줄 알지만, 실상 대단히 무지하고 어리석지.

신학생 : 옛 동독의 극작가 '베르톨트 브레히트'가 쓴 "톱질하는 사람들"이란 시가 있습니다. "그들은 나무에 앉아 / 자신이 앉아 있는 가지를 톱으로 자르기 시작했다 / 누가 더 빨리 톱질할 수 있는가를 시험하는 듯이 // 그리고 소리질렀다 / 그리고 떨어졌다 / 쿵 하는 소리와 함께 // 그들은 쳐다보던 다른 사람들은 / 톱질을 하면서 머리

를 흔들었다. 그리고는 / 톱질을 계속했다." 현대 인류와 문명의 자화상을 말하는 섬뜩한 시입니다.

사실 구약성서에는 문명사적 관점으로 읽어야 할 이야기가 많이 나옵니다. 노아 시대의 대홍수, 바벨탑, 소돔과 고모라, 아시리아와 바빌로니아의 파멸, 페니키아(두로·Tyre)와 이스라엘의 멸망 등이 그러합니다. 요한계시록은 로마 제국의 파멸을 말합니다(18장). 이것은 문명의 파멸이라는 공통성을 보여줍니다.

교수 : 이스라엘 문명은 세 가지로 압축할 수 있다고 보는데, 길(신앙, 종교)과 예언자들과 책이네. 이스라엘은 페니키아가 발명한 알파벳과 가나안 문자를 혼합해 문자를 만들어 사용했고, 고대 세계의 위대한 철인과 사상가라 할 예언자들을 배출했고, 단연 독보적으로 여러 책을 편찬했네. 예언자들과 현자들과 시인들이 활동한 기원전 8~6세기까지만 보더라도, 그 시대의 세계 어느 민족도 그러한 위업을 이룩하진 못했네. 인도와 중국이 만들어낸 책들도 대개 그 후의 일이지. 그래서 현대 종교학자 '카렌 암스트롱'은 이 세 가지를 묶어서 이스라엘을 "책의 민족"이라고 정의하네(축의 시대).

신학생 : 예레미야와 에스겔 예언자의 책에는 자기네 문명의 찬란함과 영구함을 믿고 자부심에 취하여 망할 일은 없다고 자만하는 유대인들의 과신과 망상을 비판한 말이 나옵니다. 유대인들은 예루살렘 성전을 두고 세 번이나 "이것이 주님의 성전이다." 하고(렘 7:4), "이방 사람들 한가운데, 나라들이 둘러 있는 도성, 이것이 예루살렘이다."라 하지요(겔 5:5). 자기네가 천하의 중심이라는 것이지요. 그런 사람들이 바빌로니아가 "민족들의 여왕"이라고 뽐낸다며 비판했습니다(사 47:5, 제2 이사야). 예언자들이 숱한 말로 이스라엘 문명의 붕괴를 경고했지만, 끝내 듣지 않아 멸망하고 식민지가 되어 수백 년 동안 고난을 겪었지요.

교수 : 앞서 자네가 토인비를 말했네만, 지금 맞닥뜨리고 있는 기후 재앙을 인류의 생사를 결정할 도전(挑戰, challenge)으로 알아야 적절한 응전(應戰, response)을 할 게 아닌가? 인류가 직면한 기후 재앙이 가져올 사태는 이미 명확하게 나왔네. 극단적 추위와 더위, 가뭄과 홍수, 식량 생산 부족, 자연 발화로 인한 대형산불, 빈국의 기아 사태와 대량 난민, 미세먼지와 바이러스 전염병, 벌레들의 창궐, 벌들의 대량 소멸, 경제 붕괴, 내란, 침략 전쟁, 핵전쟁 등이 그 시나리오이지.

신학생 : 그러니 이것이 연이어 발생한다면 80억 인류의 운명이 어떻게 될까요? 미국 학자가 경고한 것처럼, 인류는 피할 수 없는 "Dooms Day"를 향하여 치닫고 있다고 하니, 응전이 지나치게 늦은 감을 떨칠 수 없습니다. 기후 재앙에 관심을 기울여야 할 각 나라의 지도층은 무관심하거나 생색내기뿐입니다.

교수 : 그래서 특히 기독교가 지금이라도 '지구 신학'을 통하여, 단순하고 소박하게 살아가는 생태 친화적인 문명을 촉구하며, 평등하고 평화로운 인간적 문화 세계를 지향하도록 예언자의 역할을 감당해야 할 것이네.

2

신학생 : "**나는 양들이 생명을 얻고 또 더 넘치게 얻게 하려고 왔다. 나는 선한 목자이다. 선한 목자는 양들을 위하여 자기 목숨을 버린다.**"(10:10~11)

교수 : 이것이야말로 하나님의 나라를 위한 예수의 자기 선언이네. 선한 목자인 예수는 타인의 삶이 풍성하고 행복하고 의미 있게 되도록 도와줄 뿐만 아니라, 자기 목숨까지 버린다는 것이지. 앞서 언급한 'A. 슈브리에'의 "세상의 먹이가 되어 주는 것"(참다운 제자), 'D. 본회퍼'의 "예수, 타자를 위한 존재"라는 말도 이것이네(나를 따

라).

그리고 이것은 예수만이 아니라, 지금 하나님의 다스림(나라) 속에 있는 사람인 제자·그리스도인의 삶에 관한 보편적인 가르침으로 보아야 하지. 이것은 진리와 자유의 상관관계, 곧 성령을 통하여 진리를 깨달아 물욕과 권력욕과 명예욕에서 해방된 자유로운 사람이 되어, 일상에서 기꺼이 남을 위한 먹이와 타자를 위해 살아가는 인간적이고 신성한 존재 방식에 관한 가르침이니까.

신학생 : 그런데 **"나보다 먼저 온 사람은 다 도둑이요 강도이다. 그래서 양들이 그들의 말을 듣지 않았다."**라는 말은 예로부터 해석하기 난해한 말로 봅니다(10:8). '나보다 먼저 온 자'가 누구겠습니까? 분명히 멀게는 옛 예언자들, 가깝게는 예언자 요한이나 유대교 랍비들을 가리키는데, 그들이 어찌 강도와 도둑인가요? 랍비들 가운데서도 의롭고 선량한 마음으로 직책을 수행한 사람들도 많았다고 보아야 할 텐데요(막 12:28~34; 눅 10:25). 그래서 이것은 독단으로 들립니다. '양들이 듣지 않은 것'은 예수도 마찬가지 아닌가요? 특히 공생애 동안 극소수 외에는 제자들조차도 듣지 않았으니까요.

교수 : 함축이 지나쳐 해석이 곤란하네. 그러나 예수가 그런 식의 독단적 발언을 했을 리 만무하지. 마태 23장 같이, 민중의 삶과 분리되어 자기들만의 성을 쌓은 유대교 지도층에 대한 비판으로 보아야 하네. 전체적인 관점에서 그렇다는 것이지, 하나도 올바른 사람이 없다는 말은 아니지. 이 말은 9장에 연이은 상황에서 나온 것이네. 바리새인들과 논쟁하며 그들을 "눈이 먼 사람들"이라고 공격하고 난 다음에 한 말이지(9:40~41).

"양 우리에 문으로 들어가지 않고 다른 데로 넘어 들어가는 사람은 도둑이요 강도"

라는 말을 생각해보세(10:1). 이 문장에는 불합리한 표현이 있네. 어떤 도둑과 강도도 고생스럽게 우리를 뚫고 들어가지 않고 문으로 들어가지. 그러나 깊이 들여다보면, 무척이나 현실적인 비판을 담고 있네. 마태 23장과 똑같은 말이지. '양 우리'는 백성의 삶, '문'은 하나님이 바라시는 정당한 방법과 태도, '다른 데'는 하나님의 뜻이 아닌 지도층의 그릇된 작태, '도둑과 강도'는 그런 불의하고 부패한 지도층을 가리키는 말로 보아야 하네.

그러니 '도둑, 강도, 양들이 말을 듣지 않았다.'라는 예수의 말은 유대 민중이 자기들의 지도와 보호에 감사하고 존경하고 잘 따르고 있다는 바리새파의 자가당착(自家撞着)을 지적한 말이라 하겠네. 곧, 예수는 유대 사회가 처한 지도층과 백성 사이에 깊게 파인 분열의 내적 실상을 들여다본 것이지. 예수는 그러한 실상을 갈릴리에서부터 줄곧 목격하고 경험했네. 그러니 예수의 눈에는 그들이 도둑이고 강도로 보인 것이지. 이후 벌어진 공관복음이 보도하는 성전 정화사건에서도 성전을 "도둑들·강도들의 소굴"이라 하네(막 11:17).

신학생 : 도둑들과 강도들이야말로 성전을 그렇게 도떼기시장 바닥으로 만들어 놓고, 상인들 뒤에서 비싼 프리미엄을 챙겨 먹은 제사장들과 바리새파 지도층이지요.

교수 : 그렇지. 그러니 '도둑, 강도, 양들이 말을 듣지 않았다.'라는 예수의 말은 유대 사회의 현실과 실상을 가리킨 것이지. 마태 기자가 "그들(유대 민중)은 마치 목자가 없는 양과 같이, 고생에 지쳐서 기운에 빠져 있었다."라는 말도 그것이네(9:36). 백성의 삶(民生)을 외면하는 지도층과 백성 사이의 깊은 분열이야말로 진실로 나라가 처한 위기에서 가장 큰 요인이 아닌가? 지도층이 자기들을 합리화하고 정당화하는데 천재적 솜씨를 드러낸다면, 그것은 실상 나라를 훔치고 해치는 도둑이고 강도이지.

신학생 : 고사성어 "지록위마"(指鹿爲馬)가 떠오릅니다. 중국을 통일한 진시황제가 죽자, 둘째 아들 '호해'를 꼭두각시 황제로 만들어 좌지우지하다시피 한 내시 '조고'가 장차 황제가 되려는 야심에서 모든 신하를 휘하에 사로잡고는, 황제에게 사슴(鹿)을 선물하면서 말(馬)이라고 했지요. 황제가 사슴인데 어찌 말이라고 하는지 의아하여 신하들에게 물으니, 그들도 조고에게 멸문지화를 당할까 두려워, 모두 말이라고 대답합니다. 그래서 지금도 지록위마를 정치인의 아첨과 자기 합리화를 야유하는 말로 씁니다.

교수 : 그렇지. 예수는 하나님의 눈과 동시에 민중의 눈으로 세상을 바라본 것이네. 그러니 도둑과 강도는 예언자들이나 선량한 랍비들을 가리킨 게 아니지. 따라서 예수의 말은 독단이 아니네.

신학생 : 그러면 '선한 목자'라는 말을 예수를 향한 요한 기자의 고백과 증언으로 볼 때, 그것은 하나님의 나라를 위한 예수 자신의 삶을 말한 것으로 봐야 하겠네요?

교수 : 그렇지. 먼저 중요한 것은 하나님의 나라를 세우기 위한 예수의 자기 선언이네. 그래서 이것은 공관복음서에 나오듯이, 하나님의 나라를 위한 예수의 수난과 죽음의 예고와 같은 뜻이지.

또 중요한 것은, 요한 기자의 고백과 증언에 담긴 의미는 제자들이 예수를 선한 목자로 아는 것을 넘어서, 예수를 따라 '양들'인 사람들이 생명을 얻어 넘치게 하고 그 일을 위해 목숨까지 바치는 선한 목자로 살아가야 한다는 것이지. 21장에서도 예수를 사랑하는 것, 양 떼를 돌보는 것, 그리고 죽음까지도 기꺼이 수용하는 것을 제자의 길이라고 하네. 그러니 양들을 위하여 목숨을 버린다는 말과 죽음도 불사하는 제자의 길에 관한 예수의 말은 하나님의 나라를 세우는 일에 한 몸이 되어야 한다는 뜻이지.

이것이 예수의 의도라 하겠네. 복음서는 예수에 대한 지식을 쌓는 자료가 아니라, 오늘 여기에서 그리스도인의 실존에 관한 말씀이니까. 그러니 요한복음에 수없이 나오는 예수의 "나"라는 말도 예수의 독특한 자기 선언으로 들어야 하는 것과 함께, 그를 따르는 제자·그리스도인인 나의 말로 알고 나의 삶으로 만드는 게 제대로 깨닫고 따르는 것이지.

복음서를 죄다 외워서 뭘 하겠나? 그러니까 예수는 제자들이 자기와 동일시하기를 바란 것이지. 아니, 동일시 정도가 아니라 일심동체가 되기를 바란 것이네. 14장에서 제자들에게 "너희가 내 안에, 내가 너희 안에!"라고 한 말이나, 15장에서 제자들을 "친구"라 한 것도 이것이지. 다른 말로 하면, '내가 너이고, 너는 나이다.'라는 말이네. 예수가 선한 목자로 살았으니, 제자·그리스도인도 선한 목자로 살아야 한다는 것이지.

3

신학생 : 13장~17장은 서술형 두 개를 제외하면(13:21~30과 36~38), 행동과 말로 설파한 가르침과 기도이기에, 일일이 생각해보기보다는 중요한 것만 이야기하는 게 좋겠습니다. 13장 앞쪽에 나오는 제자들의 세족(洗足)은 요한복음만 보도합니다.

흔히 이것을 예수의 섬김으로 보는데, 저는 13장 첫머리에 **"세상에 있는 자기의 사람들을 사랑하시되, 끝까지 사랑하셨다."** 라는 말과 34절 **"서로 사랑하여라. 내가 너희를 사랑한 것 같이, 너희도 서로 사랑하여라."** 라는 말을 연결하여, 더 넓게 예수의 사랑으로 이해하고자 합니다. 섬김은 그보다 훨씬 더 넓은 세계인 사랑에서 나오는 것이니까요. 그리고 중간과 끝에 나오는 유다의 배신 암시와 베드로의 배신 예고는 사랑의 예수를 저버린 행태이기에, 예수의 끝없는 사랑과 대조됩니다.

그래서 20세기 사회 심리학자 '에릭 프롬'이 말한 사랑을 참고하여 생각해보겠습니다(사랑의 기술). 그는 사랑의 여섯 가지 특성을 말합니다. 1) concern, 함께 인식하고 분별하는 것으로, 관심(觀心)입니다. 즉, 인식이나 정서와 태도에서 타인에게 공감하는 능력입니다. 다른 관점이나 말과 태도를 앞세우면 갈등과 다툼만 벌어지지요. 2) understand, 다른 사람의 아래에 서는 것으로, 타인을 인간으로 보는 것과 함께 그의 현재 상황을 이해하는 것입니다. 위에 서서는 남의 존엄성이나 인격이나 상황을 제대로 이해할 수 없지요. 3) respect, 다시 보는 것으로, 타인을 존경하고 존중하는 것입니다. 4) responsibility, 다른 사람에게 응답하는 능력으로, 예수의 황금률과 같이(마 7:12) 존경과 사랑을 바라는 타인의 마음과 현실에 부응하는 것입니다. 5) serve, 말 그대로 다른 사람의 종이 되어 섬기는 것입니다. 6) give, 심정이든 물질이든 존경이든 옹호든 변호든, 되받을 것을 생각하지 않고 주는 것입니다.

교수 : 좋은 이야기를 했네. 사랑은 나(自我, Ego)를 초극하는 데서 가능하지. 자아를 앞세우거나 중심에 놓으면, 사랑은 어렵거나 불가능하네. 그런데 사랑은 우리가 다 헤아리기 어려운 신비롭고 광대하고도 실제적인 빛과 힘이지. 어찌 몇 가지로 정리할 수 있겠나? 의로운 비판과 경고와 분노와 채찍조차도 사랑인 것을! 왜냐면 사랑은 인간의 것이 아니라, 하나님의 것이니까. 사람은 단지 신의 사랑을 받아 밖으로 흘려보내는 통로가 될 뿐이네. 그래서 "마음이 깨끗한 자는 하나님을 볼 것"이라 한 것이지(마 5:8).

신학생 : 그렇습니다. 요한 기자가 예수의 끝없는 사랑을 말한 것은 옳습니다. 그런데 우리가 반드시 짚고 넘어가야 할 게 하나 있다고 봅니다. "가룟 유다" 문제입니다. 복음서에서 유다에 관련된 예수의 말은 이렇습니다. "인자를 넘겨주는 그 사람에게는 화가 있다. 그 사람은 차라리 태어나지 않았더라면 자기에게 좋았을 것이다."(막 14:21; 마 26:24) "인자를 넘겨주는 그 사람에게는 화가 있다."(눅 22:22) "너희 가운

데 하나는 악마이다."(요 6:70)

이것은 배신당할 예수의 개인적 분노와 저주가 아니라 불쌍하게 여기는 예수의 심정, 혹은 스승이나 친구나 동료를 배신하게 될 때 저주받은 인간이 되지 않을 수 없는 인생의 질서를 가리킨 것으로 봅니다. 그런데 공관복음의 문맥에서 화(禍)는 저주입니다. 그래서 배신할 사람을 암시하며 '차라리 태어나지 않았더라면 자기에게 좋았을 것'이란 말은 화의 선언에 이어서 한 말이기에, 문맥상 예수의 분노에서 나온 저주로 들리는 것은 어쩔 수 없지요. '악마'라는 말도 마찬가지이고요. 그래서 이것들은 사랑의 예수가 한 말로 보기 어렵습니다. 이율 배반이니까요.

가장 문제가 되는 것은 요한복음입니다. 베다니의 마리아가 향유를 부을 때 "가룟 유다"가 불평하는데, 요한 기자는 그를 "도둑"으로 몹니다(12:1~8). 그러니 사랑의 예수를 말하는 요한 기자가 유다에게 가장 적대적이고 공격적입니다. 도대체 무엇이 진실이고, 예수의 심정은 어떤 것이었을까요?

교수 : 참담했겠지. 제자에게 배신당하는 심정을 어떻게 형언하겠나? 스승이든 친구든 동업자든, 배신이야말로 인간이 저지르는 죄 가운데서 최악의 죄이네. 그래서 '단테'가 시저를 배신한 브루투스와 예수를 배신한 유다를 한 곳에 몰아넣은 것이지(신곡-지옥 편, 9). 요한 기자의 악마니 도둑이니 한 말은 예수보다는 분명히 요한 기자의 사적 감정을 담은 말로 보겠네. 그도 아니면, 악마라는 말은 그러지 말라는 경고의 의미를 띤 것으로 보아야겠지. 앞에서 사랑에는 비판과 경고와 분노와 채찍도 있다고 했으니, 그렇게 볼 수도 있을 걸세.

그런데 공정하게 볼 때, 배신하는 제자라도 예수 같은 스승이라면, 그를 불쌍히 여기면 여겼지, 악마니 도둑이니 저주를 받을 놈이니 하진 않았을 것이네! 십자가에서 자기를 죽이는 자들의 죄를 용서해 달라고 빈 예수가 그런 말을 했을 리 없지. 그렇다면 예수 자격이 없네! 어떻든 유다가 왜 그랬는지는 그만 아는 일이네.

그런데 유다가 배신하지 않았다고, 예수가 십자가를 질 각오를 하지 않았을까? 그렇게 볼 순 없네. 그가 배신하고 인도하지 않았다 해도, 유대 지도층이 예수와 제자들의 동향을 일일이 감사하고 있던 차인데, 겟세마네 동안에 있다는 것과 예수의 얼굴을 몰랐다고 보는 것은 더 불합리하고 어려운 일이지. 그러니 예수를 온통 사랑으로 말하는 요한 기자는 유다에 대한 적개심을 이기지 못한 것이라고 하겠네. 그만큼 예수를 사랑해서 그랬던 것이겠지만, 그렇다 해도 한계를 지켜야 했지.

신학생 : 그렇더라도 '차라리' 그런 말을 하지 않았다면, 더 좋지 않았을까요?

교수 : 그렇지. 평생 용서와 사랑과 자비를 가르친 예수, 그것도 "일흔 번을 일곱 번이라도 용서하라."(마 18:22)라고 한 예수가 자기를 배신하는 제자를 악마라고 했을 리 없지. 말이 어렵다고 해서 많은 제자가 떠나갔다는데(요 6:66), 뚜렷한 이유도 없이 예수가 제자 하나는 악마라고 한 것도 문맥상 어색하기 짝이 없어서 예수의 말로 보기 어렵네(요 6:70). 그 한 제자가 유다라는 것은 요한 기자의 주석이지(요 6:71). 우리는 그저 배신이 인간이 저지르는 일 중에서 가장 나쁜 짓이라는 것만 알아두는 것으로 족할 것이네.

신학생 : 성서에서 문자와 의미를 일일이 구별하는 것은 어렵지요. 일방적으로 글자대로 믿거나 의미만 추구한다면, 모든 게 엉망진창이 되어버리고 맙니다.

교수 : 종교의 언어는 사실보다는 상징과 비유일 경우가 대부분이네. 사실이기 때문에 믿는다면, 굳이 종교를 가질 필요도 없지. 제자들의 발을 씻기면서 시작된 길고 긴

이야기는 '사랑의 담화(談話)'라고 하는 게 좋겠네.

4

신학생 : "이제 나는 너희에게 새 계명을 준다. 서로 사랑하여라. 내가 너희를 사랑한 것 같이, 너희도 서로 사랑하여라. 너희가 서로 사랑하면, 모든 사람이 그것으로써 너희가 내 제자인 줄을 알게 될 것이다."(13:34~35) 이것은 더 설명할 게 없다고 봅니다.

교수 : 독일 신학자 '게르하르트 로핑크'는 예수 공동체를 "서로 공동체"라고 이해하고 규정했네(예수는 어떤 공동체를 원했나?). '서로'라는 그리스어는 '알렐론'($\alpha\lambda\lambda\epsilon\lambda o\nu$)으로, 영어로는 'with, together', 우리말로는 '서로, 더불어, 함께, 공동으로'가 되겠는데, 신약성서에 100회 이상 나오지. 그만큼 하나님의 나라를 지향하는 예수나 초기 그리스도인들이 자기들의 모임을 '서로에게 ~하는·해주는 공동체'로 본 것이네. '서로'는 일방성이 없는 쌍방향으로 하는 일이니까. 이것을 가장 아름답게 형상화한 것이 사도행전에 나오는 성령의 공동체가 된 그리스도인들이 드러낸 모습이지(2:42~47, 4:32~37).

신학생 : 그것이야말로 예수 그리스도 안에서 내적 혁명, 곧 인간 혁명을 이룩한 사람들로 형성된 진정한 형제자매·제자 공동체의 모습이지요. 곧, 그것은 성령과 진리 안에서 사랑과 평등과 우애와 평화를 이룬 새로운 존재 방식과 삶의 세계인 하나님 나라의 가시적 실현을 보여줍니다. 예수가 평생 가르치고 지향하고 온몸으로 살고 제자들에게 남긴 사명이나 유산이지요. 사도행전의 그 두 구절은 읽을수록 가슴이 뭉클합니다. 진정 그러한 새로운 세상이 이 땅에 이루어지면, 얼마나 좋겠습니까?

교수 : 유대인들이 내내 기다려온 것이 그런 세상이지. 그것이 진정한 '메시

아'(Messiah, 그리스도) 사상이네. 유대인들의 실패는 메시아의 세상, 곧 하나님의 나라가 "다윗" 같은 제왕이나(사 11:1), "인자(人子) 같은 이"(단 7:13)가 내려와 실현한다고 잘못 이해했기 때문이네. 전형적인 민족주의 사상으로 폄하된 것이지. 이것은 대단히 흥미로운 일이네. 엄연히 하나님의 말씀으로 믿는 성서에 있는 약속인데, 예수는 부정했거든.

유대인의 그릇된 메시아사상과 대망의 역사는 사실 예언자들이 주창한 데서 비롯된 것이네. 그에 대한 역사적 정황이나 사정은 복잡하고 길어서 다 말할 수 없고, 간단하게 생각해보세. 시대적 순서로 말하면, 아모스(9:11~15), 제1 이사야(9:2~7, 11:1~9), 미가(5:2~5), 예레미야(23:1~8), 스가랴(10:4), 다니엘(7:13~14) 등이네.

모두 '다윗' 계보와 '인자'를 말하며, 그와 같은 전륜성왕(轉輪聖王)이 나타나 유대 민족을 해방하고 세상을 통치한다고 하지. 대대로 계속되는 고난의 시대에서 어쩔 수 없이 평화와 구원을 갈망하다 보니, 그런 희망의 신학을 말한 것은 충분히 이해할 수 있네. 하지만 그것을 다윗 왕조 인물이나 인자가 실현할 것이라고 말한 데서 결정적인 오류가 발생한 것이지. 다만 페르시아 시대의 예언자 제3 이사야는 제1 이사야의 이야기를 반복하면서도 다윗 계보를 말하지 않고, 하나님이 홀로 "새 하늘과 새 땅"을 실현하신다고 말하네(65:17~25). 그러니 그가 제대로 이해한 것이지.

그런데 사람들은 자기들이 듣고 싶어 하는 말만 좋아하네. 유대인의 세계 통치라니, 얼마나 달콤한 약속과 희망으로 들겠는가! 그런데 마가 기자는 예수가 메시아는 다윗의 자손일 수 없다고 못 박은 이야기를 들려주네(12:35~37). 마태(22:41~46), 누가 기자(20:41~44)도 그대로 따르지. 따라서 예수는 다윗이나 인자 같은 제왕 메시아를 거부한 것이네. 그것은 하나님의 계획이 아니라고 보았기 때문이지. 그래서 유대교 지도층과 결정적으로 충돌하여, 그들은 예수가 다윗 같은 왕이나 인자가 아니기에 죽인 것이네. 아마 그랬더라도 죽였을 걸세. 왜냐면 그렇게 되면, 자기네 모든 기득권이 한 번에 날아갈 테니까.

신학생 : 그런데 예수도 자기를 가리켜 다니엘서의 메시아 표상인 "인자(人子)"라고 하여 사람들을 오도한 책임이 있는 게 아닐까요? 비록 예수가 자기를 다윗 같은 메시아로 알고 사용한 것이 아니라, 전적으로 "사람의 아들", 곧 "예언자, 나"(겔 2:1), 혹은 진정한 인간이라는 의도에서 말했더라도, 듣는 이들은 성서 전통에 따라 이해할 수밖에 없었으니까요.

게다가 유다의 배신도 인자라는 말에 예수를 다윗과 같은 제왕 메시아로 알고 따랐는데, 점점 말과 행동이 그런 게 아니라는 것을 알게 되자, 좌절한 나머지 배신한 게 아닐까요? 또 제자들이 서로 누가 높으냐고 자주 다툰 것도 확실히 그런 이해 때문이 아닙니까? 야고보와 요한의 어머니는 노골적으로 두 아들의 장관 자리를 요구했지요 (막 10:35~40).

교수 : 복음서를 정직하게 읽으면 확실히 그런 면이 있네. 그러나 아무도 예수가 무슨 의도로 인자라는 말을 썼는지 알 수 없네. 자네 말대로, 예수는 인자를 진정한 인간이라는 의도로 말한 것일 수도 있고, 에스겔처럼 3인칭 수법으로 '나'를 가리키며 쓴 것일 수도 있네. 그런데 분명한 것은 예수는 자기가 다윗 왕과 같은 제왕 메시아가 아니라고 한 것이지.

그리고 그것은 역사가 증명한 것이네. 예수의 나라는 이 세상에 속한 것이 아니지 (요 18:36). 우리가 논의하는 이 구절에 따르면, 예수는 오직 사랑만이 통치하는 사랑의 세계를 세우려 한 것이고, 그것을 하나님의 나라라고 한 것이라고 봐야겠네.

신학생 : 그러면 바울을 비롯한 서신들에서, 예수 그리스도를 다윗의 후손이라고 말하는 것은 어떻게 봐야 하나요?

교수 : 그것은 간단한 문제라네. 선교 방법론 때문이지. 유대인이든 이방인이든, 구약성서에서 말하는 메시아·그리스도가 예수라는 것을 말하기 위하여 도입한 것일 뿐이네. 이방인들도 뜻만 있으면 그리스어 구약성서를 읽을 수 있었으니까(70인 역본). 그렇지 않다면, 바울을 비롯한 기독교도 예수 그리스도를 잘못 이해한 것이지.

그러나 예수 그리스도가 다윗 같은 제왕이든 인자이든 아니든, 예수를 믿고 따르는 데는 아무 상관이 없네. 기독교인들이 예수가 다윗과 같은 왕이나 인자라서 예수를 믿고 따르는가? 예수가 메시아라면 사랑과 진리의 메시아, 곧 사랑인 진리와 진리인 사랑의 메시아일 뿐이네. 왜냐면 사랑과 진리만이 진정 인간을 인간답게 하고 세상을 구원하는 유일한 길이니까. 이것이 이 구절이 말하는 예수의 의도라고 보아야겠네. 핵심은 '내가 너희를 사랑한 것과 같이…'에 있지. 자기가 제자들을 사랑한 것 같이, 그들도 서로 사랑하라는 것이니까. 그것이 사랑으로 이루어지는 하나님의 나라이지.

5

신학생 : 14장은 진리의 성령, 15장은 친구, 16장은 진리를 위한 투쟁, 17장의 기도는 **"아버지가 내 안에, 내가 아버지 안에. 너희가 아버지 안에, 아버지가 너희 안에. 너희가 내 안에, 내가 너희 안에"로 축약하여 이야기하면 좋겠습니다.**

교수 : 훌륭하게 요약했네. 14~17장은 그야말로 예수의 절창(絶唱)이네. 여기에 자신의 모든 것을 밝힌 그리스도 예수의 참모습이 있지. 그러니 밤낮 이것만 읽어도, 자유롭고 아름답고 숭고한 그리스도인으로 성장하며 살기에 부족함이 없을 것이네. 인

간적이거나 신성한 측면에서 볼 때, 여기에 진리를 깨달아 하나님의 아들 차원으로 올라가거나, 진리의 하나님으로 이 땅에 오신 그리스도 예수의 진면목(眞面目)이 들어있으니 말이네.

신학생 : 14장에서 제자의 길은 성령의 능력 안에서 "진리, 생명, 길"인 예수를 따르는 여정입니다. 깨달음의 길이지요. 예수같이 진리를 깨달은 차원으로 올라가는 것이 그리스도인의 길이니까요. 전에 언급하신 에베소서 기자도 그렇게 말하지요. "그리스도 예수를 믿는 일과 아는 일에 하나가 되어서, 사랑으로 진리를 말하며 머리가 되시는 그리스도에게까지 다다라야 한다."(4:12~16) 그리스도 예수를 신뢰하고 알고 닮고 따르며 그 차원에까지 도달하려고 하는 것이 그리스도인의 길입니다(빌 2:5~11). 이런 사람을 길러내는 것이 교회의 목적이고요. 그래야 이 땅에 하나님의 나라를 건설할 수 있으니까요.

교수 : 그렇지. 그래서 15장에서 그리스도 예수는 제자들을 자기의 **"친구"**라고 하는 것이네. '종'(노예)이 아니네. 이것을 분명하게 말하지. 친구는 서로의 가슴과 심정 안에 들어있는 사람이네. 그래서 친구란 더 나아가 동지라는 뜻이기도 하지. 그리스도 예수의 친구와 동지가 되어, 이 세상에 사랑의 하나님 나라를 건설하자는 것이네.

신학생 : 그러니 16장에서 말하는 것 같이, 그리스도 예수의 친구와 동지는 목숨을 걸고 진리를 위한 삶을 살아야 합니다.

교수 : 그것은 인간적 휴머니즘의 투쟁만이 아닌, 그것을 포함한 거룩하고 신성한 휴머니즘의 투쟁이기에, 17장에서 '아버지가 내 안에, 내가 아버지 안에. 너희가 아버지 안에, 아버지가 너희 안에. 너희가 내 안에, 내가 너희 안에'라고 기도한 것이지. '안에'란 말은 조화와 일치로 하나가 된 것을 말하네. 하나 더 추가하면, '너희가 너희

안에'란 말이지. 앞에서 말한 '서로'가 그것이니까. 여기에 예수 그리스도를 따르는 길의 모든 것이 다 들어있네.

신학생 : 사실 14~17장을 한 번에 읽고 곱씹으면 가슴이 먹먹해집니다. 사랑, 진리, 전진과 투쟁, 하나. 실로 그리스도 예수의 하나님의 나라는 이것의 결실입니다.

교수 : 우리가 죽도록 따라야 할 길이지.

6

신학생 : **"내 나라는 이 세상에 속한 것이 아니다."**(18:36) 이것만큼 곡해하는 말도 없지요. 이것은 빌라도가 신문하면서, "당신이 유대 사람들의 왕이오? 당신의 동족과 대제사장들이 당신을 나에게 넘겨주었소. 당신을 무슨 일을 했소?" 하고 묻는 말에 대한 예수의 대답인데, 두 번 말합니다(18:28~36). 그리고는 **"당신이 말한 대로 나는 왕이오. 나는 진리를 증언하기 위하여 태어났으며, 진리를 증언하기 위하여 세상에 왔소."** 하고 대답하지요(18:37).

교수 : 지극히 간단한 것을 오해하고 곡해한 것이네. 확실히 예수의 하나님 나라는 이 세상에 속한 것, 곧 이 세상과 같은 속성과 요소를 갖거나, 같은 방식으로 작동하는 게 아니라는 말이지. 세상의 성격과 작동방식은 어떤 것인가? 광야 사화에서 악마의 유혹(마 4:1~11), 야고보와 요한의 어머니가 아들들의 장관 자리를 요청할 때 예수가 말한 "정치가들의 억압, 세도, 으뜸"이란 말이 그것이지(막 10:42.44). 중국의 "춘추전국시대"가 그것을 요약하네. 권력을 둘러싼 크고 작은 도둑들과 깡패들의 잔치이지.

그리고 예수의 하나님 나라는 사후 세계인 천국을 가리킨 것도 아니네. 물론 넓게 보자면 그것도 포함하지만, 여기에서 예수의 말은 그것이 아니라, 이 땅에서 이루어져야 할 진리의 나라, 사랑의 나라인 하나님의 나라이지. 그러니 그 신문 과정이야말로 "하나님의 나라와 가이사(시저, 세상)의 나라"(N. 베르쟈예프)가 각기 어떤 속성과 성격과 방식을 지니고 작동하는 것인지를 극명하게 대조하여 보여주고 있는 것이네.

신학생 : 지금까지 생각해본 공관복음과 요한복음에 나오는 예수 그리스도의 가르침 전체가 이 세상에 속하지 않은 예수의 나라, 곧 하나님의 나라를 말합니다. 세상이 사랑과 진리를 따라서 작동되었다면, 이런 세상이 되었을 리 없지요. 그러니 "이 세상의 신들"(고후 4:5)과 세상 끝날까지 "거룩한 싸움"을 수행하며(엡 6:10~17) 하나님의 나라를 세우는 일에 참여하며 살아가는 것이 예수 그리스도를 따르는 제자·그리스도인의 길입니다.

교수 : 그리스도인으로 살아간다는 것만큼 영광스럽고 고마운 삶도 없지.

19장
예수의 행동

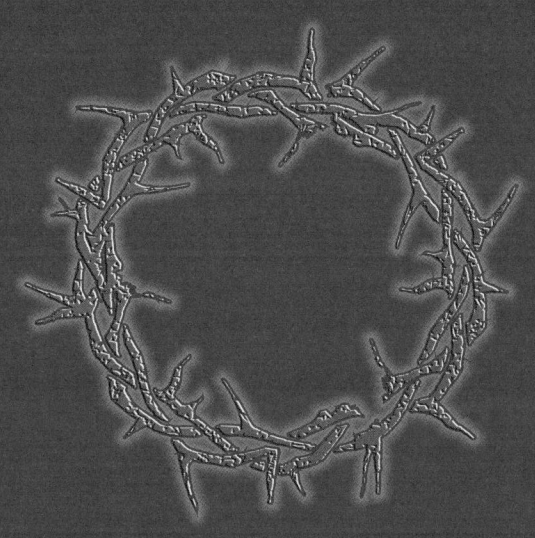

19장
예수의 행동

1

신학생 : 오늘은 '예수의 행동'을 살펴보는 시간입니다. 예수는 말(가르침)과 행동이 분리되지 않습니다. 말이 행동이고, 행동이 말입니다. 언행일치, 지행일치입니다. 그토록 의롭고 선하고 자비롭고 진실하게 살았는데, 비극적 수난과 죽음을 겪었습니다! 그런데 예수의 수난과 십자가는 갑자기 벌어진 사태가 아니라, 공생애 처음부터 축적된 행동의 결과입니다.

그것을 보면, 인간들은 그것밖엔 안 됩니다. 예수의 수난과 죽음만큼 인간들의 탐욕과 부패와 악을 고스란히 드러내는 일도 없지요. 그런 행태는 지금도 여전하고요. 아마 지금도 교회와 세상에서 예수처럼 말하고 행동한다면, 이내 추방되거나 죽임을 당할 것입니다. 그만큼 교회도 예수와 너무나도 멀어졌고, 세상은 여전히 똑같습니다.

교수 : 그렇지. 예수는 자신의 말과 행동을 통합한 분이네. 느닷없이 나타나 3년간 그렇게 아름답고 거룩하고 숭고하게 살다가, 불과 33세에 세상을 떠났다는 것이 도무지 믿어지지 않을 만큼, 탁월하고 위대하지. 예수의 모든 것은 숭고하고 완전한 인격에서 나온 것이네. 그런 점에서 타고난 면이 강하다고 하겠으니, 하늘이 내신 인물이네. 인간이 제아무리 노력하고 수도한들, 그와 같은 차원에 이르기는 거의 불가능하지.

그렇다고 절망할 것은 없네. 바울이 "그리스도 예수의 마음을 품으라."라고 한 것도 그런 차원을 목표(푯대)로 하고 나아가라는 뜻에서 한 말이니까(빌 2:5, 2:12~16; 엡 4:1~16 참조). 예수도 "아버지께서 완전하신 것 같이, 너희도 완전하라."라고 말했지(마 5:48). 왜냐면 그 차원은 성령과 진리 안에 온전히 있을 때, 똑같지 않더라도 비슷하게는 될 가능성이니까.

나는 예수만큼 노력에 노력을 거듭한 분도 없다고 보네. "하나님을 향하여 큰 부르짖음과 많은 눈물로써 기도와 탄원을 올리며" 걸어갔다는 말이 이것이지(히 5:7~8). 공관복음도 예수가 매일 들로 나가 기도하는 장면을 보도하네(막 1:35; 눅 4:42 등). 예수는 기도와 눈물, 침묵과 명상의 사람이지! 그래서 예수 그리스도가 인간이 닮고 따라야 할 사랑과 진리의 참된 스승이네. 그러나 하늘이 내신 것이든 인간으로 그 차원에 도달했건, 예수가 인간이었다는 점이 중요하지.

나는 예수가 한 말 중에서, **"내가 진정으로 진정으로 너희에게 말한다. 나를 믿는 사람은 내가 하는 일을 그도 할 것이요, 그보다 더 큰 일도 할 것이다."**(요 14:12)라는 말을 경이롭게 생각하네. 예수는 한 번도 자기만이 진리를 깨달은 사람이라거나, 하나님의 아들이고 한 일이 없지. 이것을 다시 생각해보게. 얼마나 놀라운 말인가! 앞에서는 **"주(主)이며 선생인 내가 너희의 발을 씻겨 주었으니, 내가 본을 보여 준 것이다. 종이 주인보다 높지 않으며, 보냄을 받은 사람이 보낸 사람보다 높지 않다."**(요 14:14~16)라고 한 분이 그렇게 말을 바꾼 것이네. 앞서 **"종이 아닌 친구"**란 말도 그렇지(요 15:14). 그러니 이 말은 '너희는 너희의 주이며 선생이며 친구인 나보다 더 높이 솟구쳐라!' 한 것이네.

신학생 : 요 10:34~35절은 더욱 놀랍습니다. **"너희의 율법에 '내가 너희는 신들이라고 하였다.' 하는 말이 기록되어 있지 않으냐? 하나님의 말씀을 받은 사람들을 하나**

님께서 신이라고 하셨다." 실로 경기를 일으키며 까무러칠 말입니다. 여기에서 '신들'은 구약성서에서 "엘로힘"으로, 하나님이지요.

복음서에 이런 말이 있다는 것이 믿기지 않을 정도입니다. 이것은 예수가 자기를 하나님과 하나라고 하자(10:30), 유대인 지도층이 반발하며 배척할 때 한 말이지요. 자기가 하나님의 말씀을 받아 전하니까 하나님과 하나이며, 하나님이 '신'이라고 하시는 그 사람이라는 뜻으로 한 말입니다. 그래서 그들이 돌멩이로 치려고 했지요.

교수 : 그러니 예수는 제자나 인간이 지닌 잠재력과 가능성을 지극히 높이 보고 격려한 것이지. 사실 성서에는 우리를 한 방에 무너뜨리는 말이 많네. 시 8편에서 **"인간을 엘로힘(하나님)보다 조금 못하게 지으셨다."** 라는 말도 그것이지(8:5). 인간을 그처럼 존귀하고 숭엄한 존재로 말하는 것이 실로 경이롭지 않은가? 죄인이니 악인이니 하는 말과는 너무도 거리가 멀지. 이렇게 성서에는 인간에 관해서 두 종류의 말이 있다는 것을 잊으면 안 되네. 일방적인 인간관은 성서가 말하는 것이 아니지.

2

신학생 : 오늘 주제는 예수의 행동이니까, 최초의 복음서인 마가복음을 중심으로 생각해보는 게 어떨까요? 사실 마가복음을 한 번에 죽 읽으면, 시종일관 예수와 유대교 지도층의 대립과 갈등과 싸움으로 일관하기에, 긴장을 놓을 수 없어 손에 땀이 날 지경입니다.

교수 : 그렇지. 그러나 마가복음에 제한하는 것도 좋지 않네. 요한복음의 여러 논쟁은 긴박하고 뜨겁다는 점에서 그보다 더하지. 공관복음은 사건을, 요한복음은 사건과 그 의미에 대한 논쟁을 중심으로 전개하네. 구약성서에서 '말과 사건'은 같은 단어인

'다바르'(דבר, Dabar)이네. 하나님의 말씀은 하나님이 일으키시는 사건이고, 사건은 하나님의 말씀·뜻을 담은 표징의 그릇이지. 따라서 예수의 말인 다바르와 행동·사건인 다바르도 역시 하나이지.

신학생 : 다바르가 그런 뜻인 줄 몰랐네요. 그런데 모든 사건과 행동을 살필 수는 없고, 그것이 일으킨 파문은 비슷하니까, 몇 가지로 줄여서 생각해보는 게 좋겠습니다.

교수 : 그렇게 해야겠지.

신학생 : 먼저 생각해보고 싶은 것은 제자로 부름을 받은 **세리 마태**가 예수와 제자들에게 음식을 대접하자, "세리들과 죄인들"이 합석하여 밥을 먹어 유대교 지도층에게 문제가 된 사건입니다(막 2:13~17). '죄인들'이란 세관 직원들이나 불량배를 말한 것 같은데, 예수는 사회적 비난을 한몸에 받는 사람들과도 거리낌 없이 어울렸으니, 대단히 파격적인 행동입니다. 바리새파 율법 학자들은 예수의 일거수일투족을 문제로 보고 폄하와 비난을 퍼붓습니다. 이른바 고상한 선생(랍비)이란 작자가 어떻게 비천하고 더러운 종족들과 같이 앉아서 밥을 먹느냐는 것이지요.

그러자 예수는 그들에게 한 방 '멕입니다.' "건강한 사람에게는 의사가 필요하지 않고, 병든 사람에게나 필요하다는 것을 그대들도 잘 알지 않는가? 나는 의인을 부르러 온 것이 아니라, 죄인을 부르러 온 것이오." 의인이란 율법을 굳게 지키며 겸허하게 살아가는 도덕적이고 경건한 사람입니다(시 37편). 누구나 그렇게 살아야 하지요. 그런데 '의인, 죄인'이란 예수의 말은 자기들을 의인으로 여기고 자기들만 못한 사람들을 죄인이라고 말하는 바리새파의 평소 생각이나 말을 인용하여 비판한 어조 같아 보입니다.

19장 | 예수의 행동

교수 : 다분히 조롱하는 말투이지. 복음서를 보면, 예수는 대결을 피하지 않고 오히려 조장하기도 했다는 것을 알 수 있네. 어떻게 보면 대결을 즐기기까지 했다고도 말할 수 있지. 요한복음의 논쟁 장면들을 유심히 보게. 지금도 어안이 벙벙하게 하네.

신학생 : 그런데 마가 기자는 그들의 반응을 기록하지 않았습니다.

교수 : 상상에 맡겨둔 것이지. 일일이 지적하면 마치 그게 목적이 되는 것처럼 보일 테니까. 그래서 복음서를 볼 때, 영화 장면을 보듯이 상상하며 읽으면 훨씬 더 실감이 나네.

신학생 : 예수의 하나님 나라에 거부되는 인간은 없습니다. 바리새인들도 그렇고요. 모든 인간이 그 새로운 개벽(開闢) 세상의 손님이고 주인공입니다. 신분, 직업, 도덕, 지식, 성, 노소, 국가, 종교, 지위를 불문하지요. 모든 인간이 하나님 안에서(다스림·나라) 하나가 되어, 행복하고 평등하고 평화롭게 사는 새로운 세상입니다.

교수 : 인간 문제의 핵심은 자기가 의인이 아니라 병든 인간이라는 것을 아는 일이네. 그렇지 않으면, 무슨 말이든 듣지 않지. "너 자신을 알라."라는 '소크라테스'의 말은 유대교나 기독교나 어느 종교에도 해당하는 진실이네. 자기를 건강한 인간이라고 하는데, 누가 의사를 찾겠나?

신학생 : 이어 **'안식일에 밀 이삭을 자른 일'**에서(막 2:23~28), 문제가 더 커집니다. 예수는 이제 유대교의 핵심을 건드리는 일을 하지요. 20세기 유대인 랍비와 철학 교수 'A. J. 헤셸'은 말합니다. "유대인은 안식일을 만들었고, 안식일은 유대인을 만들었다."(안식) 물론 예수는 일부러 안식일 파괴 운동을 한 게 아니지요. 안식은 모든 인간이 누려야 할 소중한 삶의 권리이고 자산이니까요. 인간은 노동하는 짐승이나 기계가

아닙니다. 예수도 자기에게 와서 "쉼"(안식)을 얻으라고 했지요(마 11:28~30).

교수 : 그렇지. 안식일은 계명으로 주어진 것이지만(출 20:8~11; 신 5:12~15), 인간이 누려야 할 삶의 권리이고 보물이지. 쉬지도 않고 일하거나, 쉬고 싶어도 쉴 수 없게 하는 것은 그릇된 존재 방식과 악한 행태이네. 그것은 인간과 사회를 병들게 하는 근원이 되지.

신학생 : 예수는 안식일에도 회당에 가지 않고 길을 나다닙니다. 마침 빵이 없어 아침을 먹질 못했는지, 제자들이 남의 밀밭에서 밀 이삭을 잘라 호호 불고 까불어 입에 털어 넣습니다. 엄연히 남의 소유물을 허락도 받지 않고 슬쩍 손을 댔으니 도둑질이지요.

교수 : 가난한 자를 위해 곡식과 과일을 남겨두라는 율법이 있네(신 24:19~22). 예수 일행은 가난한 사람들이었으니, 먹어도 괜찮은 일이었네. 안식일 이전에 먹거나 후에 먹거나, 그게 무슨 대수인가? 그러나 이것은 그때 이야기이지, 오늘날 그렇게 해도 된다는 말은 아니네.

저번에 어느 판사가 배가 고파서 빵 한 개 훔친 사람에게 3개월 징역형을 선고해서 말이 많았네. 정통 유대교인보다 더 지독한 유대인이 나셨다고 하겠네. 하긴 법은 법이니, 법대로 한 것이겠지. 그러나 졸장부이네. 어느 미국 판사는 그런 사람에게 자기가 대신 벌금을 내주고 방면했다고 하는데, 어느 나라에 이런 일까지 금지하는 법이 있겠나?

그러면 수십억을 사기 친 기업인, 음주운전으로 아내와 어린애 둘을 둔 젊은 가장을 죽게 한 자, 살인자는 수백 년 가둬야 하겠네. 그 판사는 지금도 '판사 짓'을 하고 있겠지. 아마 그 판사는 예수도 법대로 사형시켰을 게 틀림없네. 현대 한국판 바리새인이라 하겠네.

신학생 : 말이 거칠어지셨습니다. 그런데 바리새인이 안식일에 해서는 안 될 일을 하느냐고 대들자, 예수의 반박이 이상합니다. 안식일을 어긴 예를 말하는 게 아니라, 다윗이 제단의 빵을 먹은 일을 거론하니까요. 그 날이 안식일이었다는 말은 없는데요.

교수 : 형식적으로 보자면, 제단의 빵은 하나님께 바친 것이니 안식일보다 중요하지. 그래서 그것으로 안식일 문제를 약화한 것이겠지. "안식일이 사람을 위하여 생긴 것이지, 사람이 안식을 위하여 생긴 것이 아니다."라는 말이 압권이네. 그러니 제단의 빵조차도 궁극적으로는 사람을 위하여 있는 것이라는 말이 되겠지. 하나님을 섬긴다는 핑계로 굶주림과 시급한 필요에 처한 사람을 외면하는 것은 하나님의 뜻이 아니라는 말이네. 그러니 안식일이든 성전이든, 그 본질과 핵심을 말한 것이지. 예수의 이 말은 세상의 모든 제도와 법률에도 적용되는 것이네. 법과 처벌이 능사가 아니지.

3

신학생 : '**안식일에 악한 귀신에 들린 사람을 고친 이야기, 안식일에 손이 오그라든 사람을 고친 이야기**'입니다(막 1:21~28, 3:1~6). 마가 기자는 두 번째 이야기 끝에 이렇게 기록합니다. "바리새파 사람들은 바깥으로 나가서, 곧바로 헤롯 당원들과 함께 예수를 없앨 모의를 하였다."

교수 : 제 딴에는 그들도 옳지. 미친 사람이나 오그라든 손이 어디 출장을 떠나는가? 내일 고쳐도 되는 것이지. 그런데도 굳이 고쳐 놓았네. 왜 그랬겠는가?

신학생 : 앞서 말씀하신 대로, 시급한 필요의 문제이니까요. 내일로 미뤄도 되겠지만, 내일 그 사람이 살아있으리란 보장이 없지요. 자비는 지금 해야지, 내일 하나요? 부유한데도 사흘이나 굶은 거지에게 내일 오면 빵을 주겠다고 하면, 자비가 아니라 고문이지요.

교수 : 그렇지. 지금 해야 할 일은 지금 해야 하네. "내일 걱정은 내일이 맡아서 할 것이다."(마 6:34) 내일에는 내일의 일이 있네. 자비를 미루는 것은 수치스러운 일이지. 유대교 지도층은 자비보다는 절기와 전통과 법을 더 소중한 가치로 여겼네. 그것이 근본적인 잘못이지. 자비는 법보다 상위의 법, 곧 하나님의 법이네.

안식일도 법이 아니라, 하나님 사랑의 표현이지. 그런데 그들은 그것조차도 법의 테두리 안에 가두어 놓았지. 그렇게 하여 하나님마저도 법의 포로가 되게 한 것이네. 예수는 그것을 깨뜨리고 바로잡아 하나님의 의도에 맞게 재설정한 것이지. 법과 처벌이 난무하고, 경찰과 검사가 지나치게 나서는 세상은 지극히 비정상적인 거짓과 몰인정함과 폭력의 공화국이네. 누군가는 "미국은 변호사 때문에 망할 것"이라고 했는데, 맞는 말이지. 도둑과 강도가 없는 나라가 진정한 선진국이지.

신학생 : 바리새파가 자기네가 경멸해 마지않는 '헤롯 당원들'과 한패가 되어, 공동의 적 예수를 타도하려고 했다는 것이 흥미롭습니다. 헤롯 당원 이야기가 느닷없이 나오는데, 이런 행태가 야합(野合)이지요.

교수 : 복음서는 일어난 일을 죄다 기록한 것이 아니지. 왜 요한 기자의 말이 있질 않은가? 예수의 일은 자기가 기록한 것 외에도 많으나, 이쯤만 한다고(21:25). 마가 1장에서 3장 6절까지에는 기록하지 않은 여러 사건이 있을 걸세. 흉악한 영주인 '헤롯 안티파스'와 그의 끄나풀들도 이미 예수를 주목하고 감시했을 것이 분명하지. 이미 예언

자 요한이 비판의 화살을 마구 날리다가 체포된 마당이었네(1:14).

신학생 : 종교인들과 정당 인사들이 한패가 되는 일은 암울한 시대든 민주주의 사회든 한결같이 벌어지는 일입니다. 진보고 보수고 구별할 게 없지요. 누구나 자기들이 하는 일을 옳다고 생각하니까요. 물론 각기 상대적으로 옳고 그른 측면은 있지요.

교수 : 그렇지. 구약성서나 예수에게 종교와 정치의 구별은 없네! 예수가 정치와 관계없다는 말은 뭘 모르고 하는 소리이지. 종교나 정치는 인간을 다루는 것이기에, 삶의 두 기둥이네. 그래서 '마하트마 간디'는 "종교가 정치와 무관하다는 사람은 종교를 모르는 사람"이라 했지(서간집). 종교든 정치든 인간을 위해서 존재하는 것이니까, 핵심은 국민의 삶이네. 종교와 정치가 인간을 못 쓰게 만든다면, 그걸 어디다 쓰겠나?

종교인들과 정치인들은 민생과 행복과 평화를 위해서 일하는 것이니, 협력하는 것은 당연한 일이네. 그러나 진보니 보수니 하며 서로 심하게 나누어져, 지지하거나 배제하며 극한으로 대결하는 게 문제이지. 대화와 설득과 양보와 타협을 통해 나아가는 민주주의란 게 본래 시끄러운 것이네. 그것은 잘못된 게 아니지. 물론 정의와 공평과 진실을 요구하는 것은 진보와 보수와 아무 상관 없는 신성한 인권과 나라를 위한 일이네.

예수가 중요하게 여긴 것은 인간 사랑이네. 현대적으로 말해서, 예수는 이것을 위해서라면 극단의 진보주의자와 자유주의자를 자처한 것이고, 더 나아가 기존의 부패한 질서와 체제의 전복과 혁명까지 부르짖은 진리의 혁명가이지. 역사적 예수는 두루뭉수리 범생이가 아닌, 무서운 예언자이네!

신학생 : 예수는 초기부터 종교와 정치 두 파에게 '공공의 적'이 되었습니다. 그만

큼 예수의 하나님 나라 운동은 절절히 필요한 일이었는데, 처음부터 거대한 벽에 부딪혔지요.

교수 : 사람들이 선, 사랑, 자비, 평등, 평화 등, 인간적이고 신성한 가치와 질서를 모두 좋아하고 환영할 것이란 생각은 착각이네. 그것은 인간을 모르고 하는 소리이지. 앞서 인간의 존엄성과 위대함을 말했네만, 그러나 또 인간은 한없이 무지하고 탐욕스럽고 어리석고 폭력적이고 잔혹한 동물이기도 하네. 이것이 인간을 올바로 보아야 한다는 성서의 관점이지. 인간을 좋게만 보면 무지하고 어리석은 것이고, 나쁘게만 보면 위선적이고 잔혹한 것이네.

4

신학생 : '**예수와 바알세불 이야기**'입니다(막 3:20~30). 여기에서 주목할 것은 두 가지로 보이는데, 하나는 예수의 가족이 예수가 미쳤다는 소문을 듣고 붙잡으러 나섰다는 것과 예루살렘에서 내려온 바리새파의 율법 학자들이 예수를 바알세불, 곧 유대 민간에서 믿는 악한 귀신의 두목에 들린·사로잡힌 미친 상태에서 귀신을 쫓아낸다는 악평을 하며 민중에게서 분리하려고 시도한 것입니다. 이 장면까지 귀신 축출은 한 번입니다(막 1:21~28). 바리새파는 인간을 사랑하고 존귀하게 대우하는 예수의 치유 행위까지도 바알세불의 힘을 빌려 하는 짓으로 폄하(貶下)하며 악평한 것이지요.

교수 : 그렇지. 가족이 그랬던 것은 두 가지 이유로 보겠네. 하나는 맏아들이고 장형(長兄)인 예수를 사랑하고 걱정하는 마음에서이고, 다른 하나는 바리새파가 그들을 협박하며 압력을 넣은 것이겠지. 사람들은 진실이나 사실을 이해하기보다는, 소문이나 가십거리에 더 흥미를 갖네. 그것이 허영심과 두려움을 자극하니까.

그러나 우리는 그때 어머니 마리아의 마음을 충분히 헤아려야 할 것이네. 동생들은 물론 어머니도 예수에게 일어난 내적 변화의 상황에 대해서는 아무것도 아는 바 없었지. 맏아들이 어느 날 갑자기 집을 떠나 오랫동안 사라졌다가 돌아와 그런 일들을 벌이고 있으니, 그렇게 볼 수밖에 없었을 것이네. 게다가 당시 문자도 모르는 시골 사람들은 바리새파라는 권위와 지식인들의 말을 들을 수밖에 없었을 테고 말이지.

마리아의 마음은 녹아내렸을 것이네. 뒤에 보면, 어머니가 동생들을 데리고 예수를 만나러 온 이야기가 나오지(막 3:31). 마태와 누가 기자에 따르면, 마리아는 예수의 잉태로부터 출산과 소년 시절, 출가와 공적 활동, 그리고 십자가에 이르기까지, 계속 놀람과 충격을 겪으며 가슴을 쓸어내리네. 그 아들로 인해 겪은 마리아의 고통을 누가 다 헤아리겠나?

당시 바리새파의 조직과 감시망은 유대 사회 전체에 걸쳐서 촘촘하게 짜인 구조였네. 마을마다 바리새파가 있었지. 그래서 이미 예수의 모든 말과 행동이 각 마을과 도시는 물론, 예루살렘의 바리새파 지도부에까지 상세히 보고된 상태였지. 그들은 예수의 움직임을 하나도 놓치지 않고 집중적으로 감시했네. 그래서 어떻게 해서든 예수에게 망신을 주거나 유대교 파괴 분자라는 혐의를 씌워 민중에게서 떼어놓고 포기하도록 공략한 것이지.

신학생 : '칼릴 지브란'의 말을 들어보는 게 좋겠어요. '유스투스라는 요셉'이 말하는 "길손 예수"입니다(사람의 아들 예수). "사람들은 말하기를 그는 점잖지 못하다고 합니다. 상놈의 자식으로 상스럽게 난 놈이요, 거칠고 사나운 사람이라고 합니다. 그들은 말합니다. 그의 머리는 바람이 불어야 빗질이 되고, 그의 몸에는 비가 와야 옷이 걸쳐진다고. 사람들은 그를 미친놈으로 여기고, 그의 말은 귀신이 시키는 것이라고 합니다.

그렇지만 보십시오. 그 무시당한 사람은 도전하는 소리를 냈고, 그 소리는 결단코 끊어지지 않을 것입니다. 그는 한 노래를 불렀는데, 아무도 그 곡조를 멈추게 할 사람이 없습니다. 그것은 세대에서 세대로 날아갈 것이요, 구석에서 구석으로 번져나갈 것입니다. 그는 하나의 나그네였습니다. 그는 우리의 문을 두드렸던 하나의 찾아온 이요, 저 먼 나라에서 왔던 하나의 길손이었습니다."

교수 : 시인의 훌륭한 통찰이지. 또 여기에서 보아야 할 것은 예수의 행동에 담긴 열정(passion)이네. 예수의 열정은 지금도 제대로 이해하지 못하지. 그런 사람을 보는 일이 없으니까. 바알세불을 운운하는 것도 그런 열정적 행동을 가리킨 것으로도 봐야 할 것이네. 적이야말로 나를 가장 잘 아는 사람이 아닌가! 요한 기자는 예루살렘 성전 정화사건을 보도하면서 예수의 열정을 글자 그대로 기록하지(2:17). 예수는 그야말로 하나님의 나라 운동에 미친 것처럼 거룩한 열정을 다 바친 것이네.

신학생 : 가정이나 나라나 사탄의 왕국도 분열되면 망한다는 예수의 말은 대단히 합리적인 논리입니다. 그래서인지 바리새파의 대응이 일절 없습니다. 그 말에 그들도 예수가 미친 것이 아니라는 것을 알았을 것입니다.

5

신학생 : 공관복음은 '**오천 명을 먹인 이야기**'를 기적이나 표적으로 말하지만(막 6:30~44), 요한복음은 그것의 신학적 상징과 의미를 깊이 천착하며 표징이라고 잘라 말합니다(6장). 이 표징을 네 가지 측면에서 봐야겠습니다. 이것은 예언자 요한의 죽음 직후에 일어난 사건이기에, 1) 예언자를 죽이고 민중을 억압하고 착취하는 독재적 권력자들에 대한 비판과 굶주리고 소외된 민중에 대한 예수의 사랑을 대조하는 것, 2) 예수라는 존재의 상징성에 관한 신학적 해명, 3) 사람들에게 일어난 내적 변화의 측

면, 4) 제자들의 길입니다.

교수 : 잘 보았네.

1) 이것은 백성을 돌보고 보호하는 일을 사명으로 하는 정치가들이 그처럼 굶주린 백성을 내버린 가슴 아픈 현실을 비판하는 이야기이네. 민주주의 시대에도 마찬가지이지. 국민을 위한 정치는 계속 지지를 받고, 민생을 내팽개치고 자기들을 위한 권력 다툼을 벌이는 행태는 권력을 잃게 되네.

2) 어찌 예수를 정의하겠는가마는, 그래도 하자면 예수는 사랑, 곧 자비의 화신(化身)이네. 대만 신학자 '초안 S. 송'은 대단히 심오한 예수 이해를 보여주네. 그의 조직신학은 철저히 성서(구약과 복음서)와 역사와 현실과 민중의 이야기에 굳게 서 있지. "대자대비하신 하나님, 예수-십자가에 달린 민중"은 놀라운 작품이네. 그가 말하는 예수는 대자대비의 화신이네.

죽임이 판을 치는 한복판, 이것이 동서고금 세상의 현실이지. 이런 세상에서 예수는 절대적으로 생명의 편에 서네. 그것이 자비로 나타난 것이지. 생명의 편에 서는 것이 예수의 하나님 나라 운동의 핵심이니까. 그러나 죽이는 자는 수명이 짧고, 살리는 자는 수명이 길다네! 왜냐면 인생과 세상과 삶의 본질과 원리는 생명의 편이니까. 예수는 "생명이신 하나님"(레오나르도 보프-생명이신 하나님)을 대리하는 생명의 예수이지. 그래서 자비의 예수이고. 그리고 생명을 편드는 것은 가난하고 소외된 자부터 사랑하는 것으로 나타날 수밖에 없지. 엄마가 약한 자식을 더 안쓰러워하는 것과 같은 일이네. 그러므로 오병이어 사건이야말로 단순한 기적 행위가 아니라, 예수의 자기 선언과 생명 선언의 행동으로 보아야 하네.

3) 예수의 말씀을 듣고 마음이 따스해지고 변화된 사람들이 서로 자기 도시락을 없는 사람에게 나누어 주어, 모두가 만족스러운 기쁨과 행복을 누렸다는 것이지. 표징의 진정한 의미가 이것이네. 내 것 네 것 가리지 않고 나눌 만큼 한 덩어리가 된 게 진정한 기적이고, 그것이 읽어야 할 표징이라는 것이지. 예수가 마술사라는 게 아니네. 그렇다면 다시는 그런 일이 없으니, 이 이야기는 읽을 것도 없지.

4) 더 나아가 이 사건은 예수를 따르는 제자들의 길을 말하는 것이지. 세상에 버릴 만한 사람은 하나도 없네. 그렇기에 제자들의 길은 소외된 사람들을 돌보고 먹이며 친구가 되어, 생명의 기쁨을 누리며 살아가는 새 세상을 만드는 것이지.

신학생 : 나폴레옹 전기에서 읽은 것인데(펠릭스 마크햄-나폴레옹 전기), 그가 세인트헬레나에 유배되어 죽어갈 때 이렇게 말했답니다. "나사렛 예수여, 도대체 당신은 누구십니까? 나는 대포와 군대로 세상을 정복하려고 하다가 실패했는데, 당신은 무기 하나 없이 세상을 정복했으니!"

교수 : 그렇지. 생명 사랑의 문화, 이것이 예수의 하나님 나라 운동이지.

6

신학생 : 제자들 사이에서 **'누가 크냐는 문제로 다툰 이야기'**는 부끄러우면서도 인간의 심리를 노출하는 심오한 장면입니다(눅 9:46~48). 누가 기자만 두 번 보도하는데(22:24~27), 길에서 다툰 것과 놀랍고 우습게도 마지막 만찬 자리에서 일어납니다. 앞에서 예수는 한 어린이를 곁에 세우고 말하고, 뒤에서는 말로만 어린이를 가리킵니다. 어린이를 영접하여 대우하는 것이 자기나 하나님에게 하는 것과 같다고 말하지요. 예수는 '작은 자 되기, 섬기는 자 되기'가 자신의 길이며 제자의 길이라고 말합니다.

교수 : 그런 행태를 스승이 죽음으로 떠나는 마지막 마당에서도 저질렀다는 것에서 부끄러움을 느끼네만, 그것이 내적 혁명을 이루지 못한 모든 자연인이 드러내는 본성이니, 어쩌겠는가? 그러니 예수의 답답한 심정을 무슨 말로 하겠는가? 자꾸만 책망하면서 후일을 기약할 수밖에 없었지. 그래서 그것을 두 번 말하는 누가의 이야기는 분명 제자들이 직접 전승해준 초기 자료로 볼 수 있지. 이미 세상을 떠난 제자들이 존경과 흠모를 받던 시점인데, 그런 이야기를 숨김없이 기록했네. 그러니 초기 교회에 던진 경고이지. 우리네 모습이기도 하네. 중생하지 않은 다음에야, 누구나 그런 어두운 내면의 탐욕적 충동을 드러내니까.

신학생 : 창세기 3장의 먹으면 신처럼 된다는 선악을 알게 하는 나무의 열매 이야기는 인간의 본성을 여지없이 드러낸 탁월한 작품입니다. 하나님은 먹으면 반드시 죽는다고 말씀하셨는데, 인간의 탐욕적 야망은 그것을 신처럼 된다는 환상으로 대체하고는, 스스로 빨려 들어갔지요. 인간의 무지와 어리석음을 폭로하는 이야기입니다. '남보다 ~을 더 소유하는 것', 이것이야말로 사람을 잡는 영원한 덫입니다.

교수 : 마음이 나빠서, 눈이 삐어서 그런 것이지.

신학생 : "눈은 몸의 등불" 말씀이신가요(마 6:22~23)?

교수 : 눈은 마음의 창(窓)에 불과하니, 마음이 깜깜하게 멀고 비뚤어져 사물에 대한 그릇된 관점을 갖지. 눈은 마음의 종이니, 마음이 없으면 보는 것도 없네. 그러니 인생은 마음이 보는 것에 달려 있지. 어두운 마음은 사물을 잘못 보고, 밝은 마음은 올바르게 보네.

신학생 : 그래서 보는 것이나 말하는 것이나 행동하는 것 전체가 망가집니다. "좋

은 나무는 좋은 열매를 맺고, 나쁜 나무는 나쁜 열매를 맺는다."라는 말도 이것입니다(마 7:17).

교수 : 어둡고 탐욕적인 자아(Ego)에 물든 마음의 실상이 누가 크냐 하고 다투는 것은 "사람에게서 나오는 것이 사람을 더럽힌다."라는 말이 자세히 해명하고 있네(마 7:20~23). 그 실상이 무엇인가? 끊임없는 자기 확장과 높임과 치장과 강화뿐이지. 이것이 정확히 타인에 대한 존중이나 사랑과 자비를 무너뜨리는 근원으로 작용하네. 따라서 누가 크냐는 다툼은 예수의 하나님 나라에 전혀 반대되는 것이지.

7

신학생 : '세 번의 수난 예고 이야기'입니다(막 10:31~38, 9:30~32, 10:32~34). 첫 번째는 베드로의 그리스도 고백 이후, 두 번째는 예수의 변모 이후, 세 번째는 부자 청년 이야기 이후에 한 것입니다. 그래서 수난 예고는 예수를 올바로 아는 것과 잘못 알고 왜곡하는 것, 예수와 제자의 길을 권력과 출세와 성공과 부를 추구하는 것으로 오해하는 것에 대한 경고, 하나님의 나라를 이 땅에 세우는 일을 하는 사람이 겪게 될 어려움을 말한 것입니다.

교수 : 요한 기자의 말처럼, 예수는 사람의 마음속에 있는 것까지 안 분이네(2:23~25). 인간을 안다는 것은 마음의 양단(兩端)을 아는 것이지. 선과 악, 사랑과 미움, 겸손과 오만불손, 진실과 거짓, 자비와 폭력, 의로움과 불의, 청결과 부패가 공존하는 장(場)이 인간의 내면이네. 전자는 힘과 소망을 주고, 후자는 고통과 좌절을 안겨 주지. 실로 인간만큼 기기묘묘한 존재도 없네. 그래서 세상이 이렇게도 쓸데없는 상처와 고통을 만들어내며 지옥같이 된 것이 아닌가? 전에 '단테' 이야기를 했네만, 자네는 "신곡"에서 어떤 것을 명품으로 보는가?

신학생 : 천국의 장면 아니겠습니까?

교수 : 아니네. 지옥 이야기라네.

신학생 : 예?

교수 : 다시금 잘 읽어보게나. 천국 장면은 이렇다 할 이야기가 없이 밋밋하네. 온통 빛 이야기뿐이지. 생각해보게. 천국에서 영화를 만든다면, 어떤 것이겠나? 모든 게 똑같은 이야기일 테니, 누가 그걸 보겠나? 게다가 행복하게 사는데, 무슨 영화를 만드나? 영화란 어떤 장르라도 인간의 근원적 소망이나 복수심을 표현하여 대리 만족을 주는 장치일 뿐이네.

그런데 지옥은 그 참상은 비슷하지만, 이야기 소재가 다양하고 무궁무진하네. 그러니 그걸 영화로 만든다면, 하도 흥미진진하여 시간이 가는 줄 모르고 보는 것이지. 이른바 블록버스터, 은행 강도, 형사, 정보국 요원, 전쟁, 자연 재앙 등을 다룬 영화들이 인기를 구가하는 이유도 이 세상 이야기이기 때문이네.

신학생 : 그러니까 신곡에서 지옥 편이 명품인 것은 그것이 세상에서 벌어지는 죄악이고, 그런 소재는 무궁무진하니까, 단테가 천국 편보다 더 잘 쓸 수 있었다는 것이네요?

교수 : 어찌 보면, 세상이야말로 지옥이지. 우리가 여기에 잘 적응하여 그런 줄도 모르고 살 뿐이지. 그러니 깨끗한 마음의 눈으로 세상을 보고 하나님의 나라를 추구하며 사는 사람이라면, 당연히 이 지옥 같은 세상이라는 구덩이에서 '이물질, 이, 벼룩, 쥐새끼, 방해물, 불순·위험 분자'로 여겨져 핍박을 받을 수밖에 없지.

신학생 : 예수의 수난 예고는 그것을 각오하고 말한 것이지요.

교수 : 예수는 세상이 볼 때 위험하기 그지없는 말과 행동을 하며 살아간 분이네.

8

신학생 : 예수의 말과 행동 하나하나는 그 자체로 예언(預言, 하나님의 말씀)이고, 하나님의 나라를 보여주는 창이며 예비적 실현입니다. 요한복음에 이런 이야기가 있지요. 예수의 가르침과 행동이 유대교를 뒤흔드는 파장을 일으키자, 대제사장들과 바리새파 사람들이 성전 경비병을 보내 체포해 오라고 합니다. 그들이 빈손으로 돌아오자, 어째서 그를 끌어오지 않았느냐고 책망하니까, 이렇게 대답합니다.

"그 사람이 말하는 것처럼 말한 사람은 지금까지 아무도 없었습니다." 그 말에 그들은 몹시 언짢은 표정을 짓고 분노하며 말합니다. "너희도 미혹된 것이 아니냐? 지도자들이나 바리새파 사람들 가운데서 그를 믿은 사람이 어디에 있다는 말이냐? 율법을 알지 못하는 이 무지렁이들은 저주받은 자들이다."(7:45~52)

나라와 민족의 기둥이니 지도자니 하며, 자기들이 없으면 나라가 무너지고, 입만 열면 자기들 때문에 안보가 보전된다며, 늘 잘난 체만 하는 제사장들과 바리새인들보다, 오히려 문자도 몰랐을 성전 경비병들이 예수를 알아본 것이지요. 이것은 오늘날 목회자들과 장로들이 정작 예수를 모른다는 말이 될 수도 있다고 봅니다.

교수 : 전에 '예수 그리스도, 그리스도 예수'는 전체적이고 통전적인 인간상이기에, 예수를 알려면 전체적이고 통전적인 시각을 지니고 봐야 한다고 했네. 이렇게 예수와 그리스도 두 가지 방식으로 말하는 것은 복음서가 그런 방식으로 증언하기 때문이

지, 내가 자의적으로 하는 게 아니네. 공관복음은 주로 예수를 말하고, 요한복음은 그리스도를 말하네.

공관복음은 예수를 주로 가난하고 소외되고 차별받는 민중들과 어울리며, 그들에게 위로와 격려와 희망을 안겨주면서도, 사람이 먼저 해야 할 일을 부드럽고도 준엄하게 가르친 분으로 증언하네. 그러한 예수의 모습은 민중의 목자, 민중의 친구, 민중의 보호자, 민중의 형제, 민중의 랍비(선생), 민중의 구원자라는 것을 보여주지. 예수는 구체적이고 실질적인 방식으로 하나님의 나라를 드러내네. 그러나 예수가 그리스도라는 것은 될 수 있는 한 숨기는 방식으로 말하지. 그것이 이른바 '메시아 비밀'이라는 것이네.

그러나 요한복음은 예수를 사람의 몸을 입고 이 땅에 오신 하나님이며 은혜와 진리의 그리스도로 증언하지. 그리스도는 민중은 물론 유대 지도자들과 논쟁하면서 거듭남과 육신, 진리와 거짓, 자유와 예속, 생명과 죽음, 빛과 어둠, 깨달음과 무지, 지혜와 어리석음, 성령과 지식(앎, 깨달음), 사랑과 자아의 탐욕, 세상과 영원한 구원을 대조하며 영생의 진리를 가르친 분이네. 그러한 그리스도의 모습은 인간의 목자, 진리의 구원자라는 것을 보여주며, 영적이고 근본적인 방식으로 하나님의 나라를 드러내지. 여기에는 메시아 비밀이라는 게 없네.

그러니까 우리가 지녀야 할 관점은 둘 중의 어느 하나의 모습, 곧 예수를 강조하느냐 그리스도를 강조하느냐 하는 데서 선택할 문제가 아니라, 둘을 통합하여 전체적이고 통전적으인 것이어야 하네. 목회자든 신학자든 평신도든, 공관복음의 예수를 강조하거나 요한복음의 그리스도를 강조하며 한쪽으로 치우치는 경향을 보이며, 그것만이 옳다고 하는 것은 억지이고 독단이지. 복음서가 예수 그리스도의 그러한 두 모습을 증언하는 것은 결코 우연히 된 게 아니네. 그만큼 우리는 우리에게 예수 그리스도를 맞추려고 할 게 아니라, 예수 그리스도에게 우리를 맞추어야 하는 것이지.

현실과 이상, 이 둘은 서로 배척하는 게 아니네. 현실은 이상을 지향하며 자기를 고쳐나가야 하고, 이상은 현실에 서서 실현해나가며 현실을 승화시켜야 하네. 현실 없는 이상은 공허하고, 이상 없는 현실은 맹목이네. 예수를 현실, 그리스도를 이상으로 볼 때, 예수 그리스도는 하나님의 나라라는 참되고 영원한 합목적을 지향하는 가운데 참된 모습을 드러내지.

곧, 예수에게서 그리스도를 보고, 그리스도에게서 예수를 보고, 또 보아야 한다는 말이지. 어느 한쪽을 선택할 문제가 전혀 아니네. 그렇게 하는 것은 예수 그리스도는 물론이거니와, 필연 기독교의 왜곡을 가져오고 말지. 2천 년 기독교 역사가 갖은 파행을 드러낸 것도 이 둘에서 조화와 중용의 길을 걷지 못했기 때문이네.

신학생 : 그러니까 현실의 예수만 강조하면 이상의 그리스도가 약화하고, 이상의 그리스도만 강조하면 현실의 예수가 약화한다는 말씀이지요?

교수 : 그렇지. 기독교 2천 년의 역사는 후자에 지나치게 치중하여 수많은 과오(過誤)를 드러낸 것이네. 후자에 치중한다 해도, 도대체가 그럴 수 없는데 말이지. 그것은 '사도신경'부터 그러하네. 사도신경은 잉태와 출생과 고난과 십자가와 부활을 말하지만, 삶 전체는 생략되었지. 그러니 어째서 그분이 인류의 구세주인지 그 까닭을 알 수 없게 되었네. 그것을 2천 년 동안 앵무새처럼 외워왔지. 나는 오순절 성령 강림 이후 사도행전에 나오는 말을 매우 중요하게 보네. **"하나님께서는 여러분이 십자가에 못 박은 이 예수를 주님과 그리스도가 되게 하셨습니다."**(2:36) '되게 하셨다.'(has made him)라는 이 말이야말로 우리가 잊으면 안 될 증언이지. 예수를 그리스도가 되게 하신 것이네!

언제나 예수가 먼저이고, 그리스도는 나중이지. 현실 없는 이상 없고 이상 없는 현실 없듯이, 예수 없는 그리스도 없고 그리스도 없는 예수 없네. 예수가 그리스도가 된 것이고, 그리스도는 예수에서 나온 것이지. 예수가 그리스도를 낳은 것이라고 말할 수 있지. 그러니까 복음서의 예수 그리스도를 통전적으로 볼 줄 모르면, 필연 한쪽에 치우쳐서 왜곡하게 되고, 그러한 기독교는 필연 현실을 잃어버리거나 이상을 상실하고 마네. 따라서 '예수는 그리스도이시다, 그리스도는 예수이시다.' 바로 이것이네.

신학생 : 그런 예수 그리스도, 그리스도 예수가 한 일은 하나님의 나라를 이 땅에 실현하는 것이었지요. 따라서 하나님의 나라가 예수 그리스도, 그리스도 예수의 가르침과 행동, 곧 삶 전체의 핵심입니다. 하나님의 나라가 아니라면, 예수가 그리스도이거나 그리스도가 예수라는 것이 아무런 의미도 없으니까요. 그분은 구원이나 영생을 사후 세계나 그곳으로 떠나는 것이라고 하신 일이 없습니다. 하나님의 나라(다스림)는 지금 여기에서 이루어지면서 장차 이 세상에 실현되어 완성될 하나님의 뜻과 계획이니까요.

교수 : 실로 하나님의 나라야말로 기독교가 모든 것을 활용하여 지향하여야 할 유일한 존재 이유이고 또한 목적이네. 그런 점에서 유대교는 완전히 실패했지. 그런데 기독교 2천 년 역사도 그와 같은 길을 걸어왔고, 오늘의 현실도 여전히 그 길을 걷고 있네. 안타까운 일이 아닐 수 없지.

20장
예수의 죽음과 부활

20장
예수의 죽음과 부활

1

신학생 : 여러모로 아쉬운 감이 많은데, 오늘로 마지막 시간입니다. 신학생과 교수 사이에서 이루어진 이러한 진솔한 대화도 퍽 드문 일이라고 봅니다. 그동안 들려주신 가르침에 그저 감사한 마음뿐입니다.

교수 : 자네가 훌륭한 제안을 한 것이네. 나에게 기회를 주어 다시금 복음서를 찬찬히 더듬으며 많은 것을 배우게 한 것이 고맙기만 하군. 지금까지 이야기해온 대로, 우리가 하나님의 나라를 위하여 살아가기를 바랄 뿐이네.

신학생 : 오늘은 예수의 죽음과 부활을 이야기할 시간입니다. 특히 마가복음이 강조하듯이, 예수의 수난과 십자가와 죽음은 공생애 처음부터 유대 지도층과 갖가지 문제로 갈등하며 대결한 끝에 터진 결정적 사건이지요. 마치 도끼로 나무를 쓰러뜨리려고 할 때, 수십 번 찍은 끝에 마지막 한 방이 결정타가 되어 쓰러지는 것 같다 하겠습니다.

복음서는 그 결정적 사건의 원인을 서로 다르게 보도합니다. 공관복음은 **성전 정화 사건**으로 말합니다(막 11:15~17). 예수가 성전 마당에서 한바탕 '난동'을 피우자, 유대교 지도층인 **"제사장들과 바리새파의 율법 학자들이 이 말씀을 듣고서는, 어떻게 예수를 없애 버릴까 하고 방도를 찾고 있었다."**라는 말이 그것입니다(막 11:18).

마가 기자의 이 말은 공생애 초기의 기록과 같은 것입니다. "바리새파 사람들(율법학자들)은 바깥으로 나가서, 곧바로 헤롯 당원들과 함께 예수를 없앨 모의를 하였다." (막 3:6) 그때는 무대가 갈릴리였기에 헤롯 안티파스 당원을 말한 것이고, 지금은 예루살렘이기에 제사장들을 언급한 것이 다를 뿐입니다.

그런데 요한복음은 그 결정적 사건의 원인을 **"나사로를 살린 것"**으로 말합니다. 요한복음은 성전 정화사건을 초기의 일로 보도하고, 유대교 지도층에 아무런 영향도 미치지 않은 것으로 말하는데(2:13~22), 아무래도 매우 이상한 일입니다. 어찌 그럴 수 있을까요?

교수 : 결정적으로 하나님과 유대교를 모독한 것이라고 보았을 것이기에, 도무지 아무런 반응이 없을 수 없었을 텐데, 알 수 없는 일이지. 그렇다면 공관복음이 틀렸다는 말이 되네. 그래서 이것은 아무리 생각해봐도 아마 편집상의 오류라고 볼 수밖에 없지.

네 복음서는 처음 원본이 아니네. 그래서 사본마다 이전에 없던 것의 추가나 변형이 있게 된 것이지. 예를 들어 부활 기사 이후, 제자들의 선교 사명과 예수의 승천을 보도하는 마가복음 16:9~20은 대부분 초기 사본에는 없던 것을 누군가 추가한 것이네(새번역 성서는 겹 대괄호 〔〔 〕〕 사용). 그런 것은 복음서들 중간에도 많네.

그러니 요한 기자의 성전사건 기록은 편집상의 오류로 볼 여지가 있지. 왜냐면 요한복음 사본들 가운데서는 21:1~23이 8:11 후에 기록된 것들이 있으니까 말이네. 더는 추가하거나 편집을 바꾸어 고칠 수 없는 완전한 경전으로 확정되어 오늘날의 복음서가 된 것은 서기 5세기 중반이네.

그러나 편집상 오류가 아니라면, 2장뿐 아니라 요한복음 전체의 신학적 성격을 통해 생각해봐야 할 문제이지. 2장에서 요한 기자가 예수가 참석한 가나의 결혼잔치와 성전 정화사건을 결합해 놓은 것은 분명 그 기자 특유의 대조법을 통해서, 예수의 일과 종교·성전의 참된 역할을 말하기 위해서일 것이네. 예수가 가져온 새로운 삶은 결혼잔치와 같은 설렘과 기쁨, 축복과 자유와 사랑으로 가득한 빛과 생명의 어울림이라는 것이고, 종교와 성전이야말로 그것을 위한 도구라는 것이지.

그런데 결혼잔치와 같은 설렘과 기쁨, 축복과 자유와 사랑, 무엇보다 빛과 생명의 어울림은 없고, 오히려 종교와 성전을 여느 이방 민족들처럼, 미신과 우상숭배의 전당 꼴로 만들어 놓고 세속적 복만 기원하는 도구로 전락시켜버렸기에, 예수가 그처럼 분노한 것이라고 말하기 위해서였다고 보겠네. 그래서 예수의 예언자적 권위에 눌린 지도층이나 백성이 아무 말도 하지 못한 것이겠지. 그렇게 본다면, 편집상 오류가 아니라 의도적인 편집이지. 그래서 수난을 가져온 결정적인 사건을 나사로 이야기로 말한 것일 테고 말이네.

2

신학생 : 그러니 공관복음의 폭력적인 성전 정화와 요한복음의 나사로를 살린 일이 비슷한 시기에 일어난 일이기에, 백성 전체가 예수를 따르는 것을 보고 민란이 일어나 로마가 개입할 것이기에, 결정적 위기를 느낀 유대 지도층이 예수를 죽이게 된 것으로 봐야겠습니다. 그러면 먼저 공관복음의 **성전 정화사건**부터 이야기하지요.

교수 : 우리는 복음서나 서신들을 읽을 때, 항상 성서의 통일성을 염두에 보고 읽어야 하네. 이 말은 예수나 제자들, 유대교나 기독교 지도층, 그리고 신앙인들(백성)의 행동을 볼 때, 구약성서에서 그와 비슷한 사례를 찾아봐야 한다는 뜻이네.

우리는 시대가 흐르면서 인간도 더욱 성숙할 것이라는 생각을 일방적으로 고집하면 안 될 것이네. 오히려 고대 세계 사람들이 더 인간적이고 성숙한 면모를 드러낸 일도 많으니까. 흔히 사람들은 툭하면 '원시적'이니 '전근대적'이니 하고 경멸조로 말하네만, 고고학자들이나 역사학자들은 그런 시대가 지금보다 훨씬 더 인간적이었다는 사실을 구체적 실례를 들어 증명하네. 그러니 '원시적, 전근대적'이란 말을 사용하자면, 2천 년 서구 기독교 문화와 문명의 오류와 치부와 패악이 고스란히 드러난 1, 2차 대전이야말로 인류 역사상 가장 원시적이고 전근대적인 사건이었다고 해야 할 걸세.

종교와 성전 문제도 그러하네. 생각해보게나. 창세기가 보여주는 아브라함~요셉의 모습은 형식과 제도인 종교도 성전도 제사장도 책도 찬송가도 없었던 시대였으나, 신앙은 가장 순수하고 강직했다고 보겠네.

성서는 이스라엘 역사에서 최초로 성전 오용을 경고한 것은 놀랍게도 하나님이 하신 일이라고 말하네(성막도 마찬가지. 사무엘의 어린 시절에 일어난 불량한 제사장들의 행태와 그로 인한 성막 전소와 법궤 상실). 솔로몬의 성전 봉헌 직후, 하나님은 그에게 "네가 곁길로 나아가서 다른 신들을 섬겨 그들을 숭배하면, 나는 내가 준 그 땅에서 이스라엘을 끊어 버릴 것이고, 내 이름을 기리도록 거룩하게 구별한 성전을 외면하겠다."라고 말씀하시지(왕상 9:1~9).

역사적으로 부패한 성전을 비난한 최초의 예언자는 북이스라엘의 태조인 '여로보암 1세'가 세운 "베델" 성전을 규탄한 **익명의 한 예언자**이네(왕상 12:32~13:10). **엘리야 예언자**는 예루살렘 성전이 아닌, 바알 성전을 규탄했지(왕상 16:29~18:46).

그러다가 한참 시대가 흐른 후, 본격적으로 부패한 성전을 비판하며 규탄한 '고전적 예언자'(문서 예언자)는 북이스라엘에서 활동한 **아모스**가 시초이네(기원전 8세기 중반, 760년대). 그는 "너희가 죄를 지으려면 성전(베델, 길갈)으로 가라."라는 극단적인 발언까지 서슴지 않았는데, 부패한 자들이 부패한 성전에서 희생 제물, 십일조, 감사와 자원예물을 드리는 것을 죄와 동일시한 것이지(암 4:4~5, 5:21~24).

그리고 뒤를 이은 사람들이 기원전 8세기 후반인 740년대 이후, **제1 이사야**(남 유다, 1~39장)**와 호세아 예언자**이지(북이스라엘). 이사야는 이렇게 말했네. "하나님은 성소(聖所)도 되시지만, 이스라엘의 두 집에는 걸리는 돌도 되시며, 예루살렘 주민에게는 함정과 올가미도 되신다."(8:14) 호세아는 이렇게 말했네. "제사장이 많아지면 많아질수록 백성이 짓는 죄가 더 흔해진다."(4:7)

그리고 이사야와 동시대의 시골 장로 출신인 **미가 예언자**(남 유다)는 예언자들 가운데서 가장 거칠게 지도층과 부유층에게 욕설과 저주를 퍼부은 사람인데, 거침없이 예루살렘 성전의 파멸을 선언했네. 성전 파멸은 나라의 멸망을 말하지. "바로 너희 때문에 시온이 밭 갈 듯 뒤엎어질 것이며, 예루살렘이 폐허더미가 되고, 성전이 서 있는 이 산은 수풀만이 무성한 언덕이 되고 말 것이다."(3:12)

이 말은 130여 년 후(기원전 7세기 초인 600년 이후), **예레미야 예언자**가 성전 파괴를 선언하여 지도층에게 체포되어 재판받을 위기에 처하자, 시골에서 올라온 장로들이 그를 옹호하며 인용한 것이네(26장). 예수가 인용한 "성전을 도둑들의 소굴로 만들었다."라는 말도 그때 예레미야가 한 말이지. 예레미야는 그전에도 성전 파괴 설교를 했네(7장). 미가의 말은 140여 년 후, 유다 왕국과 예루살렘이 멸망하면서 실현되었지(기원전 586년).

예레미야와 동시대 **스바냐 예언자**는 야훼 종교가 완전히 바알 종교가 되어버린 부패와 타락에 경악하며, 하나님의 분노로 인한 이스라엘의 환란과 파멸을 선포했고(1

장), **하박국 예언자**도 예루살렘에서 행해지는 갖가지 폭력과 불의, 약탈과 악, 율법과 공의가 왜곡되고 악인이 의인을 협박하는 행태를 비판하며 성전과 나라의 파멸을 외쳤네(1장).

나라가 망하기 전에(기원전 597년) 바빌론 포로가 된 제사장 출신의 **에스겔 예언자**는 그곳에서 예루살렘이 파멸하기 전까지, 4장~24:14에 걸쳐 예언자 가운데서 가장 길고 거칠게 예루살렘 성전 지도층의 일탈과 타락과 함께, 자기 민족의 죄악을 낱낱이 규탄했네. 그런 식으로 거의 모든 예언자가 성전에 적대적이었고, **제3 이사야 예언자**는 성전 폐기론까지 말했네(56~66장. 전에 말했네. 스데반 사건). 그 이유야 말할 것도 없지.

신학생 : 그렇습니다. 성전은 제3 이사야 예언자의 말처럼, 기쁨과 감사의 기도와 경배를 통하여 더욱 변화되고 성숙해지기 위하여 "만민이 기도하는 집"이란 것입니다(56:7). 이것이 성전의 용도요 목적이지요. 성전은 하나님 사랑과 이웃 사랑, 곧 의롭고 거룩한 백성이 되어 나라를 정의롭고 평화로운 공동체로 만들기 위한 것입니다. 예배 자체를 위해 있는 게 아니지요. 아모스 5장, 제1 이사야 1장과 제3 이사야 56~59장, 호세아 4장, 예레미야 7장과 26장은 성전에 대한 고전적이면서도 보편적인 가르침을 담고 있습니다.

교수 : 예수는 산상수훈에서 성전과 제사보다 중요한 것이 인간 사이의 용서와 화해라고 밝혔네(마 5:23~24). 성전과 제사의 목적이 사랑과 자비에 있다는 것이지. 그런 뜻에서 예수의 성전 정화사건은 예언자들과 같은 맥(脈)을 이은 예언자적 행동이네. 그러나 예수는 옛 예언자들보다 더 심오하게 나아가지. 왜냐면 종교와 성전·예배에 대한 예수의 생각과 사상은 하나님의 나라와 관련된 것이니까. 성전은 이스라엘만을 위해 있는 게 아니라, 전적으로 이 땅에 하나님의 나라를 실현하는 도구의 하나라는

것이 예수의 생각과 사상이네. 그래서 예수는 사마리아 성전이나 예루살렘 성전도 필요 없는, 사람이 그 있는 곳에서 영과 진리로 드리는 예배를 말한 것이지(요 4:19~24).

신학생 : 그러한 예수야말로 지금도 여전히 기독교에는 낯설고 껄끄럽고 거추장스럽고 어려운 걸림돌입니다.

교수 : 아마 세상 끝날까지 그럴 것이네. 명색이 예수를 믿고 따른다는 기독교가 여전히 예수를 제대로 이해하지도 못하고 있으니, 얼마나 기기묘묘한 모순이란 말인가! 내 말을 과격하다고 여기는 사람은 복음서를 다시 읽어야 할 걸세. 복음서에 재갈을 물리며 침묵하게 하고 경시하는 것, 이것이야말로 기독교가 헤매고 타락하는 지름길이라네. 곧바로 세상에 속한 종교가 되고 마니까.

성령과 진리를 통하여 다시 태어난 사람이 된다는 것이 무엇인가? 나는 그것을 이렇게 생각하네. 예수의 거친 말, 까다로운 요구, 종교와 성전에 대한 규탄과 탄핵의 발언, 인간의 본성과 본능을 거스르고 전복시키는 말과 행동, 분노와 저주의 언사 등을 "기쁜 소식"(복음)으로 들을 만큼 귀가 뚫리고 마음이 새로워진 사람이라고!

그래서 나는 듣기에 좋은 말만 취사선택하는 뛰어난 재주를 가진 인간은, 백 년을 열 번 살며 예수를 믿고 말한다 해도, 예수를 전혀 모르거니와 배신하는 것이라 하겠네. 병에 걸렸으면 의사가 처방하는 대로 약을 먹어야 하듯, 자연인에게는 거부감이 드는 예수의 예언자적 말과 행동을 참된 약으로 아는 사람만이 예수의 하나님 나라 운동에 참여하는 참된 제자요 진정한 그리스도인이지.

3

신학생 : 그런데 예수 시대의 예루살렘 성전은 그야말로 난장판이 되었습니다. 그래놓고 아무리 하나님 경외니 율법 준수니 하고 떠들어봐야, 그 모든 게 위선이었지요. 게다가 예수는 말만 한 것이 아니라, 직접 "노끈으로 채찍을 만들어"(요 2:15, 이상하게도 이 말은 가장 늦게 나온 요한복음에만 기록되었지요) 성전 "뜰"에서 비둘기나 양이나 소 등의 제물을 팔고 사고 하는 사람들과 순례차 온 '디아스포라'(타국에 사는 흩어진 유대인) 유대인들을 위해 환전을 해주는 사람들의 상과 의자를 둘러 엎으며 내쫓았습니다. 예수는 짐승들도 걷어찼을까요?

교수 : 짐승이 무슨 죄가 있다고 그랬겠나. 그들이 성전 구역까지 들어와 장사한 게 이상하지 않은가? 예루살렘 성전은 지성소(대제사장이 1년에 한 번만 들어가 속죄 제사를 바침)와 성소(제사장들만 들어감), 현관 앞마당, 제물을 잡고 씻는 물두멍(수조·**水槽**, 이곳까지 제사장들의 장소), 그 아래 마당의 유대인 남자, 중간마당의 유대인 여자, 바깥마당의 이방인 구역으로 나누어지네. 물론 세리나 창녀나 돼지치기나 목자 등, 지도층이 규정한 '나쁜 종자들, 냄새나는 것들'은 감히 들어오지도 못하게 했지. 그런데 '뜰'을 특정하지 않으니까, 예수가 남자 구역까지 들어간 것으로 보아야겠기에, 성전 바로 앞에까지 가서 장사판을 펼친 것이지.

신학생 : 비둘기 같은 제물은 집에서 가져오거나, 아니면 양과 소와 함께 예루살렘의 동물 시장에서 사와야 하고, 환전도 시내 환전소에서 해서 가지고 와야 하는 게 아닙니까?

교수 : 그렇지. 그런데 그렇게 어엿하게 성전 코앞에까지 들어와 장사했으니, 그게 누구의 허락을 받고 한 것이겠나?

신학생 : 제사장들이었지요(목회자들). 그리고 바리새파와 그 소속의 율법 학자들

(신학자들)도 의회원이고 특권층이었으니 합세한 것이고요. 그러니 그들은 말로만 성전이니 속죄니 율법이니 거룩한 책이니 정결이니 떠들고, 실상은 잇속을 차리는 데 혈안이었지요.

교수 : 높은 프리미엄을 받고 허락해준 것이지. **성전의 사유화!** 기가 막힐 노릇이지(그런 일이 오늘날 온갖 편법으로 개신교에서도 벌어지네!). 그만한 신성모독이 어디 있는가? 그러니 제사장들은 입구에서 검문하며 시장에서 사 오는 짐승들에는 갖은 구실을 붙여 퇴짜를 놓고, 상인들은 짐승의 가격이나 환율을 터무니없이 조작하여 높이고, 백성은 울며 겨자 먹기 식으로 어쩔 수 없이 비싸게 사고 돈을 바꿔야만 했지.

그러니 사람이 많이 모일수록 수익이 높았을 것은 빤한 일이지. 그렇게 성전이 "강도들의 소굴"이 된 것이네(막 11:17). 어느 종교든 그렇게까지 타락할 수 있지. 그러나 어디 종교가 타락하는가? 성직자인 제사장들과 신학자인 율법 학자들, 곧 종교 전문가들과 평신도 장로들이 타락하는 것이지(막 14:43)!

신학생 : 그러니 성전 정화사건은 성전을 이권의 텃밭으로 장악하고 하나님을 모독하고 백성을 이용하는 유대 지도층을 향한 예언자 예수의 도전과 저항 행동이었습니다. 그런데 그것은 요한 기자의 말처럼 "하나님의 집을 생각하는 열정"에서 나온 것이기에(2:17), 하나님의 나라 운동에서 피할 수 없는 일이었지요. 그러니 만일 그때 유대 지도층이 예수의 언행을 '하나님의 사건'으로 볼 눈이 있었다면, 사태가 바뀌어 수난 같은 것도 없었겠지요?

교수 : 불가능한 상상이네! 왜냐? 인간이란 오래도록 그릇된 일에 중독되어 고착되면, 결단코 바뀌지 않네. 잘못되었다고 비판하는 자를 죽이는 게 옳다고 확신하지. 정치든 종교든 마찬가지이네. 그렇다고 인간의 변화 가능성을 부정하는 것은 아니지만,

정 바뀌려면, 바울처럼 하늘의 망치에 처맞는 충격을 입어야 하네(행 9장). 그러나 이런 일은 희귀하지.

고착된 정치와 종교 비판에 대해서는 예레미야가 좋은 예이네. 그는 끝까지 예루살렘의 파멸과 성전의 궤멸을 막기 위해 임금과 지도층을 설득했지. 왜냐면 그의 파멸 선포는 인간이 올바른 태도를 드러내도 그대로 집행된다는 필연을 말한 게 아니었으니까(렘 37~38장). 그러나 전에도 말한 것처럼(13장-3), 사람들은 우연을 필연으로 만들어 놓는 특기를 가진 존재라네. 곧, 경고를 현실적으로 경험하는 비극적 사건으로 만들어 놓지. 음주운전과 마약이 나쁜 걸 누가 모르나?

따라서 그들은 예수의 행동을 하나님의 사건으로 보거나 들을 리가 없었지. 이것은 그 후에 진행된 역사를 보고 하는 말이 아니네. 필연이기에 필연적으로 되는 것이 아니라, 사람이 우연을 필연이 되게 만드는 것이니까. 예언자들의 말에 대한 이스라엘의 태도가 그렇지 않았던가? 아모스(7:1~6)와 예레미야(3:14, 4:14, 5:30~31)처럼, 어떤 예언자도 자기의 선포가 그대로 이루어지기를 바란 사람은 하나도 없었네! 그랬다면 예언자 축에도 들 수 없었지.

신학생 : 그 후 예수와 유대교 지도층의 충돌이 이어지다가, 유월절 3일 전인 화요일, 성전 마당에서 설교하고 떠나는 예수는 "이 큰 건물들에 돌 하나도 돌 위에 남지 않고 다 무너질 것"이라고 말합니다(막 13:1~2). 성전만 아니라 부속 건물들까지 말한 것이기에, 결국에는 예루살렘의 파멸과 이스라엘의 멸망을 선언한 것이지요. 그리고 그 일은 40여 년 후 실제로 일어났고요(서기 66~70년 대로마 항쟁인 유대 전쟁 때). 참으로 비극적인 일이었습니다.

교수 : 그러나 예수가 어찌 멸망을 바랐겠는가? 그래서 누가 기자가 성전 정화사

건 직전에 자기 특수 자료를 통하여 이렇게 말한 것이지. "예수께서 예루살렘 가까이에 오셔서, 그 도성을 보시고 우시었다."(19:41) 하나님은 예루살렘이란 단어가 뜻하는 대로(평화의 도시) "평화"를 주시려고 하는데(19:42), 유대인들이 한사코 거절하여 멸망을 필연이 되게 한 것이지. 지금도 마찬가지가 아닐까? 하나님은 인류에게 평화를 주시려고 하는데, 인류가 그것을 거절하고 살지 않는가? 교회도 정신 바짝 차려야 할 것이네!

4

신학생: **나사로 이야기**는 요한복음의 특수 자료인데, 공관복음 기자들과는 전혀 다르게, 이것이 십자가 사건의 결정적 계기라고 말합니다.

교수: 이것은 다 아는 이야기이니, 진행 과정은 말할 게 없네. 다만 이 사건이 가져온 충격파가 유대교 지도층에게 결정적으로 문제가 된 것만 이야기하세나. 슬픔과 고통에 빠진 한 인간과 가정을 향한 예수의 "눈물과 사랑"(11:35~36)의 행동이 지도층에게는 "민족을 살리기 위한" 앙갚음과 보복과 죽임의 구실이 되었네. 이것만큼 요한 기자가 줄곧 강조한 사랑과 미움, 빛과 어둠, 진리와 거짓의 극명한 대비도 없네. 요한 11:45~57을 읽어보겠나?

신학생: (읽은 후) 사태의 전말(顚末)이 명확히 보입니다.

교수: 자네가 이야기해보게나.

신학생: 나사로를 살려낸 일로 많은 사람이 예수를 믿고 따르게 됩니다. 그러자 대제사장을 비롯한 제사장들과 바리새파 사람들이 '산헤드린 공의회'를 소집합니다. 논

의된 것은 이러합니다. 〔 예수가 기적을 많이 행하여 백성이 믿고 따른다. 어떻게 하는 것이 좋은지 논의해보자. 예수를 그대로 두면 모두 그를 믿고 따를 것이고, 그러면 유월절이기에 민란이 일어날 게 틀림없다. 그러면 로마인들이 군대를 이끌고 들어와, 우리 땅과 성전과 민족을 제압하고 불 지르고 약탈할 것이다. 그러니 어서 가장 좋은 방책을 생각해보세. …. 〕

논의가 분분하던 마지막에 대제사장 '가야바'가 말합니다. "당신들은 아무것도 모르오. 한 사람이 백성을 위해 죽어서 민족 전체가 망하지 않는 것이 우리에게 유익하다는 것을 어찌 생각하지 못한단 말이오?" 그 말로 회의는 일사천리로 끝나지요. 그래서 그날로부터 예수를 죽이려고 기회를 노리고, 끄나풀들을 풀어 예수의 일거수일투족을 감시합니다.

교수 : 복음서를 통합하여 이해하면, 예수의 십자가는 성전 정화와 나사로를 살린 사건이 결정적 계기가 된 것이지. 공관복음에서는 예수가 이스라엘의 근간인 성전과 율법을 모독한 일이고, 요한복음에서는 죽은 자를 살린 기적으로 인한 백성의 추종과 그 때문에 벌어질 민란과 로마의 개입에 대한 우려 때문이네. 공관복음의 십자가는 예수의 과격한 행동들이 축적된 결과로 겪게 된 사태이고, 요한복음의 십자가는 예수의 생명 운동과 자발적 선택에 따른 사건이네(16장). 서로 다르지만, 같은 것은 예수의 십자가는 하나님의 나라를 이 땅에 실현하는 과정에서 일어난 사건이라는 것이지.

신학생 : 지도층의 자리에서 보면, 가야바의 말이 옳은 것이네요. 어떻든 그들은 예수를 제거하는 데 성공하여, 로마의 개입을 막고 종교와 성전과 민족을 보전했습니다.

교수 : 그렇지만 단견이지. 우리는 유대 민족이 어째서 생긴 것인가를 봐야 하네(2장-하나님의 나라). 유대 민족은 세상을 구원하시려는 하나님의 뜻, 곧 세상에 복을

전해주어(복은 신앙과 의), 이 땅에 하나님의 나라를 세우시려는 계획과 목적에서 선택받은 민족이지. 결단코 여느 민족과 같이, 그들만의 번영과 영속을 위한 게 아니네. 그런데 그들은 늘 하나님의 뜻을 민족주의에 서서 오해했지. 그것을 고치려고 한 것이 예언자들이었지만 모두 실패했네.

그들이 예수를 죽인 것은 예수가 대망해온 다윗 같은 제왕 메시아가 아니었다는 이유 때문이지. 그들은 '진리의 메시아'는 상상하지도 못했네. 그러나 이사야 11장만이라도 깊이 들여다보면, 메시아가 진리의 구원자라는 것을 알 수 있었네. 그러나 워낙 다니엘서나 묵시문학 외경의 영향으로 대중적 메시아사상이 깊었던 까닭에, 그것은 뒤로 밀려났지.

그리고 설령 예수가 다윗 같은 제왕 메시아가 된다고 해도, 유대교 지도층은 그를 죽였을 것이네! 왜냐면 전통적 메시아사상은 유대든 외세든, 이 세상에서 악과 불의와 부패의 말소와 종말, 곧 그것을 구체적으로 실행하는 끄나풀들인 모든 악인의 처벌과 척결과 사멸을 전제한 것이기에, 자기들의 자리가 전부 몰수되고 해체될 것이 분명했을 테니까 말이네.

그러니 이렇건 저렇건 간에, 그들은 예수를 죽였을 것이네. 따라서 민족 보전 운운한 그들의 말 자체가 자기모순이었지. 성전을 그따위로 자기들의 영업장으로 이용하며 신성모독을 저지른 것이 그것을 증명하니까. 그들에게는 하나님이든 성전이든 율법이든, 그저 자기들의 이익을 위해서만 존재하는 것이었네.

그러니 예수 당시 유대 민족은 유대교 지도층의 종교적 마취에 집단으로 중독된 상태였다고 봐야 하지. 그들에게 저항하며 시골 이곳저곳에 칩거한 소수 경건주의파(Hasidism)나 광야로 도피하여 은둔한 극단적 수도 단체인 에세네파의 영향력은 별로 없었지. 따라서 그때 유대 민족에게 예수는 예레미야 예언자와 똑같은 상황에 있던 것으로 볼 수 있네. 예레미야의 말을 듣지 않아, 결국에는 성전이 파괴되고 나라가 망하여 바빌론 포로가 된 것처럼, 끝내 예수의 말을 듣지 않아 필연 그리되어 새로운 바빌론이 된 온 세상으로 추방된 것이지(절대로 반유대주의 같은 것은 없네. 사실을 말하는 것뿐).

5

신학생 : 그러면 이제 예수의 십자가와 죽음의 원인이 드러났습니다.

교수 : 아 참, 하마터면 잊을 뻔했네. 그 전에 예수의 십자가와 죽음을 가져온 원인에서 지나친 문제가 하나 있어서 말해야겠네. 그것이 결정적인 것이니까.

신학생 : 그게 무엇인가요?

교수 : 예수와 유대교 지도층 사이에 가장 첨예한 갈등과 대결을 가져온 근본적인 원인은 **'하나님 이해의 상충(相衝)'**이네. 다른 문제들은 여기에서 나온 종속적이고 부차적인 것이지. 안식일과 율법과 정결 예법의 훼손, 성전 정화, 세리와 죄인들과 어울린 파격적인 행동, 숱한 가르침과 비유 등, 갖가지 문제들이 그렇지.

내 말은 예수의 십자가와 죽음은 누가 기자의 특수 자료인 '탕자(蕩子)의 비유'(15:11~32절), 곧 '아버지의 비유'에 나오는 예수의 하나님 이해가 낳은 결과라는 것이네. 그것이 유대교 지도층의 하나님 이해와 결정적으로 충돌한 근본 원인이지. 유대교의 모든 것은 출애굽 사건의 야훼 하나님에게서 발원한 것이네. 따라서 하나님 이해의 상충은 유대교의 모든 것에 대한 이해도 충돌할 수밖에 없지. 예수는 유대교의 모든 것에서 내적이고 정신적인 의미를, 유대교 지도층은 전통과 형식의 준수를 중요하게 보았네.

누가의 특수 자료 첫머리는 세리들과 죄인들이 예수의 말을 들으려고 가까이 몰려들었고, 예수는 그들과 식사와 대화를 나누었다는 이야기로 시작하지. 그래서 바리새파 사람들과 율법 학자들이 투덜거리며, "이 사람이 죄인들을 맞아들이고, 그들과 함께 음식을 먹는구나." 하고 비난했네(눅 15:1~2). 그러니까 이것 역시 전적으로 예수의 하나님 이해에서 나온 행동이지. 이 이야기와 아버지의 비유, 그리고 예수의 모든 가르침과 행동을 나란히 놓고 보게나. '하나의 전체적인 그림'이 보이지 않는가?

신학생 : 그렇군요. 요즘 말로 하면, 사물을 바라보는 관점과 사상의 근본적인 차이가 말과 행동의 차이를 낳은 것이고, 그 둘이 서로 한 치도 물러서지 않고 대결한 것이지요. 그리고 예수는 혼자이고, 유대교 지도층은 다수라는 것이 그 승패를 결정한 것이고요.

교수 : 나사로 일로 열린 산헤드린 의회에서, 한 사람 예수를 죽여 민족 전체를 살려야 한다는 대제사장 가야바의 말이 그것이네. 그에 의하면, 하나님의 뜻이나 진리는 투표로 결정된다는 말이지. '하나의 전체적인 그림'이란 바로 예수의 하나님 이해가 가져온 그의 모든 말과 행동을 가로지르는 하나님의 나라라는 뜻이네.

예수의 하나님 이해를 결정적으로 담고 있는 게 아버지의 비유이고, 이것이 하나님의 나라이네. 예수는 이런 관점과 사상을 하나님의 뜻과 진리라고 확신하고 말하고 가르치고 행동한 것이지. 아버지의 비유든 하나님의 나라든, 예수의 하나님은 율법 준수나 성전 제사 이전에 인간의 모든 죄와 악을 이미 무조건 용서하고 은혜와 사랑을 베푸시는 아버지이지.

그래서 예수는 갈릴리에서부터 예루살렘에 이르기까지, 죄인을 이미 무조건 용서하고 사랑하고 자비를 베풀며 인간을 하나님의 사랑받는 자녀로 대우한 것이네. 곧, 예수는 율법과 제사는 하나님의 용서와 은혜와 사랑을 받아내는 무슨 필요조건과 충분조건을 충족시키는 자격을 따내는 수단이 아니라, 이미 받은 하나님의 용서와 은혜와 사랑에 대한 자발적 기쁨의 응답으로 본 것이지. 여기에서 예수와 유대교 지도층의 하나님 이해와 유대교의 모든 것에 대한 근본적인 관점과 사상과 행동의 차이가 나온 것이네.

신학생 : 그래서 유대교 지도층은 예수가 율법이나 제사(예배)의 완전 철폐, 곧 유대 민족을 훼손하고 부정하고 저주하는 것으로 볼 수밖에 없었던 것이군요?

교수 : 그들은 율법이나 제사를 자발적 기쁨의 응답으로 생각하지 못하고, 그것을 철저히 준수해야만 하나님의 용서와 은혜와 사랑을 받는 것으로 잘못 생각하고 백성을 가르치고 인도한 것이지. 그래서 예수가 그들을 눈먼 사람이라며, "눈먼 사람이 눈먼 사람을 인도하면, 둘 다 구덩이에 빠진다."라고 말한 것이지(눅 6:39). 그러니까 예수는 유대교의 순서를 바꾼 것, 아니 본래의 순서로 되돌린 것이지.

신학생 : 그러면 유대교 지도층은 이것을 모르거나, 아니면 알면서도, 오래된 전통과 관행에 사로잡혀, 예수를 유대교와 민족을 말살하려는 흉측한 거짓 예언자라고 본 것이군요?

교수 : 그렇지. 전에 이스라엘 민족의 실질적 출발점이 무엇이라고 했나?

신학생 : 출애굽 사건이지요.

교수 : 먼저 하나님의 용서와 은혜와 사랑이 있었고, 나중에 율법과 제사와 전통이 생긴 것이지. 먼저는 하나님의 은혜와 사랑이고, 나중은 그에 대한 응답으로 하나님께 성실한 백성이 되는 것이지(출 20:1~17, 34:6~7; 신명기). 그러니까 유대교의 모든 것은 하나님의 이스라엘 선택, 곧 하나님의 무조건적 용서와 은혜와 사랑이 먼저이고, 율법과 제사와 절기는 그에 대한 감사와 자발적 기쁨의 표현으로 생긴 것이네. 예수는 이 본래의 순서를 말한 것이지.

유대교 지도층은 이것을 몰라서 그런 전통과 관행에 사로잡혀 지내온 게 아니라, 알면서도 그 오랜 역사를 묵묵히 받들고 지켜온 것이지. 그러니까 그들은 예수가 옳다는 것을 알면서도, 예수를 따르면 자기네 전통과 신분과 지위와 기득권이 모조리 해체된다고 보았기에, 예수를 죽여버리는 쪽을 택한 것이네. 민족의 생명이란 말은 그저 구실이었을 뿐이지.

신학생 : 이런 일이 조선 시대 사회에서도 벌어졌지요. 분명히 유학과 유교의 시조인 공자와 맹자는 군자(君子)가 되는 것(논어와 맹자), 곧 인(仁)과 의(義)의 덕성을 함유하여 타인을 사랑하고 자비롭고 친밀하게 대하며 평화로운 "대동 세상"(예기)을 만드는 것을 가르쳤는데, 조선 시대 왕족들과 귀족들과 양반들은 오히려 유교를 지배와 통치의 도그마로 만들어 신분 세습제를 통해 백성을 차별하고 억압했습니다. 공자와 맹자가 와서 보았다면, 분명히 대로하며 책망했을 것입니다.

교수 : 성리학도 그렇지. 천리(天理)나 인간의 본성을 탐구하여 세상에 상생의 질서를 세워 백성을 편안하게 하는 것이 그 사상의 목적인데, 어느덧 목적은 어디로 가고, 지배와 통치술로 둔갑시켜 활용한 것이지. 역사를 보면, 어느 나라에서나 지배층은 종교와 학문을 그런 식으로 활용했지.

6

신학생 : 이제 **예수의 십자가와 죽음**을 이야기하지요. 겟세마네 동산은 예루살렘 남동쪽 건너편에 있는 야트막한 올리브 동산으로, 예수 일행이 자주 머물렀던 곳입니다. 예수는 자기가 그 밤에 체포될 것을 알았지만, 제자들은 여러 번 말했음에도 알지 못했지요. 그것은 그들이 예수가 홀로 고투 속에서 기도할 때 잠을 잔 것을 통해서 알 수 있는데, 여느 날처럼 생각했을 뿐입니다.

그런데 아무도 예수의 고뇌하는 모습이나 기도를 보고 들은 사람이 없었는데, 소상히 기록된 것은 의문입니다. 따라서 공관복음의 기록은 기자들의 문학적 상상력에서 나온 신앙 고백으로 보는 것으로 족해야 할 것입니다. 요한 기자는 그것을 기록하지 않았지요. 예수의 고뇌와 고투의 기도는 십자가가 아닌 다른 길도 생각했음을 보여줍니다(막 14:36a).

교수 : 보고 들은 사람이 없었다는 것은 복음서를 잘 읽어야 하네. 다른 제자들에게는 어느 곳에 있으라 하고, 세 제자만 가까이 데려갔는데 모두 잠들었지(막 14:32~37). 그러면 다른 제자들 가운데 누군가가 잠들지 않고 가까이 다가가 보고 들을 수도 있었을 것이네.

신학생 : 그럴 수 있었겠네요. 유대교 지도층은 전부터 끄나풀들을 풀어 정보를 입수해왔고, 유월절 기간에는 더욱 촘촘히 감시했기에, 예수가 겟세마네 동산에 있다는 것이나 얼굴도 잘 알고 있어서, 유다의 안내가 아니었더라도 체포하는 데는 아무 문제가 없었을 것입니다. 공관복음은 그들이 "칼과 몽둥이"를 들고 와서(막 14:43; 마 26:47; 눅 22:52) 미리 유다와 짠 신호에 따라 체포했다고 하지만, 요한복음은 그런 말 없고 "등불과 횃불"을 말하며(18:3. 어둔 밤이었는데 공관복음에는 없다) 그들이 찾는

사람은 자기라는 예수의 대답을 듣고 체포합니다.

교수 : 공관복음이 유독 유다의 배신을 두드러지게 강조한 것은 "친구"(마 26:50), "사랑"(요 13:1~20)을 저버린 자의 추악하고 가련한 몰골을 그대로 노출하려 한 것으로 보겠네.

신학생 : 그런데 복음서는 체포하는 자들의 정체를 비슷하면서도 다르게 말하며 혼선을 드러냅니다. 제가 정리해보지요. 마가 기자는 "대제사장들과 율법 학자들과 장로들이 보낸 무리"(14:43), 마태 기자는 "대제사장들과 장로들이 보낸 무리"(26:47), 누가 기자는 "대제사장들과 성전 경비대장들과 장로들"(22:52), 요한 기자는 "로마 군대 병정들, 제사장들과 바리새파 사람들이 보낸 성전 경비병들"이라고 말합니다(18:3). 그래서 체포의 주체는 제사장들과 바리새파와 율법 학자들과 장로들이고, 집행한 수하는 로마 병사들과 성전 경비병들입니다. 그러나 요한 기자의 그 후 이야기에 따르면, 로마 군인들도 간 것으로는 볼 수 없습니다.

그리고 미리 말하지만, '처형을 담당한 사람들'도 비슷하면서도 다르게 말하며 혼선을 드러냅니다. 마가와 마태는 성전 경비병들은 없는 "로마 병사들"(막 15:15~20, 대제사장들과 율법 학자들이 지켜봄; 마 27:26~44, 대제사장들과 율법 학자들과 장로들이 지켜봄), 누가는 "로마 병사들과 대제사장들과 성전 경비병들"(23:13.24~25), 요한은 "제사장들과 성전 경비병들과 로마 병정들"입니다(19:6.14~23).

그래서 체포 장면과 비교해보면 조금 다르기는 하지만, 로마 병사들이 압송과 처형을 담당하고, 유대교 지도층과 성전 경비병들이 뒤따른 것입니다. 당시 로마법에 따르면, 십자가 처형은 로마 제국이 한 일이고, 유대를 비롯한 식민지에는 사형 집행권이 없었지요(E. P. 샌더스-예수 운동과 하나님 나라).

교수 : 죄수 명패도 복음서마다 다르지. "유대인의 왕"(막 15:26), "이 사람은 유대인의 왕 예수"(마 27:37), "이는 유대인의 왕"(눅 23:38), "유대인의 왕 나사렛 사람 예수"(요 19:19). 요한 기자의 말에서 라틴어의 "INRI"라는 말이 나왔네(Iesus Nazarenus Rex Ioudaeorum).

신학생 : 예수의 기도는 지금도 우리의 가슴을 후벼 파며 깊은 울림을 줍니다. **"아빠, 아버지, 아버지께서는 모든 일을 하실 수 있으시니, 내게서 이 잔을 거두어 주십시오. 그러나 내 뜻대로 하지 마시고, 아버지의 뜻대로 하여 주십시오."**(막 14:36) 마가복음에서 예수는 하나님을 하나님, 혹은 구약 인용 그대로 '주님'이라 하고(막 12:36), 아버지는 두 번만 사용하지요(13:32, 14:36). '아빠'는 마가복음에만 있고요(아람어 Abba, 아버지. 그리스어도 같음. 히브리어는 아브·Ab. 우리말 아빠). 그러니 이 짧은 기도에서 아버지를 네 번 부른 것입니다. 저는 이 기도에서 앞뒤 문장 사이에 긴 침묵과 기다림과 명료한 의식의 흐름이 있다고 봅니다.

교수 : 뛰어난 통찰이네. 바로 말했을 리 없다고 봐야지. 그만큼 엄청난 고뇌 속에서 깊고 오래 몸부림친 것이니까. 그래서 누가복음의 후대 사본은 "예수께서 고뇌에 차서 더욱 간절히 기도하시니, 땀이 핏방울같이 되어서 땅에 떨어졌다."라는 말을 추가했네(22:43). 그러니 예수의 신앙이란 '무한한 침묵의 하나님 앞에서', 하나님 나라의 이상과 신념대로 산 것이네. 그리스도인도 마찬가지이지. 'D. 본회퍼'의 말로 하면, "하나님 없이, 하나님 앞에서" 움직이는 것이지(저항과 복종).

7

신학생 : "제자들은 모두 예수를 버리고 달아났다."라는 말은 지금도 우리의 가슴팍을 찌릅니다(막 14:50). 체포 후 신문(訊問)과 재판은 요한복음을 중심으로 공관복

음을 종합하여 말하는 게 좋겠습니다. 유대 의회의 심문과정은 이야기가 길어지니까, 핵심만 간추리도록 하지요. 순서대로 말하면, 요한복음에서부터 해야 합니다. '안나스→ 가야바→ 빌라도' 순입니다. 안나스는 공관복음에는 없고 요한복음에만 나오고, 가야바는 마태복음과 요한복음에 나오고, 마가복음과 누가복음에는 직책만 있고 이름은 없습니다.

요한복음에 따르면, 로마 병정들과 그 부대장과 성전 경비병들은 예수를 잡아 묶어서 먼저 안나스에게 끌고 갑니다. 그는 대제사장직에서 은퇴한 노회(老獪)하기 그지없는 인물로 가야바의 장인이지요. 그만큼 안나스는 가야바 대제사장의 상왕으로 수렴청정하고, 가야바는 꼭두각시였던 셈입니다.

베드로는 그 집 안뜰에서 예수를 세 번 부인하지요. 그 일에서 압권은 누가 기자의 말로 보입니다. "**베드로가 아직 말을 끝내기도 전에 곧 닭이 울었다. 주님께서 돌아서서 베드로를 똑바로 보셨다**(누가복음 특수 자료). 베드로는 주님의 말씀이 생각났다. 그리하여 그는 바깥으로 나가서 비통하게 울었다."(22:61~62) 스승과 배신한 제자의 눈 마주침! 그것으로 베드로는 무너져내려 예수께 영혼을 완전히 빼앗긴 것입니다.

안나스는 여러모로 신문하며 혐의점을 찾으려고 합니다. '칼릴 지브란'의 책 "사람의 아들 예수"에 나오는 안나스의 말을 들어보지요. "그는 하나의 선동자요 불한당이며 자기 선전가였소. 그는 꼭 더럽고 제 노릇조차 할 줄 모르는 것들을 따라다니며 말했소. 또 그랬기 때문에, 그는 갖은 더럽고 지저분한 짓을 해야 했소. 그는 우리를 조롱했고, 우리 율법도 그렇게 했소. 그는 우리의 점잖음을 비웃고, 우리의 존엄을 빈정댔소. 그는 성전을 헐고 거룩한 곳들을 짓밟아 버리겠다고까지 했소. 그는 부끄러움을 모르는 자요. 그랬기 때문에 그런 부끄러운 죽음을 해야 했소. 내가 성전을 지키는 사람 아니오? 내가 율법을 보호하는 사람이 아니오?" 시인의 통찰이 놀라울 따름입니다.

끝내 혐의점을 찾지 못한 안나스는 예수를 사위에게 보냅니다. 가야바는 이미 '산헤드린' 의회를 소집해놓고 바로 신문합니다. 변호사도 없는 엉터리 법정이지요. 이미 사형을 내려놓고 그에 해당하는 여러 증거를 들이대지만 마땅한 증거를 찾지 못합니다. 마가 기자는 예수가 묵시문학 이야기를 하여(다니엘서, 인자의 강림. 14:62) 사형을 선고한 것으로 말하지만, 그것은 여러모로 마가 기자답지 않은 궁색한 이야기입니다. 왜냐면 마가 기자가 말해왔듯이, 그들은 예수의 공생애 초기부터 그때까지 일어난 모든 반-유대교와 반민족의 파괴적 행동의 축적과 결과 때문에(특히 성전 난동 사건), 이미 예수에게 사형 선고를 내린 상태였으니까요.

요한복음도 그렇습니다. 그들은 빌라도가 자기들에게 유대 법에 따라 재판하라고 하자, 자기들은 사람을 죽일 권한이 없다고 말합니다. 그들은 이미 사형 선고를 내리고 로마의 힘을 빌려 유대 총독인 빌라도가 처형을 집행하도록 압력을 가한 것이지요.

교수 : 복음서는 빌라도의 태도(로마 제국)를 옹호하는 식으로 어정쩡하게 보도하네. 그러나 빌라도는 민란 수준의 폭동이 일어나지 않더라도, 유대 지도층을 두려워했을 것이네. 왜냐면 그들은 황제에게 직소(直訴)할 수 있었으니까. 누가복음에 그런 비유가 나오지. 어떤 사람이 왕위를 받아 오려고 큰 나라에 갔는데, 그의 시민들은 그를 미워하여 그 나라로 사절을 뒤따라 보내어, 그가 자기들의 왕이 되는 것을 원하지 않는다고 하지(19:12~14).

사실 유대 지도층은 빌라도에게 그런 압력을 가했네. 그래서 요한 기자의 보도를 사실적으로 볼 수 있지. 빌라도가 자꾸 머뭇거리자, 유대 지도층은 그를 협박하네. "이 사람을 놓아주면, 총독은 황제 폐하의 충신이 아니오. 자기를 가리켜서 왕이라고 하는 사람은 누구나 황제 폐하를 반역하는 자요. …우리에게는 황제 폐하밖에는 왕이 없소!"(19:12.15). 이 말이 빌라도에게 결정타였네. 이 말이 떨어지자마자 처형을 허락하고 명령했지.

신학생 : 예수가 십자가에 달린 시간을, 마가는 "아침 9시"(15:25), 요한은 "낮 열두 시 이후"라 하고(19:14), 마태와 누가는 침묵합니다. 그리고 공관복음은 "낮 열두 시가 되었을 때, 어둠이 온 땅을 덮어서 오후 세 시까지 계속되었다."라고 말합니다(막 15:33; 마 27:45; 눅 23:44). 이 말은 자연 현상이 아니라 신학적 진실을 말하는 것으로 들어야겠지요?

교수 : 그렇지. 그런 인류사의 비극적 사건 현장에서, 무슨 자연 현상을 말하겠는가? '온 땅을 뒤덮은 어둠'이란 인류의 비극적 절망의 표현으로 읽어야지. 하나님의 나라라는 빛의 세계를 실현하려고 온몸을 바쳐 투신한 불세출의 인물 예수의 죽음이야말로 인간이란 종족의 실존적 죽음이 아니겠는가? 바울의 말처럼, **"그의 죽음과 함께 우리도 묻혔다."**라는 것이지(롬 6:4). 인류사의 기적이라 할 예수의 죽음은 실은 인간의 죽음이란 말이네.

8

신학생 : 이제 **"십자가상의 일곱 마디"**를 생각해보지요. 마가와 마태는 한 마디만 말합니다. **"엘로이, 엘로이 레마 사박다니(나의 하나님, 나의 하나님, 어찌하여 나를 버리셨습니까)?"**(15:34) 이것은 말을 알지만, 해석하기 매우 어렵습니다. 아무도 그 때 예수의 심정을 알 수 없으니까요. 절망의 어조입니까, 아니면 다른 무엇입니까?

교수 : 크게 두 가지 신학적 해석이 있네. 단정적 절망과 하나님을 향한 신앙 고백의 서언이라는 것이지. 먼저 전자의 해석에 관해서, 일본 신학자 '다가와'(田川建三)의 해석을 생각해보지(예수라는 사나이: 역설적 반항아의 삶과 죽음).

"여기에 있는 것은 이미 하나님은 참으로 정의의 편에 서는 것일까 하는 회의가 아니라 절망이다. 하나님은 나를 버렸다. 그렇게 외쳤을 때, 그 순간에 남은 것은 무참한 죽음뿐이었다. 그 순간 예수의 마음을 생각할 때 송연해지지 않는 자는 없으리라. 그와 같이 처절하게 살았으니까, 그와 같은 처절한 죽음에 도달했다! 오히려 그와 같은 처절한 죽음이 예기되었는데도, 감히 그것을 회피하지 않고 살아냈었다고나 할까! 예수의 죽음에 희망이 있다면, 죽음 그 자체 속에서가 아니라, 그 죽음에 이르기까지 살면서 활동을 멈추지 않았던 모습 속에 있다." 훌륭한 생각이라 하겠네.

후자의 해석은 대개 신학자들이 말하는 것이네. 예수가 시편 22편을 암송하려다가 첫마디만 하고 말았다는 것이지. 그 시편은 정적들이 가한 모진 박해에 시달려 절망하던 사람이 끝내 하나님의 주권을 인정하고 하나님의 능력으로 살며, 후세에 하나님의 구원을 선포하겠다는 굳은 결의를 표명하며 마치네. 그래서 예수도 그런 마음으로 첫마디를 한 것이라는 말이지. 그러니까 인류의 구속(救贖)을 내다본 말이라는 것이네.

그런데 전자의 해석이 가져오는 위험성은 아무리 예수의 활동과 삶 자체 속에서 희망을 찾는다 해도 절망으로 끝났다는 것이기에, 그를 따르는 그리스도인들에게 좌절감을 안겨준다는 것이겠고, 후자의 해석이 가져오는 위험성은 자신의 처절한 죽음에서 남의 시를 인용한다는 발상은 물론, 예수의 절망이 담은 깊이를 가볍게 다룬다는 것이라 하겠네. 어떻게 해석하든 자유이겠지만, 무엇이 정녕 그때 예수의 심정이었는지는 아무도 모르는 것이지. 그러나 그 말을 역설(逆說)로 듣는다면, 절망의 언어만은 아닐 것이네.

신학생 : 어떤 역설일까요?

교수 : 세상에서 이와 비슷한 일을 찾기는 어려운 일이지만, 단정적 절망의 어조는

희망의 말일 수도 있네. 사람이란 '다 끝났다. 이제 죽었다. 살길이 없어.'하고 말해도, 영혼의 심연에서는 여전히 희망과 탈출구와 미래를 절실히 바라는 마음을 품으니까 말이네.

신학생 : 그러면 절망이 아니질 않습니까?

교수 : 당사자만 아는 것이지. 우리가 알 수 있는 것은 여기까지뿐이네.

신학생 : **"아버지, 저 사람들을 용서하여 주십시오. 저 사람들은 자기네가 무슨 일을 하는지를 알지 못합니다."**(눅 23:34) 이것은 누가 기자의 특수 자료도 아닌, 후대의 추가 부분입니다. 그러나 예수의 마음과 삶을 그대로 보여주는 거룩한 진실의 말입니다.

교수 : 그렇지. 사실만이 진실을 말하는 것이 아니라는 것은 이미 말했네. 진실은 사실보다 깊고 높고 강하고 멀리 오래 가네. 신학적 작업을 위해 자료 분석을 하지만, 사람을 분해해놓고 사람이라고 할 수 없는 것같이, 신학적 자료 분석이 곧 진실은 아니네. 진실을 알려는 노력일 뿐이지.

진실은 예수의 마음과 삶이네. 그간 살아온 발자취로 볼 때, 예수는 능히 이런 말을 하고도 남는 분이니까. 일흔 번씩 일곱 번이라도 사람의 잘못을 용서하라고 한 예수가 어찌 자신을 죽인다고 그렇게 말하지 못하겠는가? 스데반도 그런 말을 하고 죽었네(행 7:60).

신학생 : **"너는 오늘 나와 함께 낙원에 있을 것이다."**(눅 23:43) 바울도 낙원이라고 하며 자신의 체험을 말한 적이 있는데(고후 12:4), 우리가 흔히 말하는 '천국'에 간다는 말일까요? 요한복음에서는 "아버지의 집"으로 표현합니다(14:2).

교수 : 그렇겠지.

신학생 : 그런데 어째서 사도신경에는 "지옥으로 내려가시고"라는 말이 있나요? 이 말은 가톨릭 사도신경에만 있고, 개신교에는 없지요. 사도신경은 가톨릭이 원본인데, 어째서 개신교는 그것을 생략했을까요?

교수 : 라틴어 최종본에는 "지옥으로 내려가시고"(descendit ad infernos, 영어: He descended into hell)라는 말이 제9행에 나오지. 이것은 종교개혁 때도 거론된 부분이고, 다양한 신학적 의견이 제시되었네. 가톨릭교회는 베드로전서 3:18~22에 근거하여, 예수가 죽은 후 "음부"(陰府, 저승)에 내려가, 노아 홍수 시대에 죄를 짓다가 죽은 영혼들을 구원했다고 보는 것이지. 가톨릭의 연옥(煉獄, purgatory) 개념이 여기에서 나온 것이네. 그러나 홍수 시대 이후부터 예수 때까지 죽은 사람들에 대해서는 말이 없고, 게다가 예수 이후 죽어 지옥이나 연옥에 있다는 자들에 대해서도 말이 없어 아무것도 알 수 없네. 그러니 예수의 말은 실상 죽어도 죽지 않는 삶이 있다는 말로 들어야겠네.

신학생 : "아버지, 내 영혼을 아버지 손에 맡깁니다."(눅 23:46) 누가 기자는 예수의 죽음을 경건한 자의 죽음으로 말하는 것 같습니다.

교수 : 그렇지.

신학생 : "자, 이분이 네 어머니이시다."(요 19:27) 진정 효자 예수를 말하는 것인가요?

교수 : 그렇기도 하네만, 인간적으로 볼 때, 어머니 앞에서 비극적으로 죽어가는 아

들이니, 그게 효도, 효자이겠나?

신학생 : 그러면 어떻게 보아야 하나요?

교수 : 또 인간적으로 볼 때, 평생 자기 때문에 맘 졸이며 살아오신 어머니에 대한 사랑의 말이니, 진정한 효도, 효자이지.

신학생 : "**내가 목마르다.**"(요 19:28) 글자 그대로 봐야 하나요?

교수 : 이중적으로 볼 수도 있지. 글자 그대로 보기도 하고, 의미의 층에서 보기도 하네.

신학생 : 의미의 층이라면?

교수 : 하나님의 나라에 대한 목마름! 지금도 예수는 목마를 걸세!

9

신학생 : 이제 **부활 이야기**를 하고 마쳐야겠습니다. 최초의 복음서인 마가복음만 보기로 하지요(16:1~8). 16:9~20은 후대의 추가 부분입니다. 예수의 부활은 가장 해명하기 어려운 것입니다. 누가 기자는 엠마오의 두 제자 이야기를 들려주고(눅 24:13~35), 사도행전은 부활한 예수가 40일 동안 여러 차례 제자들에게 나타나 "하나님 나라에 관한 일들!"을 말한 후(1:3) 제자들에게 성령으로 세례를 받을 것을 약속합니다(1:5).

교수 : 중요한 것은 '하나님의 나라에 관한 일들'이라는 말이네. 그러니까 제자들에게 성령의 능력을 입은 후, 자신이 해온 하나님의 나라 운동을 계속하라는 것이지. 그러니 예수의 하나님 나라 운동은 '성령 운동'이었다는 말이 되네. 곧, 하나님의 진리 전파 운동이지. 공관복음에 따르면, 예수는 요한에게서 침례를 받을 때 성령 체험을 하지. 이와 관련하여 마가복음 기사를 읽으면 상통하는 점이 있네(16:1~8에 국한).

마가복음에는 부활한 예수가 전혀 모습을 나타내지 않네. 그저 텅 빈 무덤 이야기일 뿐이네. 그리고 "웬 젊은 남자"가 여인들에게 **"먼저 갈릴리로 가실 것이니, 거기에서 그를 볼 것"**이라는 말을 하며 끝나네. 공관복음은 대부분 갈릴리에서 활동한 예수를 보여주네. 예루살렘에는 한 번 들러 활동하다가 십자가에 달린 것이지.

지금까지 말한 대로, 예수는 갈릴리에서 하나님 나라 운동을 시작했네. 그러니 부활한 후에도 다시금 그곳에서 제자들을 통하여 하나님 나라 운동을 한다는 말이지. 따라서 처음부터 끝까지 예수의 일은 오직 하나님의 나라 운동을 한다는 말이 되네. 마가와 마태와 요한 기자는 갈릴리를 말하는데, 누가 기자는 "예루살렘"만 언급하지.

그래서 마가와 마태와 요한 기자 공동체의 하나님 나라 운동은 각기 갈릴리 여러 지역에서 시작되었다가 퍼져나가며 옮겨간 것으로 추정할 수 있고, 누가 기자 공동체의 하나님 나라 운동은 처음부터 예루살렘에서 일어나 유대교 지도층의 박해로 피난하며 퍼져나간 것으로 볼 수 있네. 그리고 바울은 독자적으로 활동하다가 뒤에 예루살렘 공동체의 인가를 얻어 선교하여, 결국에는 그의 신학이 초기 기독교의 주류가 되었네. 누가 기자의 사도행전은 거의 바울에게만 집중되었지.

신학생 : 그러니까 누가(who) 어디에서 하든지 간에, 예수 운동은 하나님의 나라 운동으로 통합됩니다. 하나님의 나라 운동이 제자들의 공동체인 교회의 본질이지요.

즉, 가톨릭이든 정교회든 개신교든, 예수를 믿고 따르는 기독교는 하나님 나라 운동을 위한 공동체입니다. 그런데 그만 유대교처럼 제도종교로 회귀하고 확대되었습니다.

교수 : 그것이야 이제는 어쩔 수 없는 일이지만, 그래도 우리가 지금까지 이야기해 온 바와 같이, 교회의 성립과 정체성과 본질, 존재 이유와 목적은 예수의 하나님 나라 운동을 이어받아 계속하는 것이네. 그런 까닭에 기독교가 종교라는 섬이 되는 것은 점잖게 말해서 예수 이탈이고, 격하게 말해서 예수 배신이네.

따라서 이제라도 기독교는 예수의 하나님 나라 운동을 지향해야 하네. 예수를 따라서 현대 세계의 모든 것에 의문을 품고 목소리를 높여 강력한 발언을 하며 활동해야 하지. 종교만이 선교의 목적이 아니네. 예수가 평생 정치, 경제, 평등, 종교, 법률, 인간관계, 정의, 사랑, 자비, 평화를 말하고 가르치며 하나님의 나라 운동에 목숨을 바쳤듯이, 교회 역시 말뿐 아니라 온몸의 실천으로 그 뒤를 따라 이런 것을 말하며 하나님의 나라에 자신을 바쳐야 하지. 이것이 지금 이후 교회가 살고 세계를 살리는 길이네.

신학생 : 오늘 그리스도인의 부활은 어떤 것으로 보아야 합니까?

교수 : 부활은 사후에 영원한 세계에 들어가는 것이 아니네. 지금 부활하는 것이지. 곧, 예수 그리스도가 내 안에 살아 계시다고 믿으며, 예수의 뒤를 따라 일상에서 하나님의 나라 운동에 참여하며 살아가는 것이 그리스도인의 현실적 부활이네. 하나님의 나라가 아니라면, 기독교의 모든 것은 허구일 뿐이지. 그런 식의 종교가 온 세상을 뒤덮어 종교 천국을 이룩한다 해도, 하나님의 나라와는 먼 것이네. 하나님의 나라를 지향하지 않는 세계 복음화라는 것은 헛된 망상일 뿐이지. 그런 식의 복음화에는 예수도 없고 복음도 없네. 예수의 복음은 철저한 인간 혁명과 세계 혁명이네. 하나님의 나라를 세우자는 것이지. 기독교인 만드는 것이 아니네. 다시 말하네만, 2천 년 기독교

역사를 정직하게 보게나. 2천 년 유럽 기독교 국가들이 두 번이나 세계 대전을 벌이고 주저앉았네(일본 빼고).

신학생 : 참으로 지금은 교회가 변해야 할 때입니다. 그러자면 예수와 복음에 대한 이해부터 바뀌어야 할 것입니다. 정통주의 신학은 이미 한계를 드러낸 지 오래되었습니다. 방금 말씀하신 두 번의 세계 대전이 그것을 증명합니다. 그러나 지금도 세계의 신학대학교나 기독교는 예수의 하나님 나라를 외면하거나 무지하기까지 합니다.

교수 : 예수의 말마따나, 눈먼 자가 눈먼 자를 인도하면, 둘 다 구덩이에 빠지네. 부디 교회가 더는 눈먼 인도자가 아니기를, 눈뜬 자로 다시 태어나기를 바랄 뿐이네. 예수의 가르침이 무엇이겠는가? 눈을 뜨라는 것이 아닌가? 복음서에 어째서 그렇게 자주 눈먼 사람의 이야기가 나오는 것인가? 그게 단지 예수의 기적을 말하고자 하는 것인가? 아니지. 툭하면 누가 크냐고 다툰 제자들도 눈먼 자들이 아니었던가? 그런데 성령을 통해서 눈을 떴지. 그리고는 예수 그리스도의 하나님 나라를 위하여 목숨을 바쳤네.

신학생 : 성령은 눈을 뜨게 하는 영이십니다. 눈먼 자로 가득한 교회란 천 년을 열 번 지낸다 하더라도, 아무 소용 없고 힘도 없습니다. 성령을 통해 눈을 뜨고 예수의 하나님 나라 운동에 참여하며 목숨까지 거는 것이 정녕 예수를 따르는 길입니다.

교수 : 다시 말하지만, 우리가 비록 기독교라는 말을 쓰네만, 예수가 가르친 길은 결단코 종교가 아니라 "길"이네! 예수의 뒤를 따라서 하나님의 나라를 이 땅에 세우려는 제자들의 길! 그래서 여러 번 말했듯이, 중요한 것은 성령을 통해 진리를 깨달아 인간 혁명을 이룩하고(개인적으로 온전히 하나님의 다스림〈나라〉을 받아 그 안에 사는 것) 세계 혁명(실제적인 자유와 평등과 사랑과 평화의 새로운 세계인 하나님의 나라)을 이

륙하는 길을 걸어가는 것이네.

신학생 : 여러 번에 걸쳐서 많은 시간을 내주셔서 고맙습니다. 큰 가르침을 얻었습니다. 저부터 그 길을 걸어가도록 힘쓰겠습니다.

교수 : 이제 60이 넘은 나도 제대로 하지 못해 후회하는 게 많네.

신학생 : 늘 건강하시길 빌며, 앞으로도 많은 가르침을 바랍니다.

교수 : 자네가 언제나 예수를 사랑하고 따르는 사람이 되기를 바랄 뿐이네. "나는 불이다." 하셨으니(눅 12:49), 예수는 영원한 불꽃이네! 그 불에 남김없이 타는 것이야말로 인간의 영광이고, 예수를 따라서 또 하나의 불꽃이 되어 사는 참되고 영원한 생명의 길이네.

나오는 말

　19세기 독일 시인 '프리드리히 횔덜린'은 이런 말을 했다(히페리온). **"하나로서 모두이고, 모두로서 하나인 참으로 아름답고 신성한 세계여!"** 이 말이야말로 예수의 하나님 나라를 아름다운 시구로 형상화한 것으로 보겠다. 시인의 말처럼, 하나님의 나라는 모든 인간이 하나가 되어 이루어진 참으로 아름답고 신성한 세계이다. 이러한 세계를 누군들 싫어하고 거부하겠는가? 그러나 복음서에서 보듯, 세상에는 언제나 이러한 세계를 싫어하고 거부하는 자들이 있다. 그러나 그들만도 아니다. 깨어나지 못한 국민이나 기독교인들도 마찬가지이다.

　21세기를 25년째 살아가고 있는 인류의 현실도 예수 때와 비슷하다. 그러나 지금은 그때와 비교조차도 할 수 없는 무력(武力)을 가진 시대라는 데서 커다란 차이점이 있다. 그리고 지금 인류는 "기후 재앙"이라는 역사상 처음으로 맞닥뜨린 절체절명의 난국에 빠져 있다. 이것은 그저 날씨가 좀 나쁘거나 불규칙한 그런 것이 전혀 아니다. 인류와 문명의 모든 것을 파멸에 이르게 할 수 있는 엄청난 사태이다. 그리고 지금 인류는 그 사태의 서곡(序曲)을 겪고 있다. 날이 갈수록 더 격심해질 것이 분명하다.

　따라서 인류는 진퇴양난(進退兩難)에 빠져 있다. 철저히 '지구 죽이기'인 이 문명을 계속 밀고 나갈 수도 없고, 화학이나 기계 문명 이전의 근대로 회귀할 수도 없다. 20세기 미국의 현자 '스콧 니어링'은 이런 말을 했다. "그대로 갈 것인가, 되돌아갈 것인가?" 그가 말한 되돌아간다는 것은 생태계를 해치는 모든 화학과 기계 문명을 버리고 자연 친화적인 삶을 살아가는 것이다.

과격한 발언이다. 하지만 이제 인류에게 남은 길은 그것밖엔 없다. 전문가도 아니기에, 지구 생태계나 기후 문제를 논하지는 않는다. 그렇지만 80억 인류와 석유화학과 기계 문명은 더는 공존할 수 없다. 그렇더라도 공존하고 상생할 수 있는 길을 찾아야 하는 것이 인류의 과제이다. 그러니 어떻게 해야 할 것인가?

이 책은 예수의 가르침과 삶의 핵심인 하나님의 나라를 인류 문화와 문명의 대안으로 보고 말했다. 냉소할 사람들도 많으리라. 그래도 할 수 없다. 이대로 가면 다 죽을 것이기 때문이다. 인류의 의식 혁명이야말로 존재 방식과 삶의 혁명을 가져오는 근본이다. 따라서 무엇보다 관건은 세계 각 나라 정치와 경제 지도자들의 의식 혁명에 있다.

현대 사회와 문명의 구조를 어떻게 바꿀 것이냐 하는 문제는 여기에서 말할 사안이 아니다. 그것은 실로 거의 불가능에 가깝다. 그러나 그래도 모두 살기 위해서는 반드시 해야만 한다. 인류가 하지 않으면, 지구가 온몸으로 말하는 끔찍한 날이 올 것이다. 그것이 두렵다. 남은 시간이 얼마 없다. 이 문명의 전환만이 해결의 길이다.

예수 그리스도는 인류 문화와 문명이 나아갈 생명의 길을 설파하고, 온몸으로 그것을 보여주신 분이다. 그것이 바로 하나님의 나라이다. 이것을 가슴에 품고 꿈꾸고 희망하며 나아가는 것이 그리스도인의 길이요, 인간의 길이다.